수문록 1 隨聞錄 一

이 책은 2020년도 정부(교육부)의 재원으로
한국고전번역원의 지원을 받아 수행된 특수고전협동번역사업의 결과물임

수문록 1 隨聞錄 一

이문정 편 | 김용흠·원재린·김정신 역주

혜안

책머리에

조선후기 정치사는 흔히 당쟁사로 인식되었다. 조선왕조 국가의 멸망 원인으로서 지금까지도 당쟁망국론이 거론될 정도로 당쟁은 조선후기 정치사를 부정적으로 묘사하는 개념이 되었다. 16세기에 붕당이 형성된 이후 이를 기반으로 삼아서 전개된 정치적 대립과 갈등을 17세기 붕당정치, 18세기 탕평정치, 19세기 세도정치로 유형화하여 이해하는 시각이 제시되기도 하였지만 당쟁에 대한 부정적 인식이 크게 불식되지는 못하였다.

조선후기 정치사에서 개인의 권력욕이나 사리사욕, 당리당략에 의한 모략과 음모 등이 난무한 것은 사실이지만 이것만으로 모든 정치적 갈등을 설명할 수는 없다. 여기에는 개인의 권력욕이나 당리당략을 합리화하는 논리와 이에 의거하여 기득권을 유지 고수하려는 세력만이 있었던 것이 아니라 민생을 안정시켜 국가를 유지 보존하려는 세력과 논리도 역시 존재하였다. 이들은 현실 정치 속에서 서로 대립 갈등할 수밖에 없었는데, 당론서에는 바로 이러한 배경 속에서 발생한 다양한 사건들과 갈등 당사자들의 현실인식, 사유형태 등이 풍부하게 담겨 있다. 당론서를 통해서 표출된 주장과 논리는 이처럼 정책과도 긴밀하게 연관되어 있었다.

조선후기에는 당쟁이 격렬하였던 것만큼이나 각 당파의 정당성을 주장하는 수많은 당론서가 생산되고 필사를 통해 전파되었다. '당론서(黨論書)'란 17세기 이후 서인과 남인의 대립 갈등이 격화되는 가운데 생성되어, 이후 노론과 소론, 시파와 벽파의 갈등을 거치면서 각 정파의 행적과 논리의 정당성을 천명하기 위해 의도적으로 편찬된 자료를 지칭한다. 당론서는 국가의 공식 기록인 《조선왕조실록》이나 《승정원일기》와 같은 연대기, 또는 개인이나 문중에서 편찬하는 문집이나 전기류 등과는 구별되는 독특한 체제와 내용을 담고 있다.

여기에는 해당 시기 정계와 학계를 주도했던 인물들의 정치 행적뿐만 아니라 그들의 현실인식과 세계관, 이에 입각하여 정치적 과제를 설정하고 대처해 나가는 모습 등이 구체적으로 담겨있다. 이에 대해서 당대의 사회경제적 제반 조건과 관련지어 체계적이고 과학적으로 분석해야만 조선후기 정치적 갈등이 정책과 어떻게 관련되어 있는지를 드러낼 수 있을 것이다. 따라서 당론서는 조선후기 정치사를 과학적으로 인식하는 관건이 되는 자료라고 말할 수 있다.

조선후기 당론서는 현재 확인되는 것만도 그 규모가 방대하고 대부분이 한문 원자료 상태로 남아 있어 일반인의 접근이 어려운 것이 현실이다. 그리고 일부 번역된 것도 있지만 원문 번역에 그쳐서 일반인이 이해하기는 쉽지 않다는 문제가 있었다. 그리하여 관련 연구자가 전공 지식에 바탕을 두고 정밀한 역주를 통해서 친절하게 안내할 필요가 있다는 지적이 있어왔다.

본서의 번역에 참여한 세 사람의 전임연구원들은 모두 조선시대 정치사, 정치사상사 전공자들로서 다년간에 걸쳐서 당론서 번역 사업을 수행해왔다. 2006년에는 한국연구재단의 지원을 받아서 '당론서 3종 번역과 주석 및 표점 작업'을 진행하여 《갑을록(甲乙錄)》(소론), 《아아록(我我錄)》(노론), 《동소만록(桐巢漫錄)》(남인)을 번역하는 사업을 완료하고, 《동소만록》은 2017년에 간행하였다. 이어서 2013년과 2014년에는 '신규장각 자료구축사업'의 일환으로 서울대 규장각 한국학연구원의 지원을 받아 한국학자료총서로서 《사도세자의 죽음과 그 후의 기억-《현고기(玄皐記)》 번역(飜譯)과 주해(註解)》(2015), 《충역의 시비를 정하다-《정변록(定辨錄)》

역주》(2016)를 간행하였다. 이와 병행하여 2011년에는 한국역사연구회, 2016년에는 한국사상사학회 주관으로 학술대회를 통해서 연구 성과를 발표하기도 하였다.

또한 한국고전번역원의 '특수고전 정치사분야 협동번역사업'의 일환으로 2015년 《형감(衡鑑)》, 2016년 《족징록(足徵錄)》과 《진감(震鑑)》, 2017년 《유문변록(酉門辨錄)》과 《대백록(待百錄)》 등의 번역이 완료되었고, 2019년 《형감》(혜안)을, 2020년 《대백록》(혜안)을 각각 출간한 바 있다. 현재 본 번역팀에서는 2018년부터 2단계 사업에 착수하여 대상서목 3종 가운데 《동남소사(東南小史)》와 《수문록(隨聞錄)》의 역주가 완료되었고, 《황극편(皇極編)》은 현재 진행 중이다.

이번에 출간하는 《수문록》 권1은 2020년 특수고전협동번역사업(정치사) 1차년도 우수 성과원고 출판지원을 받은 결과물로서, 서인측을 대표하는 당론서이다. 편자인 이문정(李聞政)은 경종대 신임옥사(辛壬獄事)의 결과 파국으로 치닫는 정국상황을 진정시키기 위해 청론(清論)을 표방하면서 사안별로 적극적으로 자설(自說)을 제시하였다. 《수문록》은 군신(君臣)의 분의(分義)를 확정하여 분열과 대립을 극복하고 화해와 타협을 모색하는 당론서이다. 편자의 주장을 여러 측면에서 입체적으로 분석하면, 서로 다른 사상과 논리에 의거하여 국가 운영의 이상과 현실을 두고 치열하게 갈등하였던 조선시대 정치사의 현장을 구체적으로 조망할 수 있을 것이다.

본 사업을 진행하면서 많은 분들의 도움을 받았다. 한국고전번역원의 신승운 원장님 이하 권경열 기획처장, 김성애 평가실장 등 관련 임직원 여러분들이 당론서의 사료 가치를 공유하고 적극적으로 지원하여 이 사업이 완수될 수 있었다. 이제 그 2차년도 첫 번째 사업 성과물의 출간을 앞두고 진심으로 감사를 표하는 바이다. 또한 한국고전번역원 출범의 산파 역할을 했던 유기홍 국회의원의 적극적인 후원에도 감사드린다.

8

연세대학교 국학연구원의 김성보 원장님 이하 임직원 여러분들의 도움에도 감사드린다. 그리고 세 사람의 전임연구원과 함께 20년이 넘는 기간 같이 전공 세미나를 전개하며 물심양면으로 도움을 준 정호훈, 구만옥, 정두영 선생 등과도 출간의 기쁨을 함께 나누고 싶다. 당론서를 비롯한 국학자료 출판에 애정을 갖고 더딘 번역 작업을 인내심을 갖고 기다려주신 혜안 출판사 오일주 사장님과 난삽한 원고를 깔끔하게 정리해주신 김현숙, 김태규 선생께도 감사드린다.

2021년 2월
김 용 흠

차 례

번 역

《隨聞錄》 校勘·標點

卷之一　　289

수문록(隨聞錄) 해제

I.

본서는 숙종·경종대 소론(少論)내 청론(淸論)의 입장을 반영한 당론서이다. 편찬자는 이문정(李聞政, 1656~1726)이다. 본관은 전주(全州), 자 군필(君弼), 호 농수(農叟)이다. 호조판서 이경직(李景稷)의 증손으로, 감찰(監察) 이구성(李九成)의 아들이다. 초명(初名)은 진정(眞政)이었다. 1722년(경종2) 재종제(再從弟) 이진유(李眞儒)가 김일경(金一鏡) 등과 함께 노론(老論) 사대신(四大臣) 축출에 앞장서자 관계를 끊고, 즉시 여덟 자식을 거느리고 충주(忠州)로 내려가 은거하였다. 이때 '문(聞)'자로 배항(排行)을 고쳤다. 소론 가문 출신으로서 이진유 등 준론(峻論)을 표방했던 일문(一門)과 다른 정치적 입장을 견지하였다는 점에서 그가 주창한 청론의 특징을 가늠해 볼 수 있다.

이문정은 청론을 통해 노·소론 분기 이전 서인(西人)으로서의 정체성을 분명히 하고자 했다. 이 점은 노론 사대신 중 한 명이었던 김창집(金昌集)과의 친밀한 교우관계에서 확인할 수 있다. 인조반정(仁祖反正) 이래 시작된 두 가문 간 교류는 두터운 친분으로 이어졌고, 김창집이 그의 별호(別號) '일삼당(一三堂)'을 지어주기까지 하였다. 양자 간 교분은 청론에 입각하여 분열보다는 통합, 갈등보다는 화합을 이루는 상징이었다. 이를 통해 정류(正類)임을 자부하면서 주요 현안에서 소론 내 준론 세력과 대별되는 입장을 견지하였다.

이문정은 소론 내에서 청론을 표방했던 대표적인 인물로 송인명(宋寅明)을 꼽았다. 경종대 세제(世弟) 연잉군(延礽君, 영조) 보호에 앞장선 그의 노력을 높이 평가하였다. 구체적인 사례로 세제 대리청정(代理聽政) 문제로 연잉군이 곤경에 처했을 때 송인명이 앞장서서 세제를 자전(慈殿)에게로 인도하였고, 자전의 언문 교서(諺文敎書)로 인해 저위(儲位)를 유지할 수 있었던 일화를 소개하였다. 그는 송인명을 청론을 주장하는 소론, 소론 가운데 정류에 속하는 인물로 규정하였다. 그에게 정류란 세제를 보위하여 온전히 왕위를 계승하도록 도왔던 개인 혹은 정파에게 내리는 평가였다.

반면 주요 사건에서 세제 지위를 동요시키거나 왕위계승의 정통성을 위협하는 세력은 노·소론, 남인(南人) 등 색목(色目)을 불문하고 엄정하게 비판하였다. 대체로 연잉군의 세제 정책(定策)과 대리청정에 반대했던 인사들이었다. 구체적으로 세제를 모해(謀害)하려 했던 이진검(李眞儉)·이진유 등 일가(一家)붙이, 그리고 이들과 공모했던 김일경·조태구(趙泰耈)·최석항(崔錫恒)·유봉휘(柳鳳輝)·이광좌(李光佐) 등 준소(峻少) 세력이 여기에 해당되었다.

아울러 이문정은 노론 내 준론 세력도 부정적으로 평가하였다. 대표적인 인물로 윤지술(尹志述)과 조성복(趙聖復)을 들었다. 양자는 경종대 초반 아직 미약하기만 했던 연잉군의 위상을 간과한 채 경종의 내심을 살피지 않고 성급히 상소를 올렸다가 세제를 위태롭게 만들었다. 이들에 대해 이문정은 군신(君臣)의 분위(分位)에서 벗어나 국왕을 무시하고 자파의 정치적 입장만을 강요하여 결과적으로 노론 사대신과 세제를 위기에 빠뜨렸다고 강도 높게 비판하였다. 세제 지위를 온전히 보존하고 원만한 등극을 바라는 입장에서 볼 때 현재 권력인 경종의 심기를 거스르면서까지 명분의리론을 앞세워 공세를 펼친 양자 모두 정류에서 벗어난 무리였던 것이다.

이와 관련하여 흥미로운 점은 이문정이 청론을 표방하면서 탕평적(蕩平的) 태도를 견지하고 있었다는 사실이다. 본서에 제시된 정론(政論)을 통해 제한된 범위 내에서 살펴볼 때 그는 직·간접적으로 세제 연잉군에게 도움을 준 개인과 정파에 대해서 우호적인 입장을 견지하였다. 즉 세제 정책이래 대리청정을 거쳐 즉위하는 과정에서 연잉군에게 도움을 줄 수 있는 사람이라면 정파 불문하고 연대의 손을 내밀었던 것이다. 당대 현안을 둘러싸고 이해득실을 같이 하는 세력과 절충점을 모색하여 타협하려 했다는 사실에서 영조대 조제보합(調劑保合)·양치양해(兩治兩解)에 기반한 완론(緩論) 탕평론의 단초를 발견할 수 있다.

이러한 정론을 담고 있는《수문록》은 역주(譯註) 저본(底本)으로 삼은 규장각 소장 필사본(2권 3책/ 여강출판사 영인본) 이외에도 연활자본(국립중앙도서관 소장)과《패림(稗林)》제9집에 수록된 본이 더 있다. 비록 권차(卷次) 차이와 다소간 문장의 출입이 발견되지만 전반적인 내용과 본지를 파악하는 데에는 큰 차이가 없다.

본서는 1686년(숙종12)부터 1724년(경종4)까지를 대상으로 필자가 직·간접으로 경험한 주요 정치 현안을 다루고 있다. 대체로 신축년(1721, 경종1) 환국과 임인년(1722) 옥사[이하 신임옥사]를 중심으로 그 기원과 전개 및 정치적 파장을 전후 정국상황을 고려하면서 살피고 있다.

특히 주목되는 점은 주요 사건과 인물에 대해서 찬자 본인의 자설(自說)을 남기고 있다는 사실이다. 숙종대이래 환국이 거듭되는 와중에 목도하거나 전해들은 정치 현안에 대해 논평을 남겨두었던 것이다. 이 점에서《수문록》은 소론 내 청론을 표방한 인물의 당쟁인식을 파악하는 데 매우 유용한 당론서라고 평가할 수 있다. 추후 해당 시기를 대상으로 한《신임기년제요(辛壬紀年提要)》와《사백록(俟百錄)》등 주요 당론서들과의 대비를 통해서 조선후기 정치사를 다양한 관점에서 복원할 수 있을 것이다.

II.

본서의 구성 체제는 다음과 같다. 전체 구성은 서문[序]과 본문 2권, 별록(別錄)에 해당되는 〈농수 이공 유고 초(農叟李公遺稿鈔)〉와 〈무민재 이공 유고 초(無憫齋李公遺稿鈔)〉 등 크게 세 부분으로 나눠 볼 수 있다.

서문에는 찬자 자신이 직접 작성한 편술(編述) 취지가 실려 있다. 이문정은 신임옥사를 화란(禍亂)으로 규정하였다. 즉 목호룡(睦虎龍)이 삼수(三手) 변서(變書)를 꾸며내어 숙종이 예우했던 노론 사대신과 충성스러운 군자들에게 형벌을 내려 제거한 형화(刑禍)였다는 것이다. 저들의 의도는 이미 확정된 연잉군으로의 후계 구도를 동요시키려는 데 있었다. 따라서 충역(忠逆)의 차원에서 시비(是非)를 엄중히 가려야 한다고 주장하였다.

특히 장희빈(張禧嬪)에 대해서는 만화(萬禍)의 근원으로 규정하였다. 장희빈으로 인해 기사환국(己巳換局, 1689)이 발생했고, 이것이 신사년(1701)의 흉변에 이르렀다. 마침내 신축년(1721)과 임인년(1722)의 화(禍)가 일어나 조정의 선류(善類)들이 일망타진되고, 종사(宗社)의 위기가 급격히 초래되었다고 주장하였다. 장희빈을 배척한 것만이 선왕(先王)에 대한 의리를 준수하여 국맥(國脈)을 도와서 보호하기 위한 계책이라고 보았다.

이렇듯 그가 장희빈을 당쟁의 주요인으로 상정한 이유는 이미 숙종에 의해 죄과가 판정 난 인물에게 화란의 책임을 돌림으로써 더 이상 서로 다투어야 할 정쟁 요소가 존재하지 않음을 재확인시키고, 갈등을 봉합하는 제방으로 삼고자 했기 때문이었다. 그리고 장희빈에 대한 태도를 시비와 사정(邪正), 더 나아가 충역을 판정하는 기준으로 상정하여 연잉군의 세제 정책과 왕위계승 과정에서 제기될 수 있는 공세에 대비하고자 했던 것이다.

II-1.

본문은 전체 2권으로 구성되었다. 편년체(編年體) 방식에 따라 숙종·경종대 주요 사건을 기술하고, 자설을 덧붙이는 형식으로 이루어졌다. 권1에서는 1686년(숙종12)부터 1721년(경종1)까지를 다루고 있다. 숙종대는 원자(元子) 책봉 문제를 기화로 발생한 기사환국을 필두로 하여 갑술환국(甲戌換局, 1694)과 신사년(1701) 무고(巫蠱)의 옥사를 거쳐 정유독대(丁酉獨對, 1717)를 주요하게 다루고 있다. 대체로 권대운(權大運)·목내선(睦來善) 등 남인과 장희빈·장희재(張希載)가 저지른 악행을 비판하였다. 이들에 맞서 종사를 보위(保衛)하려 애쓴 서인의 정치 행보를 대비하여 기술하였다.

이 가운데 주목되는 내용은 신사년 무고의 옥사를 둘러싼 갈등에 대한 이문정의 정론이다. 본서의 신사년 10월 10일 기사 가운데 남구만(南九萬)에 대한 자설을 보면, "업동(業同)의 옥사를 담당하였을 때 철저히 조사하여 다스려서는 안 된다고 아뢴 것은 결코 다른 뜻이 없이 실로 춘궁(春宮, 경종)의 처지를 위한 것이었고, 또한 충성스러운 마음에서 나온 것이었다." 하였다. 경종의 안위(安危)가 당대뿐만 아니라 즉위 이후 연잉군 처지와도 직결된 사안이라는 점에서 남구만의 동궁(東宮) 보호 노력을 높이 평가했던 것이다. 흥미로운 점은 남인계 남하정(南夏正) 역시 남구만에 대해 긍정적으로 평가했다는 사실이다. 《동소만록(桐巢漫錄)》에 따르면, "정승 남구만이 사람들의 비방을 무릅쓰면서까지 살리려 했던 것은 장희재가 죽으면 희빈이 위험해지고, 희빈이 위험해지면 동궁이 불안해지기 때문이었다. 남구만을 공격하는 자는 뒷날 복을 기대하기 때문이라고 했다." 하였다.

당색을 달리했던 두 사람이 남구만에 대한 평가에서 일치된 정론을 견지했다는 점이 주목된다. 경종은 양자 모두에게 각각의 정치적 이해관계를 관철하기 위해서는 없어서는 안될 인물이었다. 즉 경종과 소론 내 완론 세력에 대한 공감을 바탕으로 상호간의 적대감을 해소할 여지가 엿보이는 대목이다. 본서의 편찬 목표가 영조 즉위의 정당성을 정치사의 맥락에서 확정하는 데 있었다. 따라서 연잉군 보호에 직·간접적으로 도움을 준 세력이라면 남인, 소론을 막론하고 모두 보합(保合)의 대상으로 포용할 수 있었다.

남구만과 달리 이문정이 비판했던 주요 소론계 인사로 유봉휘가 있다. 그는 1721년 사직(司直)으로 재직시 노론 사대신이 연잉군을 세제로 정책 하려 할 때 강력히 반대하였던 인물이었다. 이에 이문정은 세제 정책문제 와 관련해서는 어떠한 반론도 용납하지 않겠다는 의지를 피력하였다. 유봉휘처럼 경종 보호를 빌미로 연잉군의 지위를 불안케 만드는 준론 세력에 대해서는 부정적으로 평가하였다. 이러한 관점은 현재 권력과 미래 권력을 둘러싼 노론과 소론 간의 갈등이 표출된 경종 즉위초 장희빈 추보(追報) 문제, 연잉군으로의 건저(建儲) 및 정호(定號), 대리청정 등 주요 현안에서 보다 명확히 드러났다.

먼저 추보 문제에 관해서는 조중우(趙重遇)와 윤지술을 서로 대비하여 기술하였다. 이문정은 조중우의 주장에 대해 사사로운 은혜에 가탁하여 대의(大義)를 어그러뜨렸다고 평가하였다. 윤지술에 대해서는 숙종의 지문(誌文)에 장희빈의 죄상을 남겨야 한다고 주장했다는 점에서 대의를 내세워 사사로운 은혜를 끊어버렸다고 논평하였다. 이문정은 죽은 장희 빈을 빌미로 당쟁을 격화시키는 소론 내 준론 세력의 시도를 비판하는 한편, 이미 숙종에 의해 확정된 처분을 불필요하게 거론하여 조정을 분열시켰던 노론 내 준론 세력에 대해서도 양비론(兩非論)의 관점에서 논척하였다.

또 하나의 주요한 현안은 건저 문제였다. 이는 경종의 건강상태와 관련하여 숙종 후반 이래 노론이 줄기차게 주장해온 사안이었다. 이정소

(李廷熽)가 상소를 올려 연잉군으로의 정책을 촉구하였고, 마침내 노론 사대신에 의해 관철되었다. 이문정은 국가 대사를 졸속으로 결정한 점은 인정하면서도 그럴 수밖에 없었던 이유를 다른 종실 자제로 저위(儲位)를 정하려 했던 소론 내 준론 세력의 도발에서 찾았다.

이문정은 삼종혈맥(三宗血脈)인 연잉군으로의 왕위계승은 정파를 떠나서 그 누구도 부정할 수 없는 사안이라고 주장하였다. 하지만 청나라 강희제(康熙帝) 조차 경종에게 보낸 세제 책봉칙서에서 차후 국왕이 아들을 얻는 경사가 있으면 다시 주달(奏達)하라는 언급이 있었다. 만약 새롭게 왕자가 탄생하거나 다른 종실 출신을 데려다 양자로 삼는 방식의 왕위계승도 가능했던 것이다. 다급해진 노론의 입장에서 나온 상소가 조성복의 대리청정 요청이었다.

하지만 이문정은 정책 직후 이루어진 대리청정은 오히려 세제의 지위를 불안케 만드는 시도라고 지적하였다. 실제로 유봉휘를 위시한 준론 세력이 크게 반발하였고, 경종의 의지가 더해져 결국 대리청정 비망기를 환수하라는 결정이 내려졌다. 이를 계기로 세제를 축출하려는 움직임이 본격화되었다. 이문정은 아직 미약한 연잉군의 지위와 경종의 내심을 파악할 수 없는 상황에서 조성복의 상소는 성급하였고, 군신의 분위에서 어긋난 것이라고 비판하였다. 세제의 위상을 확립하기 위해서는 경종의 의중은 빼놓아서는 안 될 현실적 조건이었다.

본서에서 이문정은 조성복 상소를 대하는 경종의 심경을 정확히 지적하였다. 즉 "한편으로는 우리 임금은 능력이 없다는 마음을 가졌고, 한편으로는 주상을 협박하여 왕위를 빼앗을 계책이었다."는 것이다. 세제 정책을 계기로 차츰 안정을 찾아가던 연잉군의 입지가 무리한 대리청정 요구로 한 번에 무너질 수 있다는 위기의식을 반영한 논평이었다. 이는 경종을 위한 발언이면서 동시에 세제 지위 유지를 위해 국왕을 자극해서는 안된다는 경고인 셈이었다. 여기에 더해 대리청정은 군부(君父)를 협박하

여 왕위를 빼앗으려는 계책이라고까지 비난의 수위를 높였다. 이렇게
함으로써 소론 내 준론 세력의 무고(誣告), 즉 "조성복의 배후에 노론
사대신이, 그 배후에 세제가 있다."는 주장을 무마할 수 있다고 보았다.
대리청정을 빌미로 노론 사대신과 세제가 한꺼번에 궤멸당하는 상황을
모면하려 했던 것이다.

또 하나의 악재로 본서에서 청나라 사신의 배신(陪臣) 요구를 들었다.
당시 우의정 조태구가 숙종의 상례(喪禮)에 조문 온 청나라 사신이 세자와
종실의 자질(子姪)을 만나 보겠다는 요구를 들어주어서는 안 된다고 하였
다. 즉 상국(上國)에서 열국(列國)의 임금을 조문할 때, 그 배신이 된 아우와
조카까지 보는 일은 실례라고 하면서 배신이 조문을 받는 것은 임금
자리를 노리고 있다는 혐의를 무릅쓰는 것이 된다고 하였다. 따라서
정중히 거절하라고 촉구하였다.

이에 대해서 이문정은 다음의 자설을 남겼다. "한쪽 편 무리들이 연잉군
에 대해 자기 주장을 내세우며 다툰 지 이미 오래되었다. 지금 우의정이
말한 '혐의를 무릅쓴다.[冒嫌]'는 두 글자는 그들이 오랫동안 가슴 속에
품어온 불순한 생각을 드러낸 것이었으니, 청나라 사신이 왕제와 종실의
자질들을 보겠다고 청한 말은 간사한 소인이 터럭을 불어 흠을 찾는
단서가 되기에 충분하였던 것이었다." 갖가지 권모술수를 통해 세제에게
가해지는 정치공세에 맞서 이를 당론으로 규정하고 반드시 이겨내겠다는
의지를 피력하였다.

II-2.

권2에서는 1722년(경종2)부터 1724년 경종이 죽음에 이르는 시기, 한층
심화된 연잉군에 대한 공세를 임인옥사를 중심으로 다루고 있다. 김일경
이 소두(疏頭)가 되어 올린 육적(六賊)의 상소 이후 본격적으로 전개된

소론 내 준론 세력의 공세를 목호룡 고변 과정과 일련의 국문(鞫問) 상황을
중심으로 기술하였다.

이문정은 전술(前述)하였듯이 신임옥사를 정치공작으로 규정하였다.
김일경을 위시한 소론 내 준론 세력과 심단(沈檀) 등이 세제와 노론 사대신
을 몰아내기 위해서 밖으로 어유구(魚有龜) 등 귀척(貴戚)과 결합하고,
안으로 박상검(朴尙儉) 등 환관을 사주하여 벌인 무옥(誣獄)이었다. 그는
사안의 중대성을 감안하여 두 가지 방식을 통해 무고(誣告)임을 밝히려
노력하였다. 하나는 옥사 관련 각종 명단과 공초(供招) 등 객관적인 기록을
통해서, 다른 하나는 자설을 확장한 논설을 통해 적극적으로 옥사의
실체를 규명하려 했다.

먼저 그는 1723년 이후 본문 기사에서 '단독 상소를 올린 명단[獨疏秩]',
'연명 상소를 올린 명단[聯疏秩]', '연명 계사를 올린 명단[聯啓秩]' 등을
제시하였다. 이를 통해 화란에 맞서 소신을 굽히지 않은 인사의 면모를
소개하였다. 동시에 '형장(刑杖)을 맞다가 죽은 사람이 자백한 초사 목록[杖
斃人承款招辭秩]'과 '아직 체온이 식지 않은 시신의 자백한 초사 목록[未冷屍承
款招辭秩]' 등을 게재하여 신임옥사가 고문과 조작된 진술에 근거하여
단행된 무옥임을 재차 확인하였다.

주목되는 사실은 소론 가운데 음서(蔭敍)로 관직에 나갈 수 있었지만
출사하지 않은 인사로 윤충교(尹忠敎)와 이징만(李徵萬)을 소개하였다.
윤충교는 녹훈도감(錄勳都監) 감조관(監造官)에 임명되었으나 출사하지
않았다. 그가 윤증(尹拯)의 아들이고, 당대 소론을 대표하는 가문 출신이라
는 점에서 그의 출사 거부는 신임옥사가 소론내 일반적인 정서에서
벗어난 무옥임을 간접적으로 표명하는 사례였다.

한편 이징만 역시 1723년(경종3) 4월 이조판서 유봉휘로부터 직접
후릉(厚陵) 참봉에 제수되었지만 병을 핑계로 출사하지 않았다. 그는
청백리였던 고(故) 이조참판 이신효(李愼孝)의 후손이었다. 특히 그는

준론 세력의 핵심이었던 최석항과 조태억, 유봉휘 등과 젊어서부터 교유하면서 후대(厚待) 받던 인물이었다. 그런 그가 세제를 정책한 뒤 유봉휘가 도리에 어긋나는 상소를 올리자 직접 찾아가 부당성을 논파하였다. 이 같은 사실은 유봉휘 등이 주도했던 반(反) 연잉군 전선이 준론 중에서도 소수의 인원만이 참여한 것이며, 동시에 이들이 모의하여 일으킨 신임옥사도 내부적으로 큰 호응을 얻지 못한 사실을 반증하는 것이었다. 당시 양자 사이에 오간 대화는 기왕의 주요한 당론서에서 찾아볼 수 없는 내용으로, 본서의 사료적 가치를 잘 보여주고 있다. 철저한 사료 비판을 통해 해당 시기 정치사 연구에서 유효하게 활용될 수 있을 것이다.

이처럼 이문정은 객관적 기록들을 통해 신임옥사가 형화임을 입증하는 한편, 본격적인 논설을 통해 자신의 주장을 적극 개진하였다. 교묘한 음모에 맞서 연잉군을 보호하기 위해서는 짧은 자설 만으로는 논박하기에 역부족이라고 여겼던 것이다. 더욱이 노론 사대신이 제거된 상황에서 감춰진 진실을 드러내고 엄정하게 논평하는 것만이 세제를 옹위(擁衛)하는 세력을 하나로 결집하는 데 유효하다고 판단하였을 것이다.

우선 '신임옥사의 허위를 전체적으로 논한다[總論辛壬獄事虛僞]'에서는 제목 자체에서 이미 작성 의도를 드러냈다. 그 분명한 근거로 형장을 맞다가 죽은 27명의 초사를 제시하였다. 이문정은 실체가 없는 것을 '허(虛)'라 하고, 진실이 아닌 것을 '위(僞)'로 구분하였다. '허'와 '위'는 '순연(純然)한 허'·'순전(純全)한 위'와 '가실(假實)의 허'·'가진(假眞)의 위', 두 가지로 대별(大別)하였다. 이를 신임옥사에 대입해보면 형장을 맞다가 죽은 자에게 승복한 초사가 있다고 하는 사실은 온 세상이 모두 아는 '순연한 허'이고 '순전한 위'라는 것이다. 27명이 모두 자복하지 않고 형장을 맞다가 죽은 사실은 그 자체로 신임옥사가 무옥임을 밝히는 확실한 근거였다. 여기에 더해 그는 심상길(沈尙吉)을 필두로 관련 초사를 하나하나 열거하며 그 진위를 확인하였다. 그리고 말미에 예의 삼종혈맥을 거론하며 북면(北面)하는 신하로서 그 누구도 왕제를 저사(儲嗣)로 정하는 것을 부정할 수 없음을 강조하였다. 해당 논설이 신임옥사의 여파가 연잉군에게까지 미치는 것을 차단하기 위한 목적이었음을 새삼 확인할 수 있다.

다음 '찬배자 목록[竄配秩]'에서는 세제를 위호(衛護)하다가 귀양간 인사들의 면모를 소개하였다. 민진원(閔鎭遠)으로부터 시작하여 홍우전(洪禹傳)에 이르기까지 총 49명의 명단과 유배된 경위를 짧게 적어 두었다. 이문정은 해당 글을 통해 옥사를 처리하는 과정에서 자연스럽게 드러난 시비와 충역에 근거하여 연대할 정파와 인물의 면모를 자연스럽게 소개하였다. 세제를 지키려다가 유배된 자들이야말로 어진 자들로서 등용되어야 할 인물들이었던 것이다. 반면 숙종이 멀리했던 목내선과 민암, 김일경의 무리는 충성을 가장한 간악한 인사들로 배척해야 할 대상이었다.

이문정은 국가의 흥망은 오로지 인주(人主)가 어진 자와 사특한 자를 밝게 분별하여 등용하고 물리치는 데에 달려 있다고 주장하였다. 오직 밝은 군주만이 충분히 살펴서 그 사특한 자를 물리치고 어진 자를 등용할 수 있었다. 대표적인 임금으로 숙종을 거론하면서 어린 나이에 대통(大統)을 이어받았음에도 총명한 자질로, 등용하고 사특한 자를 물리치는 것을 우선적인 업무로 삼아서 인재가 성대한 것이 삼대에 비견할 수 있었다고 했다. 이처럼 그는 난맥처럼 얽힌 당쟁을 해소할 주체로 군주를 상정하고, 적극적으로 임면권(任免權)을 행사할 때 비로소 국정운영이 안정될 것으로 기대하였다.

이어지는 '임금의 질병을 숨긴 일을 논함[諱疾論]'은 신임옥사를 초래한 원인 가운데 하나였던 대리청정 요구가 정당하였음을 밝히는 글이었다. 군신의 분위를 어그러뜨리면서까지 대리청정을 요구한 이유가 경종의 건강때문이라는 것이다. 조선후기 당론서에는 이와 관련하여 정파적 이해관계에 따라 상이(相異)하게 기술되었다. 남인 측에서는 경종이 갑자기 죽을 하등의 이유가 없었다고 보는 반면, 노론 측에서는 장희빈의 돌발 행동으로 인해 병을 얻어 심약해진 면모를 부각시켰다. 더 나아가 소론 측의 관리 소홀과 그 병증을 숨기려는 시도가 있었으며, 배후에는 불순한 의도가 있다고 단정하였다.

이문정은 대체로 후자의 입장을 따르고 있다. 하지만 모자(母子) 사이의 정리(情理)를 훼손하지 않는 범위에서 순화된 해석을 내놓았다. 그는 경종이 병을 얻게 된 계기를 어버이를 여읜 슬픔에서 찾았다. 신사년 사친(私親)을 영결(永訣)하는 날 홀연히 기이한 질병을 얻었다는 것이다. 그 뒤로 정신이 손상되어 문득 생각한 것도 돌아서면 잊어버리고, 화병으로 고생하게 되었고 하체에는 기운이 없어서 보행이 불편해졌다. 종국에는 고질병이 되어 후사를 이을 희망이 사라지게 되었다는 설명이었다.

그가 경종 질병과 관련하여 문제로 지적한 사안은 그 실상을 감추려 했던 소론 내 준론 세력의 움직임이었다. 이들이 자파에게 유리한 후계 구도로의 전환을 위해 국왕의 질병을 악용했다는 것이다. 숙종대까지 비교적 잘 관리되었던 경종의 병세가 어유구가 담당하면서부터 소홀해졌고 급기야 임금의 질병을 감추려는 조짐이 나타났다. 여기에는 연잉군이 아닌 종친 가운데 다른 자질로의 후계 구도 변화를 모의하려는 의도가 숨겨져 있다고 보고, 재차 세제 지위 확정 및 대리청정의 과정에서 준론 세력이 가했던 공세를 요약 정리하였다.

말미에는 경종 독살설이 언급되었는데, 이문정은 단호한 어조로 이를 부정하였다. 우선 게장을 진상한 일은 가을철의 새로운 별미여서 대전에 보낸 일이 있었다고 사실 자체는 인정하였다. 하지만 시기와 관련해서는 국왕이 위독해지기 이전의 일이었음을 분명히 해 둠으로써 게장과 경종의 죽음의 상관성을 부정하였다. 또한 만약 독살이 사실일지라도 바친 주체가 수라간이기 때문에 연잉군이 아니라는 점도 부연하였다. 끝으로 이문정은 독살설을 제기하는 무리는 종사와 삼전(三殿)의 흉악한 역적일 뿐만 아니라 천고의 흉악한 역적이라고 천명하였다.

II-3.

본문 뒤에는 별록으로 〈농수 이공 유고 초〉와 〈무민재 이공 유고 초〉가 실려 있다. 해당 내용은 직계 후손들이 선친이 남겨둔 사적인 기록 가운데 직접 보고 들은 시사(時事) 관련 내용 및 주요 인사들과의 일화들로 구성되었다. 그중에는 관찬 사료나 여타 당론서에서 발견되지 않는 내용들도 있다.

먼저 〈농수 이공 유고 초〉는 총 11개 항목으로 편성되었다. 일부 내용에서 "소자 광유(匡維, 여섯째 아들)가 기록하여 뒷날의 증거가 되게 하려 한다."거나 "소자 이광유가 이어서 기록하였다."는 구절로 보아 자식들이 생전에 직접 들은 내용과 부친이 남겨둔 기록을 정리한 것으로 추정된다.

11개 항목은 '정유일기 한 조항[丁酉日記一條]'을 필두로 '기해년 한 조항[己亥 一條]', '또 한 조항[又一條]', '경자(庚子) 조항', '신축년 한 조항[辛丑 一條]', '반곡(盤谷)체좌(棣座)에게 드린다[呈盤谷棣座下]', '같은 해 한 조항 [同年 一條]', '김 영부사를 전별하는 한 조항[餞別金領府一條]', '몽와 제문(祭夢窩文)', '여덟 자식을 경계하며 보낸 편지[戒八子書]', '송헌(松軒)의 기록 두 조항[松軒所記 二條]' 등이다. 그런데 '경자 조항'의 내용은 본문에는 실려 있지 않다. 즉 비에 젖어 썩어서 제대로 초출(鈔出)하지 못하였다는 이유에서였다. 해당 글의 주요 내용을 소개하면 다음과 같다.

'정유일기 한 조항'에는 청지기 정영대(鄭榮大)의 진술을 통해 이진유와 이진검 형제가 귀척(貴戚)과 내통하며 세제 대리청정을 번복하려 한 저간의 사정이 소개되었다. '기해년 한 조항'에는 경자년(1720, 숙종46) 1월 3일 이문정이 세배를 겸해 김창집을 만나고 돌아왔을 때 노론의 동향을 염탐하기 위해서 찾아온 이진유 형제와 나눈 대화가 실려 있다. '또한 조항'에는 김창집과의 교유관계를 이문정이 설사병에 걸렸을 때 약을 보내주어 완쾌된 일화와 김창집이 직접 당호(堂號)로 '일삼당(一三堂)'을 지어준 사례들이 기술되었다.

'신축년 한 조항'에는 이진검이 주도하는 노론 사대신 토역 상소에 둘째 아들 이광세(李匡世)가 참여한 연유와 이를 질책하며 훈계한 내용이 실려 있다. 이어지는 '반곡 체좌에게 드린다'에서는 이문정이 직접 이진유에게 쓴 글이 소개되었다. 여기서 그는 노론 사대신이 설혹 사사로운 의도에서 세제를 정책하였더라도 실로 종사의 큰 계책에서 나온 것이라고 변론하면서 그들에 대한 토역에 반대의사를 표명하였다. '같은 해 한 조항'에는 재종 조카 이광보(李匡輔)가 방문하여 귀향하려는 이문정을 만류하면서 나눈 대화가 실려 있다. 여기서도 삼종혈맥의 유일한 계승자인 연잉군의 위상을 강조하면서 세제를 교체하려는 시도에 반대하였다.

'김 영부사를 전별하는 한 조항'과 '몽와 제문'에는 김창집이 귀양을 떠나기 전부터 유배지에서 죽음을 맞이하기까지 일련의 과정에 대한 이문정의 소회를 담고 있다. 아울러 '여덟 자식을 경계하며 보낸 편지'에서는 쓸데없이 붕당에 참여하여 본인은 물론 가문에게까지 화를 끼치지 말 것을 당부하였다. 여기서 이문정은 정치적 입장을 분명히 드러냈다. 자신의 집안은 정론(正論)을 좇아서 서인에 좌정하였고, 따라서 서인이 분열되어 노론과 소론이라는 명목이 생긴 것은 《춘추》대의리의 관점에서 볼 때 부당하다고 말했다.

이문정이 소론 가문 출신임에도 불구하고 노론 사대신의 정치 행보에 공감했던 연유가 온전히 파악된다. 그는 정론을 추구하는 서인의 면모를 강조함으로써 분열하여 대립하기보다는 세제 위호를 매개로 화해하고 통합하여 대의리를 확립하고자 했다. 노·소론으로 나뉘어 편당 짓기보다는 청론을 추구하며 함께 힘을 모아 가는 모습을 기대했던 것이다. 하지만 현실적으로 이 같은 바람이 이루어지기 어려운 상황을 고려하여 '송헌의 기록 두 조항'에서는 차선책으로 거듭 사당(邪黨)에 참여하지 말고 과거에 합격해도 출사를 포기하고 의리에 따를 것을 권면하였다.

이처럼 〈농수 이공 유고 초〉에는 이문정이 살아생전에 서인으로서 정체성을 유지하면서 노·소론 분기 과정에서 당파에 물들지 않고 공정한 입장을 견지하려 노력했던 행적들이 실려 있다. 여기에 후손이 부친의 유고를 초록하여 실어둔 의도가 담겨 있었다. 본문 내용이 결코 특정 정파에 치우쳐 기술된 것이 아니라 청론, 혹은 정론에 입각하여 편술되었음을 드러내고자 했던 것이다. 평상시 아버지가 자식을 포함한 가족 친지들에게까지 당쟁의 위험성을 지속적으로 경고했던 구체적인 언행과 행적을 소개함으로써 자칫 치열한 정쟁과정에서 제기될 수 있는 편파성 시비에서 비켜 가고자 의도한 것이다.

마지막으로 〈무민재 이공 유고 초〉는 이문정과 교분이 두터웠던 이징만이 남긴 기록을 채록(採錄)한 것이다. 이징만은 신임옥사를 기점으로 소론 내 준론 세력의 정치행태를 비판하면서 노론 사대신을 옹호하는 입장으로 돌아선 인사였다. 그 역시 당대 본인이 직접 보고 들은 내용을 '목호룡 무고 한 조항[睦虎龍誣告一條]'과 '윤회가 몽와에 대해 후회하며 논한 한 조항[尹會悔論夢窩 一條]'으로 남겼다.

'목호룡 무고 한 조항'에서는 당시 옥사를 담당했던 의금부 나장(羅將) 양천석(梁千石)의 진술을 통해 목호룡의 고변으로 촉발된 옥사와 국문 과정을 상세히 소개하였다. 특히 백망(白望)의 증언을 통해 고변의 배후에 김일경이 있고, 최석항과 조태구, 심단 등이 적극 동조했다는 사실을 폭로하였다. '윤회가 몽와에 대해 후회하며 논한 한 조항'에서는 한때 김창집을 뇌물죄로 논핵했던 윤회가 이징만과의 대화를 통해 진실을 알게 된 뒤 후회했다는 내용이 담겨 있다.

이처럼 〈무민재 이공 유고 초〉는 무고를 일삼는 준론 세력의 일면을

소개하는 내용으로 이루어졌다. 이징만은 당대 유봉휘 등 준론 세력과
각별한 친분을 유지하고 있던 인사였다. 그런 인물조차 신임옥사가 조작
된 사건임을 알고 분노하여 교분을 끊었다는 사실은 앞서 기술된 이문정
의 정론과 술회가 편파적이지 않고 정당했음을 제삼자를 통해 재차
확인하는 셈이었다.

III.

이상의 《수문록》 본문과 별록을 통해 드러난 이문정의 당쟁사 인식을
요약하면 다음과 같다. 그는 환국을 통해 증폭되어가는 정국의 불안정성
을 종식하기 위해서는 무엇보다 연잉군의 세제 책정과 순조로운 왕위계승
이 절실하다고 판단하였다. 이에 연잉군을 매개로 연대할 수 있는 세력을
한데 모아서 갈등을 유발할 정쟁 요소를 최소화하고 타협을 이룰 수
있는 여지를 최대한 확장하고자 했다. 이 같은 탕평의 기본조건은 후계
구도의 안정화였다.

이문정은 서문에서 삼강오륜(三綱五倫)의 가장 으뜸은 모두 군신 관계이
고, 동궁이 저위에 정책됨으로써 군신의 의리는 이미 정해졌다고 주장하
였다. 따라서 대리청정 철회를 계기로 거세지는 준론 세력의 공세에
맞서 세제 연잉군을 굳건히 옹위하고, 이에 반하는 행위는 충역의 관점에
서 엄정하게 시비를 가려 논척하였다. 자연히 세제 제거를 목표로 노론
사대신을 축출한 신임옥사는 역(逆)으로, 화란이자 형화였다. 이 점은
목호룡 고변을 촉발시킨 노론 자제의 동향을 평가한 대목에서 잘 나타나
고 있다.

이문정은 이희지(李喜之)·김용택(金龍澤) 등이 자금을 모아 지상궁(池尚
宮)과 내통한 사실을 부인하지 않았다. 하지만 세제를 폐하고 이상대(李尚
大)를 옹위하려는 소론 내 준론 세력의 시도를 분쇄하기 위해 모의했다는

점에서 연잉군에 대한 충성과 의리만큼은 높이 평가하였다. 시비의 기준이 세제 보호에 있고, 이에 따라 충역을 판정하려는 의도를 잘 보여주는 사례였다.

아울러 이문정은 연잉군의 왕위계승에 장애가 되는 사안들에 대해 적극 변론하였다. 대표적으로 세제 대리청정을 들 수 있다. 청정 철회에 따른 위기감이 고조되었을 때 그가 내세운 논리가 바로 준론 세력의 세제 교체시도와 경종의 건강상태였다. 당시 준론 세력은 경종의 병환을 숨기면서 귀척과 연계하여 저사 교체를 시도하였다. 따라서 세제의 대리청정은 위급한 상황에서 국체를 보존하기 위해서 내려진 어쩔 수 없는 결정이었다는 것이다.

이는 자연스럽게 노론 사대신에 대한 옹호로까지 이어졌다. 그가 판단하기에 노론 사대신의 도움 없이는 현실적으로 세제 신분을 유지하기도 온전히 등극하기도 어려운 상황이었다. 더욱이 대리청정 철회 여파가 사대신은 물론 세제로까지 확대되어가는 시점에서 사대신을 적극 변론하여 노론 내 준론 세력으로부터 분리해 냈다. 이로써 세제를 보위할 수 있는 사대신의 역량을 최대한 보존하려 했다.

전반적으로 이문정은 서인으로서의 정체성을 분명히 하면서 소론 청론의 입장을 견지하였다. 당쟁의 폐해로부터 조정을 안정시키기 위해서는 삼종혈맥의 계승자인 연잉군을 잘 보위하여 왕위를 계승하게 하는 것만이 유일하다고 보았다. 이를 매개로 협치를 이끌어내어 정파간 갈등을 최소화하려 했고, 이에 맞서는 시도에 대해서는 충역의 관점에서 판정하였다. 진실로 오늘날 국사를 위한 마음이 있다면, 세제 대리청정 이외 다른 방도가 없었다는 그의 바람은 이 같은 청론의 특징을 잘 반영한 심경이었다.

본서는 치열한 정쟁의 과정에서 정파적 이해관계를 앞세우기 보다는 탕평을 통해 안정을 추구하려 했던 이문정의 정론을 잘 보여주는 당론서이다. 일반적으로 조선후기 당론서는 소속 정파의 이해관계를 앞세워 자파 중심으로 정치사를 정리한 방식을 따르고 있다. 이에 반해 본서는 당대 현안에 대해서 일정하게 정파적 입장을 견지하면서도 분열과 대립을 지양하고 화해와 타협을 이룰 수 있는 관점을 지속적으로 제안하고 있다.

한편 본서에서는 신임옥사를 계기로 소론 내 세력 분기의 양상이 구체적으로 기술되었다. 같은 일가로서 이문정과 이진유 사이의 대립을 통해 소론 내 완론과 준론이 분화되는 과정을 당대인의 관점에서 생생하게 살필 수 있다. 이 점에서 여타 당론서들과의 상호 비교를 통해 해당 시기 정파간 대립과 분화, 연대과정을 종합적으로 고찰할 수 있을 것이다. 대표적으로 《신임기년제요》와 《사백록》 등과 같이 정파적 입장을 뚜렷이 견지하는 당론서와의 대비를 통해 당대 정치사의 실체에 한 발 더 다가설 수 있을 것이다.

《수문록》을 위시한 다양한 당론서에 대한 역주작업은 근대국가로의 이행과정에서 불가피하게 초래되었던 당쟁을 객관적으로 인식하고 역사 발전의 맥락에서 온전히 이해할 수 있는 토대를 제공하는 것이다. 이를 통해 조선시대 연구자는 물론 일반인들에게 당쟁망국론(黨爭亡國論)의 관점에서 벗어나 정치사를 근대국가로의 발전선 상에서 파악할 수 있을 것이다.

번

역

수문록(隨聞錄)* 서문

　천지가 생긴 지 오래되어서 원회(元會)1)가 장차 말기로 접어들고 있다. 이에 따라 삼강(三綱)이 점점 쇠퇴해지는 지경에 들어가 어두워지고 혼란해진 것이 마치 물이 점점 아래로 흘러가듯 하여 《춘추(春秋)》의 의리(義理)2)를 강명(講明)하는 사람이 없으니, 난신적자(亂臣賊子)가 무엇이 두려워 계속해서 일어나서 무리를 불러 모으기에 이르지 않겠는가?

　궁음(窮陰)3)이 작용하면 뭇 꽃들이 모두 꺾이고, 소인(小人)이 때를 얻으면 군자가 모두 죽임을 당하니, 그렇게 되는 이유는 소인이 궁음의 기운을 받아서 생기기 때문이다. 그러므로 소인이 때를 얻으면 군자를 모두 죽여서 궁음이 작용하여 뭇 꽃들이 모두 꺾이는 원리에 스스로

---

*　본서는 《朝鮮黨爭關係資料集》 권5(여강출판사 영인본)를 저본으로 하였다.

1)　원회(元會) : 원회운세(元會運世)의 줄임말이다. 송(宋)나라 소옹(邵雍)이 주장한 학설에서 나오는 용어이다. 원(元)은 우주가 열린 뒤부터 소멸되기까지의 한 주기를 가리키는 말이다. 1원은 12회(會)이고 1회는 30운(運), 1운은 12세(世)이고, 1세는 30년이 된다. 따라서 일원은 12만 9600년이 된다.(《皇極經世書·觀物》 참조)

2)　춘추(春秋)의 의리(義理) : 《춘추》는 춘추시대 노(魯)나라 은공(隱公)으로부터 애공(哀公)에 이르기까지 12공(公) 242년간의 기록을 담은 편년체 역사책이다. 공자(孔子)가 지은 것으로 알려져 유학의 경전인 오경(五經) 가운데 하나가 되었다. 《춘추》를 통해서 공자가 표명한 역사의식과 가치관을 가리키는데, 조선 후기에는 양난(兩亂) 이후 중화(中華)인 명나라를 섬기는 의리를 가리키는 의미로 주로 사용되었으며, 나아가서는 유교 윤리 전반을 의미하기도 하였다.

3)　궁음(窮陰) : 음기(陰氣)가 꽉 찼다는 뜻으로, 겨울을 가리킨다. 여기서는 소론(少論)과 남인(南人)에 의해 노론(老論)이 피해를 입은 신축년(1721, 경종1)의 환국과 임인년(1722)의 옥사를 상징하는 표현으로 볼 수 있다.

부합하려 한다. 이것은 참으로 물리(物理)의 당연한 현상으로서 예나 지금이나 모두 같은 것이다.

"벌(罰)은 자식에게까지 이르지 않는다."4)는 성인의 교훈이 분명히 기록되어 있는데도 우리 조정에서는 신축년(辛丑年)과 임인년(壬寅年)의 화란(禍亂)5)이 일어나기에 이르렀다. 목호룡(睦虎龍)6)이 삼수(三手)7) 변서

---

4) 벌은 …… 않는다 : 원문은 "罰不及嗣"이다. 형벌은 자식에게까지 미치지 않는다는 말이다.(《書經·大禹謨》참조)

5) 신축년(辛丑年)과 임인년(壬寅年)의 화란(禍亂) : 신축년(1721, 경종1) 환국과 임인년(1722)에 발생한 옥사를 가리킨다. 1721년 노론(老論)이 경종의 병세를 이유로 연잉군(延礽君, 영조)을 세제(世弟)로 세운 뒤, 곧 대리청정을 건의하였다. 이에 소론(少論)은 이것을 경종에 대한 불충(不忠)으로 몰아 신축환국을 일으켜 집권하였다. 이어지는 임인년에 목호룡(睦虎龍)의 고변을 계기로 다시 노론 사대신(四大臣)을 역모로 처형시켰다. 이 사건이 임인옥사이다. 이 두 사건을 '신임사화(辛壬士禍)'라고도 불렀는데, 이는 노론이 억울하게 처벌받았다는 정파적 입장을 반영한 것이다. 대표적인 당론서로 《진감(震鑑)》을 들 수 있다. 본서에서는 신축환국과 임인옥사로 구분하고, 이 둘을 같이 표기할 때는 '신임옥사'라는 객관적 표현을 사용하고자 한다.

6) 목호룡(睦虎龍) : 1684~1724. 본관은 사천(泗川)이다. 참판 목진공(睦進恭)의 후손이며, 남인(南人)의 서얼(庶孼)이다. 일찍이 종실인 청릉군(靑陵君)의 가동(家僮)으로 있으면서 풍수술(風水術)을 배워 지사(地師)가 되었다. 처음에는 노론인 김용택(金龍澤)·이천기(李天紀)·이기지(李器之) 등과 함께 세제(世弟, 연잉군)를 보호하는 편에 속하였다. 그러나 1721년(경종1) 김일경(金一鏡) 등의 상소로 김창집(金昌集) 등 노론 사대신이 유배되고 소론 정권이 들어서자, 1722년 소론 측에 가담하여 경종을 시해하려는 모의가 있었다는 이른바 '삼급수설(三急手說)'을 고변(告變)하였다. 이 고변으로 인하여 역모로 지목된 60여 명이 처벌되는 옥사가 일어났고, 건저(建儲) 사대신인 이이명(李頤命)·김창집·이건명(李健命)·조태채(趙泰采) 등이 사형당하였다. 목호룡은 고변의 공으로 부사공신(扶社功臣) 3등으로 동성군(東城君)에 봉해지고 동지중추부사(同知中樞府事)에 올랐다. 그 뒤 1724년 영조가 즉위하면서 노론의 상소로 임인옥사가 무고(誣告)로 발생한 사건임이 밝혀지자, 김일경과 함께 붙잡혀 옥중에서 급사(急死)하였다. 죽은 뒤 당고개(唐古介)에서 효수되었다.

7) 삼수(三手) : 목호룡이 노론 측에서 경종을 시해하고자 모의했다는 소위 '삼급수설(三急手說)'을 가리킨다. 1722년 3월 27일 목호룡이 역모를 고변하는 내용 속에서 구체적으로 언급되었다. 삼급수는 보검을 이용한 '대급수(大急手)', 독약을 이용한 '소급수(小急手)', 전지(傳旨)를 위조하는 '평지수(平地手)'이다. '대급수'는 김용택이 보검을 백망(白望)에게 주어 숙종의 국상(國喪) 때 궁궐로 들어가 세자였던 경종을 시해하려고 한 것을 말한다. '소급수'는 이기지·정인중(鄭麟重)·이희지(李喜之)·

(變書)를 꾸며내어 선조(先朝)가 예우했던 사대신(四大臣)[8]과 국가에 대대로 충성해 온 여러 군자들을 거의 모두 형벌을 내려 죽이고, 또 노륙(孥戮)[9] 하였으니, 이는 실로 천고에 없었던 형화(刑禍)였다. 죄 없는 여러 신하들이 혹독한 화(禍)를 당한 것은 오히려 남은 일에 속하고, 이보다 더욱 큰 것이 있다.

강(綱)에는 세 가지가 있는데,[10] 세 가지 가운데 가장 으뜸인 것이 어찌 임금과 신하가 아니겠는가? 윤(倫)에는 다섯 가지가 있는데, 다섯 가지 가운데 가장 앞선 것 또한 임금과 신하가 아니겠는가?[11] 오직 우리 동궁(東宮)[12]께서 저위(儲位, 세자 지위)를 크게 받으셨으니 군신의

김용택·이천기·홍의인(洪義人)·홍철인(洪哲人) 등이 은(銀)을 상궁 지씨(池氏)에게 주고, 상궁이 독약을 타서 세자를 시해하려고 하였다는 것이다. 실제 1720년에 시행되었다고 하였다. '평지수'는 이희지가 언문(諺文)으로 세자를 무고하고 헐뜯는 말로 가사(歌詞)를 지어 궁중에 유입시키고, 또 숙종의 명령을 자신들이 꾸며서 세자를 폐위시키려 한 것이었다.(《景宗實錄》 2년 3月 27日 참조)

8) 사대신(四大臣) : 임인년 옥사에서 죽은 김창집(金昌集)·이이명(李頤命)·이건명(李健命)·조태채(趙泰采) 등 노론의 정승 4명이다.

9) 노륙(孥戮) : 본인의 죄로 인해 처자가 모조리 죽임을 당하는 형벌을 말한다.

10) 강(綱)에는 …… 있는데 : 삼강(三綱)을 말한다. 군위신강(君爲臣綱), 부위자강(父爲子綱), 부위부강(夫爲婦綱)이다.

11) 다섯 가지 …… 아니겠는가 : 오륜(五倫)을 말한다. 부자유친(父子有親), 군신유의(君臣有義), 부부유별(夫婦有別), 장유유서(長幼有序), 붕우유신(朋友有信)이다. 본래 오륜의 순서는 부자 관계를 가장 먼저 거론하는데, 본서의 편자인 이문정(李聞政)은 군신 관계를 우선시한 점이 주목된다.

12) 동궁(東宮) : 연잉군(延礽君, 1694~1776), 즉 영조(英祖, 21대 국왕)를 가리킨다. 숙종의 생존한 세 아들(경종·영조·연령군(延齡君)) 중 둘째로, 어머니는 화경숙빈(和敬淑嬪) 최씨이다. 1699년(숙종25) 연잉군에 봉해졌다. 1721년 경종이 즉위하였지만 후사가 없자 김창집·이건명·이이명·조태채 등 노론 사대신이 세제 책봉을 촉구하였고, 숙종 계비(繼妃) 인원왕후(仁元王后)가 삼종혈맥(三宗血脈)을 내세워 마침내 책봉을 관철시켰다. 노론은 여기서 더 나아가 경종의 지병을 빌미로 세제의 대리청정(代理聽政)을 요구하였다. 이에 유봉휘(柳鳳輝) 등 소론이 임금에 대한 불충이라 하며 강하게 반발하였고, 결국 대리청정을 취소시켰다. 뒤이어서 김일경 등이 목호룡의 고변을 빌미로 임인옥사를 일으켜 노론 사대신을 위시한 170여 명의 인사들을 처벌하였다. 이 사건에 연잉군의 처남 서덕수(徐德壽) 등이 연루되었고, 연잉군 자신도 공초(供招)에 오르내리며 혐의를 받았다. 그렇지만 김동필(金東弼)·

의리는 이미 정해진 것이다. 이윤[伊師]13)이 말하기를,

"우리 임금을 요(堯)와 순(舜)처럼 성스럽게 만들지 못하니, 내 마음이
부끄럽기가 마치 시장에서 종아리를 맞는 듯하다. 우리 임금을 요와
순처럼 성스럽게 만들지 못한다면 오히려 시장에서 종아리를 맞는 것과
같은 부끄러움이 있을 것이다."14) 하였다. 하물며 한 터럭의 흠도 없는
우리 성저(聖儲)15)가 흉악한 무리로부터 근거 없이 날조한 무고를 받아
천고 이래 씻기 어려운 악명을 뒤집어썼는데도 밝게 분변할 줄 모르니,
수천 리 우리나라에 충신 의사(忠臣義士)가 있는가, 없는가? 아! 인필(麟
筆)16)의 엄한 처벌은 아득히 멀어서, 강자가 약자를 집어삼킨 반역을
되돌리기가 어려워 전혀 징계받지 않으니, 악독한 주둥아리로 멋대로
떠들어대며 흉악한 속내를 드러내 보였다.

조태구(趙泰耉)17)와 최석항(崔錫恒)18)의 무리들이 양왕(梁王)의 옥사(獄

조현명(趙顯命)·송인명(宋寅明)·박문수(朴文秀) 등의 보호를 받아 세제 지위를
유지할 수 있었고, 마침내 1724년 즉위하였다.
13) 이윤[伊師] : 이윤(伊尹)을 가리킨다. 은(殷)나라 탕(湯)임금 때 재상이다. 유신(有莘)
의 들에서 밭을 갈다가 탕임금의 부름을 받고 벼슬에 나가 하(夏)나라 폭군 걸(桀)을
치고 은나라 창업을 도왔다.
14) 우리 임금이 …… 있다 : 《서경(書經)》〈열명 하(說命下)〉에 따르면, 이윤이 "내가
나의 임금을 요순처럼 만들지 못한다면 시장에서 종아리를 맞는 것처럼 내 마음이
부끄러울 것이요, 한 사나이라도 살 곳을 얻지 못한다면 이 또한 나의 죄라고
할 것이다.[予弗克俾厥后爲堯舜, 其心愧恥若撻于市, 一夫不獲, 則曰時予之辜.]"라 하였다.
15) 성저(聖儲) : 성저는 왕위를 물려받을 세자나 세제(世弟)를 이른다. 여기서는 1721년
(경종1)에 연잉군을 세제에 책봉한 것을 가리킨다.
16) 인필(麟筆) : 사필(史筆)을 말한다. 공자가 《춘추(春秋)》를 짓다가, 애공(哀公) 14년
'서수획린(西狩獲麟)'의 대목에서 절필(絶筆)한 고사에서 유래한 것이다.
17) 조태구(趙泰耉) : 1660~1723. 본관은 양주(楊州), 자 덕수(德叟), 호 소헌(素軒)·하곡
(霞谷)이다. 우의정·영의정 등을 역임하였다. 조태채(趙泰采)와 조태억(趙泰億)의
종형이다. 1720년(경종 즉위년) 우의정에 올랐는데, 당시 소론의 영수로서 노론과
대립하던 중 1721년 정언 이정소(李廷熽)의 건저 상소(建儲上疏)와 김창집 등 노론
사대신의 주청에 의해 연잉군이 세제로 책봉되자, 유봉휘로 하여금 반대 상소를
올리게 하였다. 또한 노론이 세제의 대리청정을 주장하자 최석항(崔錫恒)·조태억·
박태항(朴泰恒)·이광좌(李光佐) 등과 함께 대리청정의 환수를 청하여 관철시켰다.

事)19)에서 추문(推問)하지 않은 고사(故事)를 들어서 아뢰었으니,20) 이것은
참소하여 얽어 넣은 극치였다. 김일경(金一鏡)21)은 회인종무(懷刃鍾巫)22)

같은 해 12월 전 승지 김일경과 이진유(李眞儒)·윤성시(尹聖時) 등이 상소하여
건저를 주장하던 노론 사대신을 사흉(四凶)으로 몰아 탄핵한 뒤 이들에 대한 사사(死
賜)를 관철시켰다. 그 뒤 영의정에 올라 최석항·김일경 등과 함께 국론을 주도하였
다. 1725년(영조1) 신임옥사의 원흉으로 탄핵을 받고 관작이 추탈되었다가 1908년
(순종2)에 복관되었다.

18) 최석항(崔錫恒) : 1654~1724. 본관은 전주(全州), 자 여구(汝久), 호 손와(損窩)이다.
영흥부사 최기남(崔起南)의 증손으로, 할아버지는 최명길, 아버지는 최후량(崔後亮)
이다. 최후원(崔後遠)에게 입양되었다. 영의정 최석정의 아우이다. 숙종대 검열을
거쳐 경상도관찰사를 지냈다. 1721년(경종1) 좌참찬 재직시 세제 대리청정의 지시를
철회시켰다. 이후 이조판서를 거쳐 좌의정 등을 역임하였다. 소론 사대신 가운데
한 사람으로 꼽혔다.

19) 양왕(梁王)의 옥사(獄事) : 양왕은 한(漢)나라 경제(景帝)의 친동생이었다. 양왕의
반역 음모가 발각되어 전숙(田叔)을 보내어 조사하였다. 전숙이 돌아와서 말하기를,
"양왕의 일은 묻지 마소서. 바른대로 말하면 처단하여야 하고, 처단하면 태후(太后)
의 마음을 상하게 할 것입니다." 하여, 양왕의 신하 양승(羊勝)·공손궤(公孫詭)의
무리에게만 형벌을 내렸다.

20) 조태구 …… 아뢰었으니 : 1722년(경종2) 영의정 조태구와 우의정 최석항이 청대(請
對)하여 진수당(進修堂)에 입시하였다. 당시 조태구가 말하기를, "세제가 국옥(鞫獄)
의 초사(招辭) 때문에 불안한 단서가 있어 심지어 진소(陳疏)하려 하신다 합니다."
하면서 양왕의 옥사를 끝까지 캐지 않았다는 고사를 인용하면서 추문(推問)하지
말 것을 청하였다.(《景宗實錄》 2年 3月 29日 참조) 이와 관련하여 노론 측이 작성한
그의 졸기(卒記)에 따르면, "목호룡의 변(變)이 발생하자 양왕의 옥사를 끝까지
캐지 않은 일을 인용함으로써 세제를 암매(暗昧)한 지경에 처하게 하였고, 무옥(誣獄)
을 단련(鍛鍊)해 내어 못하는 짓이 없었다." 하였다.(《景宗修正實錄》 3年 6月 6日
참조)

21) 김일경(金一鏡) : 1662~1724. 본관은 광산(光山), 자 인감(人鑑), 호 아계(丫溪)이다.
이조참판·이조판서 등을 역임하였다. 1721년(경종1) 노론이 연잉군(延礽君, 영조)
을 세제에 책봉한 뒤 대리청정을 실시하고자 했다. 이에 김일경이 조태구 등과
함께 반대하여 대리청정을 취소하게 하였다. 임인옥사 당시 소론 가운데 강경한
입장을 견지했던 준소(峻少)로서 김창집 등 노론 사대신의 처벌을 주도하였다.
1724년 영조가 즉위하자 노론의 논척을 받아 유배되었다. 그 뒤 청주의 유생
송재후(宋載厚)의 상소를 발단으로 신임옥사가 무고(誣告)였다는 탄핵을 받고 목호
룡과 함께 참형을 당하였다.

22) 회인종무(懷刃鍾巫) : 김일경이 상소에서, "한밤중에 칼을 품은 일이 노나라 때
종무의 변(變)과 같았다.[夜半懷刃, 有若魯之鍾巫.]"라고 한 구절에서 따온 말이다.(《景
宗實錄》 4年 4月 24日 참조) 종무의 변이란 노(魯)나라 공자(公子) 휘(翬)가 은공(隱公)을

와 접혈금정(蹀血禁庭)²³⁾이라는 말을 억지로 반교문에 넣었으니, 이것은
거짓을 꾸며서 모욕한 극치였다. 비록 후세에 "우순(虞舜)²⁴⁾이 제요(帝
堯)²⁵⁾를 핍박하였다." 거나, "왕계(王季)²⁶⁾가 태백(泰伯)²⁷⁾의 자리를 빼앗았

살해한 사건을 말한다. 작위를 탐했던 휘는 은공에게 서제(庶弟) 환공(桓公)을
죽일 것을 청하였는데, 은공이 듣지 않자 거꾸로 환공을 사주하여 은공을 죽였다.
즉 동생이 왕위를 노려 형을 칼로 살해했다는 뜻이 담겨져 있다. 종무는 은공이
정(鄭)나라에 포로로 있을 때 섬겼던 윤씨 가신(家神)이었다. 노나라로 돌아와서
종무를 모시던 사당을 지었는데, 그곳에서 암살되었다. '칼을 품었다[懷刃]'는 것은
암살할 때 칼을 사용했을 것으로 추정하여 나온 표현이다.

23) 접혈금정(蹀血禁庭) : 대궐 뜰에 유혈이 낭자하여 밟고 건널 정도였다는 뜻이다.
당나라 태종이 왕위찬탈 과정에서 친형 이건성(李建成)을 죽이면서 벌어진 대궐
안 유혈사태를 표현한 말이었다.(《資治通鑑·唐紀7·高祖》참조) 그런데 이 표현이
1722년(경종2) 9월 21일에 경종이 전국에 반포한 교서 가운데 들어갔으니, '어찌
금정에 피가 낭자함을 면할 수 있었겠는가?[抑何免禁庭之蹀血]'라고 한 구절이 그것
이다.(《景宗實錄》2年 9月 21日 참조) 이 교서는 임인옥사를 마무리하면서 내린
토역 반교문(討逆頒敎文)으로, 당시 홍문관 제학이었던 김일경이 지어 올린 것이다.
즉 연잉군이 경종을 죽이고 임금이 되려고 하면 그에 반대하는 신하들을 수없이
죽이게 될 것이라는 뜻이 담겨 있다.
24) 우순(虞舜) : 중국 고대의 성인(聖人) 천자로서 오제(五帝) 가운데 한 사람인 순임금을
말한다. 성이 우(虞)여서 '우순'이라고 한다. 이름은 중화(重華)이다. 아버지는 앞을
못 보는 장애인이며, 의붓어머니는 학대가 심하였지만 부모에게 효도하고 형제에게
우애 있게 하는 일에 힘을 기울였다. 뒤에 요(堯) 임금의 딸과 결혼하고 섭정의
자리에 올랐고, 요임금의 뒤를 이어 황제의 자리를 물려받았다. 요와 함께 중국의
가장 어진 성인 임금으로 알려져 있다.
25) 제요(帝堯) : 중국 고대 전설상의 오제(五帝) 가운데 한 명인 요임금을 말한다.
이름은 방훈(放勳)이다. 처음에 도(陶)에서 살다가 나중에 당(唐)으로 옮겨 살아
도당씨(陶唐氏) 혹은 '당요(唐堯)'라고 하였다. 요임금이 자신의 후계자를 사악(四嶽)
에 물어보아 순(舜)으로 정했다고 한다. 그 뒤 순의 행실을 3년 동안 지켜보다가
그에게 섭정(攝政)하게 했다. 죽은 뒤 순이 자리를 이었는데, 이를 선양(禪讓)이라고
하였다.
26) 왕계(王季) : 주나라 태왕(太王) 고공단보(古公亶父)의 셋째아들로, 문왕(文王)의 아
버지이다. 왕위계승권이 없었으나 태왕의 의중이 그에게 향하자 위의 두 형이
몸을 피했다고 한다.
27) 태백(泰伯) : 주나라 고공단보의 장자이다. 왕위가 막내 왕계에게 돌아가게 하기
위하여 아우 중옹(仲雍)과 함께 몰래 나라를 떠났다. 이에 공자가 그를 칭찬하여
"태백은 지극한 덕을 갖추었다고 할 수 있다. 세 번이나 천하를 사양하였으되,
백성들이 그 사실을 몰랐다." 하였다.(《論語·泰伯》참조)

다."라는 흉악한 말을 하더라도, 어찌 이보다 더 심하겠는가?

아! 이것은 삼강과 오륜에서 가장 중요하며 지극히 광명(光明)한 대의(大義)를 권력을 쥔 당시에 이미 어그러지고 혼란하게 만들었고 끝내 후세까지 현혹시키게 되어, 강상이 무너져 없어지고 의리가 깜깜해져 꽉 막혀 버렸다.

아! 우리나라는 예의(禮義)의 나라인데 장차 오랑캐의 습속에 빠져들게 되었으니 어찌 크게 두려워하지 않을 수 있겠는가? 이 때문에 《수문록(隨聞錄)》이 있는 것이다. 이른바 《수문록》은 특별히 그것이 어떻게 일어난 일인가에 대해 들은 것을 취한 것이다. 갑(甲)이나 을(乙) 쪽에서 이러쿵저러쿵 하는 소문을 따르면 이는 모두 한쪽 편의 사사로운 말이므로 진실로 취해서 믿기에 부족하다. 그렇지만 민간에서 나오는 말은 편벽되지 않고 무리 짓지 않으니 실로 공정한 마음에서 나온 것이다. 그래서 그 소문 가운데 간곡한 말을 가려서 들은 대로 기록해 두었다.

그 나머지 소장(疏章) 가운데 저절로 충역(忠逆)이 판명된 것과 국청(鞫廳)[28]의 공초(供招)[29] 가운데 저절로 거짓임이 드러난 것을 취하여 기록하여, 충역이 판명된 것은 충역으로 판정하고, 거짓이 저절로 드러난 것은 거짓이 이와 같았다는 것을 밝혔을 따름이다. 어찌 감히 그사이에 터럭 하나라도 사사로운 뜻을 용납할 수 있겠는가?

충역에 관련된 것과 거짓이 나온 이유를 상세히 분변하여 명확하게 말하고자 하였기 때문에 그 가운데 중첩되는 말이 없을 수 없었으며, 또한 한 단계 한 단계씩 깊이 들어간 것도 있다. 오직 후대인이 사색(四色)[30]

---

28) 국청(鞫廳) : 역적 등 나라의 큰 죄인을 신문하기 위해 왕명으로 설치한 임시 관청이다. 죄의 경중에 따라 친국(親鞫)·정국(庭鞫)·추국(推鞫)·삼성추국(三省推鞫)이 있다.

29) 공초(供招) : 죄인이 범죄 사실을 진술한 일 혹은 그 말을 가리킨다. 공사(供辭)·초사(招辭)라고도 한다.

30) 사색(四色) : 사색당파(四色黨派)를 가리킨다. 즉 동인(東人)·서인(西人)·남인(南人)·북인(北人)을 말한다. 서인·노론계 당론서 《족징록(足徵錄)》에서는 분기 과정

을 논하지 않고 평안한 마음으로 기운을 펴서 이 기록을 본다면 사적(事蹟)
이 분명하고, 맥락이 서로 연결되어 동궁에 대한 의문31)과 신임(辛壬)의
무옥(誣獄)에 대해서 마치 눈으로 직접 본 것처럼 명료하게 알 수 있을
것이다. 그런데도 만약 그렇지 않다고 말한다면 이는 흉역의 심법(心法)이
전해졌기 때문일 것이니, 어찌 다시 책망하겠는가?

아! 희빈(禧嬪)32)의 재앙이 매우 크도다. 한번 바뀌어 기사년(己巳年)의
변고33)가 되었고, 두 번 바뀌어 신사년(辛巳年)의 흉변34)에 이르렀으며,

을 다음과 같이 설명하였다. "동인과 서인이 각각 당을 세운 것은 을해년(1575,
선조8)에 시작되었는데, 기축년(1589, 선조22) 역옥(逆獄) 이후 동인은 이발(李潑)과
최영경(崔永慶)이 억울하게 죽었다고 여겨 서인에 대한 원한이 날로 깊어졌다.
신묘년(1591) 유성룡(柳成龍)이 정승이 되어 서인에 대한 공세를 늦추었기 때문에
정인홍(鄭仁弘)·이산해(李山海)·홍여순(洪汝諄) 등이 함께 유성룡의 당을 배척하
면서 남인이라 부르고, 이산해의 당은 북인이 되었다." 남·북인의 분당과 관련하여
《진감》에서는 다음과 같이 소개하였다. "앞서 김효원이 외직으로 나갔다. 그러나
이발이 권세를 부리며 조정의 권력을 장악한 16년 동안 우성전(禹性傳)과 서로
용납하지 못하여 대립하였다. 동인 중에 유성룡·우성전은 남인이 되었는데 집이
남쪽에 있었기 때문이었고, 이산해는 이발을 옹호하여 북인이 되었는데 집이
북쪽에 있었기 때문이었다. 동인이 마침내 남·북 양당으로 분화되었다."
31) 의문 : 원문은 "黯昧"이다. "아주 검어 알 수 없다." 혹은 "분명하게 밝혀지지 않다."는
뜻이다.
32) 희빈(禧嬪) : 1659~1701. 본관은 인동(仁同)이다. 본명은 장옥정(張玉貞)으로 전해진
다. 1680년(숙종6) 무렵부터 숙종의 총애를 받았고, 왕자 이윤(李昀, 경종)을 낳은
뒤 이듬해인 1689년 음력 1월 원자로 책봉되면서 희빈이 되었다. 기사환국으로
서인이 몰락하면서 폐서인된 인현왕후(仁顯王后) 민씨 대신 왕비로 책봉되었으나
1694년(숙종20) 갑술환국으로 다시 희빈으로 강등되었다. 1701년 인현왕후를 저주
해 죽게 했다는 혐의를 받아 사사(賜死)되었다.
33) 기사년(己巳年)의 변고 : 1689년(숙종15) 숙종이 서인을 축출하고 남인을 재등용한
기사환국(己巳換局)을 가리킨다. 이로 인해 노론의 종장(宗匠)이었던 송시열(宋時烈)
이 사사되었고, 이이명·김만중(金萬重)·김수흥(金壽興)·김수항(金壽恒) 등이 복
주(伏誅)되거나 유배되었다. 서인 측에서는 이 사건이 원자(元子) 정호(定號) 문제에
서 촉발되었지만 이는 표면적인 이유로 보았다. 그 근본적인 원인은 춘추대의와
주자학을 수호하려는 서인·노론에 대해 이른바 '반주자(反朱子)'의 입장을 견지한
소론·남인들의 정치적 반격이자 보복이었다고 주장하였다.
34) 신사년(辛巳年)의 흉변 : 1701년(숙종27) 장희빈의 저주로 인해 인현왕후가 죽은
일을 가리킨다. 당시 장희빈이 취선당(就善堂) 서쪽에 신당(神堂)을 설치하여 저주하

세 번 바뀌어 신축년과 임인년의 화(禍)가 일어나 조정의 선류(善類)들이
일망타진되고, 종사(宗社)의 위기가 아침저녁으로 임박하였다.35) 근본
원인을 살펴보면 오로지 희빈 때문이었다. 희빈을 배척한 것은 온전히
선왕(先王)에 대한 의리를 준수하여 나라의 명맥을 도와서 보호하기 위한
계책에서 나온 것이다. 희빈을 부호(扶護)한 것은 온전히 주상의 사사로운
정에 영합하여 조정의 권력을 빼앗기 위한 계략에서 나온 것이다. 누가
충신이고 누가 역적이겠는가? 손바닥 보기를 청한다.

정산후인(定山後人) 충암거사(忠巖居士)로서 자호(自號)가
농수(農叟)인 이문정(李聞政)36)이 서문을 쓰다.

면서 중궁으로 복위하기를 기도한 사실이 발각되어 발생하였다. 이에 소론은
세자를 위하여 장희빈을 용서할 것을 청하였지만 숙종은 사약을 내리고 장희재
등 장씨 일파를 국문하여 죽였다. 아울러 남구만·유상운·최석정 등 소론 대신들을
귀양 또는 파면시켰다. 이 사건을 계기로 노론이 재집권하게 되었다.

35) 한번 …… 임박하였다 : 조선후기 정치사를 바라보는 서인과 남인의 관점 차이를
잘 보여주는 대목이다. 남인계 당론서인《동소만록(桐巢漫錄)》에서는, "얼마 뒤
신사년의 옥사가 발생한 이래 그 뒤 정유년(1717)에 독대(獨對)하는 사건이 일어났고,
그 뒤 신축년 삼수(三手)의 역적 옥사가 일어났다." 하였다. 일련의 사건 속에는
경종을 고립시키고 권력을 장악하려는 노론의 음모가 들어있다고 주장하였다.
동시대를 살면서도 정파적 입장에 따라서 당쟁사 인식에 큰 차이가 남을 잘 보여주는
사례이다. 남하정(南夏正)은 갑술환국(甲戌換局, 1694) 이래 부침을 거듭하는 남인의
재기를 도모하려면 경종의 후원이 절실하였고, 이를 위해서 국왕의 위상 강화가
필요하였다. 따라서 이와 관련된 사건들에 주목하였고,《동소만록》에서 당대 국정
운영을 방해하는 세력으로 노론을 지목하였다. 반면 이문정은 연잉군의 세제
지위 유지에 주력하였다. 이에 당대 연잉군을 위협했던 근본 원인으로 장희빈을
지목하고, 이로 인해 발생한 주요 사안들을 기사환국-신사년 흉변-신임옥사 순으로
열거했던 것이다.

36) 이문정(李聞政) : 1656~1726. 본관은 전주, 자 군필(君弼), 호 농수(農叟)이다. 호조판
서 이경직(李景稷)의 증손이며, 감찰(監察) 이구성(李九成)의 아들이다. 1722년(경종
2) 종제(從弟) 이진유(李眞儒)가 김일경과 함께 옥사를 도모하자 절교하고 충주에
은거하면서 학문에 전념했다. 저서로《농수수문록(農叟隨聞錄)》·《신임일기(辛壬
日記)》등이 있다.

권

1

병인년(1686)

숙종 12년 병인년(1686), 전교하기를, "장씨(張氏)1)를 숙원(淑媛)2)으로 삼으라." 하였다.

대전(大殿)3)의 춘추(春秋)가 장차 30세가 될 것인데도 아직 저사(儲嗣, 세자)를 낳을 희망이 없자, 중궁전(中宮殿)4)에서 이를 근심하여 대전에게 깊이 권면하니, 이에 장씨를 받아들였다. 이에 이르러 숙원에 봉해지고 궐내에서 총애를 받으니, 정언(正言) 한성우(韓聖佑)5)가 상소하여 간쟁하

---

1) 장씨(張氏) : 1659~1701. 장희빈을 말한다, 본관은 인동(仁同)으로, 역관 장현(張炫) 의 종질녀이다. 1686년(숙종12) 숙원(淑媛)이 되었으며, 1688년 소의(昭儀)로 승진하 고 왕자 이윤(李昀, 景宗)을 낳았다. 이듬해 1월 아들이 원자로 책봉되면서 희빈(禧嬪) 이 되었다가 1689년(숙종15) 10월 22일 왕비에 책봉되었다.

2) 숙원(淑媛) : 왕의 후궁에게 내린 작호로서, 내명부(內命婦)의 여덟 번째 자리의 맨 끝이며, 품계는 종4품이다. 후궁인 내명부의 내관은 빈(嬪, 정1품)·귀인(貴人, 종1품)·소의(昭儀, 정2품)·숙의(淑儀, 종2품)·소용(昭容, 정3품)·숙용(淑容, 종3 품)·소원(昭媛, 정4품)·숙원(淑媛, 종4품) 등이 있다.

3) 대전(大殿) : 숙종(肅宗, 1661~1720)을 가리킨다. 자 명보(明譜), 휘 순(焞), 현종의 아들이다. 어머니는 명성왕후(明聖王后) 김씨이며, 비는 김만기(金萬基)의 딸 인경왕 후(仁敬王后)이다. 계비는 민유중(閔維重)의 딸 인현왕후(仁顯王后), 제2계비는 김주 신(金柱臣)의 딸 인원왕후(仁元王后)이다. 1667년(현종8) 세자에 책봉되고, 1674년 14세 때 19대 임금에 즉위하였다. 인경왕후 김씨 사이에서 두 딸을 두었고, 장희빈에 게선 경종 등 두 아들을 두었다. 또한 숙빈 최씨에게서는 연잉군 등 세 명의 아들을 두었고 명빈 박씨(禑嬪朴氏)에게선 연령군(延齡君)을 두었다.

4) 중궁전(中宮殿) : 계비 인현왕후(仁顯王后, 1667~1701)이다. 본관은 여흥(驪興), 아버 지는 여양부원군(驪陽府院君) 민유중(閔維重)이며, 어머니는 은진 송씨(恩津宋氏)로 송준길(宋浚吉)의 딸이다. 1681년(숙종7) 계비가 되었고 1689년 폐위되었다가 1694년 갑술환국으로 다시 복위되었다.

였다.6)

5) 한성우(韓聖佑) : 1633~1710. 본관은 청주(淸州), 자 여윤(汝尹)이다. 우의정 한응인
(韓應寅)의 증손이다. 1674년 인선왕후(仁宣王后)에 대한 자의대비(慈懿大妃)의 복상
문제로 송시열 등이 관직을 삭탈 당하고 유배되자 180인의 유생들과 더불어 상소하
여 송시열이 무고당했음을 주장하였다. 1680년(숙종6) 경신환국으로 송시열 등이
등용된 뒤 숭릉참봉(崇陵參奉)을 제수받았다. 1689년 기사환국으로 송시열이 사사되
자 벼슬을 버리고 낙향했다. 1694년 갑술환국으로 남인 정권이 물러나자 수찬에
재기용되어 집의·사간 등을 역임하였다.
6) 한성우가 …… 간쟁하였다 : 한성우는 궁인(宮人) 장씨를 숙원으로 봉하는 것을
군주의 사사로운 마음에서 나온 것이라 하며 반대하였다.(《肅宗實錄》 12年 12月
14日 참조)

정묘년(1687)

정묘년(1687, 숙종13) 5월에 다섯 차례에 걸쳐 가복(加卜)[1]하여 조사석 (趙師錫)[2]을 우의정에 임명하였다.[3]

주강(晝講)을 벌일 때 지사(知事) 김만중(金萬重)[4]이 말하기를,

"조사석을 가복한 것에 대해 민간에서 말하기를, '귀인(貴人) 장씨 어미 집과 친밀하기 때문에 청탁하여 정승에 이르렀다.'[5] 합니다."

---

1) 가복(加卜) : 의정(議政)을 천거는 하는데 임금의 뜻에 맞는 이가 없을 때, 다시 한 사람이나 두 사람을 더 천거하던 일이다.

2) 조사석(趙師錫) : 1632~1693. 본관은 양주(楊州), 자 공거(公擧), 호 만회(晩悔)·만휴(晩休)·향산(香山)·나계(蘿溪)이다. 아버지는 형조판서 조계원(趙啓遠)이며, 어머니는 영의정 신흠(申欽)의 딸이다. 조태구의 아버지이다. 1688년 좌의정이 되었는데, 이때 인조 손자인 동평군(東平君) 이항(李杭)의 횡포를 논하다가 처벌된 박세채와 남구만 등을 변호하여 왕의 노여움을 사게 되자 사직하였다. 1691년 전해에 세자 책봉하례에 참석하지 않은 죄로 유배되어 죽었다. 1694년 갑술환국으로 복관되었다.

3) 조사석을 …… 임명하였다 : 1687년(숙종13) 정승을 임명할 때 숙종이 노론이 천거한 사람들을 모두 물리치고 조사석을 우의정에 임명한 일을 말한다.(《肅宗實錄》13年 5月 1日 참조)

4) 김만중(金萬重) : 1637~1692. 본관은 광산(光山), 자 중숙(金重叔), 호 서포(西浦)이다. 김장생(金長生)의 증손이며, 강화도에서 순절한 김익겸(金益兼)의 아들이다. 현종대 출사하여 지평·수찬 등을 역임하였다. 1675년(숙종1) 인선대비의 상복문제로 삭탈관작 당하기도 했으나, 예조참의로 복귀하여 대제학 등을 지냈다. 1687년(숙종 13) 장숙의(張淑儀)일가를 둘러싼 언사(言事)의 사건에 연루되어 유배되었다가 1년 뒤 풀려났지만 1689년 박진규(朴鎭圭) 등의 논핵(論刻)을 입어 극변(極邊)에 안치되었다가 곧 남해(南海)에 위리안치(圍籬安置)되었다. 1692년 남해의 적소(謫所)에서 죽었다.

하였다. 주상이 크게 노하며 전교하기를,

"말의 근원을 캐어 오늘 안으로 자수하게 하라."

하였다. 김만중을 잡아다가 국문하였으나, 세 번째 공초에서도 말의 근원을 대답하지 않았다. 선천(宣川, 평안도 소재)으로 정배되었다.

---

5) 귀인 …… 이르렀다 : 서인·노론 사이에는 장희빈의 어머니가 조사석 처가의 비(婢) 로서 장씨 집에 출가한 후에도 종종 조사석의 집에 왕래했다는 소문이 퍼져 있었다. 1687년 조사석이 우의정에 발탁되었을 때 노론 측에서는 조사석이 동평군(東平君) 이항(李杭)을 매개로 한 후궁 장씨의 도움으로 우의정에 특제(特除)되었다고 보았고, 이에 김만중이 이를 공식적으로 거론하였던 것이다.

무진년(1688)

무진년(1688, 숙종14) 9월 28일 소의(昭儀) 장씨가 왕자를 낳았다. 당시 소의의 어머니가 옥교(屋轎)[1]를 타고 궁궐에 출입하였는데, 지평 이익수 (李益壽)[2]가 이를 보고 때려 부수어 불 질러버리고, 그 노비를 조사하여 다스렸다. 주상이 하교하여 출입을 허락한다는 명을 내렸는데 논계(論啓) 하지 않고 멋대로 형벌을 가했다는 이유로 내수사(內需司)[3]에 명하여 금리(禁吏)[4]를 죄주었다. 여러 신하들이 많이 간쟁하였지만 따르지 않았 다. 이익수 상소에서 대략 말하기를,

"소의의 어미는 즉 천인(賤人)인데 감히 옥교를 타고 전하의 궁궐을

---

1) 옥교(屋轎) : 지붕을 덮고 휘장을 친 가마로, 왕비의 어머니, 대군의 처 등 정1품의 부부인(府夫人) 이상이 타는 가마이다. 1688년(숙종14) 숙종의 후궁 소의(昭儀) 장씨 가 왕자를 출산하자, 장씨의 어미가 장씨의 산후조리를 돕기 위해 입궐하면서 옥교를 타고 들어갔다. 이에 지평 이익수가 이를 참람되게 여겨 사헌부의 금리(禁吏) 를 보내어 옥교를 멘 종들을 잡아 죄를 다스리고, 등위의 구분을 엄중히 하여 법도를 바로 세울 것을 상소하였다. 그러자 숙종이 노하여 금리들을 장살(杖殺)하게 하고 엄중한 하교를 내렸다.(《肅宗實錄》 14年 11月 12日 참조)
2) 이익수(李益壽) : 1653~1708. 본관은 전주, 자 구이(久而), 호 백묵당(白默堂)이다. 1687년(숙종13) 나양좌가 스승 윤선거의 누명을 벗기려 상소했다가 궁지에 몰리자, 그를 변호했다가 삭직당하였다. 1689년 장희빈의 어머니가 가마를 타고 궁궐 문을 나가는 것을 막다가 파직되기도 하였다.
3) 내수사(內需司) : 왕실 재정의 관리를 위해 설치되었던 관서이다. 왕실의 쌀·베·잡 화 및 노비 등에 관한 사무를 관장하였다.
4) 금리(禁吏) : 법령으로 금지된 행위를 단속하는 서리(胥吏)를 말한다. 특히 법사(法 司)인 의금부나 형조·한성부·사헌부에서 관리의 비행에 관한 조사나 민간의 풍속을 바로잡는 일은 대개 금리(禁吏)들이 맡아서 하였다.

출입하다니, 어찌 이와 같이 무엄할 수 있단 말입니까? ……"
　하였다.

기사년(1689)

기사년(1689, 숙종15) 1월 10일, 대신·육경·삼사(三司) 장관을 인견(引見)하였다. 주상이 말하기를,

"국본(國本)¹⁾이 아직 정해지지 않아서 나라의 형세가 외롭고 약하니 지금 가장 중요한 계책은 왕자의 명호(名號)²⁾를 세우는데 있다. 그래서 지금 내가 물으니, 만약 망설이고 관망하면서 감히 다른 뜻을 갖은 자가 있다면 벼슬을 내놓고 물러가도록 하라."

하였다. 이조판서 남용익(南龍翼)³⁾이 말하기를,

"나라의 형세가 외롭고 위태로운데, 조야(朝野)가 간절히 바라던 끝에 왕자가 탄생하였으니, 신민(臣民)의 경사스러움과 다행스러움을 어찌 이루다 아뢸 수 있겠습니까? 다만 오늘의 하교는 뜻밖에 나왔고, 명호를 정하는 거조는 또한 너무 갑작스럽습니다. 지금 내전의 춘추가 아직 한창이온데, 오늘 이러한 일을 거행하는 것이 어찌 너무 급하지 않겠습니

---

1) 국본(國本) : 나라의 근본이라는 뜻으로, 왕위를 계승할 원자나 세자를 가리키는 용어이다.

2) 명호(名號) : 이때 명호는 원자(元子)로서의 명호를 의미하며, 왕위계승을 내정하는 것이다. 따라서 후궁의 소생이라 하더라도 일단 원자로서의 명호를 정하면 차후 왕비가 대군을 낳더라도 명호가 정해진 왕자의 왕위계승권은 여전히 유효할 수 있었다.

3) 남용익(南龍翼) : 1628~1692. 본관은 의령(宜寧), 자 운경(雲卿), 호 호곡(壺谷)이다. 인조대 출사하여 병조좌랑·부수찬 등을 역임하였고, 효종대 예조참의 등을 거쳐 형조판서에 올랐다. 1689년 숙종이 소의 장씨가 낳은 왕자를 원자로 삼으려 하자 이를 반대하다가 유배되어 죽었다.

까?"

하였다. 호조판서 유상운(柳尙運)4)도 아뢰었다. 병조판서 윤지완(尹趾
完)5)이 말하기를,

"남용익이 너무 급하다고 한 말이 진실로 옳습니다. 한나라 명제(明帝)6)
는 명덕황후(明德皇后)7)가 후사(後嗣)를 이을 희망이 없어진 뒤에야 비로소
장제(章帝)8)를 아들로 삼았으니, 반드시 정궁의 적자(嫡子)를 중하게 여긴
것을 알 수 있습니다. 왕자가 탄생한 지 겨우 두어 달밖에 되지 않았는데,
이후 정궁에게서 끝내 자손을 낳을 경사가 없으면 국본은 정하지 않으려
해도 자연스럽게 정해질 것입니다."

하였다. 공조판서 심재(沈梓)9)가 아뢴 말도 약간 다른 점이 있었지만

---

4) 유상운(柳尙運) : 1636~1707. 본관은 문화(文化), 자 유구(悠久), 호 약재(約齋)·누실
    (陋室)이다. 서인이 노론과 소론으로 분기할 때 윤증·박세채 등과 함께 김석주의
    전횡을 탄핵하였다. 1694년 장희재의 처형을 주장하는 노론에 반대하였다. 1696년
    영의정에 올랐고, 1698년 최석정을 변호하다가 삭직되었다. 1701년 장희빈을 옹호하
    다가 남구만과 함께 파직되었다.

5) 윤지완(尹趾完) : 1635~1718. 본관은 파평, 자 숙린(叔麟), 호 동산(東山)이다. 좌의정
    윤지선(尹趾善)의 아우이다. 갑술환국(1694)으로 인현왕후 복위를 지지한 소론이
    등용되자, 다시 관직을 얻어 좌참찬·우의정 등을 지냈다. 1717년 숙종이 좌의정
    이이명과 독대(獨對)한 후 세자[경종]에게 청정(聽政)을 명하자 반대하고 이이명을
    논척하였다.

6) 명제(明帝) : 28~75. 후한(後漢) 제2대 황제이다. 광무제(光武帝)의 넷째아들로 즉위
    하여 예교주의(禮敎主義)에 힘쓰고 빈민구제, 농업 진흥 등 내정에 충실하였다.

7) 명덕황후(明德皇后) : 후한 명제의 황후 마씨(馬氏)를 가리킨다. 복파장군(伏波將軍)
    마원(馬援)의 딸이다. 사촌오빠 마엄(馬嚴)의 추천으로 13세에 태자 유장(劉莊)의
    후궁으로 입궁했다. 광무제가 세상을 떠나자 유장이 명제로 즉위하였고, 마씨도
    귀인(貴人)으로 봉해졌다. 마씨에게는 후사(後嗣)가 없었으나 함께 입궁한 가씨의
    아들 유달(劉炟)을 맡아 키웠다. 이때 마씨는 유달을 친자식처럼 정성껏 길렀고
    유달 또한 마씨를 어머니처럼 여겼다고 한다. 아울러 마씨는 명제가 다른 후궁을
    곁에 두는 것을 투기하지 않아 총애를 받았다.

8) 장제(章帝) : 57~88. 후한 제3대 황제이다. 양모(養母)였던 명덕황후가 명제의 황후
    가 되자 태자가 되어 황위에 올랐다. 후한의 황금기를 열었으나 사후 환관과
    지방 호족의 득세로 나라의 지배력이 약화되었다.

9) 심재(沈梓) : 1624~1693. 본관은 청송(靑松), 자 문숙(文叔), 호 양졸재(養拙齋)이다.

대략 같았다. 대사간(大司諫) 최규서(崔奎瑞)10)가 말하기를,

"전하께서 춘추가 한창이시고, 왕자가 탄생한 지 겨우 두어 달밖에 되지 않았는데, 어찌 이와 같이 서둘러 명호를 정하려 하십니까? 오늘 물으신 것은 중대한 일이므로 마땅히 조용히 의논해야 할 일입니다. 그런데 관작을 가지고 먼저 아랫사람들을 위협하면서 물러가라고까지 말씀하셨으니, 여러 신하를 대우하는 것이 지나치게 야박하십니다. 전하께서도 대단히 실언(失言)하신 것을 면할 수 없습니다."

하였다. 영의정 김수흥(金壽興)11) 또한 너무 갑작스럽다고 아뢰었다. 주상이 말하기를,

"종사(宗社)의 대계(大計)는 말을 많이 하는데 있지 않다. 원자(元子)로 명호를 정하는 일을 거행하라고 해조(該曹)에 분부(分付)하라."

하고, 전교하기를, "원자로 명호를 정하라." 하였다.

5월 4일, 중궁전을 폐위시켜 안국방(安國坊) 사제(私第)12)로 쫓아내니, 형제의 집에서 사사로이 음식[膳羞]을 준비하여 아침저녁으로 공급하였다. 4월 23일은 중궁전의 탄신일이었으므로, 전례에 따라서 공상 단자(供上

효종대 검열을 거쳐, 현종대 경기도관찰사·이조참판 등을 지냈고, 숙종대 도승지·공조판서 등에 올랐다.

10) 최규서(崔奎瑞) : 1650~1735. 본관은 해주(海州), 자 문숙(文叔), 호 간재(艮齋)·소릉(少陵)·파릉(巴陵)이다. 1689년 대사간 재직시 장희빈의 책봉을 반대하였다. 1716년 병신처분(丙申處分)으로 소론이 세력을 잃자 귀향하였다가 경종대 영의정 등을 역임하였다. 당시 노론이 연잉군의 대리청정 등을 추진할 때 반대하였으며, 김일경 등이 신임옥사를 일으키자 완소(緩少)로 온건하게 대처하였다. 1728년(영조4) 무신난(戊申亂)이 발생하자 제일 먼저 조정으로 달려와 이를 알리고, '역정포고의(逆情布告議)'라는 토난책(討難策)을 건의하였다.

11) 김수흥(金壽興) : 1626~1690. 본관은 안동, 자 기지(起之), 호 퇴우당(退憂堂)·동곽산인(東郭散人)이다. 김상헌의 손자이고, 숙종대 영의정을 지낸 김수항(金壽恒)의 형이다. 현종·숙종대 영의정을 지냈고, 1689년 기사환국으로 장기에 유배되었다가 이듬해 죽었다.

12) 안국방(安國坊) 사제(私第) : 감고당(感古堂)을 가리킨다. 숙종이 인현왕후의 친정을 위하여 지어준 집이다. 인현왕후의 부친인 민유중이 살았으며, 인현왕후가 폐위된 후 이곳에서 거처하였다.

單子)와 축하단자[賀單子]를 바쳤는데, 주상이 모두 환급하라고 명하였다.
진상하려고 마련한 음식은 모두 후원에 파묻으라고 명하고, 날마다 진상
하는 일도 이와 같이 폐지하라고 명하였다. 이처럼 크게 잘못된 조치가
나온 것은, 안에서 희빈 장씨가 날마다 이간하는 참소를 올리고, 바깥에서
남인(南人)13)이 몰래 주상의 뜻을 꼬드겼기 때문이었다.14)

희빈 장씨가 왕비에 오르자, 그 아비 장형(張炯)을 옥산 부원군(玉山府院
君)으로 삼았고, 그 어미 윤씨는 파산 부부인(坡山府夫人)에 추증하였다.15)

---

13) 남인(南人) : 동인(東人)의 분파로, 선조(宣祖)대 후반이래 학문적으로 이황(李滉)을
계승하는 정치세력으로 조식(曺植) 계열의 북인(北人)과 분리되어 정파로 자리하였
다. 지역적으로는 경북 안동을 중심으로 하는 영남 남인과 서울·경기권을 주요
근거지로 삼은 근기(近畿) 남인으로 구분된다. 17세기 중·후반, 북인 가운데 남인으
로 활동하는 인물들이 나타나 활동했는데, 이들을 '북인계 남인'이라고도 부른다.
인조반정(仁祖反正, 1623)을 계기로 서인과 함께 정국을 주도하다가 점차 서인·노론
에게 밀려 실세하였다가 현종대 예송(禮訟)을 거치면서 숙종이 즉위하자 정권을
잡았다. 이후 1680년(숙종6) 경신환국(庚申換局)으로 정권을 잃었다. 이때 윤휴(尹
鑴)·허적(許積)·이하진(李夏鎭)·이원정(李元禎) 등 많은 사람들이 죽거나 유배되
었다. 1689년 기사환국(己巳換局)으로 다시 정권을 장악했다가 1694년 갑술환국(甲戌
換局)으로 실권(失權)하였다. 이후 영조대 초반, 탕평정치(蕩平政治)가 본격화되면서
대탕평을 매개로 오광운(吳光運)이 중앙정계에 진출하였고, 정조대 채제공(蔡濟恭)
을 중심으로 활동하였다.
14) 이처럼 …… 때문이었다 : 인현왕후 폐위와 관련하여《동소만록》에서는 서인과
정반대의 의견을 내놓았다. 남하정은 숙종의 비답을 인용하여 다음과 같이 인현왕
후 스스로 자초한 측면이 있다고 주장하였다. "평소 인현왕후에게는 마음씨 곱고
정조가 바른 덕은 없고 도리어 여(呂)·곽(霍)의 패려스러운 행실만 있다. 여기에
투기와 원망, 노여움이 서로 더해져 마침내 감히 선왕(先王, 현종)과 선후(先后,
명성왕후)의 말을 지어내서 공공연히 말하였다. 이처럼 임금을 능멸하고 간사하고
간특함이 오늘날과 같은 적이 없었다." 이어지는 기사에서 권대운 등 남인 대신들이
폐위의 명을 거둬 달라고 만류한 구체적인 정황을 다소 번다하게 기술하였다.
당대 이미 인현왕후 폐위과정을 둘러싼 대(對)남인 공세가 강화되면서 '명의죄인(名
義罪人)'의 혐의가 씌워졌고, 이로 인해 폐고(廢錮)되는 상황이 빈번히 발생하였다.
'명의죄인'이란 서인이 남인에게 붙인 죄목으로, 기사환국 당시 신하로서 인현왕후
의 폐위를 적극적으로 저지하지 않은 불충을 저질렀다는 것이다. 이후 갑술환국으
로 정국이 급변하면서 남인들의 중앙정계 진출을 가로막는 죄목으로 활용되었다.
이 문제는 남인의 정치 재기와 관련하여 주요한 현안이라고 판단하여 적극 해명하고
나선 것이다.

진도(珍島)에 유배 중이던 김수항(金壽恒)16)은 사사(賜死)되었다. 교리 박태
보(朴泰輔)17)와 오두인(吳斗寅)18)·유헌(兪櫶)19)·이세화(李世華)20) 등 40
여 인이 상소하여 폐모의 일에 대해 극력 간쟁하자, 주상이 크게 노하였다.

저녁 2경(二更, 오후10시 전후) 주상이 인정문(仁政門)21)에 나아가 박태
보를 직접 국문하였는데, 강직하게 버티며 자복하지 않자 주상이 더욱
크게 노하여 모질게 형장을 치도록 엄하게 신칙하였다. 주상이 말하기를,

"네가 감히 끝까지 독기를 부려서 바른대로 고하지 않겠는가?"

하자, 박태보가 말하기를,

"신이 상소에서 이미 바른대로 고하였습니다."

---

15) 그 아비 …… 추증하였다 : 실록에는 사망한 장형에게 옥산 부원군을 추증하고,
생존했던 윤씨는 파산 부부인으로 봉한 것으로 되어 있다.(《肅宗實錄》 15年 5月
6日 참조)

16) 김수항(金壽恒) : 1629~1689. 본관은 안동, 자 구지(久之), 호 문곡(文谷)이다. 김상헌
(金尙憲)의 손자이며, 동지중추부사 김광찬(金光燦)의 아들이다. 경신환국(1680,
숙종6)이 일어나 남인들이 실각하자 영의정이 되어 남인의 죄를 다스리는 한편,
송시열·박세채(朴世采) 등을 불러들였다. 기사환국(1689)이 일어나 남인이 재집권
하자, 탄핵되어 유배된 뒤 사사되었다.

17) 박태보(朴泰輔) : 1654~1689. 본관은 반남, 자 사원(士元), 호 정재(定齋)이다. 박세당
(朴世堂)의 아들이며, 윤황(尹煌)의 외증손이다. 1680년 교리 재직시 문묘 승출(陞黜)
에 관한 문제와 이조판서 이단하(李端夏)를 질책한 상소를 올려 파직되었다. 1689년
기사환국 때 인현왕후의 폐위를 강력히 반대하다가 고문을 받고 유배가던 중
죽었다.

18) 오두인(吳斗寅) : 1624~1689. 본관은 해주(海州), 자 원징(元徵), 호 양곡(陽谷)이다.
효종대 장령 등을 거쳐 현종대 부교리·사간 등을 역임하였다. 1689년 인현왕후가
폐위되자 이세화(李世華)·박태보와 함께 이에 반대 상소를 올렸다가 국문을 받고
유배 도중 죽었다.

19) 유헌(兪櫶) : 1617~1692. 본관은 기계(杞溪), 자 회백(晦伯), 호 송정(松汀)이다. 예조
참판 등을 역임하였다.

20) 이세화(李世華) : 1630~1701. 본관은 부평(富平), 자 군실(君實), 호 쌍백당(雙栢堂)·
칠정(七井)이다. 효종대 정언·장령 등을 거쳐 전라도관찰사를 역임하였다. 1689년
인현왕후가 폐위되자 오두인과 함께 반대 상소를 올렸다가 밤중에 친국을 받았다.
갑술환국 이후 인현왕후 복위도감 제조를 거쳐 이조판서 등을 지냈다.

21) 인정문(仁政門) : 창덕궁(昌德宮) 인정전의 정문이다.

하니, 주상이 더욱 노하여 말하기를,

"너는 어찌 투기하는 부인을 위하여 제멋대로 악독한 것이 여기까지 이르렀는가."

하였다. 이때 박태보의 피부와 살은 문드러져 떨어졌고, 흘린 피가 온몸을 뒤덮었지만 정신과 안색은 변하지 않다가 낯빛을 바꾸어 성난 목소리로 말하기를,

"전하께서는 어찌 차마 이러한 하교를 내리십니까? 부부는 인륜의 시작이고, 성인은 인륜의 지극함입니다. 비록 평범한 필부(匹夫)도 오히려 부부의 도리를 중히 여기는데, 하물며 우리 모후(母后)가 배필로 삼은 사람이 어떤 지위인데, 한때의 분노로 옛 성인의 교훈을 유념하지 않고 중궁을 향한 말이 이와 같이 비루하고 방자합니까?"

하니, 주상이 말하기를,

"네가 한결같이 나를 배척하겠는가? 빨리 무상부도(誣上不道)[22]라고 지만(遲晚)[23]하라."

하였다. 박태보가 말하기를,

"원자가 탄생한 뒤에 전하께서 허물을 보인 것이 이와 같으니, 신은 단연코 서서히 무젖어드는 참소가 그 사이에 들어갔는데도 전하께서 살피지 못하였다고 생각합니다."

하였다. 주상이 옥음(玉音)을 이루지 못하고 한참 있다가 말하기를,

"이게 무슨 말인가? 압슬(壓膝)[24]과 화형(火刑)의 형구들을 속히 대령하

---

22) 무상부도(誣上不道) : 도리에 어긋난 말로 임금을 기만한 죄이다. 대역부도(大逆不道)보다 한 등급 낮은 죄이다. '부도(不道)'는 《대명률(大明律)》에 정한 열 가지 큰 죄 가운데 하나로서 모두 사형에 처한다. 십악대죄란 모반(謀反)·모대역(謀大逆)·모반(謀叛)·악역(惡逆)·부도(不道)·대불경(大不敬)·불효(不孝)·불목(不睦)·불의(不義)·내란(內亂)이다. 모두 사유(赦宥)에서 제외되었다.

23) 지만(遲晚) : "너무 오래 속여서 미안하다."는 뜻으로, 죄인이 형벌을 받을 때에 자복(自服)하는 말이다.

24) 압슬(壓膝) : 죄인을 심문할 때 움직이지 못하게 한 곳에 묶어 놓고 무릎 위를

라."

하며, 압슬을 가하면서 엄중히 심문하였다. 박태보가 말하기를,

"신이 오늘 망령되어 이치에 맞지 않는 것에 대해서 죽으라면 죽겠습니다만 임금을 무고했다고 하는 것은 전혀 애매합니다."

하였다. 연달아 두 차례나 압슬을 시행하였는데도 안색이 변하지 않았다. 주상이 말하기를,

"간사하고 독살스러움이 이와 같으니, 나를 욕되게 함이 괴이할 것이 없다. 꿈을 기억해서 한 말이라고 하였는데,25) 이게 무슨 말인가? 너는 내가 빈말을 꾸며내어 현혹했다고 여기는가?"

하니, 박태보가 말하기를,

"꿈은 본래 아득하고 먼 것인데, 어찌 일일이 미래에 일어날 일과 꼭 들어맞겠습니까? 우연히 아뢴 잘못에 불과한데, 지금 전하가 이 한 가지 일로 인해 큰 죄안을 삼으시니 이것이 어찌 막대(莫大)하게 지나친 일이 아니겠습니까? 지금 비록 중궁이 꿈의 징조를 믿고 의지하였다고 하시지만, 이것은 실은 전하께서 꿈을 좋아하시는 데에서 나온 것입니다. 지난번 인견할 때 빈번히 꿈속의 일을 설명하며 이미 믿고 중히 여기는

널빤지 같은 압슬기로 누르거나 무거운 돌을 올려놓던 형벌이다.

25) 꿈을 …… 하였는데 : 숙종이 인현왕후를 내치기 위해 신하들에게 한 말에 보인다. 《연려실기술(燃藜室記述)》〈숙종조 고사본말(肅宗朝故事本末)〉 기사에 따르면 다음과 같다. "병인년에 희빈이 처음 숙원이 되었을 때 중전이 귀인(貴人, 김수항의 종손녀)과 함께 한 패가 되어 원망하고 질투한 실상은 진실로 이루 말할 수 없다. 어느 날 나를 보고 말하기를, '꿈에 선왕(先王)과 선후(先后)를 뵈었더니, 내전(內殿, 인현왕후)과 귀인은 복록이 길 것이며, 아들을 많이 낳아 선조조(宣祖朝)와 같을 것이다. 그러나 숙원 장씨는 아들이 없을 뿐만 아니라 복도 없을 것이며, 오래 궁중에 있다가는 반드시 경신년 뒤에 뜻을 잃은 사람들과 결탁해서 망측한 일을 만들어내어 마침내 국가에 불리하리라 하셨습니다.' 하였다." 박태보가 이 일에 대해서 상소하기를, "가령 중전께서 조그마한 과실이 있다 하더라도 그것은 꿈을 기억하여 말을 실수한 데에 불과하고 행동에는 나타나지 않은 것인데, 이 무슨 큰 허물이라고 갑자기 드러내어 조금도 용서가 없으시고, 망극한 죄명을 씌워서 무서운 위엄을 떨치십니까?" 하였다.

뜻을 보이셨으므로, 신은 이 또한 전하가 먼저 스스로 꿈을 믿는 실수를 하셨기 때문에 그런 것이라 여겼습니다."

하였다. 주상이 크게 노하여 나졸(羅卒)로 하여금 기둥에 거꾸로 매달아 놓고 발가벗긴 후 온몸을 두 차례 연달아 지지게 하였다.

영의정 권대운(權大運)26)이 한참 머뭇거리며 제대로 말하지 못하다가 나아가 말하기를,

"화형의 법은 본래 지지는 곳이 따로 있으니, 두루 지지는 것은 상례가 아닙니다."

하자, 주상이 말하기를,

"그렇다면 상례대로 하라."

하였다. 주상의 위엄이 진동하며 거듭 지만하라고 재촉하였지만 박태보는 미소 지으며 천천히 대답하기를,

"신은 비록 뼈가 타더라도 결코 거짓으로 공초하여 지만할 수 없습니다. 이와 같이 한 뒤에야 신하의 절개라고 할 수 있을 것이니, 신은 오늘 진실로 그 절개를 다 하겠습니다. 선후(先后)를 헐뜯은 조사기(趙嗣基)27)는 전하께서 죄를 주지 않고, 신이 얼마나 큰 죄가 있다고 유독 신에게만 이와 같은 참혹한 형벌을 시행하십니까?"

하니, 주상이 말하기를,

"네가 과연 끝내 지만하지 않겠단 말이냐?"

---

26) 권대운(權大運) : 1612~1699. 본관은 안동, 자 시회(時會), 호 석담(石潭)이다. 우의정·영의정 등을 역임하였다. 1689년 기사환국 때 송시열 사사를 주도하였다. 1694년 갑술환국으로 삭탈관작되어 외딴 섬에 유배되었다.

27) 조사기(趙嗣基) : 1617~1694. 본관은 한양, 자 경지(敬止)이다. 인조대 출사하여 정언을 거쳐 숙종대 부승지에 올랐다. 1680년(숙종6)에 송시열을 무함한 죄로 유배되었다가 1689년 기사환국으로 신원되자 다시 자신의 억울함과 송시열의 잘못을 열거한 상소를 올렸다. 문제는 그 내용 가운데 명성왕후를 명종 때 수렴청정을 한 문정왕후(文定王后)에 빗대어 비난하였다는데, 이로 인해 서인들의 공격을 받았다. 갑술환국(1694) 때 어명으로 12차례에 걸쳐 국문을 받고 곧바로 참형에 처해졌다.

하였다. 박태보가 말하기를,

"만약 신을 죽이고자 하신다면 죽여서 주검을 시조(市朝)에 버린다
해도 어찌 감히 사양하며 회피하겠습니까? 지금 만약 지만한다면 죽어서
지하로 돌아가더라도 허위로 자백하고 죽은 귀신이 되는 것을 면치
못할 것이니, 어찌 뭇 귀신이 손가락질하며 비웃는 매개가 되는 것이
부끄럽지 않겠습니까? 살아서 전하를 바로잡을 수 없다면 차라리 죽어서
홀연히 사라지고 싶습니다. 속히 사형을 내려주십시오."

하고는 나졸을 돌아보고서 말하기를,

"이 쇠가 식었으니 다시 달구어 오거라."28)

하였다. 이때부터 눈을 감고 입을 다물어 끝내 한 마디도 하지 않았다.
낙형(烙刑)이 또 두 차례 이어졌는데도 끝내 지만하지 않았다.

주상이 마침내 일어나 내전으로 돌아가서 내병조(內兵曹)29)에 명하여
다시 국문하게 하였다. 목내선(睦來善)30)이 옥사를 다스렸는데, 큰 소리로

---

28) 이 쇠가 …… 오거라 : 이 대목은 1456년(세조2) 단종의 복위를 도모하다가 죽임을
당한 사육신(死六臣)을 국문할 때 장면묘사와 대체로 일치한다. 《족징록》에서는
성삼문(成三問)을 국문하는 대목에서, "불에 달군 쇠를 배꼽에 놓는데, 쇠가
점점 식어가자 말하기를, '이 쇠가 식었으니, 다시 달구어 오라.' 하였다." 하였다.
거의 유사한 상황묘사로 미루어 보건대 박태보의 국문 과정을 병자사화(丙子士禍)와
같은 선비가 화를 당하는 사건으로 규정하려는 의도가 엿보인다. 아울러 인현왕후
폐위과정에서 박태보로 대변되는 서인은 목숨을 걸고 저지한 반면 당시 당국자였던
남인은 전혀 그런 노력을 기울이지 않은 점을 은연중에 드러냈다.

29) 내병조(內兵曹) : 각 궁궐 내에 설치하였던 병조에 딸린 관청이다. 경복궁에는 근정
문(勤政門)에, 창덕궁에는 호위청(扈衛廳) 서쪽에, 경희궁에는 건명문(建明門) 밖
동쪽에 각각 설치되었다. 궁궐내의 시위ㆍ의장 등 군사업무를 보기 위한 병조
관리들의 출장소와 같은 구실을 하였다. 이외에 대궐 안의 시위 병사들을 훈련시키
기 위한 장소로 이용되기도 하였다.

30) 목내선(睦來善) : 1617~1704. 본관은 사천(泗川), 자 내지(來之), 호 수옹(睡翁)ㆍ수헌
(睡軒)이다. 할아버지는 이조참판 목첨(睦詹)이고, 아버지는 지중추부사 목서흠(睦
敍欽)이다. 허목(許穆)의 문인이다. 숙종대 형조판서ㆍ대사헌 등을 역임하였다.
1680년 경신환국으로 삭직되었다가 1689년 기사환국을 처리하면서 좌의정에 올랐
다. 갑술환국(1694)으로 유배되었다가 이듬해 풀려났다.

말하기를,

"지금 이 죄인에게 각별히 엄한 형벌을 내리라."

하였다. 박태보가 큰 소리로 말하기를,

"전하 앞에서는 주상의 위엄이 진동하였으므로 엄하게 형벌을 내려야
하지만, 내가 무슨 죄가 있어서 이미 혹독한 형벌을 받았는데도, 지금
외정(外庭)에서 이와 같이 심하게 다스리는가?"

하였다. 목내선이 마치 못들은 체 하면서 형장을 칠 때마다 살펴보았는
데, 마침내 한 차례 더 가하니, 정강이뼈가 부러지고 부서져서 피가
마치 샘솟듯 하였다.31)

저 목내선이라는 자는 성질이 흉악한 자이고, 극악한 역적이었다.
아! 주상의 영명함으로도 안으로 요녀(妖女)의 참소하여 이간시키는 말을
믿고, 밖으로는 흉악한 무리들의 역모에 빠져서 이미 정궁(正宮)을 폐위시
키는 큰 잘못을 저질렀는데, 끝내 충신을 죽였다는 악명까지 얻고 말았
다.32) 주상이 남인을 등용하여, 권대운을 영의정에, 목내선을 좌의정에,

---

31) 목내선 …… 하였다 : 남하정은 《동소만록》에서 박태보를 친국했던 정황을 기술하
면서 동시에 그를 구원하려 했던 김덕원과 권대운의 노력도 함께 소개하였다.
여기에 더해 폐위에 반대했던 남인의 동향도 자세히 언급하였다. "당시 남인 가운데
엄한 벌을 받아 쫓겨난 자가 한두 사람이 아니었으니 단지 죽음에 이르지 않았을
뿐이었다. 죽지 않은 자는 그나마 운이 좋았던 것이고, 죽은 자는 매우 불행한
것이었다. 지금 박태보처럼 죽지 못했다고 죄를 준다면 박태보의 상소에 기록되어
죄를 입은 자를 제외하고도 무려 70여인이나 된다. 그 밖에 혹 직책을 가지고
있거나 산반(散班)으로서 서울과 경기지역을 떠도는 사람들 역시 그 무리가 적지
않다. 만약 그들이 다른 사람을 질책하는 마음으로 자기를 질책한다면 사람마다
어찌 박태보의 뒤를 이어 두 번째 세 번째 상소, 심지어 열 번째 백 번째 상소를
올려서 반드시 박태보처럼 하지 않고서 유독 남인에게만 책임을 지우려 하는가."
서인·노론이 박태보를 앞세워 남인을 공박한 사안에 대한 반론 성격이 강하다.
32) 저 목내선 …… 말았다 : 《동소만록》에서는 목내선에 대해서 정반대로 평가하였다.
좌의정 목내선이 애통하고 절박한 심정을 아뢰기 위해 승정원에 상소를 써서
올렸다. 승정원에서 "대신의 상소를 어떻게 처리합니까?"고 묻자, 주상이 "비록
대신의 상소이지만 다시 들이지 말라." 전교하였다. 이처럼 남하정은 인현왕후

김덕원(金德遠)33)을 우의정에 임명하였다. 육조와 승정원 및 삼사 모두한 쪽 편 사람들을 임명하니, 조정이 마침내 크게 변하였다.

원주유생(原州儒生) 안전(安瑃) 등이 상소하여 청하자 문성공(文成公)이이(李珥)34)와 문간공(文簡公) 성혼(成渾)35)을 문묘 배향36)에서 축출하라고 명하니, 양현의 위판을 땅에 파묻었다. 전 영의정 김수항이 사사(賜死)되었고, 전 우의정 송시열(宋時烈)37)도 사약을 받고 죽었다. 기타 일대 명류(名

폐위에 목내선을 위시한 남인도 적극 반대한 사실을 소개하였다. 이는 당대 비등했던 비난 여론을 의식한 것으로, 경신환국 이후 부침을 거듭하던 남인의 위상 재고를 위한 노력의 일환으로 보인다.

33) 김덕원(金德遠) : 1634~1704. 본관은 원주(原州), 자 자장(子長), 호 휴곡(休谷)이다. 병조·형조참판 등을 지냈다. 허목을 지지하는 청남(淸南) 계열에서 당시 권신이었던 허적(許積)의 비리를 공격하였다. 기사환국(1689)으로 우의정에 발탁되었지만 갑술환국(1694)으로 귀양갔다가 4년 후 풀려나 황해도 해주에서 죽었다.

34) 이이(李珥) : 1536~1584. 본관은 덕수(德水), 자 숙헌(叔獻), 호 석담(石潭)·우재(愚齋)이다. 문성(文成)은 시호이다. 이조·병조판서 등을 역임하였다. 서인·노론은 이이와 성혼을 양현(兩賢)으로 존숭하는 가운데, 이이·성혼-김장생-김집으로 이어지는 서인 학문의 정통성을 계보화 하였다. 그리고 이이·성혼의 문묘 종사를 주장, 국가 차원에서 자파의 도통(道統)을 정립하려는 노력을 기울여 나갔다.

35) 성혼(成渾) : 1535~1598. 본관은 창녕(昌寧), 자 호원(浩原), 호 우계(牛溪)·묵암(默庵)이다. 문간은 시호이다. 성수침(成守琛)의 아들이자 이이의 친우이다. 사후 기축옥사와 관련하여 삭탈관작 되었다가 1633년에 다시 복관사제(復官賜祭)되었다. 1681년(숙종7)에 문묘에 배향되었다가 기사환국(1689)으로 출향(黜享)되었고, 갑술환국(1694)으로 재차 배향되었다.

36) 문성공 …… 문묘배향 : 1635년(인조13) 5월 11일에 성균관 유생 송시형(宋時瑩) 등 270여 명이 이이와 성혼을 문묘에 종사하자는 내용의 상소를 올렸다. 이후 서인은 꾸준히 양현(兩賢)에 대한 문묘 종사를 주장하였고, 국가 차원에서 자파의 도통(道統)을 정립하고자 했다. 그러나 남인의 반발과 국왕의 암묵적 반대로 실현되지 못하고 있었다. 양현의 문묘 배향은 경신환국 직후인 1681년(숙종7)에 이루어졌지만 1689년 기사환국으로 남인이 집권하자 출향(黜享)되었다가 갑술환국(1694)으로 서인이 재집권하자 재차 배향되었다.

37) 송시열(宋時烈) : 1607~1689. 본관은 은진(恩津), 자 영보(英甫), 호 우암(尤菴), 시호 문정(文正)이다. 사옹원 봉사 송갑조(宋甲祚)의 아들이다. 김장생(金長生)·김집(金集)의 문인이다. 효종대 〈기축봉사(己丑封事)〉(1649)와 〈정유봉사(丁酉封事)〉(1657)를 올려 조정의 논의를 주도하였다. 현종대 두 차례 예송(禮訟)에 깊이 간여했다가 1674년 서인들이 패배하자 파직·삭출되었다. 1682년(숙종8) 김석주(金錫胄)·김익

流)들이 혹 장살 당하거나 혹 귀양을 떠나 쫓겨나고 남은 사람이 거의
없었다.[38]

훈(金益勳) 등 훈척들이 역모를 조작하여 남인들을 축출한 사건이 발생하였다.
이때 김장생의 손자 김익훈을 두둔하다가 서인의 젊은 충으로부터 비난을 받았다.
이로 인해 결국 서인이 노론과 소론으로 분열되었는데, 송시열은 노론의 종장(宗匠)
이 되었다. 1683년 박세채가 노·소론의 대립으로 교착상태에 빠진 정국을 타개하기
위해 탕평론을 제출하였는데, 이에 대한 반발로 송시열이 윤선거(尹宣擧)·윤증(尹
拯) 부자를 공격하여 1684년 이후 일어난 회니시비(懷尼是非)의 당사자가 되었다.
1689년 기사환국으로 남인이 재집권했는데, 이때 세자 책봉에 반대하는 상소를
올렸다가 유배되었다. 그해 6월 정읍에서 사사되었다.

38) 전 영의정 …… 없었다 : 이에 대해 남하정은 기사환국 당시 처분 권한이 숙종에게
     있었음을 분명히 밝히고 있었다. "폐위시킨 자를 다시 세우고, 살아 있는 자를
     죽이는 일이 주상의 뜻이 아님이 없는데, 어찌 신하가 감히 폐위시키고 세우며,
     살리고 죽이는 일에 대해서 그 공과 죄를 논할 수 있겠는가. 그렇게 본다면 기사년
     남인은 기사년의 일로 죄를 줄 수 없는 것은 또한 서인이 갑술·신사년의 일에
     감히 힘을 쓴 것이 아니라는 것과 같다. 저들이 갑술·신사년의 일에 힘을 쓸
     수 없었는데도 유독 기사년의 일은 남인에게 죄를 씌우려하는가." 폐위의 책임을
     온전히 남인에게 귀결시켜 권력획득 및 유지의 수단으로 활용해 온 서인·노론의
     주장이 전혀 타당하지 않음을 밝힌 것이다. 수세에 처한 남인의 입장에서 상대
     정파의 집권 논리를 극복하기 위해서는 무엇보다 국정운영의 주체로서 군왕의
     권한을 강조할 수밖에 없었던 저간의 사정을 반영한 것이기도 하다.

경오년(1690)

경오년(1690, 숙종16) 4월 일, 이연(李㮒)[1]의 처(妻)가 언문 편지 속에 환약(丸藥) 3개를 넣어 궁궐 안으로 들여보내면서 말하기를,

"이 환약은 천연두에 매우 효험이 있으며, 또한 장수에 도움이 되니 원자에게 바칠 만합니다."

하였다. 주상이 괴이하게 여기고 즉시 내전으로 나아가서 답장을 보내 다시 그 환약을 구하게 하니, 이연의 처가 해명하여 말하기를,

"처음 들인 편지와 이 편지를 서로 비교해보면 그 진위를 알 수 있습니다."

하였다. 주상이 약을 밥에 섞어서 고양이에게 먹이니, 고양이가 곧바로 죽었다. 이에 이연을 잡아다가 추궁하였다.

이보다 앞서 이연의 첩과 그 딸이 적모(嫡母)를 해치려고 저주한 일이 발각되어 그 첩은 내쳐지고 그 딸도 쫓겨났다. 이때 이르러 궁궐 안으로

---

1) 이연(李㮒) : 1648~1682. 인평대군(麟坪大君, 인조의 삼남)의 막내아들이다. 인평대 군은 복창군(福昌君) 이정(李楨, 1641~1680), 복선군(福善君) 이남(李枏, 1647~1680), 복평군(福平君) 이연을 두었는데, 당대 '삼복(三福)'이라고 일컬었다. 숙종대 초반 삼복은 종친으로서 남인들과 연합하여 세력을 형성하였다. 1675년(숙종1) 명성왕후 부친 김우명(金佑明)이 상소하여 복창군 형제가 궁중의 나인들과 사통(私通)하였다 고 고발하여 조사받게 하였다.(《肅宗實錄》 1年 3月 12日 참조) 이 사건은 나인들만 처벌 받는 데에 그쳤지만 경신환국(1680)으로 서인이 집권하자 허적의 서자 견(堅)이 복창군 삼형제와 역모를 도모했다는 정원로(鄭元老)의 고변이 나오면서 삼형제 모두 사사되었다.

약을 들여서 바친 일은 의심컨대 첩과 딸이 은밀히 적모에게 화를 전가하려는 계략인 듯하였다. 이에 이연이 그 필적을 대조해보니 그 딸의 것과 매우 비슷하여 딸을 죽일 것을 청하였다. 그런데 주상이 하교하기를,

"필적이 비슷하다는 것만으로 죄 줄 수 없으니, 일단 그대로 두라."

하였다. 이연이 또 아뢰기를,

"첩이 적모를 저주한 것이 이와 같이 요사하고 간악하니 결코 용서할 수 없습니다."

하자, 주상께서 명하기를,

"그 딸은 이전에도 함께 죄를 저질렀으니 멀리 쫓아내고, 그 어미도 또한 함께 쫓아내라."

하였다.2) 또 오정위(吳挺緯)의 공초3)로 인해 삼사에서 정중만(鄭重萬)4)

---

2) 경오년 …… 하였다 : 이 내용은 실제로 있었던 일이 아니라 오정위(吳挺緯)가 정중만(鄭重萬)의 아내[이연의 여동생]에게서 들은 말을 공초한 내용이었다. 조정에서 조사한 결과 사실이 아니라고 밝혀졌다. 이후 이러한 허구를 날조한 사람이 누구인지를 수사하였는데, 오정위는 그 출처에 대해 말하지 않다가 나중에야 그것을 정중만의 처에게 들었다고 진술하였다. 이에 처음부터 정직하게 공초하지 않은 죄로 관직을 삭탈 당하였고, 정중만 부부는 모두 쫓겨났다.(《肅宗實錄》 16年 8月 17日 참조) 인평대군이 오단(吳端)의 딸[오정위의 여동생]과 결혼하여 복평군 형제와 두 딸을 낳았으므로, 오정위는 이연과 그 여동생의 외삼촌이 된다.

3) 오정위(吳挺緯)의 공초 : 오정위(1616~1692)의 본관은 동복(同福), 자 군서(君瑞)·서장(瑞章), 호 동사(東沙)이다. 할아버지는 이조참판 오백령(吳百齡), 아버지는 관찰사 오단(吳端)이다. 공조판서 등을 역임하였다. 숙종대 초반 송시열에 대한 처벌문제로 남인이 온건파와 강경파로 분열될 때 청남(淸南)에 속하여 강경론을 지지하였다. 경신환국(1680)으로 유배되었다가 기사환국(1689)으로 풀려났다. 이듬해 이연의 첩과 그 딸이 적모를 해치려고 저주한 일이 발생하자 오정위는 이연의 여동생에게서 들은 이야기를 남인 정승들에게 전하여 수사가 시작되었지만 언근을 말하지 않다가, 반복하여 신문하니 비로소 정중만의 처에게 들었다고 실토하였다.(《肅宗實錄》 16年 8月 17日 참조)

4) 정중만(鄭重萬) : 1658~1732. 본관은 해주(海州), 자 여일(汝一), 호 백석(白石)이다. 부인은 인평대군 이요(李㴭)의 딸인 전주 이씨이다. 1690년(숙종16)에 영의정 권대운 등을 통해 그의 처남 복평군 이연의 집안에서 궁중에 독약을 반입시켰다는 일이 재차 제기되자 그 말이 그의 아내에게서 나왔다는 사실이 밝혀졌다. 그 결과 체포되어 국문을 받고, 결국 아내와 함께 유배되었다.

의 처를 잡아다 국문할 것을 청하였는데, 그녀는 이연의 누이였다. 주상이 말하기를, "지친(至親)의 부녀라서 처치하기 곤란하다." 하였다. 정중만은 철산(鐵山)으로, 정중만의 처는 용인(龍仁)으로 귀양보냈다.

정중만의 처가 다른 죄를 범하지 않았다면 무슨 이유로 세 차례나 오정위에게 편지를 보내어, "이번의 공초가 이전의 말과 같아야 목숨을 온전히 보전할 수 있습니다." 하였겠는가? 오정위가 공초할 때, 세 차례의 언문편지를 함께 바쳤으므로, 삼사에서 정중만의 처를 잡아들일 것을 청하였지만 주상이 지친의 부녀라고 하여 허락하지 않았던 것이다.

갑술년(1694)

갑술년(1694, 숙종20) 봄 김춘택(金春澤)[1]이 장차 남인을 몰아내고 중궁
을 복위시키려 도모하였지만 끝내 권대운과 목내선의 무리들에게 발각되
어 목에 칼을 차고 의금부 감옥에 갇혀서 다음날 장차 형벌이 행해질
예정이었다.[2] 그날 밤 2경(二更, 오후 10시 전후)에 전교하기를,

---

1) 김춘택(金春澤) : 1670~1717. 본관은 광산, 자 백우(伯雨), 호 북헌(北軒)이다. 광성부
   원군(光城府院君) 김만기(金萬基)의 손자이며, 김진구(金鎭龜)의 아들이다. 노론내
   훈척(勳戚) 가문 출신으로 경신환국 이후 더욱 대립이 심해진 당쟁의 중심에 있었다.
   남구만 등 소론으로부터 정치공작을 펼친다는 비난을 받았다. 1694년(숙종20)
   한중혁(韓重爀) 등과 함께 폐비 복위를 도모하였는데, 민암(閔黯) 등이 저지하려다가
   도리어 축출되어 서인이 다시 집권하였다.

2) 김춘택이 …… 예정이었다 : 1694년(숙종20) 3월 23일 남인 우의정 민암이 금위영
   군관 최산해(崔山海)의 매부인 함이완(咸以完)의 고변 내용을 임금에게 아뢰었다.
   고변의 요지는 소론계 한중혁과 노론계 김춘택 등이 금품을 모으고 사람들을
   길러 은밀한 음모를 꾸미고 있다는 것이었다. 숙종의 재가를 받은 민암 등 남인은
   관련자들을 잡아들여 엄하게 국문하였다. 그 결과 한중혁과 김춘택이 각각 환국을
   도모하였으며, 한중혁은 상인들로부터 김춘택은 주로 역관들로부터 거사 자금을
   조달한 사실이 밝혀졌다. 하지만 주모자들이 혐의를 부인하는 상황에서 3월 29일
   유학(幼學) 김인(金寅) 등이 남인들이 음모를 꾸미고 있었다는 고변서를 올렸다.
   그 내용은 총융사 장희재가 사람을 매수하여 숙원 최씨를 독살하려 한다는 것이었
   다. 또한 신천군수(信川郡守) 윤희(尹憘)와 훈국(訓局) 별장(別將) 성호빈(成虎彬)
   등이 반역을 도모하고 있는데 훈련대장 이의징(李義徵)도 참여하였다는 것이었다.
   여기에 민암 · 오시복(吳始復) · 목창명(睦昌明) 등 남인이 이 모의에 연관되었다고
   하였다. 국청을 담당한 남인들은 김인이 훈국대장 이의징에 대한 원한으로 무고한
   것이라는 보고를 올렸고, 숙종도 이를 수긍하였다. 하지만 4월 1일 밤, 숙종이
   급작스럽게 비망기를 내려 집권 남인을 모두 축출하고 서인을 중용하는 갑술환국을
   단행하였다. 이에 함이완의 고변은 서인을 일망타진하려던 민암이 사주한 일로

"예전에 갇혀서 추고(推考) 받던 자가 이제는 도리어 옥사를 국문하게 되고, 예전에 유배되었던 자가 이제는 도리어 극형을 받게 되었다. 하루 이틀 사이에 머리 등에 형구를 쓴3) 죄수가 의금부에 가득 차서 서로 고하고 끌어들이니, 문득 대면하여 질문한다고 핑계대고 거의 모두 처형하라고 청하였다. 그 전후에 끌어댄 자도 장차 또 한 차례로 죄로 얽어맬 것이므로, 그렇게 되면 공주(公主)4)의 집과 한쪽 편 사람5)은 고문과 찬극(竄殛)6)되는 죄를 면할 자가 드물 것이다. 군부(君父)를 우롱하고 진신(縉紳)을 함부로 죽이는 정상이 매우 통탄스러우니, 참국(參鞫)한 대신 이하는 모두 관작을 삭탈(削奪)하여 문외출송(門外黜送)하고, 민암(閔黯)7) 과 의금부 당상은 모두 외딴 섬에 안치(安置)하라."8)

확정되었다.(《肅宗實錄》 20年 3月 21日 · 29日, 4月 1日 참조)

3) 머리 등에 형구를 쓴 : 원문은 "三木囊頭"이다. 삼목은 목 · 손 · 발에 형틀을 채우는 것이고, 낭두는 그 머리를 뒤집어씌우는 것이다. 죄인이 형구를 뒤집어 쓴 모습이다.

4) 공주 : 숙종의 고모 숙안공주(淑安公主, 효종의 장녀)이다. 홍득기(洪得箕)와 결혼하여 홍치상(洪致祥)을 낳았다. 홍치상은 1687년(숙종13) 조사석이 우의정에 임명되자, "후궁 장씨의 모친이 조사석의 여종 출신이기 때문에 이 연줄로 정승이 되었다." 무함하였다. 이 일로 1689년 사형당하였다. 이에 숙안공주는 기사환국 뒤 아들의 원한을 갚기 위해 서인에게 자금을 대어주고 환국과 인현왕후의 복위를 도모하였다. 하지만 1694년 3월 26일 한중혁과 이시도 등의 자백으로 해당 사안이 발각되었다. 이에 극형을 피하기 어려웠지만 다음날 갑술환국으로 무사할 수 있었다.

5) 한쪽 편 사람 : 여기서는 서인을 가리킨다.

6) 찬극(竄殛) : 죄인을 귀양 보내거나 죽이다.

7) 민암(閔黯) : 1636~1694. 본관은 여흥, 자 장유(長孺), 호 차호(叉湖)이다. 병조판서 · 우의정 등을 역임하였다. 1689년(숙종15) 기사환국 당시 김수항 · 송시열을 탄핵하여 그들의 처형을 주장하였다. 1694년 인현왕후를 복위시키려 한다는 고변(告變)을 이용하여 옥사를 일으키려 했지만 숙종은 남인을 쫓아내고 서인을 등용하는 갑술환국을 단행하였다. 이로 인해 유배되었다가 사사되었다.

8) 예전에 …… 안치하라 : 동일한 전교가 《동소만록》에도 실려 있다. 그런데 이어지는 대목에서 영의정 남구만의 상소를 인용하여 서인의 모의 정황을 사실로 확정하였다. 즉 강만태 · 최격 · 이시도 · 한중혁의 공사와 편지를 근거로, "애초 죄수들이 말했던 수많은 진술이 상소 가운데 모두 실리지 않았지만 남구만의 상소 하나만 보더라도 당시 옥사의 정세를 대략 살펴 볼 수 있다." 하였다. 또한 남하정은 논평하기를, "그런데도 저 남인은 칼날로 엉덩이뼈를 찔러 깊은 맛을 보려 했지만 힘이 부족하였

하였다. 또 전교하기를,

"전 영의정 남구만(南九萬)9)을 영의정에 제배하여 권대운을 대신하고, 이조판서로 유상운을 임명하여 이현일(李玄逸)10)을 대신하며, 병조판서로 서문중(徐文重)11)을 임명하여 목창명(睦昌明)12)을 대신하고, 형조판서로 윤지선(尹趾善)13)을 임명하여 민취도(閔就道)14)를 대신하게 하라. 공조

으니 스스로 패한 것이나 마찬가지이다." 하며, 남인의 미약한 정치력으로 인해 환국이 초래된 상황을 지적하였다. 여기에 더해 모든 음모의 배후에는 김춘택이 있음을 강조하였다. 증거가 명확한 폐비 민씨 복위 운동이 노론의 모략에 제대로 대처하지 못해 도리어 남인이 화를 당하였다는 것이다.

9) 남구만(南九萬) : 1629~1711. 본관은 의령(宜寧), 자 운로(雲路), 호 약천(藥泉)·미재(美齋)이다. 개국공신 남재(南在)의 후손으로, 송준길의 문하에서 수학하였다. 효종대 정언 등을 거쳐 현종대 전라도·함경도관찰사 등을 역임하였다. 1679년(숙종5) 한성부좌윤 재직시 남인을 탄핵하다가 유배되고, 이듬해 경신환국으로 도승지를 거쳐 대사간을 역임하였다. 1687년(숙종13) 영의정에 올랐고, 이듬해 동평군 이항을 탄핵한 박세채를 두둔하였다가 유배되었다. 갑술환국(1694)으로 영의정에 다시 기용되어 숙종의 탕평책을 앞장서서 적극 추진하였다.

10) 이현일(李玄逸) : 1627~1704. 본관은 재령(載寧), 자 익승(翼升), 호 갈암(葛庵)이다. 대사헌·이조판서 등을 역임하였다. 퇴계 학풍을 계승한 대표적인 영남 산림이었다. 1678년 지평 등을 거쳐 이조판서 등에 임명되었다. 1694년 인현왕후가 복위된 뒤 갑술환국 때 조사기를 구원하다가 유배되었다. 저서로는《갈암집(葛庵集)》 등이 있다.

11) 서문중(徐文重) : 1634~1709. 본관은 달성(達城), 자 도윤(道潤), 호 몽어정(夢漁亭)이다. 숙종대 형조판서를 거쳐 1689년 기사환국으로 남인이 득세할 때 우참찬으로 재직하다가 중앙 정계에서 밀려났다. 갑술환국(1694)으로 서인이 득세하자 병조판서에 등용되었으나, 장희빈과 남인에 대한 징계 문제에 온건론을 주장하다 배척받아 금천(衿川)에 퇴거하였다. 그 뒤 박세채의 건의로 서용되어 훈련대장·형조판서·병조판서 등을 역임하였다. 1696년 우의정에 올랐으며, 청나라에 파견되어 세자 책봉을 요청하였다. 서문중이 평소 장희빈과 세자에 대해 우호적이었다는 점을 반영하여 책봉사로 선정한 것이었다. 1699년 좌의정을 거쳐 영의정에 올랐다.

12) 목창명(睦昌明) : 1645~1695. 본관은 사천, 자 제세(際世), 호 취원(翠園)이다. 1680년(숙종6) 이조참의 재직시 경신환국으로 사직했다가 1689년 기사환국으로 대사간에 복직되어 병조판서 등을 역임하였다. 갑술환국(1694)으로 탄핵을 받고 유배지에서 죽었다

13) 윤지선(尹趾善) : 1627~1704. 본관은 파평, 자 중린(仲麟), 호 두포(杜浦)이다. 우의정 윤지완(尹趾完)의 형이다. 현종 대 지평 등을 거쳐 숙종이 즉위한 뒤 이조정랑에 올랐다. 이후 대사간을 거쳐 1696년 공조판서·좌참찬·우의정에 이어 좌의정에

판서에는 신익상(申翼相)15)을, 이조참의에는 박태상(朴泰尙)16)을 제수하고, 고(故) 판부사 민정중(閔鼎重)17)은 복관(復官)하여 사제(賜祭)18)하게 하라."

하였다. 또 전교하기를,

"김석주(金錫胄)19)가 임술년 무고인(誣告人) 김중하(金重夏)와 김환(金煥)의 옥사20)를 처치한 것이 그릇되어 스스로 다른 사람의 말이 있게 하였으

올랐다. 장희빈의 소생을 원자로 책봉하려 할 때 완곡하게 반대하기도 하였다. 남구만 등과 함께 소론 탕평파 대신으로 활동하였다.

14) 민취도(閔就道) : 1633~1698. 본관은 여흥(驪興), 자 정숙(正叔)이다. 아버지는 좌의 정 민희(閔熙)이다. 이조좌랑·대사간·형조판서 등을 역임하였다.

15) 신익상(申翼相) : 1634~1697. 본관은 고령, 자 숙필(叔弼), 호 성재(醒齋)이다. 공조판 서·우의정 등을 역임하였다. 기사환국(1689) 당시 인현왕후 폐위의 부당함을 간하고 사직하였다. 갑술환국(1684)으로 다시 등용되어 소론 탕평파로 활동하였다.

16) 박태상(朴泰尙) : 1636~1696. 본관은 반남(潘南), 자 사행(士行), 호 만휴당(萬休堂)· 존성재(存誠齋)이다. 경신환국(1680)으로 남인이 실각하자 대사간을 거쳐 이조참의 가 되었다. 갑술환국(1694) 이후 이조판서 등을 역임하였다.

17) 민정중(閔鼎重) : 1628~1692. 본관은 여흥(驪興), 자 대수(大受), 호 노봉(老峯)이다. 인현왕후의 숙부이자 송시열의 문인이다. 현종대 이조·호조·공조의 판서를 역임 하였다. 기사환국(1689)으로 관직을 삭탈 당하고 유배되어 귀양지에서 죽었다. 현종의 묘정(廟庭)과 양주 석실서원(石室書院) 등에 제향되었다.

18) 사제(賜祭) : 임금이 죽은 신하에게 제사를 내려주는 일이다.

19) 김석주(金錫胄) : 1634~1684. 본관은 청풍(淸風), 자 사백(斯百), 호 식암(息庵)이다. 김육(金堉)의 손자이며, 김좌명(金佐明)의 아들이다. 현종비 명성왕후와 사촌지간으 로 숙종의 외삼촌이다. 이조판서·우의정 등을 역임하였다. 현종이래 숙종대에 이르기까지 정국변동의 중심에 자리하면서 권력을 장악하였다. 1674년(숙종 즉위 년) 자의대비의 복상 문제로 2차 예송이 일어나자, 허적 등과 함께 송시열·김수항 등 산당(山黨)을 숙청하였다. 1680년에는 허적 등이 임금 몰래 유악(油幄)을 사용한 사건으로 실각한 뒤 이조판서가 되어, 허견(許堅)이 모역한다고 고변하게 하여 남인을 축출하였다. 그 공으로 보사공신(保社功臣) 1등으로 청성부원군(淸城府院君) 에 봉해졌다. 1682년 우의정 재직시 김익훈과 함께 전익대(全翊戴)를 사주하여 허새(許璽) 등 남인들이 모역한다고 고변하게 하였다. 이로 인해 서인의 소장파로부 터 반감을 사서 노·소론으로 분열하는 원인을 제공하였다.

20) 임술년 …… 옥사 : 임술년(1682, 숙종8) 고변으로 발생한 옥사를 가리킨다. 당시 김석주·김익훈이 김환을 사주하여 남인 허새, 민암 등이 복평군을 임금으로 추대하 려 했다고 고변하여 남인들을 처벌한 사건이다. 이때 김환·전익대·김중하, 세

니 진실로 잘못이 있었다. 하지만 조정에서 대신(大臣)을 대우하는 도리는 일의 대체가 본래 특별한 것인데, 그 본정(本情)을 따져보면 어찌 나라를 배반하려 그러한 것이겠는가? 특별히 복관하라."

하였다. 또 전교하기를,

"송시열의 죄상이라고 거론한 것은 많은데, 그중에 '임금을 폄하하고 종통(宗統)을 어지럽혔다.'21)는 말은 저들이 위협하여 복종시키려는 좋은 제목에 불과할 뿐이다. '종묘를 망령되게 논하였다.'22)는 한 가지 일은 더욱 실정과 맞지 않는 말이어서, 내가 일찍부터 평정한 마음으로 찬찬히 살펴보고, 일찍이 스스로 후회하였다. 특별히 복관하고 사제(賜祭)하라. 남용익과 이사명(李師命)23)을 복관하라."

사람이 연달아 고변하여 이를 '임술삼고변(壬戌三告變)'이라고 부른다.

21) 임금을 …… 어지럽혔다 : 예송에서 남인들이 송시열을 비판하면서 나온 말들이다. 송시열의 예론은 효종을 둘째 아들로 본 것인데, 남인 측에서는 이러한 주장이 효종을 폄하하고, 효종의 왕통을 부정하는 것이라고 주장하였다.

22) 종묘를 망령되게 논하였다 : 1683년(숙종9) 송시열은 태조의 묘호를 가상(加上)할 것을 요청하였다. 태조대왕은 창업 수통(垂統)한 임금인데 그 휘호가 도리어 후사(後嗣)한 왕보다도 못하므로 도리상 미안할 뿐 아니라, 태조의 위화도 회군(威化島回軍)은 실로 존주대의(尊周大義)에서 나온 것으로 길이 천하 후세에 전할 만하다고 보았다. 더구나 지금같이 춘추대의가 막혀 버린 때 이를 표장(表章)해서 대법(大法)을 보존해야 한다고 주장하였다. 이처럼 송시열이 태조의 대의(大義)를 기려서 '소의정륜(昭義正倫)'이라는 시호를 올리자고 하자 박세채가 반대하였다. 양자 간의 갈등은 마침내 '정의광덕(正義光德)'의 시호를 추상하는 것으로 마무리 되었다.(《肅宗實錄》 9年 6月 12日 ;《南溪集·請太廟位版改正太字疏》참조) 이에 대해 남인계 당론서 《대백록(待百錄)》에서는 다음과 같은 분석을 내놓았다. "송시열은 효종이 서자이므로 즉위해서는 안 될 임금으로 보았다. 그래서 논자들이 '종통을 둘로 만들어 계통을 끊어버리고 군부를 폄박(貶薄)하였다.' 하자, 송시열이 그 자취를 감추려고 효종에게 존주(尊周) 의리가 있다면서 세실(世室)로 정하는 일에 급급하였다."

23) 이사명(李師命) : 1647~1689. 본관은 전주, 자 백길(伯吉), 호 포암(蒲菴)이다. 할아버지는 이구여(李苟興), 아버지는 대사헌 이민적(李敏迪)이다. 경신환국(1680)으로 공으로 보사공신(保社功臣) 2등에 녹훈되고, 완녕군(完寧君)에 봉해졌다. 1685년 형조판서를 거쳐 이듬해에 병조판서를 지냈으나 1688년 윤세희(尹世喜) 등의 탄핵으로 삭주에 유배되었다. 이듬해 남인이 재집권하는 기사환국 때 사사되었다가 갑술환국 이후 신원되었다.

하였다. 또 전교하기를,

"강신(强臣)이나 흉얼(凶孽)로서 감히 폐인(廢人)을 사실대로 밝혀 구원하려는 자는 역률(逆律)로 논단(論斷)하겠다고 이미 중앙과 지방에 포고하였다.24) 이것은 오로지 신설(伸雪)하고 복위하는 과정에서 우리나라의 일을 어지럽히는 것을 엄히 막으려는 데에서 나온 것이다. 예로부터 제왕(帝王)은 이러한 일에 대하여 비록 이미 죄를 밝혀 폐출하였더라도 또한 반드시 참작하고 선처하여 은혜와 위엄을 아울러 베풀었으니, 이것은 너그러이 용서하는 큰 도리에 해가 되지 않았다. 지난해 대신 한 명이 폐인을 별궁(別宮)으로 옮겨 두자는 일로 차자(箚子)를 올리기에 윤허한 바 있었으나,25) 다시 생각하니 폐치(廢置)한 지 오래되지 않았고, 세자가 아직 보모[阿保]를 떠나지 못하고 있는데, 이렇게 처분하는 것은 너무 갑작스러움을 면치 못할 것이기 때문에 우선 중간에 그만두고 시행하지 않았다. 이제는 은례(恩禮)가 아주 없을 수 없으니, 해조(該曹)로 하여금 별궁에 옮겨 거처하게 하고, 어의궁(於義宮)26)으로 처소를 정하게 하라."

하였다. 또 다음과 같이 전교하였다.

---

24) 강신이나 …… 포고하였다 : 갑술환국 당시 나온 숙종의 전교에 보인다.(《肅宗實錄》 20年 4月 1日 참조) 폐인은 인현왕후를 가리킨다.

25) 대신 한 명이 …… 있었으나 : 대신은 영의정 권대운을 가리킨다. 《동소만록》에 따르면 권대운이 차자를 올려 왕비를 폐위시켜 서인(庶人)으로 만들고 사제(私第)로 돌려보낸 일을 애통하게 여기고, "별궁에 두고 명호(名號)를 존속시키며, 의식에 필요한 여러 물품을 그대로 두면 주상이 변고에 대처하는 도리가 이에 극진하게 될 것입니다. 신은 10년 동안 국모로 섬기어 그 명분이 이미 정해졌는데 하루아침에 갑자기 바꾸는 이번 조처가 가슴이 아파서 스스로 그치지 못하겠습니다." 항변하였다. 이처럼 남하정은 기왕의 당론서에서 누락된 사실들, 즉 폐위 당시 남인 대신들이 적극적으로 국왕의 결단을 막으려 한 저간의 상황을 기술하여 남인에게 씌워진 명의죄인의 혐의에서 벗어날 근거로 삼았다.

26) 어의궁(於義宮) : 인조와 효종의 잠저(潛邸)인데, 종로구 낙원동 소재 상어의궁(上於義宮)과 나중에 효종이 이주한 종로구 효제동의 하어의궁(下於義宮)이 있다. 실록에는 '어의동궁(於義洞宮)'이라고 하였다.(《肅宗實錄》 20年 4月 9日 참조) 여기서는 효제동의 하어의궁을 가리키는 것 같다.

"별궁으로 옮겨 거처하라는 명을 내린 뒤에 사람을 보내어 안부를
물으니, 사양하는 뜻이 처량하고 뉘우치는 마음이 매우 간절하여 사람으
로 하여금 자신도 모르는 사이에 감동하게 하였다. 이에 다시 명하여
서궁(西宮) 경복당(景福堂)27)으로 옮겨 거처하게 하고, 공상(供上)을 받드는
것을 법대로 거행하며, 궁궐에 들어올 때에는 옥교(屋轎)를 사용하고
총관(摠管)28)과 군병이 행렬의 앞뒤를 따르는 따위 일은 참작하여 마련하
게 하고, 또 해조(該曹)에 명하여 빨리 날을 가리게 하라."

5월 12일 오시(午時, 정오 전후)에 중전이 옥교를 타고 앞뒤로 사대(射隊)
와 예관(禮官)이 수레와 의장(儀仗)을 배종(陪從)하여 요금문(曜金門)29)으로
입궐하였다. 대소 신료들이 전례에 따라서 중궁전에 사은숙배(謝恩肅拜)30)
하였다.

아! 성모(聖母)가 폐위되어 사제(私第)에 머무른 지 오늘로 몇 해 만인데,
겨우 대신 한 명이 별궁으로 옮겨 거처해야 한다는 일을 차자(箚子)로
아뢰었을 뿐 그 이외에는 옮겨 거처하라고 다시 아뢰는 사람이 없었고,
또한 한 사람도 조용히 제대로 간쟁하여 주상의 마음을 감동시켜 되돌리

---

27) 경복당(景福堂) : 숙종대 창덕궁 만수전(萬壽殿) 터에 지은 건물이다. 경종이 경복당
    (景福堂)을 경복전(景福殿)으로 편호(扁號)를 바꾸고 당시 숙종 계비 인원왕후를
    모셨다.
28) 총관(摠管) : 오위도총부(五衛都摠府)의 도총관(都摠管, 정2품)과 부총관(副摠管, 종2
    품)을 가리킨다. 총관의 주임무는 오위도총부의 행정업무를 주관하고 금군을 통솔
    하며 입직(入直)하는 것이었다. 1674년 숙종이 즉위하면서 혁파 논의가 있었으나
    체제상 주·부진관(州府鎭管)의 군사가 모두 오위총관에게 소속되어 있으므로 혁파
    될 수 없다고 하여 그대로 존속하였다.
29) 요금문(曜金門) : 창덕궁 서북쪽 담장에 난 문이다. 내시와 상궁들이 병들어 죽었을
    때 퇴궐시키던 문이다.
30) 사은숙배(謝恩肅拜) : 원래 대소 과거에 합격한 자나 문·무관직에 임명된 자가
    방방(放榜, 합격자 발표)이나 제수(除授) 이튿날 왕·왕비·대비·왕세자 등을 찾아
    가 절하고 사례하는 의식이다.

지 못했다. 이번 복위의 경사는 여러 신하들의 지극한 정성에서 나온 것이 아니라 주상이 자신의 잘못을 뉘우치고 깨달은 것에서 비롯되었음에 틀림없다.31) 만약 성심(聖心)이 스스로 끝내 깨닫지 못하였다면 우리 성모(聖母)는 장차 영구히 사제에 거처하여 끝내 복위의 거사는 없었을 것이란 말이구나!

개탄스럽게도 조정의 신하들은 한갓 전하의 중전을 구원하는 자는 처벌하겠다는 명령을 두려워하여 감히 한마디도 말하지 못하였으니, 오늘날 조정에 직간(直諫)하는 기풍(氣風)이 있는가, 없는가? 신하의 의리 는 있는가, 없는가?32) 아! 탄식할 만하다. 신하의 명분과 의리로 보아 북면(北面)33)하여 신하라고 칭하는 자라면 날마다 나아가 간언하기를 해가 다할 때까지 힘써 다투어 기어이 주상의 마음을 돌린 후에야 그만두 었어야 했다. 주상이 비록 한 때의 엄격한 명령이 있었다 하더라도 조정의 여러 신하들에 대해 어찌 모두 죽이고 모두 귀양 보낼 수 있단 말인가?

---

31) 주상이 …… 틀림없다 : 여기서 《수문록》과 《동소만록》이 지향하는 정론의 공통점 이 엿보인다. 양자 모두 꼬인 정국을 푸는데 군왕의 권능과 그 역할에 크게 기대하였 다. 남하정은 폐위의 주체로 숙종을 상정하였고, 이문정은 복위의 주체로 숙종을 지목하였다. 남하정은 폐위 처분이 내려졌을 당시 당국자들이 적극 반대했지만 끝내 국왕의 뜻을 굽힐 수 없었고, 그 결과 숙종의 의지대로 폐위가 단행된 사실을 강조하였다. 이문정 역시 복위 처분을 내린 계기로 숙종의 뒤늦은 후회를 거론하면 서 국왕의 결단이 중요하다고 보았다. 이 점은 왕권을 매개로 양측 간 타협의 여지를 보여주는 것이었다. 현안을 놓고 갈등하면서도 숙종이래 경종과 영조를 국정운영의 조정자로서 상정하였다는 점에서 협치의 가능성을 열어놓은 것으로 볼 수 있다.

32) 신하의 …… 없는가 : 서인은 이 사안을 가지고 남인을 명의죄인으로 규정하고 정치공 세를 강화하였다. 명의죄인은 기사환국 당시 남인 당국자들이 인현왕후의 폐위를 적극적으로 막지 않고 방관하여 국정을 어지럽혔다는 혐의에 붙여진 죄목이었다. 《동소만록》에 따르면, 명의죄인을 빌미로 남인계 인사 수천 명이 과거를 볼 수 없게 되었다. 또한 '역(逆)도 또한 전해지는 통(統)이 있다'는 역통론이 제기되면서 영조대 이르도록 출사의 기회가 완전히 막히고 말았다. 남하정은 명의죄인의 혐의에 서 벗어남과 동시에 남인의 위상 제고를 위해 동궁[경종]보호 노력을 부각시켰다.

33) 북면(北面) : 임금은 남면(南面)하여 앉으므로, 신하로서 임금을 섬기는 것을 이른다.

병자년(1696)

　병자년(1696, 숙종22) 5월 강오장(姜五章)이, 세자 외가 묘소에 흉측하고 더러운 물건이 묻혀 있는데, 병조판서 신여철(申汝哲)[1]의 가노(家奴) 응선 (應先)의 호패(號牌)[2]가 묘 옆에 떨어져 있다고 상소하였다.[3] 주상이 직접 국문하자 신여철이 궐 밖에서 명을 기다리니, 주상이 반납한 병부(兵符)를 환수하고서 전교하기를, "대죄(待罪)하지 말라." 하였다. 응선이 아홉 차례 형장을 받았지만 자복하지 않고 죽자 주상이 명하기를,

　"만약 작변(作變)을 고발하는 자가 있으면 마땅히 후한 상을 주겠다."

하였다. 장씨 집 묘노(墓奴)가 말하기를,

　"장씨 집 노복 업동(業同)[4]이 양식을 싸 가지고 나와서 묘소에서 묵으면

---

1) 신여철(申汝哲) : 1634~1701. 본관은 평산, 자 계명(季明), 호 지족당(知足堂)이다. 영의정 신경진(申景禛)의 손자이다. 형조 · 호조판서 등을 지냈다. 1680년 경신환국 당시 총융사가 되어 서인 편에서 활동하였다. 1688년 형조판서로 훈련대장을 겸하였다. 갑술옥사(1694) 때 장희재 등의 처벌을 주장하였다. 이후 훈련대장과 공조판서 등을 역임하였다.

2) 호패(號牌) : 신분을 증명하기 위해 국가에 발행한 패이다. 호구(戶口)를 명백히 하여 민정(民丁)의 수를 파악하고, 직업 · 계급을 분명히 하는 한편, 신분을 증명하기 위한 것이었다.

3) 강오장 …… 상소하였다 : 1695년(숙종21) 12월에 장형(張炯, 장희빈의 부친)의 묘에 비갈(碑碣)이 파손되고, 이듬해 3월에는 무덤 주위에 목도(木刀)와 목인(木人)이 꽂혀 있는 무고(巫蠱)가 발생하였다. 이에 4월 29일 생원 강오장이 상소하여 이 사건을 고발하였다.

4) 업동(業同) : 장희재(張希載) 집안의 종이다. 그가 응선을 용의자로 지목하였는데, 응선이 고문으로 죽자 자신이 도리어 국문을 받게 되었다. 노론은 이 사건을

서 스스로 말하기를, '뒤에 변괴가 있을 것이다.' 하였는데, 그날 과연 파묻혀 있는 흉물을 얻었습니다."

하였다. 영의정 남구만, 좌의정 유상운, 우의정 신익상이 말하기를, "의심스러운 일을 가지고 옥사를 만들 수는 없습니다."

하니, 주상이 업동과 여러 죄수들을 풀어주라고 명하였는데, 삼사가 끝까지 조사하여 기어이 사실을 밝히자고 힘써 청하였다. 주상이 명하여 업동을 국문하자 형장을 맞고 승복하였다.

장희재(張希載)5)의 집에서 스스로 목인(木人)을 만들어 두고, 응선을 술집으로 꼬드겨서 누차 술 마시기를 권하여, 응선이 취해서 쓰러지자 그 호패를 훔쳐서 고의로 장씨 집안 묘소에 떨어뜨렸다. 이것은 흉물을 묻는 날 그 소행을 응선이 한 짓으로 만들고자 한 것이고, 응선을 통해서 신여철이 시킨 일로 만들려고 한 것이다. 대개 그 의도는 먼저 신여철 집안에 재앙을 내리고, 이어서 서인(西人)을 일망타진할 계략이었다.

이 모의를 주도한 자는 이의징(李義徵)6)의 아들 이홍발(李弘渤)이었는데,7) 거듭 형장을 맞다가 죽고 말았다. 영의정 남구만, 좌의정 유상운,

---

　　장씨 일가와 남인에 의해 조작된 음모라고 보고, 업동을 끝까지 추궁하여 사실을 밝힐 것을 주장하였다.(《肅宗實錄》 22年 6月 2日 참조)

5) 장희재(張希載) : ?~1701. 본관은 인동(仁同). 역관 장현(張炫)의 종질이며, 장희빈의 오빠이다. 장희빈이 숙종의 총애를 받게 되자 그 덕으로 금군 별장(禁軍別將)이 되었으며, 이어 1692년(숙종18) 총융사가 되었다. 1694년 인현왕후가 복위한 뒤로 이를 시기하는 장희빈과 함께 인현왕후를 해하려는 음모를 꾸미다가 발각되어 사형을 받게 되었으나, 후환이 세자에게 미칠 것을 염려한 남구만 등 소론의 주장으로 사형은 면하고 제주도에 유배되었다. 1701년 인현왕후가 죽은 뒤 장희빈이 앞서 인현왕후를 저주한 사실이 발각되어 장희재를 극형에 처할 것을 요구하는 상소가 있자, 왕은 처음에는 거절하였으나 마침내 제주도 유배지에서 잡아 올려 사형에 처하고, 희빈은 자결하게 하였다.

6) 이의징(李義徵) : ?~1695. 본관은 전주이다. 1679년(숙종5) 음보(蔭補)로 진안(鎭安) 현감이 되어 치적을 쌓아 2년 뒤 암행어사 오도일의 추천으로 상작(賞爵)을 받았다. 1694년 갑술환국으로 유배되었다가 사사되었다. 민암 · 민종도(閔宗道) 등과 함께 장희재에 협력하여 기사환국을 조장하고, 장희빈을 왕비 자리에 올리는데 공을 세웠다는 평을 받았다.

우의정 신익상이 옥사를 다스리며 상의하여 말하기를,

"스스로 저주해 놓고서 화를 서인에게 전가하려 했다는 것은 실로 의심스러운데, 옥사가 만약 희빈에게 이르면 어찌 난처하지 않겠습니까?"

하였다. 영의정이 마침내 좌의정·우의정과 함께 청대(請對)하여 끝까지 조사할 수 없는 이유를 진달하자, 주상이 말하기를,

"지금 경들의 말을 들으니 정확히 내 뜻과 부합된다."

하였다. 이에 국청을 파하라고 명하고, 업동을 멀리 유배 보내니, 뭇 여론이 소란스럽게 일어나 세 정승을 공격하여 배척하자 세 정승은 모두 도성 밖으로 나아가 대죄하였다.

신하가 임금을 섬기는 도리는 조금의 사사로운 뜻도 용납하지 않으며, 단지 대의(大義)를 따를 뿐이다. 맹자가 말하기를, "순(舜)임금이 천자가 되었지만 고수(瞽瞍)가 사람을 죽였다면 고요(皐陶)가 붙잡았을 것이다."[8] 하였으니, 비록 천자의 아버지일지라도 나라의 법을 어겼다면 오히려 고요가 붙잡았을 것인데, 어찌 하물며 세자를 낳은 어머니이겠는가? 장희재가 스스로 그 묘소를 저주하고는 다른 사람에게 화를 전가하려고 하였으니, 진실로 그 흉악한 음모를 계획하고 시행한 것을 조사하였다면

---

7) 이 모의를 …… 이었는데 : 《연려실기술》〈숙종조 고사본말〉에는 장희재가 제주도에서 귀양살이할 때 윤정석(尹廷錫) 형제에게 보낸 편지에서 모의를 주도한 사람을 다음과 같이 지목하였다. 희빈의 3숙질간인 안여익(安汝益)·안세정(安世楨)이 장천한(張天漢)과 정승 김덕원의 손자 태윤(泰潤), 정승 민암의 처남 정빈(鄭彬), 이홍발의 사촌 매부 박씨 성 가진 사람과 같이 계책을 의논했다고 써서 보냈다.

8) 순임금이 …… 것이다 : 《맹자(孟子)》〈진심 상(盡心上)〉에 다음의 구절이 있다. 도응(桃應)이 물어 말하기를, "순임금이 천자가 되고 고요가 집법관이 되었는데, 고수가 사람을 죽이면 어찌합니까?" 하자 맹자가 대답하기를, "법대로 잡아들일 뿐이다." 하였다. 그러자 묻기를, "그러면 순임금이 금지시키지 않을까요?" 하니, 맹자가 말하기를, "순임금이 어찌 금지시키겠는가? 무릇 전해 받은 바가 있으시다." [桃應問曰, "舜爲天子, 皐陶爲士, 瞽瞍殺人, 則如之何?" 孟子曰, "執之而已矣." "然則舜不禁與?" 曰, "夫舜惡得而禁之? 夫有所受之也."]

남의 집과 나라를 해치려 한 것은 비록 삼척동자라 할지라도 오히려 헤아릴 수 있었을 것인데, 세 정승이 어찌 알지 못하였겠는가? 혹 일이 희빈에게까지 이르게 될까 두려워하여 이른바 "업동을 끝까지 조사할 수 없다." 하며 죄가 멀리 유배 보내는데 그쳤으니, 어찌 대언(臺言)9)이 준엄하게 일어나는 것을 면할 수 있겠는가?

업동을 끝까지 조사하여 만약 희빈이 죄를 범한 일이 없다면 뜬소문이나 억울한 죄명을 벗어날 수 있었을 것이다. 만약 죄를 범하였다면 이것은 주상이 참작하여 처분하는 데에 달려 있을 것이니, 세 정승이 일을 처리한 것 또한 광명정대해질 것이다. 그런데 마음속에 끝내 "사(私)" 한 글자를 품고서 당연히 끝까지 조사해야 할 자가 아뢰어 국청을 파하게 하였으니, 비록 필경 희빈이 무사할 지라도 오래토록 혐의 가운데 있을 것이며, 정승은 사사로움을 품었다는 죄과에서 벗어나지 못할 것이다.10)

---

9) 대언(臺言) : 사헌부 · 사간원에서 논박하는 말을 가리킨다.

10) 세 정승은 …… 못할 것이다. : 이문정은 장희재의 처벌을 막는 일련의 움직임을 사사로운 것으로 단정하였다. 반면 남하정은 동궁 보호를 위한 공변된 것으로 보았다. 《동소만록》에 따르면, "정승 남구만이 사람들의 비방을 무릅쓰면서까지 살리려 했던 것은 장희재가 죽으면 희빈이 위험해지고, 희빈이 위험해지면 동궁이 불안해지기 때문이었다. 남구만을 공격하는 자는 뒷날 복을 기대하기 때문이라고 했다." 하였다. 이처럼 동일 사안에 대해 양자의 평가가 엇갈렸지만 상통하는 부분도 있다. 본서의 신사년(1701, 숙종27) 10월 10일 기사 가운데 남구만에 대한 자설(自說)을 보면, "업동의 옥사를 담당하였을 때 철저히 조사하여 다스려서는 안 된다고 아뢴 것은 단연코 다른 뜻이 없이 실로 춘궁의 처지를 위한 것이었고, 또한 충성스러운 마음에서 나온 것이었다." 하였다. 연잉군의 세제 지위 유지를 위해서는 무엇보다 경종의 후원이 절실하였다. 따라서 전사(前史)를 정리하면서 경종 재위에 도움을 준 세력에 대해서 다소간에 모순된 평가를 내린 것으로 볼 수 있다. 이문정은 연잉군을 위해서라면 정쟁을 억제하고 여타 세력 간 갈등의 소지를 최소화하려 노력했던 것이다.

신사년(1701)

　신사년(1701, 숙종27) 8월 중전 민씨가 세상을 떠났다. 성복(成服)[1]후 9월 23일 전교하기를,

　"대행왕비(大行王妃)[2]가 2년간 병을 앓았는데도 희빈은 한 번도 문후(問候)를 올리지 않았다. 평상시에도 '중궁전'이라고 하지 않고 반드시 '요인(妖人)'이라고 하였다. 또한 몰래 취선당(就善堂, 창경궁 소재) 서쪽에 신당(神堂)을 차려두고, 비복(婢僕)과 함께 날마다 밤에 기도를 올리며, 지극히 빈틈없이 일을 꾸몄으니, 이것을 어찌 참을 수 있겠는가? 제주(濟州)에 천극(栫棘)[3]시킨 죄인 장희재를 처형하여 빨리 나라의 형벌을 바로잡도록 하라."

　하였다. 또 다음과 같이 전교하였다.

　"장씨의 죄악이 이제 이미 드러났다. 만약 일찍 제대로 처리하지 않으면 후일의 근심을 이루 다 말하기 어려울 것이다. 실로 국가를 위하고 세자를 위해 나온 것이니, 장씨로 하여금 자진(自盡)케 하라."

---

1) 성복(成服) : 초상을 당한 뒤 초종(初終)·습(襲)·소렴(小斂)·대렴 등을 마친 뒤 상복으로 갈아입는 절차를 가리킨다.
2) 대행왕비(大行王妃) : 왕비가 붕어(崩御)하여 시호(諡號)를 올리기 전까지의 칭호이다.
3) 천극(栫棘) : 귀양간 사람이 있는 집의 담이나 울타리에 가시나무를 둘러치는 일이다.

25일 다음과 같이 전교하였다.

"내사(內司, 내수사)에 갇힌 죄인 설향(雪香)·축생(丑生)·숙영(淑英)·시영(時英)·철생(哲生) 등을 잡아 오게 하라. 내일 인정문(仁政門, 창덕궁 정문) 밖에서 내가 친국(親鞫)할 것이다."

이때 왕세자의 나이는 14세였다. 조신(朝臣)들이 국본(國本)이 동요될 것을 두려워하여 온통 근심하고 두려워하는 마음을 품었다. 영의정 최석정(崔錫鼎)4), 좌의정 이세백(李世白)5), 우의정 신완(申琓)6), 이조판서 이여(李畬)7), 병조판서 김구(金構)8), 호조판서 김창집(金昌集)9)이 궐하(闕下)에

---

4) 최석정(崔錫鼎) : 1646~1715. 본관은 전주, 자 여시(汝時)·여화(汝和), 호 존와(存窩)·명곡(明谷)이다. 증조부 영의정 최기남(崔起南)은 성혼의 문인이다. 할아버지는 인조대 주화파로 활약했던 최명길(崔鳴吉)이다. 최석정은 남구만·이경억(李慶億)의 문인으로, 박세채와 종유하면서 학문을 닦았다. 1685년(숙종11) 부제학 재직시 윤증을 변호하고 김수항을 탄핵했다가 파직되었다. 1701년 영의정이 되어서는 무고(巫蠱)의 변으로부터 세자 보호를 위해서 생모인 장희빈 사사에 반대하였다. 1710년까지 모두 열 차례 입상(入相)하였다. 아우 최석항(崔錫恒) 역시 영의정을 지냈으며, 경종과 영조 연간에 소론의 중심인물로 활약하였다. 아들 최창대(崔昌大)도 소론으로 활동하였다.

5) 이세백(李世白) : 1635~1703. 본관은 용인(龍仁), 자 중경(仲庚), 호 우사(雩沙)·북계(北溪)이다. 송준길(宋浚吉)의 문인이다. 기사환국(1689) 당시 송시열의 유배에 반대하다가 파직되었다. 갑술환국(1694)으로 서인이 집권하자 복관되어 예조판서 등을 역임하였다. 1700년 좌의정이 되어 세자부(世子傅)를 겸했으며 인현왕후의 국상을 총괄하였다. 아들 이의현(李宜顯)과 연달아 정승이 된 것으로 유명하였다.

6) 신완(申琓) : 1646~1707. 본관은 평산, 자 공헌(公獻), 호 경암(絅菴)이다. 박세채 문인이다. 1680년(숙종6) 경신환국 때 권대운 등의 죄과를 논박하였다. 그 뒤 이조판서 등을 거쳐 1700년 우의정에 올랐다. 이때 소론으로 장희빈 처벌에 온건론을 폈다. 1706년 영의정 재직시 세자 모해설을 제대로 규명하지 못한 책임을 지고 파직되었다.

7) 이여(李畬) : 1645~1718. 본관 덕수(德水), 자 치보(治甫), 호 수곡(睡谷)·포음(浦陰)이다. 송시열의 제자이다. 기사환국(1689) 때 송시열과 함께 면직되었다가 1694년 인현왕후가 복위할 때 형조참판으로 발탁되었다. 1701년 신사옥사(辛巳獄事)를 처결하고 이후 영의정에 올랐다.

8) 김구(金構) : 1649~1704. 본관은 청풍(淸風), 자 사긍(士肯), 호 관복재(觀復齋)이다. 아버지는 전라도관찰사 김징(金澄)이다. 숙종대 출사하여 승지·전라도관찰사 등을 지냈다. 육조의 판서를 두루 거쳐 1703년 우의정에 올랐다. 1701년 장희빈이 사사

모여서 연명하여 차자(箚子)를 올려 이미 내린 명령을 빨리 정지하라고
청하였다. 전교하기를,

"공경(公卿)들이 모여서 논의하여 올린 차자를 봉입(捧入)하지 말라."

하였다. 승정원과 홍문관이 청대하여, 동부승지(同副承旨) 윤지인(尹趾
仁)[10]이 말하기를,

"죄인의 정상(情狀)이 비록 지극히 절통(絶痛)하지만 어찌 반드시 직접
나아가 국문할 필요가 있겠습니까? 하물며 지금 재궁(梓宮, 왕비의 관)이
빈소(殯所)에 있는데, 형벌을 쓰는 곳이 재궁과 지척이 되는 지역이니,
이 또한 편치 않습니다. 의금부에서 추국(推鞫)하는 것이 실로 합당할
것입니다."

하니, 우부승지(右副承旨) 서종헌(徐宗憲)[11]이 이에 따를 것을 청하자
주상이 말하기를,

"여러 신하들이 일마다 막는데, 몰래 신당(神堂)을 설치한 것이 얼마나
큰 죄인데 감히 의금부에 국청을 설치하라고 청한단 말인가? 아울러

당할 때 중론에 반대하는 등 노론과 소론간 대립을 완화하기 위해 힘썼다.

9) 김창집(金昌集) : 1648~1722. 본관은 안동, 자 여성(汝成), 호 몽와(夢窩)이다. 김상헌
의 증손, 김수항의 아들, 김창협·창흡의 형이다. 숙종대 정언·병조참의 등을
역임하였다. 1689년 기사환국 때 아버지가 사사되자 은거하였다. 그 뒤 예조참판·
개성유수 등을 거쳐 1717년 영의정이 되었다. 숙종 말년 세자의 대리청정을 주장하다
가 소론의 탄핵을 받았다. 당시 그는 이이명·조태채·이건명 등과 함께 소론의
강렬한 반대에도 불구하고 연잉군을 세제로 세웠다. 1721년(경종1) 다시 세제의
대리청정을 상소했으나 김일경 등의 반대로 관철시키지 못하였다. 목호룡의 고변으
로 촉발된 신임옥사로 인해 사사되었다.

10) 윤지인(尹趾仁) : 1656~1718. 본관은 파평, 자 유린(幼麟), 호 양강(楊江)이다. 윤지선
(尹趾善)·지완(趾完)의 아우이다. 1701년 장희빈이 사사될 때 간쟁하고, 세자 보호와
장희재를 구명하다가 문외출송 되었다. 이후 대사헌·병조판서 등을 역임하였다.

11) 서종헌(徐宗憲) : 1656~1712. 본관은 달성(達城), 자 치도(致度)이다. 1689년 기사환
국으로 인현왕후가 폐위될 때 오두인·박태보와 함께 반대하는 상소를 올리고
사직하였다. 갑술환국(1694)으로 인현왕후가 복위된 뒤 승지에 올랐다. 숙종이
장희빈의 자결을 명하자 세자의 생모라 하여 부승지 윤지인(尹趾仁)과 함께 반대하
였다.

추고(推考)하라."

하였다. 가주서 이명세(李命世)[12]가 말하기를,

"윤지인이 진달한 말은 진실로 절실하고 지극합니다. 전하께서는 오늘의 처분이 충분히 헤아려 생각한 것에서 나온 것이지, 일시적인 분노에서 나온 것이 아니라고 하교하셨습니다. 그런데 신이 《기사일기(己巳日記)》를 보니 또한 일시적인 분노에서 나온 것이 아니라는 하교가 있었습니다만 그러나 필경 잘못을 깨닫고 뉘우쳤는데, 금일의 처분 또한 일시적인 분노에서 나온 것이 아니라는 것을 어찌 알겠습니까?"

하였다. 주상이 말하기를,

"오늘날 일을 너는 어찌 감히 기사년(1689, 숙종15)[13]에 비교하는가? 신하의 분의(分義)로 보아 어찌 이렇게 할 수 있겠는가? 이명세를 잡아다 국문하여 정죄(定罪)하라."

하였다. 전교하기를,

"아! 내가 밤낮으로 이를 갈면서 지극한 한(恨)을 씻지 못하고 있는데, 신하가 국모(國母)를 모해한 적(賊)을 대수롭지 않게 본 것이 한결같이 이 지경에 이르렀으니, 윤지인의 관작을 삭탈하여 문외출송하라."

하였는데, 다음날 환수하였다.

영의정 최석정이 차자를 올려 대략 다음과 같이 말하였다.

"한나라 경제(景帝)[14]가 전숙(田叔)으로 하여금 양왕의 옥사[15]를 조사하

---

12) 이명세(李命世) : 1673~1727. 본관은 전주, 자 천보(天保)이다. 1701년(숙종27) 가주서 재직시 장희재의 비망기를 논의할 때에 동궁의 일을 염려하다가 파직되었다. 이후 지평과 홍천현감을 지냈다.

13) 기사년 : 1689년(숙종15)에 발생한 기사환국을 가리킨다. 장희빈의 소생인 원자 정호문제로 촉발된 옥사로 송시열 등이 축출되었고, 남인이 집권하였다. 이 사건의 여파로 인현왕후가 폐위되고 장희빈이 정비(正妃)가 되었다.

14) 경제(景帝) : B.C.188~B.C.141. 전한(前漢)의 제6대 황제(재위 B.C.157~B.C.141)이다. 어머니는 두황후(竇皇后)이다. 오(吳)·초(楚) 등 7개국이 반란을 일으켰지만 진압했다. 군국제(郡國制)를 시행하여 무제(武帝) 이후의 중앙집권적 군현제도 확립의 기초를 닦았다.

게 하였는데, 태후가 우려하여 식사도 하지 않고 울기만 하였고, 황제
또한 근심하였습니다. 전숙이 양왕의 옥사 관련 사실들을 전부 불태워버
리고 돌아와서 황제를 알현하였습니다. 황제가 묻기를, '양왕의 사건은
증거가 있던가?' 하자, 대답하기를,

'죽을 만한 죄가 있었습니다. 그러나 황제께서는 양왕의 사건에 대해
묻지 마십시오. 양왕이 복주(伏誅)되지 않으면 이것은 한나라 법이 행해지
지 않을 뿐이지만 양왕이 법대로 복주되면 태후가 잠자리에 들거나
음식을 먹어도 편치 못할 것이니 이것은 폐하에게도 근심거리가 될
것입니다.'

하였습니다. 황제가 크게 그렇다고 여기고 전숙으로 하여금 태후를
알현하여 말하기를 '양왕은 알지 못하였습니다.' 하니, 태후가 크게 기뻐하
며 일어나 앉아 밥을 먹었고, 황제 또한 크게 기뻐하였다고 합니다.
주자(朱子)16)가 《통감강목(通鑑綱目)》17)에다 이것을 적으니, 선유(先儒)들

15) 양왕의 옥사 : 경제의 친동생 양왕이 반역을 도모하다가 발각되자 전숙이 모후를
   위해 덮어주기를 청하자 양승·공손궤의 무리에게만 벌을 주는데 그쳤다.
16) 주자(朱子) : 1130~1200. 남송(南宋)대 성리학자 주희(朱熹)를 말한다. 자는 원회(元
   晦)·중회(仲晦), 호 회암(晦庵)·회옹(晦翁)·운곡산인(雲谷山人)·창주병수(滄洲病
   叟)·둔옹(遯翁) 등이 있다. 14세 때 호적계(胡籍溪)·유백수(劉白水)·유병산(劉屛山)
   에게 사사하면서 불교와 노자의 학문에도 관심을 가졌다. 24세 때 연평(延平)
   이통(李侗)을 만나 사숙(私淑)하면서 유학에 복귀하게 된다. 19세에 진사시에 급제하
   여 71세에 생애를 마칠 때까지 여러 관직을 거쳤으나, 약 9년 정도만 현직에 근무하였
   을 뿐, 그 밖의 관직은 명목상의 관직이었기 때문에 학문에 전념할 수 있었다.
   1188년 주희는 황제의 도덕수양이 국가 안녕의 기반이라는 주장을 담은 상소문을
   올리기도 하였다. 만년에 이르러서 정적(政敵)인 한탁주(韓侂胄)가 주희의 학문을
   위학(僞學)이라고 비난하여, 저서의 간행과 유포가 금지되었고 모든 공식 활동이
   금지되었다. 주희의 성리학은 오랫동안 중국을 비롯한 동아시아 지식인 사회를
   지배해왔고, 사서에 대한 그의 주석서는 과거에 합격하려는 사람들의 필독서가
   되었다. 주요 저서로는 《자치통감강목(資治通鑑綱目)》·《이락연원록(伊洛淵源錄)》
   ·《고금가제례(古今家祭禮)》·《근사록(近思錄)》·《사서장구집주(四書章句集注)》
   등이 있다. 사후에 《주문공문집(朱文公文集)》으로 편집되었고, 제자들과 학문하면
   서 토론할 때 남긴 주희의 말은 《주자어류(朱子語類)》로 편찬되었다.
17) 통감강목(通鑑綱目) : 남송대 주자가 지은 역사책이다. 사마광(司馬光)의 《자치통감

이 또한 찬미하였습니다.

아! 군신과 부자의 관계는 모두 나란히 강상(綱常)의 윤리에 속하지만 은혜와 의리, 상경(常經)과 권도(權道)에는 서로 경중(輕重)이 있습니다. 태후와 세자는 친속(親屬) 관계와 존비(尊卑)의 지위에는 비록 차이가 있겠지만, 임금이 자애하는 도리나 신하가 복종하여 섬기는 의리는 진실로 다른 이치가 없는 것인데, 종사(宗社)의 대계(大計)에 관계되는 것이라면 또 얼마나 중대하겠습니까?

하물며 지금 춘궁(春宮)의 사정과 형편이 어찌 태후가 눈물을 흘리고 음식을 먹지 않던 것에 비길 수 있을 뿐이겠습니까? 양왕은 한 명의 번신(藩臣)으로서 죽을 만한 죄가 분명히 있었는데도 당시 태후의 아끼고 사랑하던 정으로 인하여 법을 어겨가면서 관대히 용서하였고, 선유는 오히려 또한 이를 용납하였습니다.

지금 희빈이 설령 용서하기 어려운 죄가 있다고 할지라도 춘궁을 낳아서 기른 은혜를 생각한다면, 춘궁이 걱정하고 마음 상할 것을 염려하여 너그럽게 용서하여 주시어 그 죄상을 끝까지 캐내어 세상에 그대로 드러나게 하는 지경에는 이르지 않게 할 만합니다. 그러나 주변의 불령(不逞)한 무리들은 법률에 따라서 사형에 처하여 옛날 양승(羊勝)18) 등의 일처럼 왕법을 시행하여 춘궁을 편안하게 한다면, 아마 오늘의 변고에 대처하는 도리에 어긋나지 아니하리라고 생각합니다.

예전 인조 때 궁중에 무고(巫蠱)의 변고가 있었는데, 공초(供招)에서 정명공주(貞明公主)19)와 관련된 내용이 있었습니다. 신의 조부 문충공(文忠

(資治通鑑)》을 강(綱)과 목(目)으로 나누어 편찬하였다. 1362년간의 중국 역사를 도덕사관에 근거하여 정통과 비정통으로 구분하여 대요(大要)인 강과 세목(細目)인 목으로 구분하여 정확한 사실보다는 의리를 중심으로 기술하였다.

18) 양승(羊勝) : 양왕(梁王)의 행신(幸臣)으로 양왕의 옥사 당시 공손궤(公孫詭) 등과 함께 죽임을 당하였다.

19) 정명공주(貞明公主) : 1603~1685. 선조의 첫째 딸이다. 어머니는 영돈녕부사 연흥부원군(領敦寧府事延興府院君) 김제남(金悌男)의 딸 인목왕비(仁穆王妃)이다. 광해군이

公) 최명길(崔鳴吉)20)이 당시 영의정이었는데,21) 차자를 올려 말하기를,

'신이 이 사건에 대해 의심하고 어렵게 여기는 것은 공주의 여종을 위해서가 아니라 공주에게 차마 할 수 없는 바가 있어서이고, 공주를 위해서가 아니라 감히 선왕을 배신할 수 없기 때문이며, 또한 감히 성은을 저버릴 수 없기 때문입니다.'

하였습니다. 공주의 타고난 신분이 비록 높았지만, 그 사건은 바로 주상을 저주한 데에 관련되어 있었는데도 당시 대신의 말이 이와 같았고, 성조(聖祖)께서도 또한 그 일을 끝까지 파헤치지 않고 마무리 하셨습니다.

지금 희빈에 대해서 차마 하지 못하는 것은 희빈을 위해서가 아니라 춘궁을 가엾게 여기기 때문이며, 또한 감히 성명(聖明)을 저버릴 수 없기 때문입니다. 우리 춘궁이 어리고 약한 나이에 갑작스럽게 인륜의 망극한 변고를 당하였으니, 하늘이 무너질 것 같은 놀라움이 어느 정도였겠습니까? 만약 꺾이고 무너져서 스스로 그 성정(性情)을 보전할 수 없게 한다면, 전하께서 지극히 자애하시는 은혜를 크게 손상시킬 뿐만 아니라, 종묘사직에 대해서는 어떠하겠습니까?"

인목대비를 폐출시켜 서궁(西宮)에 감금할 때 공주도 폐서인(廢庶人)되어 서궁에 감금되었다. 인조반정(1623)으로 인조가 즉위하자 공주로 복권되었고, 동지중추부사 홍영(洪霙)의 아들인 홍주원(洪柱元)에게 시집갔다.

20) 최명길(崔鳴吉) : 1586~1647. 본관은 전주(全州), 자 자겸(子謙), 호 지천(遲川)이다. 이항복 문하에서 이시백(李時白)·장유 등과 교유하였다. 선조대 전적 등을 거쳐 광해군대 병조좌랑을 지냈으며, 인조반정(1623)에 참여하여 정사공신(靖社功臣) 1등이 되어 완성부원군(完城府院君)에 봉해졌다. 이조참판에 오른 뒤 대사헌·이조판서 등을 지냈다. 정묘호란(1627)과 병자호란(1636) 당시 주화론(主和論)을 주도하여 청나라와 강화를 맺었다. 이후 우의정과 영의정에 올라 정사를 수습하는 데 힘을 쏟았다.

21) 인조 때 …… 영의정이었는데 : 1639년(인조17) 당시 국왕이 원인을 알 수 없는 병에 걸렸고, 그 원인이 저주에 있다고 믿었다. 그런데 마침 원손(元孫)이 거주할 향교동 본궁에서 저주할 때 쓰는 물건이 발견되었고, 국왕은 사건의 배후로 정명공주를 지목했다. 그러자 최명길이 이로 인해 옥사가 일어나면 반정(反正)의 의미가 없어진다고 하면서 만류하였다.

주상이 답하기를,

"중지하고 시행하지 말라는 말이 대신에게서 나왔으니, 실로 편치 않다."

하였다. 숙영 등은 두 차례 형장을 맞고 승복하기를,

"신당에서 바라며 기원한 것은 요사스러운 기운과 사특한 기운을 제거하여 소원하는 일을 이루는 것입니다.……"

하고, 말하기를,

"이른바 '요사스러운 기운'과 '사특한 기운'은 중궁전을 가리키는 것이고, 이른바 '소원'이란 중궁의 승하를 가리키는 것이니, 바로 희빈이 다시 중궁이 된다는 뜻입니다. ……"

하였다. 모두 능지처참하였다.

영의정 최석정이 재차 아뢰어 간하였는데, 말뜻이 지극히 간절하여 천의(天意)가 감동하기를 바랐지만 비답이 없었다. 이에 세 번째 차자가 이르니, 다음과 같이 비답하였다.

"국모를 해치려고 모의하였으니 이는 곧 막대한 옥사이다. 안으로 저주하는 물건을 파묻고, 밖으로 신당을 설치하였으니, 흉악한 역절(逆節)이 하나뿐이 아니었다. 나는 며칠 동안 친히 장전(帳殿, 임시거처)에 나아가서 반드시 조사하여 알아내고자 하는데, 대신은 연일 세 차례 차자를 올려 오히려 옥사가 점차 드러나는 것을 두려워하였다. 또한 지금 친림하는 일에 대해서 인군의 체모가 아니라고 말하여 마치 나를 비웃는 듯하니, 이것이 신하가 감히 입 밖으로 낼 수 있는 말인가? 이것을 그대로 두면 결국에는 반드시 의리가 꽉 막히게 되고야 말 것이다. 영의정 최석정을 중도부처(中道付處)²²⁾하라."

10월 8일 다음과 같이 전교하였다.

---

22) 중도부처(中道付處) : 유배형의 하나이다. 서울에서 변방까지의 사이에 중간쯤 되는 적절한 장소에 유배지를 지정하여 그곳에서 지내게 하는 것이다.

"희빈 장씨는 내전을 질투하고 원망하여 몰래 해치려고 도모하였다. 신당을 궁궐 안팎에다 설치하고, 밤낮으로 빌면서 기도하였으며, 흉악한 물건을 두 대궐에 묻어 둔 증거가 낭자할 뿐만이 아니어서 정황이 모두 드러나 신인(神人)이 함께 분노하였다. 이것을 그대로 두어 후일 뜻을 이루게 된다면 국가의 근심이 실로 형용하기 어려울 것이다. 지난 역사를 살펴보더라도 두려워하지 않을 수 있겠는가? 지금 나는 종사(宗社)를 위하고 세자를 위하여 이처럼 부득이한 일을 거행하려 하니, 어찌 즐거워서 하는 일이겠는가? 장씨는 이전 비망기에 의거하여 자진(自盡)하게 하라."

위로 대신으로부터 아래로 삼사에 이르기까지 세자를 낳고 기른 은혜를 생각하고 세자의 참혹한 처지를 가엾게 여겨 은혜를 온전히 하는 일에 최선을 다해 달라고 상소하여 청하였으나 모두 윤허하지 않았다.

10월 10일, 희빈 장씨가 주상의 하교에 따라 자진하였다.[23]

우리 주상께서 나라를 망친 일이 하나뿐이 아니었지만 모두 선뜻

23) 희빈 장씨가 …… 자진하였다 : 본서의 주요 정론 중 하나가 바로 장희빈의 죄과를 드러내고, 이를 단죄한 주체로 숙종의 결단을 부각시킨 사실이다. 복잡하게 얽힌 정파간 갈등원인을 장희빈 개인으로 귀결시킴으로써 항구적으로 대립을 억제하려는 인식을 드러냈다. 즉 각종 환국과 정쟁의 중심에 있었던 원인을 청산하는 것이 후일 정파간 갈등을 억제하는 근본적인 처방이라고 본 것이다. 반면《동소만록》에서는 세자 안위가 장희빈 처벌과 직결되었다는 관점에서 숙종의 처분 뒤에는 노론의 압력이 작용했다고 보았다. "신사년(1701, 숙종27)에 이르러 무고(巫蠱)의 옥사를 만들어 얽어 죽이고야 말았다. 세자의 어머니를 얽어 죽이는 일이었지만 아무 거리낌도 없었으며, 그 뒤 이로 인한 재앙도 없었다. 이는 나라가 세워진 이래 유례를 찾아볼 수 없는 일이었다. 노론[老黨]의 대단한 기세와 권력의 두려움이 이와 같았다." 즉 단순 투기혐의만을 가지고 한때 왕후였던 장희빈에게 사약을 내린 처분은 과도하며, 그 속내는 국본(國本)을 동요시키려는 정치적 의도가 감춰져 있다고 주장하였다. 남하정은 장희빈의 죄과가 없음을 드러내어 경종대 남인 재기의 명분으로 활용하고자 했다.

해와 같이 밝게 깨달을 수 있었으니, 그것은 진정으로 백왕을 초월하여 영명(英明)한 군주로 거듭나신 것이었다. 희빈처럼 요사(妖邪)스러운 여인을 오로지 총애하고 희빈의 이간질하는 참소를 듣고 태임(太姙)·태사(太姒)24) 같은 정실(正室)을 폐출하였다. 희빈은 한 명의 후궁에 불과하였는데 왕비의 자리에 올랐고, 장희빈의 아비는 일개 상천(常賤)에 불과했지만 부원군(府院君)에 봉해졌으며, 장희빈의 어미는 일개 상한(常漢)의 처에 불과했지만 부부인(府夫人)에 추증되었다. 또한 정재(定齋) 박태보와 같은 천고에 없던 충신을 이전에 없는 혹독한 형벌로 죽였다.25) 이러한 일들은 모두 나라를 망친 일이 아님이 없었으나 얼마 지나지 않아 뉘우쳐 깨달아서 중전을 복위시키고, 정재를 추증(追贈)하여 무너져버린 이륜(彝倫)이 비로소 밝아지고, 꽉 막힌 의리가 비로소 넓어졌다.

우계와 율곡은 동국의 사종(師宗)인데 문묘에서 출향(黜享)되었고, 문곡(文谷, 김수항의 호)과 우옹(尤翁, 송시열)은 주석(柱石) 같은 어진 정승인데, 하나같이 모두 사사(賜死)되었다. 그밖에 이름난 재상과 훌륭한 벼슬아치는 형장을 맞다가 죽지 않으면 모두 쫓겨났고, 그 대신 임용된 자는

---

24) 태임(太姙)·태사(太姒) : 태임은 주(周)나라 문왕(文王)의 어머니이고, 태사는 무왕(武王)의 어머니이다. 이들의 부덕(婦德)에 힘입어 문왕과 무왕의 정치가 일어났다고 한다.

25) 박태보와 …… 죽였다 : 서인 측에서 박태보를 자파 의리의 상징으로 상정했다면 남인에서는 이잠(李潛)을 부각시켰다. 《동소만록》에서는 정재륜(鄭載崙)의 언설을 통해 이잠을 박태보에 대비하여 칭송하였다. "기사년(1689)에 박태보를 잡아들여 국문할 때 입시한 여러 대신과 대신(臺臣)들 가운데 한 사람도 정면에서 애써 말하여 논쟁하는 자가 없었다. 이에 내가 남인을 원망스럽게 여겼다. 그런데 병술년(1706)에 이잠을 친히 국문할 때 내가 마침 운검(雲劍)으로 시위(侍衛)하면서 직접 그 광경을 보았다. 주상의 진노가 대단하여 사람들마다 혼백이 빠져서 낯빛이 창백해졌으니 아주 담대한 사람이 아니라면 한 마디 글과 한마디 말도 올릴 수 없었다. 나는 그제야 비로소 기사남인이 이와 같았을 것임을 알게 되었다. 너무 심하게 허물해서는 안된다." 동궁을 보호하다가 죽음에 이른 이잠의 사례를 통해 서인이 설정해 놓은 명의죄인의 혐의에서 벗어나 출사 가능한 정파로서의 면모를 회복하려 했던 것이다.

모두 민암의 무리들로, 어버이와 임금을 부정하는 흉적이었다. 이 또한 나라를 망친 일이 아님이 없었기에 또다시 뉘우쳐 깨달아서 목내선과 민암, 이현일의 무리들을 한꺼번에 쫓아내고, 우계와 율곡 두 선생을 문묘에 다시 배향하였다.

문곡과 우옹, 두 대신도 관작을 회복시켜 제사를 내려 주고, 남구만·박세채(朴世采)[26]·최석정·신익상·신완·이세백·김창집·이이명(李頤命)[27]·이건명(李健命)[28]·조태채(趙泰采)[29] 등을 등용하였다. 그 나머지 차

---

26) 박세채(朴世采) : 1631~1695. 본관은 반남(潘南), 자 화숙(和叔), 호 현석(玄石)이다. 신흠(申欽)의 외손이며 박세당(朴世堂)과는 당내간의 친족이고, 송시열의 손자 순석(淳錫)은 그의 사위가 된다. 기해년(1659, 효종10) 예송이 일어나자 송시열·송준길의 기년설(朞年說)을 지지하며 서인 측의 이론가로서 활약하였다. 1683년 '황극탕평(皇極蕩平)'을 주장하여 거듭되는 환국으로 인한 파행적 정국을 수습하려고 했으나, 1684년 회니(懷尼) 시비의 분쟁 속에서 노론과 소론이 대립하자 소론의 입장을 지지하였다. 박세채는 윤선거 사후 윤증의 부탁을 받고 그의 행장을 지었는데, 송시열이 묘갈명을 지으면서 이를 인용하여 윤선거에 대한 불만을 드러냈다.

27) 이이명(李頤命) : 1658~1722. 본관은 전주, 자 지인(智仁)·양숙(養叔), 호 소재(疎齋)이다. 세종의 아들 밀성군(密城君)의 6대손이다. 이경여(李敬輿)의 손자, 이민적(李敏迪)의 아들, 이사명의 동생이다. 숙종대 지평·이조좌랑 등을 거쳐 승지를 지냈다. 1689년 기사환국으로 유배되었다가 갑술옥사로 승지에 임명되어 이조판서 등을 거쳐 좌의정에 올랐다. 1717년 정유독대(丁酉獨對)를 통해 세자[경종]의 대리청정을 주청하였다가 유배되었다. 1721년(경종1) 세제[영조]의 대리청정을 추진하다가 김창집 등과 함께 유배되었다가 목호룡의 고변으로 이듬해 사사되었다.

28) 이건명(李健命) : 1663~1722. 본관은 전주, 자 중강(仲剛), 호 한포재(寒圃齋)·제월재(霽月齋)이다. 영의정 이경여(李敬輿)의 손자, 이조판서 이민서(李敏敍)의 아들, 좌의정 이관명(李觀命)의 동생이다. 숙종대 사간 등을 거쳐 이조판서 등을 지냈다. 1717년 종형 이이명과 숙종의 정유독대 직후, 우의정에 발탁되어 연잉군[영조]의 보호를 부탁받았다. 경종 즉위 후 좌의정에 올라 김창집·이이명·조태채와 함께 노론 사대신으로 세제 책봉에 노력하였다. 1722년(경종2) 목호룡의 고변으로 유배되었다가 죽었다.

29) 조태채(趙泰采) : 1660~1722. 본관은 양주(楊州), 자 유량(幼亮), 호 이우당(二憂堂)이다. 조태구(趙泰耉)의 종제이고, 조태억(趙泰億)의 종형이다. 숙종대 좌의정 등을 역임하였다. 1721년(경종1) 신축환국으로 유배되었다가 이듬해 사사되었다. 숙종 말년부터 노론 청류로 자처였는데, 그가 낙동(駱洞)에 살았으므로 그와 교류하는 인물들을 낙당(駱黨)이라고 칭하였다.

차 등용된 사람들도 모두 한때 명류들이어서 조정이 이로부터 일신되었다.

살피건대, 장희재의 노비 업동의 옥사를 처리할 때, 영의정 남구만은 철저히 조사하여 다스릴 수 없다는 뜻으로 아뢰니, 주상이 옳다고 여겼다. 영의정이 이처럼 아뢴 것은 장희재를 아껴서가 아니었다. 혹시라도 옥사가 희빈과 연관되어 있을까를 두려워한 것이었으니, 희빈이 불안해지면 세자 또한 불안해질 것이기 때문이었다. 영의정이 철저히 조사하여 다스릴 수 없다고 아뢴 것은 실로 세자를 위한 충성스러운 마음에서 나온 것으로 단연코 다른 뜻이 없었다.

그러나 업동의 요사스러운 진술은 이미 장희재에게 귀결되었으므로 왕법에 따라 장희재를 국문하는 것은 결단코 그만둘 수 없었다. 장희재를 국문하여 죄가 장희재에게서 그쳤다면 장희재를 주살하는 것 또한 그만둘 수 없었다. 만약 죄인의 공초에 희빈이 연관되었다면 희빈이 비록 세자를 낳은 공이 있을지라도 곧 일개 후궁일 뿐이니, 일개 후궁으로서 이미 용서받을 수 없는 죄를 저질렀다면, 어찌 조종(祖宗)의 관석(關石)30) 같은 법을 면할 수 있겠는가? 이로 인해 세자의 처지가 지극히 참혹해질 것에 대해서는 단지 주상의 처분을 기다려서 감정을 억누르도록 권면할 수 있을 뿐이다.

또한 장희재를 일찍이 나라의 법에 따라 복주하고 처자들과 당류(黨類)들을 모두 쫓아냈다면 어찌 감히 함부로 흉계를 꾸며 궁금(宮禁)의 변고를 이룰 수 있었겠는가? 저 장희재는 용서할 수 없는데도 왕법을 굽히고 용서하여 세상에서 살게 한 것이 6년이나 되었다. 그리하여 그 처자들과 당류들이 편안히 도성에 살면서 몰래 나라를 원망하는 무리들과 결탁하여 밤낮으로 경영한 것이 곤위(坤位)를 해칠 것을 모의하여 왕실을 전복할

---

30) 관석(關石) : 《서경》 〈오자지가(五子之歌)〉에서, "관석과 화균이 왕부에 있다.[關石和
   勻, 王府則有.]" 하였다. 옛 정치에서 도량형(度量衡)을 중시하여 저울·자·되 등
   측량기구를 잘 보관하고, 이것을 법도의 기본으로 삼았다. 여기서는 온 나라에
   통용되는 통일된 법도를 가리킨다.

계략이 아닌 것이 없었다. 흉악한 음모가 자라나고 독화(毒禍)가 만연하여 왕비의 초상[震剝][31]을 당하는 변고가 마침내 궁중의 내전에서 나오게 되었으니, 장희재를 일찍이 주살하지 않은 데서 나온 일이 아닌지 어찌 알겠는가?

영의정이 세자를 위하는 사사로운 정으로 인해 차마 할 수 없이 업동을 철저히 조사하여 다스리지 말자고 아뢰었으니 이는 영의정 평생에 하나의 잘못이었다. 그래서 세상 사람들이 말하기를, "이것은 대신이 장희재를 구원하여 자기 한 몸을 위한 장구한 계책으로 삼은 것이다." 하였다. 이렇듯 "세자를 위해 사사로운 정을 품었다."는 말은 면하기 어려울 것이지만 "자기 한 몸의 안전을 도모한 것이다." 한다면 매우 애매할 것이다. 비단 영의정만 그런 것이 아니라 동참했던 좌·우의정도 또한 그러하였다. 또 이러한 말에 따라서 역적을 비호하였다고까지 말하는 것은 갈수록 한층 심해진 것이니 세도가 어찌하여 그렇게 위험해졌는가![32]

이것으로 논한다면, 신하가 임금을 섬기는 도리는 단지 이러한 큰 의리가 있을 뿐이고, "사(私)" 한 글자를 그 사이에 용납해서는 안 된다고 해야 할 것이다.

---

31) 초상[震剝] : 진(震)과 박(剝)은 괘(卦)의 이름으로 좋지 못한 일을 의미한다. 여기서는 인현왕후의 죽음을 의미한다.

32) 영의정이 …… 위험해졌는가 : 이러한 이문정의 인식은 다분히 화해와 통합을 염두에 둔 발언이다. 소론이나 노론 모두 서인에서 나왔다는 출자(出自)의식을 전제로 상호 간에 대립과 갈등을 초래할 요소를 최소화하려는 태도를 견지하였다. 이것이 잘 반영된 사안이 장희빈·장희재 처벌 문제를 둘러싼 남구만과의 갈등이었다. 이문정은 소론 대신의 발언과 처신이 비록 사사로운 정리(情理)에서 출발했지만 보신(保身)을 위해서 한 일은 아니라고 변호하였다. 흥미로운 점은 전술하였듯이 이 사안을 매개로 남인과의 연계도 모색할 수 있다는 사실이다. 다소 소극적이지만 남인까지도 연잉군을 보호하는데 도움이 된다면 타협대상으로 상정할 수 있다는 인식을 반영한 것이다.

　주상이 연일 친히 국문하여, 요사한 무당과 적비(賊婢)의 공초에서 희빈이 자행한 흉악한 일이 낱낱이 모두 드러났다. 주상의 뜻이 마침내 희빈을 처치하기로 결단하고 또 다음가 같은 비망기를 내렸다.

　"세자에 대한 사사로운 정을 내가 어찌 생각하지 않았겠는가? 최석정 차자의 말처럼 윤기(倫紀)가 없는 것을 끌어다 비유한 것은 진실로 족히 논할 것도 없지만, 대신과 여러 신하들이 춘궁을 위하여 애쓰는 정성을 또한 어찌 모르겠는가? 다만 생각에 생각을 더하고 또다시 생각하고 생각하기를 익숙히 함에도 일이 이미 이 지경에 이르렀으므로 이러한 처분이 있게 된 것이니, 실로 다른 도리가 없다. 장씨는 이전 비망기에 의거하여 자진하게 하라. 이에 이러한 나의 뜻을 좌우의 신하들에게 유시하는 바이다."

　크도다! 왕의 말이여! 지금 변고에 대처하는 도리는 광명정대하고, 깊이 먼 장래를 내다보고 나온 원대한 계책은 백왕보다 탁월하여, 비록 요와 순이 다시 태어나도 이보다 더할 것이 없을 것이다.[33] 만약 혹 세자에 대한 일시적인 사사로운 정에 얽매어 국모를 해치려고 모의한 요사한 역적으로 하여금 삼척(三尺)의 왕장(王章)에서 빠져나가게 했다면, 의리가 무너지고 이륜이 끊어지며 법망은 쇠퇴하고 신인(神人)이 노했을 것이니, 이와 같은데도 나라가 망하지 않겠는가? 비록 혹 다행히 망하지 않더라도 주상의 만세 뒤에는 곧 희빈이 뜻을 얻는 날이 올 것이니, 방자하게도 국왕을 낳은 어미라고 칭하면서 포학함을 자행하여 이르지

---

33) 크도다 …… 없을 것이다 : 이같은 평가는 당쟁에서 벗어나 타협을 추구하려는 이문정의 의지를 반영한 것이다. 그는 당대 정파 간 갈등을 최소화하기 위해서는 무엇보다 장희빈에 대한 엄정한 처결이 중요하다는 판단하였다. 즉 노·소론 및 남인, 상호간 벌어진 정쟁의 근본 원인을 장희빈에게 온전히 돌리고, 그 시비를 판정하고 처결한 주체로 숙종을 상정함으로써 더 이상 불필요한 갈등을 억제하려 노력하였던 것이다.

않는 곳이 없을 것이다. 이때를 당해 누가 능히 제지할 수 있겠는가? 국왕이 실로 어찌할 수 없을 것이고 대신 또한 어찌할 수 없을 것이니, 군신 상하가 앉아서 망하기를 기다리는 것 이외에는 다른 방도가 없을 것이다.

망극하고 상서롭지 못한 상황을 어떻게 다시 생각할 수 있겠는가! 아! 우리 성상께서 이것을 염려하여 결단을 발휘하여 통쾌하게 흉악한 요적을 제거한 것은 단지 오늘날 의리를 밝히고 이륜을 바르게 하고 기강을 확립할 뿐만이 아니었다. 국가의 먼 장래를 위해 근심하기를 마땅히 다시 어떠하겠는가? 비망기에서 말하기를, "만약 빨리 알맞게 처리하지 아니한다면 다른 날의 근심을 말로 형용하기 어려울 것이니, 실로 국가를 위하고 세자를 위한 데서 나온 것이다." 하였다. 돌아보건대 여러 신하들이 은혜를 온전히 하라고 청한 얕은 견해로 어떻게 감히 주상이 깊고 넓게 먼 장래를 생각하는 마음의 가장자리나마 엿볼 수 있었겠는가?

영의정 최석정은 한 시대의 명재상이었다. 희빈이 국모를 해치려고 모의한 죄는 신인(神人)이 함께 분노할 일이고, 국법으로도 너그럽게 용서할 수 없다는 것을 영의정도 알지 못하는 것이 아니었는데도 연이어 세 차례나 차자를 올려 구원한 것은 희빈을 위해서가 아니라 실로 세자를 위한 것이었으니, 그 한결같이 충성스러운 마음은 볼만 한 점이 있었다.

그러나 만약 희빈이 원통한 죄로써 이를 당했다면 춘궁으로서는 원망하고 억울한 마음에 하늘이 무너지는 듯한 고통으로 스스로 감정을 억눌러 자제하지 못하고 하늘을 향해 울부짖고 땅을 두드리며, 가슴을 치고 속이 썩어서, 인정과 천성이 온전하지 못하여, 질환에 쉽게 걸렸을 것이다.

이러한 지경에 이르렀다면 조정에 있는 여러 신하들이 비록 궁궐 섬돌에 머리를 들이받아서[34] 피를 흘리고 죽임을 당하여 시장에 버려진다

---

34) 머리를 들이받아서 : 원문은 "碎首"이다. 죽음을 무릅쓰고 간쟁하는 정신이나 행위

해도 힘껏 간쟁하는 것을 그치지 않았을 것이다. 그러나 희빈의 용서할 수 없는 죄는 비록 지극한 정 사이에서라도 반드시 묵묵히 헤아려 알 수 있는 점이 있었다. 비록 놀랍고 두려워서 말하기 어려운 고통스러운 마음이 절실하더라도 제왕의 도량은 평범한 사람보다 훨씬 뛰어나야 하므로, 춘궁의 총명한 자질로써 반드시 의(義)로써 절제하고 예(禮)로써 조절하여 절실한 사사로운 정을 힘써 억눌러 대의(大義)가 걸려있다는 것을 깨닫는데 이른다면 어찌 본성을 잃고 질병에 걸릴 이치가 있겠는가?

영의정이 차자에서 성정(性情)을 보호하지 못하여 쉽게 질병에 걸릴 것이라고 연이어 아뢰었으니, 그것은 혹시 보통사람의 구구한 사사로운 정으로써 우러러 헤아린 것이 아니겠는가? 신하가 임금을 섬기는 도리에는 단지 의(義)가 있을 뿐이므로 사사로움이 있어서는 안 된다. 또한 영의정은 차자 가운데 한나라 경제가 양왕의 죄를 용서해주는 사례를 끌어다가 비유했는데, 어찌 그리도 어긋났단 말인가?

양왕은 경제의 친족이고, 희빈은 주상의 후궁인데, 후궁을 어떻게 친족에 견줄 수 있단 말인가? 단지 친족이라는 점만으로도 양왕의 죄를 용서하는 것은 그만둘 수 없는 점이 있었다. 옛날 제순(帝舜)이 그 아우 상(象)을 봉한 것35)도 이 때문이었다. 하물며 경제의 모후가 위에 있었으므로, 모후가 어린 자식을 사랑하는 심정을 위해 양왕의 죄를 용서하여 결과적으로 모후를 기쁘게 하기에 이르고, 또한 친족으로서 은혜와 의리를 보전하였던 것이다. 그렇지만 주상의 경우 단지 세자의 사사로운 정에 얽매어 마침내 일개 후궁의 차고 넘치는 죄악을 용서하였다면

를 묘사한 표현이다.(《漢書 · 杜鄴傳》 참조) 금식(禽息)이 백리해(百里奚)를 천거했는데도 진나라 목공(穆公)이 등용하지 않자 대문에 머리를 부수었다고 한다.(《論衡 · 儒增》 참조)

35) 옛날 …… 봉한 것 : 상(象)은 순임금의 이복동생이다. 평소에 순을 죽이려 하였으나 순이 아량을 베풀었다. 나중에 유비(有庳) 땅에 봉해 주었는데 다만 세금만 받게 하고 직접 다스리지는 못하게 하였다. 이는 순이 형제간의 우애를 보존하면서도 유비의 백성이 학정을 받지 않도록 한 것이다.(《孟子 · 萬章上》 참조)

제왕의 가법(家法)이 여기에 이르러 없어졌을 것이고 《춘추》의 대의는
여기에서 무너졌을 것이다.

영의정이 이것을 끌어다가 비유한 것이 타당한지 알지 못하겠는데,
어떻게 이치에 어긋나고 윤기(倫紀)가 없다는 성상(聖上)의 엄한 하교를
면할 수 있겠는가? 그러나 한결같이 충성스러운 마음으로써 혹 춘궁을
보호할 수 없을 것을 우려하여 주상이 내린 엄한 비답을 돌아보지 않고,
연달아 세 차례 차자를 올린 것은 영의정 한 사람이 있을 뿐이었다.

전 영의정 남구만은 타고난 성품이 정직하고 마음씨가 충정(忠貞)하여
여러 조정을 두루 섬기면서 삼정승의 지위에 이르렀다. 그간의 업적을
보면, 역적 허견(許堅)36)의 형세가 날로 강성해지자 몸을 던져 홀로 담당하
고, 상소로 극언하며 저항하였다. 기사년 망측한 변고를 당해서는 주상의
노여움을 촉발시키는 일도 꺼리지 않고, 권간(權奸)을 물리쳐 배척하였다.
그 외에도 자신의 몸을 돌보지 않고 한결같은 마음으로 임금을 섬긴
충성스러운 마음과 빛나는 절개는 이루다 셀 수 없다. 거듭 유배되어
쫓겨나고 거의 죽음을 당할 뻔했지만 정성스럽고 충성스러운 절의는
조금도 꺾이지 않았으니, 실로 옛날 대신에 비해 부끄럽지 않았다.

업동의 옥사를 담당하였을 때 철저히 조사하여 다스려서는 안 된다고
아뢴 것은 단연코 다른 뜻이 없이 실로 춘궁의 처지를 위한 것이었고,
또한 충성스러운 마음에서 나온 것이었으므로, "지나친 염려"라고 말하면
될 일이었다. 그런데 대간(臺諫)의 계사(啓辭)가 준엄하게 일어나 혹은
"죄를 양성(釀成)한다." 하고, 혹은 "화의 근원"이라 하고, 혹은 "엄호한다."

36) 허견(許堅) : ?~1680. 허적의 서자(庶子)이다. 인평대군의 아들인 복창군 형제와
왕래하다가 김석주 등으로부터 고변 당하여 경신환국의 빌미를 제공하였다. 당시
허견은 병약한 숙종이 후사 없이 죽을 경우 복선군이 왕위를 계승할 것으로 예상하
고, 이 문제를 거론하였다. 그 내용이 정원로(鄭元老)와 강만철(姜萬鐵)의 고변을
통해 발각되었고, 이로 인해 허견과 복선군이 죽임을 당하였다. 또한 허적 등이
주도하던 남인은 실세하고, 영의정 김수항 등 서인이 정국을 주도하였다.

하면서 파직을 청하는 것으로는 부족하다고 여겨서 또 찬배(竄配) 할 것을 청하였다.

심지어 김보택(金普澤)[37]의 상소에서는, "대륜(大倫)을 돌아보지 않고 오직 자기 한 몸의 뒷날의 이해와 화복을 재고 헤아려서 맨 먼저 성모(聖母)를 배반하고 흉역을 비호하였다."고까지 말하였다. 이 대신의 전후의 충성스러운 절의는 길 가는 사람들도 칭송한다는 것을 김보택만 어찌 홀로 알지 못하였겠는가? 그런데도 오히려 차마 이와 같이 한 것은 오로지 자기와 다른 자들을 내치고 어진 이를 시기하는 마음에서 비롯된 것이다.

전 영의정 최석정의 경우에도 희빈을 너그럽게 용서해달라고 청한 한 가지 일 또한 춘궁을 위한 충심에서 나온 것이었다. 이는 좌의정 이세백, 신완, 이여, 병조판서 김구, 호조판서 김창집 등과 마음이 서로 같았고, 차자도 서로 같았다. 그런데 특별히 영의정이 세 차례의 차자에서 간절하고 지극하게 한 말을 이들과 구별하여 죄목을 만들었으니 공정하지 못한 것이 어찌 그리 심하단 말인가? 이것은 다름이 아니라 옳고 그름을 헤아리지 않고 공론(公論)이 오로지 당동벌이(黨同伐異)[38]의 습속에서 나왔기 때문이었다.

이 이후로 세상 사람들이 말하기를, "노론(老論)은 희빈을 배척하고, 소론(少論)은 희빈을 돕는다." 하였는데, 이 또한 잘못된 말이다. 그런즉

---

37) 김보택(金普澤) : 1672~1717. 본관은 광산(光山), 자 중시(仲施), 호 척재(惕齋)이다. 김익겸의 증손으로, 할아버지 김만기, 아버지 김진구이다. 김진구의 아들 여덟 형제가 있었으니, 김춘택·김보택·김운택(金雲澤)·김민택(金民澤)·김조택(金祖澤)· 김복택·김정택(金廷澤)·김연택(金延澤)이다. 이사명(李師命)의 사위로 이희지(李喜之)와는 동서간이다. 1701년 장희빈의 처벌을 놓고 노론과 소론이 대립할 때 소론 영수 남구만·최석정을 호역죄(護逆罪)로 탄핵했다. 또한 윤증을 배사죄(背師罪)로 논핵하였다.

38) 당동벌이(黨同伐異) : 옳고 그름을 가리지 않고 같은 의견의 사람끼리 한패가 되고 다른 의견의 사람은 물리친다는 말이다.

남구만, 최석정, 윤지완, 윤지선 같은 어진 정승들이 어찌 요사스럽고
흉악한 희빈을 도왔겠는가? 모두 세자를 위해 충성하는 마음에서 나온
것이었는데, "희빈을 도왔다." 말하니, 인심이 위험해진 것을 여기서
알 수 있다. 아! 탄식할 만하다. 요사스럽고 흉악한 일개 희빈에 대한
태도를 가지고 노론과 소론을 구별하는 관건으로 삼는다면, 이른바 노론
과 소론이라는 것 또한 웃기는 일이 될 것이다.[39]

일찍이 갑술년(1694, 숙종20)에 후궁 최씨[40]가 왕자를 낳았는데, 이
사람이 바로 연잉군(延礽君)[41]이었다. 인현왕후가 복위된 것은 최씨가

---

39) 요사스럽고 …… 것이다 : 이 구절에서 이문정 정론의 대요(大要)를 엿볼 수 있다.
그는 기본적으로 서인으로서 단일한 정체성을 강조하였다. 스스로 회니시비에
대해서 알지 못한다고 하면서 노론과 소론으로 구분하는 태도에 반대하였다.
구분하는 것, 그 자체가 곧바로 당쟁을 촉발하는 요인이자 결과였기 때문이었다.
그는 세자 보호를 고리로 서로 공통된 면모를 부각시켰다. 여기서 자연스럽게
탕평 논리가 발견된다. 대립과 갈등을 초래하는 요소를 억제하고 공통된 이해관계
를 제시함으로써 화해와 통합을 이루려고 의도했던 것이다. 이 점에서 볼 때
장희빈 문제는 노·소론 간의 상호 이해관계를 합치하는 데 최적의 대상이었다.
장희빈 처벌에 반대했던 남인과의 갈등은 불가피하겠지만, 노·소론 간 갈등을
봉합하기에는 유효하였다. 실제로 영조대 초반 탕평정책이 노·소론 내 완론(緩論)계
인사를 대상으로 하는 조제보합(調劑保合)의 방식을 따랐다는 점에서 그 시의성을
평가할 수 있다.
40) 최씨(崔氏) : 1670~1718. 영조의 어머니 숙빈 최씨(淑嬪崔氏)이다. 7세에 궁궐에
들어와 무수리로 허드렛일을 담당했다. 인현왕후가 폐출된 뒤 왕후를 위해 기도를
드리는 중에 숙종의 은총을 받아 1693년(숙종19) 아들 영수군(永壽君)을 낳았지만
두 달만에 죽었다. 이듬해 인현왕후가 복위된 후 연잉군을 낳고, 숙의(淑儀)가
되었다. 1695년 귀인(貴人)에, 1699년 숙빈에 봉해졌다.
41) 연잉군(延礽君) : 1694~1776. 제21대 임금 영조(英祖)의 즉위 전 군호이다. 이름은
이금(李昑), 자 광숙(光叔), 호 양성헌(養性軒)이다. 1699년(숙종25) 연잉군에 봉해졌
다. 1721년 김창집 등 노론 사대신이 세제 책봉을 촉구하였고, 인원왕후가 삼종혈맥
을 내세워 마침내 관철시켰다. 그리고 더 나아가 경종의 지병을 빌미로 세제의
대리청정을 요구하였다. 이에 유봉휘 등이 불충(不忠)의 명목으로 반발하였고,
결국 취소시켰다. 뒤이어서 김일경 등이 목호룡의 고변을 빌미로 임인옥사를
일으켜 노론 사대신 등을 처벌하였다. 이 사건에 연잉군의 처남 서덕수 등이
연루되었고, 본인도 공초(供招)에 오르내리며 혐의를 받았다. 하지만 조현명·송인

주상의 뜻을 크게 열어놓은 것에서 많은 도움을 받았다. 희빈이 죄를 자복한 날에 말하기를, "세자를 한 번 보고 난 후에 주상의 명을 따르겠다." 하였다. 어미와 자식의 정리로 보아서 금하기 어려운 점이 있었으므로, 주상이 세자와 만나는 것을 허락하였다.

그렇다면 희빈으로서는 마땅히 눈물을 흘리기에 겨를이 없어야 할 것인데, 도리어 차마 들을 수 없는 악독한 말을 쏟아내면서 그 독수를 뻗쳐서 세자의 아랫도리를 침범하였다. 세자가 그 자리에서 기절하였다가 잠시 뒤에 깨어나니 궐 안이 놀라고 두려워하였다. 세자가 이 이후로 기이한 질병에 걸려서 용모도 점점 수척해지고, 정신이 때때로 혼미해졌다.[42]

이전의 죄악을 논한다면 비록 목을 베어 죽여서 저잣거리에 내버리더라도 지나치지 않을 것이지만, 세자가 있다는 것 때문에 대궐 안에서 스스로 죽게 하였으니, 이 또한 다행이라고 말할 수 있다. 그런데 세자에게 무슨 분노할 일이 있다고 이처럼 차마 할 수 없는 악독한 짓을 하는가? 고금 천하에 어찌 이처럼 악독한 사람이 다시 나올 수 있겠는가?

명 등의 보호를 받아 세제 지위를 유지할 수 있었고, 마침내 1724년 즉위하였다.
[42] 세자 …… 혼미해졌다 : 《동소만록》에서 경종은 매우 건강한 인물로 묘사되었다. "을해년(1695) 8살에 관례(冠禮)를 치르고 성균관에 들어갔을 때 타고난 자질이 뛰어났고, 음성과 용모가 갖추어졌으며, 모든 행동거지가 예의에 맞았다. 당시 성균관에 있는 많은 유생들이 우러러 보았다. 입시했던 의관들이 또한 전하는 말에 따르면, '혈맥이 크고 장건하여 마치 새끼줄 같아 보통사람 보다 두 배나 특수했다.' 하였다. 이건명이 '마비되고 약해서 병들었다.'고 한 말이 어느 때부터 나왔는지 모르지만 사람들의 의혹됨이 오늘에 이르러 더욱 심하였다." 오히려 남하정은 건강에 대해 부정적으로 말하는 배후세력과 그 의도에 의심의 시선을 거두지 않았다.

을유년(1705)

을유년(1705, 숙종31) 11월, 세자에게 선위(禪位)하겠다는 명령이 있었다. 영부사(領府事) 윤지완이 상소하여 간하니, 주상이 답하기를,

"오늘날 이 거조는 진실로 만부득이해서 나온 것이니, 경은 깊이 헤아려 주기 바란다."

하였다. 그 후 여러 신하들이 연달아 간하니, 얼마 안 있어 환수하였다.

경인년(1710)

경인년(1710, 숙종36) 2월, 영의정 최석정이 일찍이 약원(藥院)[1]을 담당하여 정성스럽게 섬기지 않았다는 엄한 하교를 받고 바야흐로 죄를 기다리고 있다가,[2] 좌의정 서종태(徐宗泰)[3]가 차자를 올려 구원하니 특명으로 환수하여 그쳤다. 그날로 조정에 나간 후, 사직 상소를 일곱 번 올리고 나서야, 주상의 허락한다는 하교를 받고 그날로 귀향하였다. 이에 복상(卜相)[4]을 명하여, 이여를 영의정으로 삼고, 김창집을 좌의정,

---

1) 약원(藥院) : 궁중의 의약을 맡아보던 내의원(內醫院)의 별칭이다. 임금의 건강이 좋지 못하면 내전 안에 임시로 설치하여 임금의 환후를 살피는 기관을 가리키기도 하였다. 도제조(都提調)·제조·부제조를 각각 1인씩 두었는데, 도제조와 제조는 현직 정승이 맡고, 부제조는 승지가 겸임하였다. 여기서는 최석정이 영의정으로서, 약원 도제조를 겸하고 있었을 때의 일이다.

2) 경인년 …… 있다가 : 당시 약방 도제조 최석정이 숙종이 수라를 들지 못하는 일에 대해 안정을 취하고 몸조리하시라는 계사를 올렸다. 이에 주상이 비답하기를, "약원의 신하들이 수라를 들지 못하는 것을 걱정하지 않고 데면데면 한다." 하면서 입진(入診)을 거부하고 제조(提調)의 관직을 삭탈하고 문밖으로 쫓아내라고 명하였다.(《燃藜室記述·肅宗朝故事本末》참조)

3) 서종태(徐宗泰) : 1652~1719. 본관은 대구, 자 노망(魯望), 호 만정(晩靜)·서곡(瑞谷)·송애(松厓)이다. 1689년 기사환국 당시 오두인·박태보 등과 상소를 올리고 은거하였다. 1694년 갑술환국 이후 다시 관직에 나와 공조판서·대사헌을 거쳐 영의정이 되어 소론 탕평파를 주도하였다.

4) 복상(卜相) : 매복(枚卜). 의정(議政)급 관원의 선발 방식으로, 집정관(執政官)을 점쳐서 선발하는 방식에서 유래하였다. 시임(時任) 의정이 작성한 복상단자에 국왕이 낙점하는 방식으로 운영되었으나, 복상단자에 기록된 인물 이외의 후보자를 추가하여 낙점하는 가복(加卜)이 행해지기도 하였다. 의정의 선발은 복상 방식이 아닌 중비(中批)로 제수되는 경우도 있었다.

이이명을 우의정에 임명하였다.

정유년(1717)

정유년(1717, 숙종43) 7월, 우의정[1] 이이명이 주상과 독대(獨對)하였다.[2] 독대가 끝난 뒤, 주상이 여러 대신들을 불러들이라고 명하였다. 또한 왕세자에게 대리청정하게 하라는 명이 있었다. 헌납(獻納) 박성로(朴聖輅)가 독대는 잘못이라고 논하자, 우의정이 차자를 올려[3] 사직하니 답하기를,

"독대한 일은 오늘 처음 만들어 행한 것이 아니다. 그리고 당시 경은 승지를 돌아보고 말하기를, '나와 함께 따라서 들어가자' 말하였으니, 더욱 잘못이 없다."

---

1) 우의정 : 당시 이이명의 직책은 좌의정이었다. 우의정은 후계자 문제로 숙종과 단독 면대하였던 정유독대 직후 특별히 발탁된 것이다.

2) 정유년 …… 독대하였다 : 정유독대(丁酉獨對)를 가리킨다. 정유년(1717, 숙종43) 숙종이 우의정 이이명을 불러 독대한 일을 말하는데, 사관이 동석하지 않았기 때문에 그 자세한 내용은 알 수 없다. 다만 그 직후 세자의 대리청정을 명하였고 또 노론이 이를 적극 찬성하였다. 당시 소론 측에서는 이를 세자를 폐하기 위한 수순으로 보았다. 이런 정황으로 인해 그 독대가 노론 측에 연잉군을 부탁하는 내용이라는 추론이 나왔다.(《肅宗實錄》43年 7月 19日 참조) 이이명은 경종 즉위 후 좌의정에 승진하여 김창집 · 이건명 · 조태채와 함께 노론의 영수로서 연잉군의 세제 책봉과 대리청정에 진력하였으나, 이로 인하여 소론의 공격을 받았다.

3) 우의정이 차자를 올려 : 박성로 등이 절차를 문제 삼아 독대의 잘못을 지적하자 이이명이 다음의 차자를 올렸다. 독대 날 대궐에 들어갈 때 승지 · 사관과 동행하려 했으나 승지와 사관은 입시를 허락받지 못하여 합문(閤門)에서 저지당하였다. 이에 주저하던 이이명은 주상의 재촉으로 배석자 없이 알현했다는 것이다.(《肅宗實錄》43年 7月 24日 참조) 세자 대리청정의 결정은 전적으로 국왕이 주도한 것이지 노론이 개입한 것이 아님을 방증(傍證)하였다.

하고, 다음과 같이 비망기를 내렸다.

"5년 동안 고질병을 앓아 왔는데, 여기에 안질(眼疾)까지 심해져서 사물을 보는 것이 더욱 흐려지니, 정무를 보는 것이 점점 어려워 나랏일이 걱정된다. 우리 조정 및 당나라 때의 고사(故事)에 의거하여 세자에게 청정(聽政)하게 하라."

8월 1일 세자가 대리청정(代理聽政)4)하였다. 조참(朝參)5) 등 청정에 관한 의절(儀節)의 항목을 예조에서 입계(入啓)하였다.6) 영부사 윤지완이 우의정이 독대하였다는 말을 듣고 관을 매고 서울로 올라와서 차자를 올려 그것이 잘못이라고 배척하였다. 우의정이 독대할 때의 연교(筵敎, 연석에서 내린 명령)를 도성 바깥 신하들은 들을 수 없었지만 자연스럽게 밖으로 누설되었다.

밖으로 누설된 말은 대략 다음과 같으니 처음에 주상이 세자 대리청정(代理聽政)의 일에 대해 묻자, 우의정이 아뢰기를,

"이는 신 혼자서 받들 일이 아니니, 여러 대신들과 논의하여 정해야 할 것입니다."

하였다.7) 또 하교하기를,

---

4) 세자가 대리청정 하였다 : 1717년(숙종43) 국왕과 이이명 사이에 이루어진 정유독대 결과 단행되었다. 이 사건을 계기로 왕위계승 문제를 두고 노론과 소론의 갈등이 첨예화되었다. 경종을 후원했던 소론의 입장에서는 아직 정무 능력을 갖추지 못한 세자를 조기에 등판시켜 실수를 기대함으로써 후계구도를 흔들려는 음모로 파악하였다. 노론은 독대를 근거로 연잉군과 연령군, 두 왕자에 대한 보호를 자처하였고, 기회를 엿보아 세자를 바꾸려 한다고 의심을 받았다.

5) 조참(朝參) : 중앙에 있는 문무백관들이 정전(正殿)에 모여 왕에게 문안드리는 조회(朝會)이다. 참석자를 제한했던 상참(常參)과는 달리 당하관까지 참석하는 큰 조회였다. 매월 4회(5·11·21·25일) 열리는 것으로 규정되어 있다.

6) 조참 …… 입계하였다 : 실록에 의하면 이날 세자가 시민당(時敏堂)에서 조참을 받았다고 하였으며, 이보다 먼저 예조에서 대리청정에 관한 의절(儀節)을 올렸다고 하였다.(《肅宗實錄》 43年 8月 1日 참조)

7) 우의정이 …… 하였다 : 노론의 입장에서 독대이후 제기된 각종 논란을 잠재우기

"당나라 태종(太宗)의 고사에 따라서 시행하려고 하는데 경의 뜻은 어떠한가?"[8]

하니, 우의정이 아뢰기를,

"전하께서 어찌 이런 말씀을 하십니까? 신하로서 감히 들을 수 없습니다."

하면서 급히 물러났다. 이에 여러 대신들을 불러들이라고 명하여, 이내 왕세자에게 대리청정의 명을 내렸다.

그날의 처분을 자세히 살펴보면 우의정에게 독대할 것을 명한 것은 그 과실에 대해 물어 보려고 하교한 것인데, 우의정이 굳게 거절하자 주상이 그 뜻을 동요시킬 수 없음을 알고 마침내 여러 대신들을 불러들여 대리청정의 명을 내렸던 것이다.[9] 만약 우의정이 굳게 거절하지 않았다면

위해서 나온 발언이다. 독대 내용이 발설된 것은 궁궐 내부에 있는 적대세력 탓으로 돌리고, 우의정은 독대 당시부터 대리청정 문제를 공론화시키려고 노력하였다고 하여 발언 누설의 책임에서 비켜가려 했던 것이다.

8) 당나라 …… 어떠한가 : 당시 숙종은 안질(眼疾)을 들어 대리청정을 촉구하였는데 이때 든 사례가 세종(世宗)과 함께 당나라 태종이었다. 즉 당 태종도 태자(太子)에 명령하여 청정하게 한 일이 《강목(綱目)》에 기재되어 있다고 하면서 자신의 의사를 굽히지 않았다.(《肅宗實錄》43年 7月 19日 참조) 반면 《동소만록》에는 이같은 대리청정의 사례를 이이명이 제공한 것으로 기술되었다. 즉 주상이 "눈이 어두워져 문서를 살펴보는 일이 매우 어려우니 변통하는 방도를 마련한 뒤에야 다른 근심이 없을 것이다." 하자, 이이명이 "목소리가 또렷한 자를 시켜 주상에게 올린 문서를 읽게 하고, 세자로 하여금 옆에 두고 보게 하면 어떻겠습니까?" 하였다. 이에 주상이 "당나라 태종이 말년에 그렇게 변통하지 않았는가?" 묻자, 이이명이 "멀리서 인용할 것 없이 세종이 몸이 편찮을 때 문종을 별전에 데리고 가 국사를 참관하여 처결했습니다." 답하였다. 이처럼 남하정은 이이명이 대리청정의 논의를 주도하여 숙종에서 권면한 것으로 보았다.

9) 그날의 …… 것이다 : 이문정은 비록 절차에 하자가 있긴 했지만 대리청정이 숙종의 결단에 따라 성사되었다는 점에서 독대 자체에 큰 문제가 없다고 보았다. 연잉군을 보위(保衛)하려는 입장에서 노론 사대신의 처사에 동조하였던 것이다. 하지만 당시 소론 내 준론 세력과 남인은 정유독대를 세자의 지위를 흔들기 위한 술책으로 간주하고, 그 배후에 사대신이 있다고 보았다. 이에 두 세력은 세자 보호를 매개로

그 날의 일이 어떻게 되었을지 알 수 없었을 것인데, 다만 우의정이 굳게 거절하였기 때문에 주상이 비록 단서를 발하였지만 끝내 거행하지 못하였던 것이다. 이것이 어찌 우의정이 체통을 얻은 것이 아니겠는가?

그날 전국에서 놀라고 두려워 허둥지둥대고 의심하며 당혹스러워하였다. 영부사가 이 소식을 듣고 급히 서울로 들어와 차자를 올려 우의정을 배척하니, 비답하기를,

"내 병이 이 지경에 이르렀으니 변통(變通)하는 것 이외에 다른 방법이 없다. 이는 진실로 이미 마음속에 작정하고 있었던 일이니, 세자에게 대리청정하게 하겠다는 하교를 내가 먼저 입 밖에 내었을 때 대신이 명을 받들었다면, 세종조(世宗朝)의 일[10]과 자연히 부합되었을 것이다. 그해 수교(手敎)를 내릴 적에도 간쟁하는 사람이 있다는 말을 듣지 못했는데, 지금 반드시 간쟁했어야 한다고 대신을 허물하니, 이것이 내가 이해할 수 없는 점이다."

하였다. 또 전교하기를,

"이제 세자로 하여금 대리청정하게 하라는 하교는 우리 조정의 고사(故事)를 따른 것이므로 처분이 사리에 맞아서 진실로 말할 것이 없다. 만일 연교(筵敎)에 대해 마음속에 품은 것이 있어 진달하려고 한다면 누가 안 된다고 하겠는가? 영부사는 병이 위독한 사람인데도 급히 서울에 들어와 마치 국가의 안전과 위태로움이 아주 짧은 시간에 박두한 것처럼 하였으니, 거조가 극히 이상하였다.[11] 그리고 임금에게 고하는 말을

노론을 적대시하였고, 신임옥사를 일으켜 노론 사대신을 제거하였던 것이다.

10) 세종조(世宗朝)의 일 : 세종이 몸이 편찮을 때 문종(文宗)을 별전(別殿)에 데리고 가 국사를 참관하고 처결하게 하였다.

11) 영부사 …… 이상하였다 : 윤지완에 대한 부정적 평가는 당시 남인의 주장과 상반된다. 《동소만록》에서는 윤지완의 충절을 드러낸 기사가 다수 실려 있다. 윤지완이 대리청정을 반대하는 상소를 올렸을 때 세간에서 나온, "피를 쏟는 정성은 부녀자와 아이들도 칭송하니 윤지완의 진정한 충성심은 쇠와 돌도 뚫을 수 있습니다." 칭송을 실어두었다. 심지어 정유년 봄에 주상이 온양 탕정(湯井)에 행차할

또한 가려하지 않고 우의정에 대해서는 곧바로 '사신(私臣)'이라고 한번 써서 단정하여 헤아릴 수 없는 죄과로 몰아넣었으니, 이것이 진실로 무슨 마음이란 말인가?"

하였다. 우의정의 사직 차자에 답하기를,

"영부사가 독대에 대해서 말한 것은 그 표현이 매우 심각하였는데, 그 뜻은 실로 경을 내쫓는 데 있었다. 하물며 독대할 때 경이 정성을 다하여 바로잡아 구원한 것은 신명(神明)에게 물어서 바르게 할 수가 있으니, 대신의 말에 대해 경이 어찌 지극히 원통하지 않겠는가?"

하였다.

비록 이러한 비답의 내용으로 보더라도 정성을 다하여 바로잡으려 한 것은 신명에게 물어서 바르게 할 수 있다. 성상의 하교가 이미 이처럼 명백하니 우의정이 바로잡으려 한 것은 정녕 의심할 수 없다. 그러나 독대한 일은 상하가 서로 잘못한 것이다. 이미 "독대"라고 하였으니, 반드시 은미한 하교가 있었을 것인데, 인군이 신하에게 은미하게 할 말이 무엇이 있으며, 신하가 어찌 감히 임금에게서 은미한 하교를 받들 수 있단 말인가? 옛사람이 이르기를, "혐의가 있는 곳을 군자는 피한다." 하였으므로, 따라서 전·현직 대신이 바로 이날 임금의 소명(召命)을 어긴 것은 진실로 일의 기미를 파악하고 경중(輕重)을 알아서 꺼려지는 점이 있었기 때문이었다.

9월 1일 종묘(宗廟)에 고하고 반사(頒赦)12)하였다. 세자가 대리청정 하였다.

때 90세 노구를 이끌고 길가에서 안부를 여쭈는 열정을 보이기도 했다는 것이다.
12) 반사(頒赦) : 나라에 경사가 있을 때, 사유문(赦宥文)을 반포하여 무거운 죄 이외의 죄인들을 용서하여 주던 일을 가리킨다.

경자년(1720)

경자년(1720, 숙종46/경종 즉위년) 6월 8일 주상이 경덕궁(慶德宮)[1]에서 승하하였다. 원상(院相)[2] 김창집과 우의정 이건명이 예로부터 내려오는 관례에 의거하여 함께 장인(匠人)을 지휘 감독하는 일 등 여러 일들을 논의하여 아뢰니, 아뢴대로 하라고 품지(稟旨)하였다.

12일 대행대왕(大行大王)의 상복을 입었다.

13일 왕세자가 왕위를 이어받았다. 부고(訃告) 겸 시호(諡號)를 청하는 사신으로서 판부사 이이명, 이조(李肇)[3], 박성로를 탑전정탈(榻前定奪)[4] 하였다.

○ 이이명이 영의정과 우의정에게 상세히 의논하여 말하였다.

---

1) 경덕궁(慶德宮) : 1617년(광해군9)에 세운 궁궐이다. 1760년(영조36) 경희궁(慶熙宮) 으로 이름을 바꾸었다. 현재 서울시 종로구 신문로에 위치한다.

2) 원상(院相) : 왕이 죽은 뒤, 졸곡(卒哭)까지의 26일 동안 정무(政務)를 행하는 임시벼 슬이다.

3) 이조(李肇) : 1666~1726. 본관은 전주, 자 자시(子始), 호 학산(鶴山)이다. 1720년 고부사(告訃使)의 부사(副使)로 청나라를 다녀온 뒤 예조참판에 올랐다. 이듬해 도승지 재직시 노론이 연잉군을 앞세워 대리청정을 요청하면서 정권을 차지하려 하자 경종 보호에 앞장섰다.

4) 탑전정탈(榻前定奪) : 신하가 상주(上奏)한 것에 대하여 임금이 즉석에서 재결(裁決) 하다.

"이번 사신 행차에서 특별하게 깊이 우려되는 점이 있습니다. 주상께서 신사년의 변고가 있을 때 이미 희빈의 독수에 침범당하였고, 또한 희빈의 극히 참혹한 일에 놀랐습니다. 그 뒤로 용모가 점차 수척해지는데 이르렀고, 혈색이 갑작스럽게 나빠져서 조화를 잃고 있습니다. 울화가 일어날 때는 가슴 속이 진동하고 정신이 혼미해지는 일이 많아서, 마침내 기이한 질병이 생겨서 병색이 겉으로 분명하게 드러났습니다. 세자가 청나라 사신을 접견한 일 또한 여러 번 있었는데, 저 사신들이 병색이 이와 같은 것을 보고서는 매번 불만스러워 하는 뜻이 있었습니다. 지금 왕위계 승을 주문(奏聞)할 때를 당했는데, 저들의 마음을 헤아리기 어려운 점이 있으니, 만에 하나 의외의 일이 있으면 장차 어떻게 해야 합니까?

우리들 입장에서는 신중하게 처리하는 방도로써 미리 대비하지 않을 수 없습니다. 이전부터 우리 조정에서 청할 일이 있는데, 저들이 만약 수긍하지 않으면 재물을 주어서 성공한 사례가 있었습니다. 또한 근래 연경(燕京, 북경)에 사신으로 가서 서로 접촉하는 일은 오로지 은화(銀貨)에 서 나왔습니다. 비록 동지(冬至)에 사은(謝恩)하는 것과 같은 의례적인 행사에서도 국가의 은화를 청하여 얻어서, 그들이 요구할 때마다 나누어 주는 밑천으로 삼는 일이 문득 규례가 되었습니다. 금번 행차는 실로 국가 대사와 관계되니, 또한 은화를 가지고 가서 뜻밖의 사태에 대비해야 할 것 같은데, 여러분들의 의견은 어떠하신지요?"

여러 대신들이 모두 "그렇다." 답하였다. 이에 6만 냥의 은자(銀子)를 청하여 얻어 가지고 갔다. 그런데 청나라에 가서 문제없이 일을 끝내고 돌아왔으므로, 가지고 간 은화는 본래 숫자대로 호조에 환납하였다.

형조판서 유집일(兪集一)5)이 품계가 높은 재상으로서 몸에 병이 있다고 말하면서 문후(問候)의 반열에 한 번도 나가지 않았으니, 분의(分義)로

---

5) 유집일(兪集一) : 1653~1724. 본관은 창원, 자 대숙(大叔)이다. 형조·공조판서 등을 역임하였다. 1720년 숙종이 죽자 산릉도감제조(山陵都監提調)를 지내기도 하였다.

헤아려 볼 때 이미 지극히 정당하지 못하였다. 몸이 곡반(哭班)6)에 있으면서 술병이 뒤에 딸려 있어서 같은 반열에 있는 사람들이 대면하여 꾸짖기까지 하였고, 또한 삭탈을 청하는 대계(臺啓)가 있었다.

청은군(淸恩君) 한배하(韓配夏)7)는 국휼(國恤)을 당하여 어쩔 겨를도 없이 애통해 할 즈음에 궁궐 바깥의 사사로운 거처에 있으면서 술자리를 낭자하게 베풀었다. 분의와 정례(情禮)를 모두 지극히 무시한 것이었으므로, 대간이 계를 올려 논척하였다.

전 참판 이광좌(李光佐)8)는 재상의 반열에 올랐으니 나라의 은혜를 입은 것이 깊었다. 하지만 주상의 환후(患候)가 심해져서 연달아 문후하는 반열이 베풀어졌는데도 정세에 꺼려지는 점이 있다고 하면서 한 번도 나아가 참여하지 않았다. 시약청(侍藥廳)을 설치하고 산천(山川)에 기도하며 온 나라가 놀라서 두려워함에도 조금도 마음을 바꾸지 않았다. 심지어 주상이 승하한 뒤에 돈장(敦匠)9)의 명이 있었는데, 멋대로 길바닥에서 받았으므로 이졸(吏卒)이 불충(不忠)이라고 지목하였다.

---

6) 곡반(哭班) : 국상(國喪) 때 궁중에 모여 곡을 하는 관리의 반열(班列)을 말한다.
7) 한배하(韓配夏) : 1650~1722. 본관은 청주(淸州), 자 하경(夏卿), 호 지곡(芝谷)이다. 1720년(숙종46) 청은군(淸恩君)에 책록되었고, 공조판서 등을 역임하였다. 1725년(영조1) 화원을 시켜 목호룡의 초상을 그리게 강요하였다는 혐의를 받고 관작을 추탈 당하였다.
8) 이광좌(李光佐) : 1674~1740. 본관은 경주(慶州), 자 상보(尙輔), 호 운곡(雲谷)이다. 숙종대 부제학·평안도관찰사 등을 역임하였다. 1716년 병신처분에 반대하다가 파직되었다. 1718년 예조참판 등을 거쳐 1721년(경종1) 사직 재직시 세제 연잉군의 대리청정을 적극 반대하였다. 1725년(영조1) 노론이 집권하자 파직되었다가 1728년에 정미환국으로 소론이 재등용되면서 영의정에 올랐다. 1730년 민진원과 제휴하여 노론과 소론의 연립정권을 세웠다. 1740년 영의정으로 재직하던 중 박동준(朴東俊) 등이 중심이 되어 삼사의 합계(合啓)로 호역(護逆)한 죄로써 탄핵하자 울분 끝에 단식하다가 죽었다. 1755년 나주벽서 사건으로 소론이 탄압을 받을 때 관작이 추탈되었다.
9) 돈장(敦匠) : 장인(匠人)들과 공역(工役) 전반에 대해 지휘 감독하는 일을 말한다.

7월 8일 재궁(梓宮)에 옻칠을 더할 때, 소대(召對)10)의 명이 있었다. 영의정 김창집이 아뢰기를,

"이처럼 국상을 당했는데, 학문에 전념하려는 노력을 폐하지 않으시니 여러 신하들이 우러러 감탄해 마지않고 있습니다. 어제 저녁에 강(講)을 시작하여 밤이 깊어서야 마쳤는데, 오늘 또 소대의 명이 있으니, 지금 날씨가 너무 더워서 날마다 경연을 열면 주상의 옥체가 손상될까 두렵습니다. 때때로 소대하시는 것이 좋을 듯합니다. ……"

하였다. 우의정 이건명도 아뢰기를,

"지금은 평상시와는 다른 때입니다. 주상의 옥체 또한 쉽게 손상될 수 있으니, 소대를 일단 정지하는 것이 좋을 듯합니다.……"

하였다. 어떤 사람이 영의정에게 묻기를,

"예로부터 제왕(帝王)은 상중에 경연을 연 일이 없습니다. 바야흐로 지금 주상께서 여막(廬幕)에 거처하면서 강학(講學)하는 것은 아마도 《예경(禮經)》에 없는 일 같은데, 어찌 경전을 인용하여 인산(因山, 장례) 이전에는 소대를 정지하라고 아뢰지 않고서, 도리어 때때로 소대하라고 아뢰었으니, 이것은 거의 오십 보, 백 보 사이처럼 가깝지 않습니까?"

하니, 영의정이 말하기를,

"내가 어찌 이것을 모르겠는가? 주상의 건강에 이상이 생긴 이래로 울화가 때때로 치밀어 오르고, 정신이 자주 혼미해지는 것이 문제였다. 만약 학문에 전념하면 혹여 울화를 내리고 정신을 보양하는데 조금이라도 도움이 될 듯하기 때문에 그 단서를 끌어다가 우러러 찬양한 것이다. 만약 지금처럼 무더위 속에서 날마다 강론에 참여한다면 옥체가 손상될까 두렵기 때문에 때때로 개강(開講)하라고 아뢰었던 것이다."

하였다. 이것을 들은 사람들이 모두 그 걱정하고 사랑하는 정성에 감복하였다.11)

---

10) 소대(召對) : 왕명으로 입대(入對)하여 정사에 관한 의견을 아뢰다.

홍문관에서 유척기(兪拓基)[12]가 여러 대신들에게 진강(進講)할 책자(冊子)에 대해서 문의(問議)하였다. 영의정이 다음과 같이 말하였다.

"《예경》에는 제왕이 지켜야 할 절의(節義)가 실려 있으니 상중에 강론하기에 더욱 적합하다. 《예경》으로써 강론하는 것이 마땅할 것이다."

11일 전교하기를,

"서울에 살고 있는 백세 노인 두 사람을 불러들이는 일을 분부하라."

하였다. 교리 홍정필(洪廷弼)[13]이 상소하여 간쟁하기를,

"졸곡(卒哭)[14] 이전에 개강(開講)한 일과 노인을 불러들이는 일은 아마도 편치 않은 점이 있을 것입니다. ……"

하였다. 우의정이 질책하여 말하기를,

"나이 어린 유신(儒臣)이 한갓 곧은 말로 잘못을 간쟁하는 의리만 알고 때 맞춰서 조처함이 마땅하다는 것은 전혀 분별하지 못하였다. 바야흐로 지금 주상의 환후(患候)는 본래 울화가 치밀어 오르는 것이 아니면 정신이 혼미해지는 것에 있다. 성심이 어찌 졸곡 이전에 개강하는 일이 편치 않은 줄 알지 못하겠는가? 그렇지만 연일 소대하는 것은 강학(講學)에 마음을 의탁하여 울화를 잊고자 하는 뜻이다. 지금 노인들을 불러들이는

---

11) 이것을 …… 감복하였다 : 새롭게 즉위하는 경종의 안위를 걱정하는 대신의 발언을 소개함으로써 노론의 왕실에 대한 충성을 강조하는 한편, 강학을 통해 국왕을 압박하고 은연중에 병증이 있음을 드러내고 있다.

12) 유척기(兪拓基) : 1691~1767. 본관은 기계(杞溪), 자 전보(展甫), 호 지수재(知守齋)이다. 1725년(영조1) 노론이 집권하면서 경상도관찰사·호조판서 등을 거쳐 1739년 우의정에 올라, 임인옥사 당시 사사된 김창집·이이명의 복관을 건의해 신원(伸寃)시켰다. 만년에 김상로(金尙魯)·홍계희(洪啓禧) 등이 영조와 사도세자 사이를 이간시키자 이를 깊이 우려했고, 이천보(李天輔)의 뒤를 이어 영의정에 올랐다.

13) 홍정필(洪廷弼) : 1674~1727. 본관은 남양(南陽), 자 사섭(士燮)이다. 정언·수찬 등을 역임하였다.

14) 졸곡(卒哭) : 장례를 마치고 삼우제(三虞祭)를 지낸 뒤 강일(剛日, 음력에서 '甲'·'丙'·'戊'·'庚'·'壬'이 들어있는 5일을 말함)에 때를 가리지 않고 슬프게 통곡하는 일을 끝내기 위해 지내는 제사이다.

것 또한 이 같은 뜻이다. 지금 근시(近侍)하는 반열에 있으면서 주상의
환후가 어떠한지를 살피지 않고, 또한 성의(聖意)의 소재에 어두워 상소하
여 간언하기를 마치 평상시처럼 하니, 그것이 옳은 일인지 모르겠다.
임금에게 간쟁하는 마음은 임금을 사랑하는 정성에서 나오는 것이니,
지금과 같은 때에는 단지 임금을 사랑할 수 있을 뿐, 임금에게 간쟁해서는
안 된다."

하였다. 이것을 들은 사람들이 탄복해 마지않았다.

21일 유학(幼學) 조중우(趙重遇)가 장희빈을 추보(追報)하는 일로 상소하
였다.15) 그 상소에서 말하기를, "추보의 도리는 《예경(禮經)》의 밝은 가르
침입니다." 하였다.

《예경》에서 이른바 "추보"라고 한 것이, 과연 옛날에도 또한 장희빈이
일으킨 커다란 변괴 같은 일이나 선왕의 대처분과 같은 일, 금상(今上)의
처지와 같은 일이 있어서, 이에 "추보"라는 말이 있었단 말인가? 본의(本義)
의 출처는 따져보지 않고 "추보", 두 글자에만 의거하여 감히 오늘날의
일에 빗대었으니, 이것은 《예경》의 본의를 속이는 것이다. "어미는 아들
로 인해 귀하게 된다.'16)는 것은 《춘추》의 대의(大義)입니다." 하였는데,

---

15) 조중우가 …… 하였다 : 조중우가 장희빈을 추보할 것을 주장하자 노론은 그 저의를
   의심하였다. 《족징록》에 따르면, "춘궁의 사람들과 관련된 옥사가 일어나자 최석정
   이 또한 깊이 조사할 필요가 없다는 상소를 올렸고, 윤지인(尹趾仁)은 의금부로
   국청을 옮길 것을 청하였으며, 윤지완은 도끼를 들고 입궐하는 일을 벌였다. 숙종의
   장례를 치르기도 전에 조중우가 장희빈을 추숭해야 한다는 상소를 올렸고, 조태구·
   유봉휘·김일경·박필몽이 차례로 나와서 신축년과 임인년의 화가 연이어 일어났
   다." 하였다. 노론 측에서는 조중우의 추보 상소가 신축·임인옥사를 일으킨 연계
   고리로 간주했던 것이다. 조중우는 결국 노론의 탄핵을 받아 형문 끝에 죽었고,
   노론은 한발 더 나아가 이를 빌미로 경종을 압박하였다. 실제로 그해 9월 성균관
   장의(掌議) 윤지술이 장희빈을 죽인 처분이 정도(正道)를 호위한 것이라는 내용을
   숙종의 지문(誌文)에 넣어 영원히 전해야 한다고 주장했다.
16) 어미는 …… 된다 :《춘추공양전(春秋公羊傳)》은공(隱公) 원년에 나오는 구절이다.
   "아들은 어미로 인해 귀해지고, 어미는 아들로 인해 귀하게 된다.[子以母貴, 母以子

《춘추》에서 이른바 "어미는 아들로 인해 귀하게 된다." 한 것은 곧 공양(公羊)17)의 예(禮)에 어그러진 말이다. 호씨(胡氏)의 《춘추전》18)에서 그 잘못을 극론하였고, 정자(程子)와 주자, 두 현인도 또한 이것을 엄하게 배척하였는데, 감히 이것을 가지고 군상(君上)에게 권면하였으니, 이것은 군상을 불측한 곳으로 끌어들이는 일이다. 그 상소에서 말하기를,

"위로는 대신으로부터 아래로는 삼사에 이르기까지 한 사람도 전하를 위해 이 일을 말하는 자가 없습니다."

하니, 이는 감히 반역을 도모할 마음으로 조정을 능멸한 것이다. 또 그 상소에서 말하기를,

"선대왕의 혼령이 반드시 오늘의 일을 어기지 않고 따랐을 것입니다."

하였는데, 이는 감히 부도(不道)한 혼자만의 소견에 선왕의 혼령을 은근히 가져다 붙인 것이다. 또 그 상소에서 말하기를,

"《선원보략(璿源譜略)》19)에 '희빈' 두 글자가 있는데, 선대왕이 일찍이 지워버리지 않으셨으니, 선대왕의 은미한 뜻이 그 사이에 있습니다."

하니, 희빈의 죄가 비록 차고도 넘치지만 빈은 빈이기에 《선원보략》에 "희빈"이라고 쓰는 이외에 달리 칭할만한 글자는 없었다. 이 때문에 선대왕이 지극히 올바르면서도 은미한 대처분을 내렸지만 "희빈" 두 글자는 남아 있기에 이른 것이다. 그런데 이것은 논하지 않고 곧 이것으로써 감히 "그 사이에 선왕의 은미한 뜻이 있다."고 거짓을 꾸며내어 선왕을

貴.]"

17) 공양(公羊) : 《춘추공양전》의 저자인 공양자(公羊子)를 가리킨다. 《춘추좌씨전(春秋左氏傳)》·《춘추곡량전(春秋穀梁傳)》과 함께 '춘추삼전'이라고 불리고 있다.

18) 호씨(胡氏)의 전(傳) : 호안국(胡安國)의 《춘추전》을 가리킨다. 호안국(1074~1138)은 송나라 학자로 자는 강후(康侯), 시호는 문정(文定)이다. 태학박사(太學博士)와 제거호남(提擧湖南) 등을 역임했다. 《춘추호씨전(春秋胡氏傳)》을 저술하였다.

19) 선원보략(璿源譜略) : 선원계보기략(璿源系譜記略) 또는 선원록(璿源錄)을 가리킨다. 1679년(숙종5)에 착수해 2년 뒤 완성한 왕실 족보이다. 이후 역대 왕이 새로 즉위할 때마다 중교(重校)·보간(補刊)한 것을 1897년(고종34)에 합간(合刊)하였다.

무함하였으니, 어떻게 이 지경에 이른단 말인가?

이 다섯 가지 큰 죄 가운데 어느 한 가지만 있어도 용서받지 못할 죄를 범한 것인데, 저 조중우가 올린 한 장의 상소 안에서는 다섯 가지 죄가 모두 드러났으니, 조정에 있는 신하들이라면 한목소리로 엄하게 성토하기에 겨를이 없어야 할 것인데, 조관빈(趙觀彬)[20]과 조성복(趙聖復)[21] 등 한두 신하를 제외한 대부분이 수수방관하였다. 심지어 이조판서 조태구 같은 경우는 상소하여 사직하고 당일로 과천(果川)으로 떠났으며, 승지 송성명(宋成明)[22]은 모친의 병을 핑계로 상소하여 휴가를 떠났으니, 모두 고의로 회피하려는 의도가 있었다.

선조(先朝) 때 뜻을 잃은 무리들은 왕제(王弟)가 영명한 것을 달갑게 여기지 않았고, 정류(正類)가 국정을 맡는 것에 시기심을 쌓으며 화심을 품은 지 오래되었다. 당시는 주상이 보위를 이은 초창기였으므로 희빈을 추보하는 일을 기화(奇貨)로 삼아 먼저 주상의 뜻에 영합하려고 하였으며, 종실에서 후사를 선택하려는 계책을 가지고, 이로움으로 귀척(貴戚, 임금의 인척)을 꼬드겨서 은밀히 국본을 제거하려고 모의하였다.[23]

---

20) 조관빈(趙觀彬) : 1691~1757. 본관은 양주(楊州), 자 국보(國甫), 호 회헌(悔軒)이다. 노론 사대신인 조태채의 아들이다. 신임옥사에서 화를 당한 아버지에 연좌되어 1723년 흥양현(興陽縣)에 유배되었다가, 1725년(영조1) 노론이 집권하자 풀려나왔다. 이후 대사헌 등을 역임하였다.

21) 조성복(趙聖復) : 1681~1723. 본관은 풍양(豊壤), 자 사극(士克), 호 퇴수재(退修齋)이다. 1721년(경종1) 집의 재직시 세제의 대리청정을 요구하는 상소를 올려 경종의 재가를 받았으나, 무군부도(無君不道)하다는 소론의 논척을 받아 유배되었다. 이후 1723년 다시 잡혀 올라와 국문을 받던 중 옥중에서 자살하였다. 신임옥사 때 삼학사(三學士) 중 한 사람으로 일컬어지고 있다. 영조 즉위 후 이조판서에 추증되고, 충간(忠簡)이란 시호가 내렸다.

22) 송성명(宋成明) : 1674~1740. 본관은 여산(礪山), 자 성집(聖集)·군집(君集), 호 송석(松石)이다. 호조참판 송징은(宋徵殷)의 아들이다. 숙종대 이조전랑을 역임하였고, 경종 즉위년(1720) 동부승지가 되었는데 정치의 득실을 상소하다 탄핵을 받아 파직되었다. 이후 대사성 등을 역임하였다.

   저들의 음흉한 모략과 같은 일은 비록 비밀이라고 하지만 자연스럽게 누설되어 시끄럽게 전파되고 인심은 위태로워져서 나라를 원망하는 무리들이 함께 계략을 꾀해 반역의 마음을 품은 사람들이 연이어 나타나기 마련이었다. 그래서 조중우의 윤리에 어그러진 상소가 나왔지만 어떤 사람은 대수롭지 않게 바라보았고, 어떤 사람은 도피하여 나타나지 않아서 한 사람도 공격하여 배척한 자가 없었다. 오직 노론 가운데 몇 사람이 상소하여 엄하게 배척하려 하였는데 노성한 여러 군자들이 모두 저지하여 말하기를,

   "조중우의 일은 자질구레한 일이다. 주상이 아직도 후사(後嗣)를 이을 희망이 없는데, 연잉군은 바로 선왕의 소자(小子)이고 주상의 친동생이다.24) 총명한 자질은 백왕(百王)보다 뛰어났으며, 어질고 효성스러운 덕은 일찍부터 온 세상에 드러났으니, 저사(儲嗣)를 정책(定策)25)한다면 연잉군이 아니면 누구이겠는가? 희빈을 추보하려는 일은 비록《예경》에

---

23) 당시는 …… 모의하였다 : 이문정이 장희빈을 당쟁의 근원으로 상정한 이유가 잘 드러난 대목이다. 특히 경종이 즉위하면서 장희빈 문제는 우려했던 대로 상대 정파에 의해서 정쟁의 소재로 활용되었다. 그는 추보를 빌미로 국왕의 신임을 얻은 무리들이 저사(儲嗣) 정책(定策) 과정에서 연잉군을 배제하는 사태를 우려하였다. 연잉군의 안위는 장희빈을 빌미로 한 정쟁의 성패에 따라 부침을 거듭할 수밖에 없었다. 이에 그는 장희빈을 당쟁의 근원으로 규정하였던 것이고, 이에 공감하는 정파와의 연대하여 연잉군을 구호하려 했던 것이다.

24) 주상의 친동생 : 당시 경종의 이복동생으로는 연잉군만이 유일하게 생존하였다. 본래 숙종에게는 세 아들이 있었는데, 명빈 박씨(榠嬪朴氏) 소생의 연령군(延齡君)이 막내였다. 연령군은 성품이 효성스럽고 근면하여 왕의 간병에 조금도 게으름이 없었으며, 또한 사저에 거처하면서 민간에는 폐를 끼치지 않았다고 한다. 그러나 20살인 1719년(숙종45)에 세상을 떠났고, 이에 숙종이 특별히 제문과 묘지문을 직접 지었다. 따라서 당시 유일한 왕위계승자는 연잉군뿐이었다.

25) 정책(定策) : 정책(定冊)이라고도 한다. 옛날에 천자를 세운 다음, 사실을 간책(簡策)에 써서 종묘(宗廟)에 고하였는데, 이로 인해 대신들이 모의하여 천자를 세우는 것을 정책으로 일컫게 되었다. 《한서(漢書)》〈한왕신전(韓王信傳)〉에 "한증(韓增)이 대장군 곽광(霍光)과 함께 정책하여 선제(宣帝)를 천자로 세웠으므로 천호(千戶)를 더 봉해 주었다." 하였다.

어긋나지만 나라가 망하는 데에는 이르지 않는다. 그렇지만 세제를 책봉하는 일은 지금 만약 조금이라도 늦추면 나라의 명맥이 끊어질 것이다. 바야흐로 정책의 대사(大事)를 도모해야 할 때 어찌 반드시 조중우를 공격하여 배척하는 일로 여러 소인들에게 미움을 받아서 위로는 대사를 방해하고, 아래로는 화를 재촉해 불러들이려 하는가?"

하였다. 세제로 정책하는 일을 처음 계획할 때부터 논의를 주도한 자는 김창집ㆍ이이명ㆍ이건명, 삼대신들이었다. 같이 논의한 자는 권상유(權尙游)26)ㆍ민진원(閔鎭遠)27)ㆍ정호(鄭澔)28)ㆍ이의현(李宜顯)29)ㆍ이관

---

26) 권상유(權尙游) : 1656~1724. 본관은 안동, 자 계문(季文)ㆍ유도(有道), 호 구계(癯溪)이다. 권상하(權尙夏)의 동생으로 송시열의 문하에서 수학하였다. 이조판서 등을 역임하였다. 숙종대 윤휴(尹鑴)가 주자학을 비판하고, 박세당(朴世堂)이 《사변록(思辨錄)》을 지어 주자학을 배척하여 왕명에 의해 그 책이 불태워질 때, 두 사람을 공박하는 내용의 변설문(辨說文)을 작성하였다. 1721년(경종1) 신축환국 당시 탄핵을 받아 삭직되었다가 이듬해 풀려났다.

27) 민진원(閔鎭遠) : 1664~1736. 본관은 여흥(驪興), 자 성유(聖猷), 호 단암(丹巖)ㆍ세심(洗心)이다. 민유중의 아들이며, 인현왕후의 오빠이다. 우참찬 민진후(閔鎭厚)의 동생으로, 송시열의 문인이다. 1721년(경종1) 세제의 대리청정을 건의해 실현하게 하였다. 이듬해 임인옥사로 유배되었다가, 1724년 영조의 즉위로 풀려나 우의정에 올랐다. 1725년(영조1) 영조의 탕평책에 따라 소론 영수인 좌의정 유봉휘를 신임옥사를 일으킨 주동자로 유배시켰으며, 송시열의 증직(贈職)을 상소하였다. 그해 좌의정이 되었다가 1727년 정미환국으로 유배되었으나 곧 풀려났다. 저서로는 《단암주의(丹巖奏議)》ㆍ《단암만록(丹巖漫錄)》ㆍ《민문충공주의(閔文忠公奏議)》 등이 있다.

28) 정호(鄭澔) : 1648~1736. 본관은 연일(延日), 자 중순(仲淳), 호 장암(丈巖)이다. 정철(鄭澈)의 현손, 정종명(鄭宗溟)의 증손으로, 송시열의 문인이다. 숙종대 검열을 거쳐 정언이 되어 오도일이 붕당을 키우고 권세를 부린다고 탄핵하였다. 1689년 기사환국으로 유배되었다가 갑술환국(1694) 때 풀려나 수찬ㆍ교리 등을 역임하고, 1696년 이사상(李師尙)을 논핵하는 등 과격한 발언으로 파직되었다. 이후 동래부사를 거쳐 대사헌 등을 지냈다. 1717년 소론의 반대에도 불구하고 세자 대리청정을 강행하였다. 그 뒤 이조판서에 올랐다가 1721년(경종1) 신임옥사로 노론 사대신과 함께 파직되어 유배되었다. 1725년(영조1) 풀려나와 우의정에 올랐고, 사대신의 신원(伸寃)을 위해 노력하였다. 좌의정을 거쳐 영의정을 역임하였다.

29) 이의현(李宜顯) : 1669~1745. 본관은 용인(龍仁), 자 덕재(德哉), 호 도곡(陶谷)이다. 아버지는 좌의정 이세백(李世白)이다. 김창협의 문인으로 송상기(宋相琦)에 의해

명(李觀命)30) · 조성복 · 홍치중(洪致中)31) · 이만성(李晚成)32) · 신임(申
銋)33) · 임방(任埅)34) · 송상기(宋相琦)35) · 홍계적(洪啓迪)36) 등 여러 군자
들로서, 이들은 모두 한 시대의 명류(名流)들이었다. 문관 당상(堂上)과
당하(堂下), 무신 당상과 당하에 이르기까지 세제를 책봉하자는 논의에
대해 즐겁게 따르지 않는 사람이 없었는데, 유독 정승 조태채는 삼대신과
처음에 함께 논의하지 않았기 때문에 전혀 알지 못하였다. 삼정승이

천거되었다. 예조판서 재직시 세제의 대리청정 문제로 김일경 등의 공격을 받아
벼슬에서 물러났다. 뒤이어 신임옥사가 일어나자 유배되었다. 1725년(영조1) 형조
판서로 서용되었다.

30) 이관명(李觀命) : 1661~1733. 본관은 전주(全州), 자 자빈(子賓), 호 병산(屛山)이다.
할아버지는 이경여(李敬輿), 아버지는 판서 이민서(李敏敍)이다. 1722년 임인옥사
때 아우 이건명이 노론 사대신의 한 사람으로서 극형을 받자, 이에 연좌되어
유배되었다. 1725년(영조1) 풀려나와 우의정이 되고 이듬해 좌의정에 이르렀다.

31) 홍치중(洪致中) : 1667~1732. 본관은 남양(南陽), 자 사능(士能), 호 북곡(北谷)이다.
할아버지는 우의정 홍중보(洪重普), 아버지는 강원도관찰사 홍득우(洪得禹)이다.
경종 때 소론의 배척을 받아 홍주목사로 출보(黜補)되었다. 영조대 좌의정 등을
역임하였다.

32) 이만성(李晚成) : 1659~1722. 본관은 우봉(牛峰), 자 사추(士秋), 호 귀락당(歸樂堂) ·
행호거사(杏湖居士)이다. 이유겸(李有謙)의 손자, 이숙(李䎘)의 아들이다. 경종대
세제 책봉을 실현하였으나, 신임옥사에 연루되어 유배되었다가 죽었다.

33) 신임(申銋) : 1639~1725. 본관은 평산(平山), 자 화중(華仲), 호 한죽(寒竹)이다. 세제
대리청정의 근거를 실록에서 초출하였다.

34) 임방(任埅) : 1640~1724. 본관은 풍천(豊川), 자 대중(大仲), 호 수촌(水村) · 우졸옹(愚
拙翁)이다. 송시열과 송준길의 문인이다. 연잉군의 세제 책봉을 주장하였는데,
신임옥사로 귀양갔다 이배(移配)되어 죽었다.

35) 송상기(宋相琦) : 1657~1723. 본관은 은진(恩津), 자 옥여(玉汝), 호 옥오재(玉吾齋)이
다. 아버지는 예조판서 송규렴(宋奎濂)이다. 송시열의 문인이다. 경종대 세제에게
대리청정을 시키자고 여러 대신들과 더불어 상소하였다. 이 일로 강진으로 귀양가
서 이듬해 유배지에서 죽었다.

36) 홍계적(洪啓迪) : 1680~1722. 본관은 남양(南陽), 자 혜백(惠伯), 호 수허재(守虛齋)이
다. 1702년(숙종28) 6월 태학생으로서, 박세당의 《사변록(思辨錄)》과 이경석의 비문
을 태워 없애도록 상소해 이를 관철하였다. 1721년(경종1) 노론의 선봉에 서서
세제의 대리청정을 주장하였고, 이를 저지하려는 조태구를 논핵하였다. 1722년
노론 사대신의 당인(黨人)이라는 죄목으로 서울로 압송되어 신문을 받다 옥사하였
다.

조 정승을 함께 논의하는데 참여시키지 않은 것은 조 정승과 조태구·조태억(趙泰億)37) 형제가 종형제(從兄弟) 사이였으므로 일의 기미가 누설될까 두려워해서였다.

하루는 세 대신이 함께 모여서 국사를 의논할 때 판부사 조태채가 홀로 말을 타고 갑작스럽게 도착하여 소매를 떨치며 말하기를,

"여러 대감들이 바야흐로 국가 대사를 도모하면서 어찌 홀로 소생만 물리치십니까?"

하였다. 김창집은 웃으며 답하지 않았는데, 정승 이건명이 정색하면서 말하기를,

"우리들이 불행하게도 국세가 위급한 때를 당하여 계책이 짧고 지모(智謀)가 졸렬하여 효과적인 방도를 찾지 못한 채 밤낮으로 근심하고 두려워하여 단지 빨리 죽기만을 바랄 뿐입니다. 오늘의 모임은 술잔을 기울이며 잠시 세상의 근심을 삭히려는 것이지 무슨 국사를 도모할 일이 있겠습니까? 우리 세 사람은 깊이 나라의 은혜를 입어서 정승의 지위를 차지하고 있으니 마땅히 종사를 보호하는 계책을 도모해야 하는데, 재능이 없으니 어찌하겠습니까? 설령 혹 재능이 있다 하더라도 어찌 국본을 옮기는 모의를 조태구·조태억과 할아비가 같은 손자와 같이 할 수 있겠습니까? 하물며 애초 그런 일이 없는데 대감은 어디서 국사를 도모한다는 소식을 들었단 말입니까?"

하니, 조 정승이 눈을 휘둥그렇게 뜨고 한동안 물끄러미 쳐다보다가 크게 탄식하며 다음과 같이 말하였다.

"소생이 처음 벼슬길에 나아간 뒤 대감들을 따라다니며 서로 속마음을 털어놓고 정의(情誼)가 서로 통한 것이 이제 오랜 세월이 흘렀습니다.

---

37) 조태억(趙泰億) : 1675~1728. 본관은 양주(楊州), 자 대년(大年), 호 겸재(謙齋)·태록당(胎祿堂)이다. 조태구·태채의 종제이며, 최석정의 문인이다. 1721년 조태구·최석항·이광좌 등과 함께 대리청정을 반대하여 철회시켰다. 영조 즉위 후 김일경 등에 대한 국청에서 위관(委官)을 맡기도 하였다.

소생이 비록 천성이 영민하지 못하고, 재주와 지혜가 부족하지만 평소 나라에 충성하고 임금을 사랑하는 정성을 갖고 있으며, 대강 군자와 소인을 구별할 줄 압니다. 여러 대감들의 평소 마음가짐을 가만히 살펴보면 사직을 지킬 수 있는 신하이고 나이 어린 후사를 맡길 수 있는 사람들이니, 선왕이 나라를 맡긴다고 부탁한 것은 진실로 까닭이 있었던 것입니다. 그러나 바야흐로 국세가 점차 위험해져서 사특한 무리들이 흉계를 지어내는데도 여러 대감들이 손도 쓰지 않고 입을 다물고 있기를 마치 나라를 잊은 것처럼 하기에 마음속으로 적이 괴이하게 여겼습니다.

지난밤 기제사(忌祭祀)에 참석하기 위해서 종형 집에 갔는데, 바야흐로 잠자리에 들려 할 때 종형이 묻기를,

'김창집 무리들이 세제를 책봉하려고 모의한다고 하는데 대감은 알고 있는가?'

하기에 대답하기를,

'지금 비로소 처음 듣습니다.'

하였습니다. 종형이 말하기를,

'그대는 이 무리들을 마치 신명(神明)처럼 받들었는데 이와 같은 대사업을 도모하면서 함께 논의하는 것에 참여시키지 않았으니, 그들이 속으로 그대를 멀리하는 마음이 있음을 알 수 있다. 대감은 다시는 친하게 지내지 말라. 세제를 책봉한다고 핑계대고 있지만 실은 권력을 장악하려는 계책이니, 만약 다시 친밀해지면 뒤에 반드시 화가 미칠 것이다.'

하였습니다. 소생이 이 말을 듣고 나서야 비로소 여러 대감들이 좋은 일을 도모하고 있다는 것을 알았는데, 유독 소생만 물리쳤기에 마음속으로 이상하게 여겼습니다. 그래서 부지런히 와서 그 계책을 듣기를 원하였는데, 저를 대년(大年, 조태억의 자)의 지친이라고 꺼리며 말하지 않고 물리치고 밀어내는 것이 이 지경에 이른 것입니까? 그렇다면 몇십 년간 칭찬하며 인정해 온 정의는 어디에 있단 말입니까?

소생과 종형은 원래부터 정의가 소원하였으니, 일찍이 푸른 노새를
탄 귀한 손님으로서 각리(角里)38)와 빈번히 왕래하는 것을 보았는데,
거의 한데 뒤섞여 난잡하였습니다. 그래서 삭조(朔朝)와 기일(忌日)이
아니면 애당초 발을 붙이지 않았습니다. 그런데도 지금 저를 의심하여
바야흐로 종사를 보존하는 큰 계책을 도모하면서 처음부터 함께 논의하지
않고서 끝내 물리치려는 것입니까? 이 때문에 사람들이 저를 알지 못한다
고 말하는 것입니다."

김 정승이 손을 잡고 기뻐하며 말하기를,

"대감의 처지는 사람들이 의심하기 쉬운데, 지금 통쾌한 말을 들으니,
충성스러운 마음을 즉석에서 알아차릴 수 있습니다."

하였다. 조 정승이 말하기를,

"주상께서 평소 기이한 질병이 있어서 춘추 이제 34세 되어서도 전후
양궁(兩宮)에게서 자손이 번창하는 경사가 없습니다. 연잉군은 효종의
자손이자 선왕의 아들이고 주상의 동생이신데, 나이와 용모가 장성하고
학문이 나날이 발전하고 있습니다. 건저(建儲)의 일이 날로 시급한데
여러 대감들은 어찌하여 더디 하십니까?"

하니, 세 정승이 한 목소리로 말하기를,

"사리는 그렇지만 졸곡(卒哭) 이전에 갑자기 논의할 수 없습니다."

하였다. 정승 이이명이 말하기를,

"조중우의 상소는 큰 기괄(機括)39)이 될 것 같은 일을 건드렸는데 반드시

---

38) 각리(角里) : 이진검(李眞儉, 1671~1727)의 호이다. 본관은 전주, 자 중약(仲約)이다.
1721년(경종1)에 동부승지로 이이명을 탄핵하다 밀양에 유배되었으나 이듬해 풀려
나왔다. 신임옥사 당시 소론으로서 노론 축출에 가담하였다가 1725년(영조1) 소론
실각 후 강진에 유배되어 죽었다. 이진검의 집안은 '육진(六眞)'·'팔광(八匡)'이라고
할 만큼 뛰어난 학자가 많이 배출되었다. '육진'은 이진검(李眞儉)·이진망(李眞望)·
이진순(李眞淳)·이진유(李眞儒)·이진급(李眞伋)·이진경(李眞卿)이다. '팔광'은 이
광덕(李匡德)·이광사(李匡師)·이광찬(李匡贊)·이광의(李匡誼)·이광회(李匡
會)·이광세(李匡世)·이광보(李匡輔)·이광현(李匡顯)이다.

사주한 자가 있을 것입니다."

하였다. 조 정승이 말하기를,

"큰 기괄에 대해 어찌 다 말할 수 있겠습니까? 일찍이 어떤 사람이 한 말을 들었는데 이르기를,

'천리와 인정(人情)은 위아래로 하나입니다. 주상이 지금 보위(寶位)에 올랐으니 반드시 희빈을 추보하려고 할 것인데, 이것은 천리이고 인정입니다. 만약 명호를 높이고 작위를 추가하려고 한다면 이것은 진실로 막아야 하지만, 사전(祀典)을 두텁게 드리고, 분묘(墳墓)를 더 쌓는 일 같은 것은 누가 감히 안 된다고 할 수 있겠습니까? 지금 신하된 자는 단지 마땅히 지극한 정을 힘써 억제하고 한결같이 선왕을 따라야 한다고만 아뢰어야지, 감히 굳게 이전처럼 배척하는 말을 해서는 안 될 것이며, 또한 감히 이전처럼 가로막아서도 안 될 것입니다. 비록 조중우의 상소가 없었더라도 주상이 추보하려는 마음은 이미 평상시에도 간절할 것입니다. 하물며 지금 조중우의 상소가 주상의 뜻에 영합하여 나온 마당에 만약 일절 배척하거나 일절 막기만 한다면 이는 진실로 화를 취하여 일을 어그러뜨리는 길이 될 것입니다.'

하였습니다. 이 말은 어떠합니까?"

하니, 김 정승이 다음과 같이 말하였다.

"오늘날 북면(北面)하는 신하로서 이전처럼 배척하는 말은 감히 할 수 없지만 만약 지나치게 융숭한 예가 있다면 일절 막는 것 또한 옳지 않겠습니까? 한번 조중우의 상소가 나오니 우리 당 사람들은 발끈 화를 내고 있는데, 사특한 무리들은 자득하여 의기양양하니 효상(爻象)이 크게 아름답지 못합니다. 또한 조태구와 유봉휘(柳鳳輝)[40] 무리들이 귀척과

---

39) 기괄(機括) : 관건을 뜻한다. 중요한 결정이나 정국변동의 관건이 되는 사건을 의미한다. 본래 쇠뇌의 시위를 걸어 화살을 쏘는 장치인 노아(弩牙)와 전괄(箭栝)을 가리킨다. 사물의 중요한 작동 혹은 민첩하게 기선을 잡는 것을 의미하는 것으로 사용되었다.

체결하여 날마다 서로 모여 논의하니 저 무리들이 논의하는 것은 종실
가운데에서 후사를 선택하려는 것입니다. 그렇지만 주상은 연잉군을
우애하여 항상 등을 어루만지며 말하기를,

'삼종혈맥(三宗血脈)⁴¹⁾은 오직 너와 나뿐인데, 나는 어려서부터 기이한
질병이 있어 오래 못 살 것 같다. 믿는 것은 오직 너뿐이니 네가 점차
장성하는 것은 조종이 돌보아 주신 것으로 국가의 복이다.'

하였습니다. 주상이 연잉군을 사랑하는 것이 이와 같이 돈독하니,
사당(邪黨)은 주상의 뜻을 변동시킬 수 없을 것입니다.

남구만은 소론의 영수인데 희빈이 죄를 받았을 때 구원하는 한마디
말이 있었기 때문에 주상이 잠저(潛邸)에 있을 때부터 소론 측 사람들에게
감사하는 마음이 있었습니다. 우리 당 사람들은 애초부터 희빈을 배척하
는 말을 한 것이 여지가 없었으므로, 이미 주상의 마음에 미움이 쌓인
것이 많았습니다. 이제 주상이 즉위하는데 이르러 소론이 희빈을 추보하
는 일로써 주상의 뜻을 기쁘게 할 것은 보지 않아도 알 수 있는데, 우리
무리들이 이로부터 배척받고 물러나는 것을 용납하자고 말할 수 있습니

40) 유봉휘(柳鳳輝) : 1659~1727. 본관은 문화(文化), 자 계창(季昌), 호 만암(晚菴)이다.
  아버지는 영의정 유상운(柳尙運)이다. 1721년(경종1) 사직 재직시 노론 사대신이
  연잉군을 세제로 책봉하려 할 때 강력히 반대하였다. 그 뒤 세제의 대리청정까지
  시도하자 그 부당성을 논변하여 철회시키고 노론을 실각시켰다. 1725년(영조 즉위
  년) 노론·소론의 연립 정권이 수립될 때 우의정이 되고, 이어 소론 사대신의
  한 사람으로 좌의정에 올랐다. 그러나 노론으로부터 신임옥사의 주동자라는 공격을
  받고 이듬해 면직되었다.
41) 삼종혈맥(三宗血脈) : 효종·현종·숙종의 혈육임을 지칭하는 말이다. 경종이 후사
  없이 죽자 삼종의 맥을 잇고 있는 연잉군이 왕위를 계승하는 것이 순리임을 주장하기
  위해 만들어진 말이다. 당시 대비 인원왕후는 언문교서에서 효종대왕의 혈맥과
  선대왕의 골육으로 경종과 연잉군만이 있음을 거론하여 연잉군의 세제 책봉을
  인정하였다.(《景宗實錄》1년 8月 20日 참조) 왕대비의 언문교서는 다시 전지(傳旨)로
  작성되어 연잉군의 세제 책봉을 대외적으로 천명하였다. 왕대비가 거론한 연잉군이
  효종과 현종, 숙종을 잇는 삼종혈맥이라는 명분은 세제 책봉이 정당성을 보장받는
  중요한 논리가 되었다.

까? 이것은 애초부터 추호도 망설일 것이 없습니다. 저들이 귀척과 결탁하여 종실 가운데 후사를 선택하는 이로움으로써 날마다 반복하여 궁궐로 흘러 들여보내면 부인42)의 편벽된 성질은 동요하기 쉬우니, 만약 저들의 계략이 이루어지면 나라의 명맥은 끊어질 것입니다. 우리 무리들이 선왕의 막중한 부탁을 받들었는데 어찌 도끼에 맞아 죽는 형벌을 돌아보겠습니까?

조중우의 상소는 바로 저 무리들이 흉악한 일을 시행하려는 조짐이며, 귀척과 체결한 것은 바로 저 무리가 국권을 옮기려는 계략입니다. 우리 무리들은 연잉군을 위해서 한번 죽는 것 이외에는 다른 대책이 없는데, 연잉군을 위하는 것이 어찌 국가를 위한 것이 아니겠습니까? 우리 무리들은 머리가 허연 나이에 살날이 얼마 안 남았는데, 이처럼 불행한 때를 만났으니, 운명입니까, 한 때 운수입니까? 비록 만 번 죽임을 당한다 해도 모두 한 마음으로 삼종의 골육 한 사람을 보호하다가 죽어서 충의(忠義)의 귀신이 되어야만 선왕이 대우해주신 고마움에 보답할 수 있을 것입니다."

네 정승이 함께 눈물을 흘렸다.43)

---

42) 부인 : 경종 계비 선의왕후(宣懿王后, 1705~1730)이다. 영돈녕부사 어유구(魚有龜)의 딸이다. 1718년(숙종44) 세자빈(世子嬪) 심씨(沈氏, 단의왕후(端懿王后))가 죽자 그 해에 14세의 나이로 세자빈으로 책봉되었고, 경종이 즉위하자 왕비가 되었다. 1730년 죽자 시호를 선의라 하고 휘호(徽號)를 효인혜목(孝仁惠穆)이라 하였다.

43) 이상의 노론 사대신 사이에 오간 대화 내용은 지금까지 여타 주요 당론서에서는 찾아 볼 수 없다. 사석에서 나눈 발언으로 면밀한 사료검토가 필요하다. 일단 소개된 내용만을 놓고 볼 때 당시 노론의 핵심세력들이 조중우 상소로 촉발된 급변하는 정국 동향을 어떤 경로를 통해 어떻게 파악하였고, 세제 책봉을 위해 어떤 대응책을 모색했는지를 이해하는데 유용한 자료이다. 그중에서도 소론 내 준론 세력이 귀척과 결탁하여 종실 가운데 후사를 선택하려 했다는 언급은 추후 시급히 연잉군을 세제로 확정한 근거였다는 점에서 주목된다. 청론을 표방하며 국정안정을 위해 연잉군 옹위에 전력을 다한 이문정의 입장에서 볼 때 노론과 연대할 명분으로 작용했던 것이다.

26일 고부 정사(告訃正使) 판부사 이이명, 부사 이조, 서장관 박성로가
중국으로 떠났다.

8월 7일 진향(進香)44)의 제수(祭需)는 극히 사치스러워 심지어 외국의
진기하고 괴이한 물건을 구해다가 앞다투어 서로 높이는 데 힘썼다.
선대왕이 즉위한 이래 오로지 절약과 검소함을 숭상하여 왔는데, 이제
이러한 사치스러운 물건으로써 진향하는 선수(膳需)를 충당하였으나,
조신(朝臣) 가운데 한 사람도 나아가 간쟁하는 자가 없었다. 오직 사간
김제겸(金濟謙)45)만이 상소하여 대략 다음과 같이 간쟁하였다.

"혼전(魂殿)46)의 진향은 신하의 추모하는 정리에서 나왔으니 진실로
그만둘 수 없지만 또한 물건의 풍성함으로써 예를 삼는 것은 마땅치
않습니다. 예는 진실로 간소함을 귀하게 여겨서, 천자는 특생(特牲)47)을
사용하였고, 제후가 천자에게 봉선(奉膳)하는 것 또한 송아지 한 마리에
그쳤습니다. 어찌 지극히 공경스러운 지위를 구별하여 섬기는 도리는
간소함을 귀하게 여기는 것이 아니겠습니까? 지금 신하들의 대행대왕에
대한 분의(分義)와 예절은 제후가 천자를 섬기고 천자가 하늘을 섬기는
것과 마땅히 서로 같아야 하므로, 그 제사를 올리는 것은 지금 간소함을

44) 진향(進香) : 상왕·왕대비·대왕대비·왕·왕비·세자·세자빈·세손·세손빈
   등의 국상(國喪)의 빈전(殯殿) 또는 빈궁(殯宮)에 종척(宗戚)이 제전(祭奠)을 올리던
   일이다.
45) 김제겸(金濟謙) : 1680~1722. 본관은 안동, 자 필형(必亨), 호 죽취(竹醉)이다. 김창집
   의 아들이며, 김원행(金元行)의 아버지이다. 신임옥사에 연루되어 1722년(경종2)
   사사되었다. 뒤에 이조참판으로 추증되었으며, 조성복·김민택(金民澤)과 함께 신임
   옥사 때 죽은 삼학사(三學士)의 한 사람으로 꼽힌다.
46) 혼전(魂殿) : 임금이나 왕비의 국상 중 장례를 마치고 나서 종묘에 입향할 때까지
   신위(神位)를 모시는 곳이다. 임금이 죽으면 삼년상이 끝날 때까지 혼전에 모시지만,
   왕비가 죽으면 임금이 죽어 종묘에 입향한 뒤 임금을 따라 배향이 될 때까지
   혼전에 모셨다.
47) 특생(特牲) : 제사 지낼 때에 제물로 바치는 소를 가리킨다.

귀하게 여겨야 합니다. 그런데 신이 듣건대 각 아문(衙門)과 여러 궁가(宮家)에서 마련한 진향 비용이 수백, 천 냥의 전(錢)에 이르러 외국의 얻기 어려운 물건을 억지로 무역해 와서 서로 높이는데 힘썼다고 합니다. 그래서 그 사이에 구차한 일과 바르지 않은 음식이 많이 있어서 사치함이 극에 달하여, 단지 《예경》의 간소함을 귀중히 여기는 뜻을 어길 뿐만이 아니었습니다.

선대왕의 절약하고 검소한 덕의(德義)는 지난 옛날에 볼 수 없을 정도로 특출하여, 어전(御殿) 내 창호지와 대청 위 문석(紋席)의 헤진 곳을 모두 덧대어 쓰게 한 것을 두고 민간에서 칭송해 마지않고 있습니다. 계사년 (1713 숙종39) 여름에 어진(御眞)을 베껴서 그릴 때 날마다 드시는 찬품(饌品)이 지극히 간소하여 입시한 여러 신하들이 모두 우러러보고 지금까지 감탄하며 제왕의 거룩한 예절이라고 여겼습니다. 그런데 오늘날 신하로서 스스로 그 정성을 다하려고 하는 짓이 대행 대왕의 평일 간직한 마음을 크게 거스르고 있으니, 그 편치 못한 것이 무엇이 이보다 더 크겠습니까? 마땅히 승정원에 명을 내려, 속히 중앙과 지방에 지위(知委)[48]하여 각처에 진향하는 찬품을 이전에 비해 삭감하여 간결함을 따르는 것에 힘써서 대행 대왕의 절검하는 지극한 덕을 밝게 드러내십시오."

이것을 들은 사람들이 모두 말하기를, "만약 조정의 신하들이 모두 김제겸이 밝혀서 말한 것처럼 주상을 선도한다면, 즉위 초기에 요순(堯舜)과 같은 군신을 오늘의 세상에서 기대해 볼 수 있을 것이다." 하였다. 이같이 찬미하는 말이 하인들에 이르기까지 전파되자 소견이 좁고 간사한 무리들의 미워하고 싫어하는 마음이 두 배가 되었다.

9월 7일 대사성 황구하(黃龜河)[49]가 장의(掌議) 윤지술(尹志述)[50]이 쓴

---

48) 지위(知委) : 통지나 고시 따위의 형식으로 명령을 내려 알려주다.

소회를 써서 올렸는데 대략 다음과 같다.[51]

"삼가 판부사 이이명이 찬술한 유궁(幽宮)의 지문(誌文)[52]을 보면 신사년 (1701, 숙종27)의 일[53]을 숨기고 기록하지 않았으니, 신은 지극히 놀랍고 통탄스러움을 이길 수 없습니다. 신사년 간의 변고는 은밀하여 헤아리기 어려웠습니다만, 우리 선대왕께서 재앙이 생기는 기미를 통촉하여 환난을 미연에 방지하였고, 쾌히 용단을 내리시고 밝게 제도와 문물을 시행함으로써 궁궐을 엄숙하게 하여 여러 사람의 울분을 풀어 주었습니다. 그 처분의 엄정함과 염려의 깊고 큼은 옛 간책(簡策)을 상고하더라도 또한 보기 드문 일이었습니다. 선대왕에게 이와 같이 융성한 덕을 보여주

---

49) 황구하(黃龜河) : 1672~1728. 본관은 창원(昌原), 자 성징(聖徵)이다. 1721년 대사간 재직시 노론 사대신이 김일경의 탄핵으로 유배될 때 파직되었다. 1724년 영조 즉위로 노론이 집권하자 재등용되어 대사성·호조판서 등을 역임하였다.

50) 윤지술(尹志述) : 1697~1721. 본관은 칠원(漆原), 자 노팽(老彭), 호 북정(北汀)이다. 1720년(경종 즉위년) 이이명이 편찬한 숙종의 지문(誌文)에 장희빈의 죄목을 기록하지 않은 일을 지적하는 상소를 올렸다. 이는 경종을 역적의 아들로 간주하고 국왕을 모욕하는 처사로 볼 수 있었다. 이에 신축환국(1721) 이후 김일경 등 소론의 탄핵으로 사형되었다. 임창(任敞)·이의연(李義淵) 등과 함께 신임(辛壬)의 삼포의(三布衣)라고 불렸다. 1725년(영조1) 노론이 집권하자 신원되고, 1802년(순조2) 사현사(四賢祠)에 제향되었다. 1841년(헌종7) 이조판서에 추증되었으며, 시호는 정민(正愍)이다.

51) 황구하가 …… 같다 : 명릉(明陵, 숙종 능호)의 지문 문제로 당시 성균관 거재 유생(居齋儒生)들이 권당(捲堂)을 하였다. 이에 황구하가 유생들을 불러 그 연유를 물었고 이에 윤지술이 소회를 써서 올렸다. 그 내용을 다시 황구하가 계사(啓辭) 가운데에 실어 알렸던 것이다.(《景宗實錄》卽位年 9月 7日 참조)

52) 유궁(幽宮)의 지문(誌文) : 명릉(明陵)의 지문을 가리킨다. 《동소만록》에서는 이와 관련하여 윤지술 언행의 과격함을 지적하였다. 당시 이이명이 지문을 지어 바쳤는데 그 내용 가운데 장희빈에게 사약을 내려 죽게 한 일에 대해서 분명히 말하지 못하였다. 이에 윤지술이 성균관 유생들을 이끌고 상소하여, "전하와 장씨 사이에 이미 모자의 의리가 끊어졌으니 그 사실을 숨길 필요가 없습니다." 하면서 고쳐 지으라고 주장하였다.

53) 신사년의 일 : 1701년 장희빈의 저주로 인해 인현왕후가 죽은 일을 가리킨다. 당시 장희빈이 취선당(就善堂) 서쪽에 신당(神堂)을 설치하여 저주하면서 중궁으로 복위하기를 기도한 사실이 발각되어 발생하였다. 이 사건으로 장희빈은 사사되고 장희재도 처형되었다.

는 일이 있는데, 선대왕의 신하가 된 자라면 누군들 감히 모두 밝혀서 후세에 본보기가 되게 해야 한다고 생각하지 않겠습니까?

그런데 이이명은 흰 머리의 늙은 나이에 오히려 이리저리 이해만을 살피고 갖은 교묘한 계략을 다 써서 선왕의 융숭한 은혜를 잊어버린 채 후일 참소하는 역적의 구실거리를 만들었으니, 이것이 어찌 신하로서 차마 할 수 있는 일이겠습니까? 급기야 공의(公議)가 떠들썩거리자 죄에서 벗어나지 못할 것을 두려워하여 감히 '어버이를 위하여 숨긴다.'는 말로 의리를 만들어서, 마치 전하께 참으로 숨겨야 할 일을 가진 어버이가 있고, 신하들이 참으로 숨겨야 할 의리가 있는 것처럼 하였으니, 아! 이것이 무슨 말입니까?

오직 우리 선대왕과 선후(先后)께서 조종(祖宗)의 소중한 부탁을 받아 전하에게 전하였고, 전하께서는 새로 보위에 올라 사직과 생민(生民)의 주인이 되었으니, 전하께 감히 다시 사친(私親)이 있을 수 없다는 것은 의리가 지극히 명백합니다. 하물며 신사년의 처분은 선대왕께서 국가 만세를 염려한 데에서 나온 것이며, 전후 장주(章奏)의 비답에서 이러한 주상의 뜻을 분명히 보이신 것이 해와 달처럼 밝게 빛나니, 전하께서 마음속으로 다시 다른 뜻을 품을 수 없다는 것은 도리에 당연한 일입니다.

그런데 지금 상신(相臣)이 이미 스스로 화복을 두려워하여 선대왕의 아름다운 덕이 가려져 드러나지 못하게 하는 것을 면하지 못하였는데, 또다시 경전의 교훈을 억지로 끌어대고 간특한 말을 꾸며대어, 요컨대 스스로 그 마음의 자취를 은폐하고 온 세상의 눈과 귀를 속이려 하였습니다. 아! 선대왕께서 만일 오늘날 살아 계셨다면 상신이 오히려 감히 이와 같은 말을 장주의 사이에 멋대로 늘어놓을 수 있겠습니까? 그 불충하고 멋대로 한 죄는 또 이루 다 처벌할 수 없을 것입니다. ……"

○ 상신이 지어 바친 선왕의 지문에서 신사년의 일을 제기하지 않은

것은 하나, 주상이 차마 들을 수 없고, 차마 말할 수 없는 일이기 때문이었다. 하나, 신하로서 임금을 위해 그 일을 숨기려는 뜻이었다. 사리(事理)로써 헤아리고 분의(分義)를 참작해 보면 상신이 오늘 지문을 찬진할 때 신사년의 일을 다시 제기하지 않은 것은 또한 의리에 어긋난 일이 아니었다. 선대왕의 신사년 처분은 실로 통쾌한 결단에서 나온 것으로서, 제도와 문물을 밝게 시행하여 궁궐을 엄숙하게 하고 여러 사람의 분을 풀어주어 장차 망해가는 국세를 안정된 기반 위에 올려두고, 위태롭고 두려워하는 인심이 편안함을 얻게 하였으니, 훌륭하고 성대하도다! 그러한 성대한 덕과 지극한 선은 만세에 전하는 유궁의 지문에서 밝게 드러내야 하므로, 상신이 비록 부득이하여 빠뜨렸다고 하더라도 이 또한 하나의 흠결이었다.

윤지술은 일개 나이 어린 유생으로서 대신을 비난하고 배척하였는데, 그 기개와 절개가 충성스럽고 곧고, 언론이 삼엄한 것은 족히 숭상할 만 하였다. 그러나 "전하께 참으로 숨겨야 할 일을 가진 어버이가 있는 것처럼"이라든가, "전하께 감히 다시 사친이 있을 수 없다."는 등의 말은 지극히 망령되어 과격함을 면하기 어려웠다.54) 주상의 탄생이라는 측면에서 말하면 희빈은 바로 주상을 낳아준 어버이인데, "감히 사친이 있을 수 없다." 하는 것은 또한 망령된 것이 아닌가? 신사년의 지극한 변고로

---

54) 이것은 …… 어려웠다 : 윤지술에 대한 비판은 노론일지라도 준론을 표방하는 세력은 단호히 배격한다는 이문정 정론의 특징을 잘 보여준다. 그는 철 지난 장희빈 사사를 빌미로 경종의 권위에 도전하는 노론 내 준론 세력의 주장에 반대하였다. 세제 지위 유지와 관련하여 경종의 영향력을 무시할 수 없었기 때문이었다. 이러한 이문정의 태도는 일정 정도 남인과의 타협을 모색할 여지를 남기고 있었다. 남하정은 《동소만록》에서, "노론은 윤지술이 절개를 세워 의롭게 죽었다고 여겨 추천하여 장려하고 존모하였으니 그 정도가 진동(陳東)과 구양철(歐陽澈) 보다 지나쳤다." 하면서 윤지술을 삼현사(三賢祠)에 배향한 사실을 비난하였다. 남하정은 본래 삼현사를 세운 것도 의리가 없는데 주상의 어머니를 욕보인 흉악한 도적을 배향하였으니 이 또한 의리에서 벗어난다고 주장하였다. 명릉 지문 문제는 양자간 재위 초반 경종의 지위를 확립하기 위해 서로 타협할 수 있는 사안이었다. 이문정은 준론을 표방하면서 갈등과 대립을 촉발하며, 의리론에 입각하여 상대 정파를 인정하지 않는 태도를 극복하고, 청론을 통해 화해와 통합을 이루려고 했던 것이다.

말한다면 희빈은 주상이 숨겨줘야 할 허물이 있는 어버이인데, "참으로 숨겨야 할 일을 가진 어버이가 있다."고 말한 것은 또한 과격하지 않은가? 어미와 자식 사이는 지극한 정이 있는 관계이다. 희빈의 변괴는 변괴이고, 주상의 지극한 정은 지극한 정이니 신사년 이후 주상의 남모르는 고통은 마땅히 어떠하였겠는가? 오늘날 북면하는 신하가 되어서 신사년 한 조목에 대해서 감히 다시 제기하지 못한 것은 분의(分義)로 보아 당연하였다. 따라서 상신이 선왕의 남긴 뜻을 찬술하면서 애초 이 설을 제기하지 않은 것은 이 때문이었던 것이다.

신하의 분의로 보아 마땅히 상신이 옳았다고 해야 할 것이다. 만약 임금이 스스로 결단하여 자기의 사친을 위해 지나치게 융성한 예(禮)를 거행하는 일이 있다면 신하된 자가 죽음을 각오하고 다투어도 안 될 것이 없을 것이다. 그런데 이른바 윤지술이라는 자가 느닷없이 제기하여 사용한 표현이 어그러지고 망령되어, 주상의 감춰진 사사로운 아픔을 격화시키고, 간특한 무리에게 잠복해 있던 기미를 끌어내었으니, 비록 "강직한 선비"라고 말할 수 있지만 또한 나라를 패망케 할 신하임을 면키 어렵겠구나!

11일 우의정 이건명이 차자를 올렸는데 대략 이르기를,

"지문(誌文)을 고쳐서 지은 일에 대하여 도감(都監)에서 교지를 받은 대로 거행하라는 명이 있었습니다. 지금 이 지문은 곧 신의 종형(從兄) 이이명이 지은 것인데, 성균관 유생들이 공격하여 배척하였습니다. 그 말뜻이 위험하고 급박하여 남의 신하된 자에게 더없이 중한 죄안을 얽어 만들었습니다. 지금 개찬하자는 논의에 대해서 신이 어찌 감히 혐의를 돌아보지 않고 참여하여 간섭하겠습니까? 공사(公私)의 분의로써 헤아려 볼 때 결단코 이런 이치는 없습니다."

하였다. 주상이 말하기를,

"지문은 대신이 뜻을 다하여 지어서 원래 빠뜨린 곳이 없고 또한 착오된 말도 없으니, 결코 다시 고쳐 지을 필요가 없다. ……"

하였다. 헌납 송필항(宋必恒)[55]이 상소하니 대략 이르기를,

"윤지술은 이미 대신이 작성한 지문에 빠뜨린 것이 있다고 논척하였는데, 또한 대신(臺臣) 가운데 이것을 논계하는 사람이 없다고 논척하였습니다. 신은 바야흐로 대각(臺閣)에 있는 사람으로서 이처럼 비난하며 배척하는 말을 만났으니, 어찌 편안하게 그 직책에 있을 수 있겠습니까? ……"

하였다. 주상이 답하기를,

"지문은 대신이 뜻을 다하여 지어 이미 빠뜨린 것도 잘못된 곳도 없다. 지문은 이미 내려서 돌에 새기는 일 또한 마칠 즈음에 윤지술이 악독한 자질로 몸소 앞장서서 논의를 모아서, 지문을 빙자하여 큰일을 저해하고 원로를 무함하여 날조한 말이 사친에까지 미쳐서 그 의도가 음험하였다. 이러한 풍습은 막지 않을 수 없으니, 먼 변방에 정배(定配)하라."

하였다. 좌승지 조명봉(趙鳴鳳)[56], 우승지 한중희(韓重熙)[57]가 윤지술에 대한 정배의 명을 환수해 줄 것을 아뢰어 청하였으나 윤허하지 않았다. 집의 홍우전(洪禹傳)[58]이 상소하여 윤지술에 대한 정배의 명을 환수해

---

55) 송필항(宋必恒) : 1675~?. 본관은 은진(恩津), 자 원구(元久)이다. 헌납·지제교 등을 역임하였다. 1725년(영조1) 임인옥사를 고변한 목호룡을 끝까지 추문을 하지 않은 것에 대해서 마음이 아프다고 영조에게 아뢰었다. 또한 언로를 어지럽혔다고 유봉휘·이현장(李顯章)·남태징(南泰徵) 등을 탄핵하였다.

56) 조명봉(趙鳴鳳) : 1666~1737. 본관은 양주(楊州), 자 택지(擇之)이다. 경종대 도승지를 역임하였는데, 김창집과의 친분으로 탄핵되었다. 영조가 즉위하자 병조참지에 제수되었다.

57) 한중희(韓重熙) : 1661~1723. 본관은 청주(淸州), 자 회지(晦之)이다. 강원도관찰사 등을 역임하였다. 경종대 신임옥사에 연루되어 파직을 당한 뒤 고향에 돌아가 죽었다.

58) 홍우전(洪禹傳) : 1663~1728. 본관은 남양(南陽), 자 집중(執中), 호 구만(龜灣)이다. 송시열의 문인이다. 공조참판 등을 역임하였다. 1727년(영조3) 수원부사로서 소론인 남구만·윤지완·최석정 등을 숙종의 묘정에서 출향할 것을 주장하다가 삭탈관

줄 것을 청하였지만 윤허하지 않았다. 정언 김용경(金龍慶)59)이 상소하여
윤지술에 대한 정배의 명을 환수해 줄 것을 청하였으나 윤허하지 않았다.

14일 영의정 김창집이 윤지술에 대한 정배의 명을 중지하라고 청하였는
데, 주상으로부터 아무런 답이 없었다. 조태구가 이어서 아뢰기를,
"윤지술이 꺼리어 피함을 전혀 의식하지 않아서 도리에 어긋나 사납고
망령된 말이 많습니다. ……"
하였다. 같은 날 사학 유생(四學儒生) 조휘(趙徽) 등이 상소하여 윤지술에
대한 정배의 명을 환수해 줄 것을 청하였지만 윤허하지 않았다. 정언
김고(金樟)가 상소하여 윤지술에 대한 정배의 명을 환수해 줄 것을 청하였
으나 윤허하지 않았다.

10월 1일 삭전(朔奠)60) 때 주상의 건강이 편치 않아 나아가 참여하지
못하였다.

4일 정언 조최수(趙最壽)61)가 상소하여, 윤지술이 "전하에게 참으로
숨겨야 할 일을 가진 어버이가 있다." 등의 말로써 군부(君父)에게 자신을
낳아 준 은혜를 스스로 끊어버리라고 강요하여, 군부에게 비리를 더한
죄를 지었다고 배척하면서, 외딴 섬으로 유배보내는 형률을 시행할 것을
청하였다. 또 양사(兩司)에서 교대로 상소를 올려 윤지술을 구원하면서

직되었다.
59) 김용경(金龍慶) : 1678~1738. 본관은 경주(慶州), 자 이현(而見)이다. 대사간·이조
   참의 등을 역임하였다. 소론의 처결과 노론 사대신 복작(復爵)에 앞장서기도 하였다.
60) 삭전(朔奠) : 상갓집에서 죽은 사람에게 매달 음력 초하룻날 아침에 지내는 제사이
   다.
61) 조최수(趙最壽) : 1670~1739. 본관은 풍양(豊壤), 자 계량(季良)이다. 경종대 지평을
   거쳐 영조대 수찬·교리 등을 역임하였다.

조금도 돌아보거나 거리낌이 없었던 일을 논척하였다. 아울러 전 승지 김일경과 송성명을 특별히 파직하라는 전날의 명을 빨리 도로 거두어 달라고 청하였다. 이 같은 조최수의 상소로부터 자기와 다른 자는 죄에 빠뜨리고, 같은 당여는 변론하여 구원하는 일이 시작되었다.

13일 이이명, 김우항(金宇杭)[62], 조태채, 최규서를 복상(卜相)하였다. 전교하기를, "가복(加卜)[63]하라." 하여, 정호를 써서 들이니, 또 전교하기를, "가복하라." 하여, 조태구가 정승이 되었다.

14일 전교하기를, "내일 망전(望奠)[64]에 질병이 있어 나아가 참석하지 못하겠다." 하였다.

20일 발인(發靷)[65]하였다.

21일 하현궁(下玄宮)[66]을 거행하였다. -이 아래는 빠져있다.-

11월 4일 졸곡(卒哭)[67]을 지냈다. 초우(初虞)[68]에서 졸곡에 이르기까지

---

62) 김우항(金宇杭) : 1649~1723. 본관은 김해(金海), 자 제중(濟仲), 호 갑봉(甲峰)·좌은(坐隱)이다. 형조·병조·이조판서 등을 역임하였다. 1722년 김일경의 사친 추존론(私親追尊論)을 반대하다가 화를 입었다.

63) 가복(加卜) : 정승 임용 때 망단자(望單子, 3명의 후보 추천서) 중에 적임자가 없을 경우, 왕명으로 후보자를 다시 추가하던 제도이다.

64) 망전(望奠) : 상중에 있는 집에서 매달 음력 보름날 아침에 제사 때와 같이 차리어 지내는 의식이다.

65) 발인(發靷) : 장례를 치르기 위하여 상여가 집을 떠나는 상례 절차이다.

66) 하현궁(下玄宮) : 임금의 관을 광중(壙中, 시신을 안치하는 구덩이)에 내리는 일이다.

67) 졸곡(卒哭) : 삼우(三虞)가 지난 뒤에 지내는 제사이다. 사람이 죽은 지 석 달 만에 오는 첫 정일(丁日)이나 해일(亥日)을 가려서 지낸다.

68) 초우(初虞) : 산소에서 장례를 치르고 집에 돌아와 지내는 제사이다. 초우제를

영의정이 섭행(攝行)⁶⁹⁾하였는데, 연이어 주상의 건강에 이상이 있었기 때문이었다. 충청도 유생 홍흡(洪潝) 등이 상소하여 어머니도 없고 임금도 없는 적신 윤지술의 머리를 베어 이륜(彝倫)을 바르게 하고 인심을 진정시킬 것을 청하니 입계(入啓)하였다.

11일 승지 유중무(柳重茂)⁷⁰⁾가 상소하여, 먼저 홍문관 권록(圈錄)⁷¹⁾이 완전히 사(私)를 따르고 공(公)을 잊은 것에서 나왔다고 논척하였다. 다음으로 우의정 조태구와 전 참판 이광좌를 곡진하게 타이르고, 그 애초의 마음가짐에 죄가 없었다는 것을 밝혀서 관직에 나아갈 수 있는 길을 열어줄 것을 청하였다.

경기 유학(幼學) 김행진(金行進)이 상소하여 적신(賊臣) 윤지술을 유사(有司)에게 맡기어 속히 나라의 형벌을 바르게 할 것을 청하였다.

조중우의 상소는 사사로운 은혜에 가탁하여 대의(大義)를 어그러뜨렸으며, 윤지술의 상소는 대의를 내세워 사사로운 은혜를 끊어버렸으니, 서로 반대되는 것이 어찌 이와 같이 심하단 말인가?⁷²⁾ 한마디로 말해서

지내고 나면 상주 이하 상제들은 비로소 목욕을 할 수 있지만 빗질은 못한다.

69) 섭행(攝行) : 임금 대신 일을 거행하다.

70) 유중무(柳重茂) : 1652~1728. 본관은 문화(文化), 자 미중(美仲)이다. 숙종대 정언 등을 두루 역임하였다. 소론계 대간으로서 장희재와 세자의 보호를 힘써 주장하였다. 이후 노론 중신인 이건명·이정명(李鼎命)·좌의정 이세백 등을 탄핵하기도 했다. 1720년(경종 즉위년) 노론의 홍문록을 둘러싼 농간을 논박하고, 조태구를 우대하고 이광좌의 억울함을 풀어줄 것을 요청하였다가 파직되었다. 1721년 신축환국 이후 소론이 정권을 잡자 승지로 복귀하였다.

71) 권록(圈錄) : 관료를 선발하기 위하여 작성한 권기(圈記)를 모아 엮은 책인데, 여기서는 홍문록(弘文錄)을 가리킨다.

72) 서로 …… 말인가 : 이문정은 조중우와 윤지술, 두 사람에 대해 정파를 불문하고 준론을 표방했다는 점에서 한 통속으로 간주하여 비판하였다. 소론과 노론 내에서 준론을 분리해 냄으로써 서인의 정체성을 분명히 하고자 했던 것이다. 이에 이문정은 의리를 표방한다고 하면서 상대 정파를 무시하며 갈등을 초래하고, 국왕의

"모두 주상의 죄인이다." 할 것이다. 주상이 지금 즉위 초에 사친의 은혜를
펴려고 하는 것은 천리와 인정에 비추어 당연한 일이다. 사사로운 정이
간절하여 주상이 만약 지나친 일을 벌인다면 여러 신하된 자들은 오직
마땅히 지극한 정을 힘써 억제하고 선조에 이미 정해진 규례를 한결같이
따르도록 주상의 뜻을 넓게 열어주어서, 감히 군부가 추호라도 사사로운
정에 이끌리지 않도록 인도해야 한다.

그런데 저 조중우라는 자는 망령되게 주상의 뜻을 헤아려서 대의의
무거움을 고려하지 않고 흉악한 상소를 올려 분수에 넘치는 일을 도모하
려는 마음을 드러냈으니, 그 실정과 형상을 논한다면 바로 천고의 일개
소인이었다. 그리고 홍흡과 김행진의 무리들이 뒤를 이어 일어나서 주상
을 불의한 지경에 빠뜨리려고 하였으니 이 또한 통탄스럽지 아니한가?
주상이 즉위한 뒤 사친을 추보하는 일이 절실하지 않은 것은 아니었으나
여러 가지 일들을 시행하고 조치를 취하는 사이에 말이나 기색에서
애초부터 조금도 드러난 것이 없었으며, 오히려 이와 반대로 조중우를
엄히 징계하였으니 이는 진실로 국가의 복이었다.

오늘날 신하들 또한 이러한 때 감히 다시 지난 일을 제기해서는 안
될 것인데, 저 윤지술이라는 자가 유궁의 지문에 빠진 것이 있다고 하면서
갑작스럽게 망령된 생각으로 이미 지난 일을 제기하였다. 임금에게 고하
는 말은 마땅히 삼가고 신중해야 했는데, 통쾌한 마음으로 배척하는
말을 하여 주상의 마음을 상하게 했으니, 그 품은 뜻과 의도를 논한다면
비록 의리를 세우는 데에서 나왔더라도 그 공초하는 말에서 조금도
두려워하거나 꺼리지 않았으므로, 먼 지방으로 귀양을 떠난 것은 곧
스스로 취한 것이었다. 그리고 성균관 유생들로부터 대각(臺閣)의 신하들
에 이르기까지 변호하며 구원함이 그치지 않아서 주상의 뜻에 근심을
끼치지 않는 것이 없었으니, 뒷날의 화란을 어찌 면할 수 있었겠는가?

권능조차 부정하는 처사에 대해서 용납하지 않았다.

앞으로 다가올 일을 깊이 헤아리지 못했으니 아! 또한 슬픈 일이다.

진실로 같은 조정의 신하들이라면 마땅히 한 마음으로 임금을 섬겼어야 한다. 조중우의 상소가 나왔을 때는 함께 성토하여 선왕의 처분을 따랐어야 했으며, 윤지술의 상소가 나왔을 때는 똑같은 말로 배척하여 주상의 남모르는 고통을 위로했어야만 했으니, 이것이 진실로 경권(經權)73)을 병용하는 방법이었다. 그랬다면 조정이 갈라져서 배격하는 근심이 없었을 것인데, 지금은 그렇지 않았다.74)

조중우를 성토할 때, 소론은 고의로 회피하였고, 윤지술을 배척할 때, 노론은 일부러 윤지술을 도왔다. 이에 간사하고 흉악한 무리들은 더욱 멋대로 간사하고 흉악한 계략을 부리고, 충분(忠憤)의 선비들은 더욱 충분의 마음을 증폭시켜서, 조정의 형편이 어지럽게 뒤섞이고 국세는 위태로워졌으니, 이것은 진실로 사정(邪正)이 서로 용납하기 어려워서 그런 것인가?

누가 재앙의 단서를 낳아서 이처럼 극단적인 지경에 이르렀는가? 첫째도 희빈의 죄이고, 둘째도 희빈의 죄이다.75) 아! 희빈은 타고난

---

73) 경권(經權) : 상도(常道)와 권도(權道)이다. 항상적인 법도와 임기응변의 도리를 가리킨다.

74) 진실로 …… 않았다 : 이문정은 엄정한 군신관계 확립을 통해 국정운영의 안정성을 높이고자 했다. 앞서 서문에서 밝혀 놓았듯이 그는 "강(綱)에는 세 가지가 있는데, 세 가지 가운데 가장 으뜸인 것이 어찌 임금과 신하가 아니겠는가? 윤(倫)에는 다섯 가지가 있는데, 다섯 가지 가운데 가장 앞선 것 또한 임금과 신하가 아니겠는가?"하였다. 이러한 정론에 입각하여 그는 군신관계를 해치는 각 정파 내 준론 세력을 배격하고, 국정운영의 주체로서 국왕의 처분이 갖는 의미를 부각하여 불필요한 정쟁을 억제하려 했다. 여기에 더해 그는 엄밀하게 시비를 변정(辨正)하는 군권(君權)의 역할에 공감하였다. 추후 영조가 주도하는 탕평정국에서 조제보합을 이루는데 도움이 되는 정론의 면모가 발견된다.

75) 첫째도 …… 죄이다 : 이러한 평가는 경종대 초반 불안정한 정국에서 불필요한 정쟁을 일으키지 않으려는 현실인식에서 나온 것이다. 경종이 즉위하면서 장희빈에 대한 추존 문제는 뜨거운 감자로 남인 · 소론 대 노론, 국왕 대 노론 간 갈등을 촉발시켜 정국을 일거에 혼란에 빠뜨릴 수 있는 현안이었다. 이에 이문정은 숙종의 처분에 따라 죄인으로 사사된 장희빈을 재앙의 근원으로 확정함으로써 더이상

성품이 사악하고 요사스러워 성모(聖母)가 받아준 덕을 까맣게 잊어버리고, 도리어 음녀(淫女)의 질투하는 마음을 일으켜 감히 왕비를 이간하여 분수에 어긋나게 모후(母后)의 지위에 올랐다. 8년 동안 특별히 총애를 받으면서 멋대로 수많은 악행을 저질러서, 이륜이 어두워져 보이지 않게 되니 국가는 위태로워져 거의 망할 지경에 이르렀다.《시경(詩經)》에서 이르기를, "혁혁한 종주(宗周)를 포사(褒姒)76)가 멸망시키리라."77) 하였으니 바로 이것을 이른 것이었다.

아! 우리 선대왕이 하루아침에 깨닫고 확고하게 결단하여 신사년의 처분이 있게 되었으니, 이에 임금이 권위를 잃고 신하에게 끌려다니던 국세가 비로소 편안해지고, 구렁에 빠졌던 인심도 거의 안정되었다.78) 그러나 형벌을 받던 날에 독수를 멋대로 부려 주상에게 기이한 질병을 끼쳐서 후사를 이을 바램을 끊어버리자, 이미 죽은 뒤에도 남아있는 악독한 세력은 오히려 맹렬해져서, 흉악한 무리에게 화심(禍心)을 일으켜

불필요한 대립의 소지를 없애려 했다. 이는 앞서 서문에서 천명한 정론과 일맥상통하는 것이었다. 그는 복잡하게 꼬인 현안을 장희빈 문제로 단순화시키고, 이에 공감하는 세력들을 끌어들여 연대하고자 했다. 이 점에서 볼 때 이문정은 상대 정파를 제압하기보다는 사안별로 협치의 단초를 제시하고 최소한의 합의를 끌어내 공존을 모색하려는 입장을 견지하였던 것이다.

76) 포사(褒姒) : 서주(西周) 유왕(幽王)의 두 번째 황후이다. 유왕이 포사에게 빠져 정사를 소홀히 하다가 마침내 견융(犬戎)의 침입을 받아 피살되었다.

77) 혁혁한 …… 멸망시키리라 :《시경》〈소아(小雅) 기보지십(祈父之什)〉 정월(正月)〉에 실린 시로 주나라 유왕 때 한 대부(大夫)가 유왕의 포악한 정치를 풍자하여 지었다.

78) 신사년의 …… 안정되었다 : 이 대목은 남인의 당론과 크게 상반된다. 재집권을 위해서 장희빈의 억울함을 드러내려는 입장과 정국안정을 위해 장희빈을 죄과를 부각시키려 했던 입장으로 구분된다.《동소만록》에 따르면 "신사년(1701, 숙종27) 장씨가 사약을 마시고 죽었다. 이때 서인은 남인의 죄를 성토하여 지난날 이이첨(李爾瞻)의 무리가 인목대비를 폐위시킨 죄로써 벌을 주려 하였다. 죄 주는 것이 갈수록 더욱 각박해서 그칠 줄 모르니 이 일을 어찌하겠는가." 하였다. 남하정에게 장희빈은 남인 재기의 상징과 같은 존재였다. 실제로 기사환국(1689)을 계기로 서인을 몰아내고 재집권할 수 있었기 때문이었다. 경종이 즉위한 상황에서 장희빈 사사의 억울함을 토로하는 것은 권력의지를 갖고 있던 정파로서 자연스러운 반응이었다.

서 종사를 위태롭게 하였으니, 한 여인의 화가 어찌 그리 참혹한가?

주상의 춘추가 바야흐로 지금 34세이지만 이 같은 기이한 질병으로 말미암아 전후 양궁(兩宮)에게서 끝내 임신을 기대할 수 없어서, 중앙과 지방에서 깊이 우려하였다. 오직 왕제(王弟)가 장성하고 영명해서 서울의 인심이 은근히 위안을 받고 희망을 품어서 자연스럽게 진정되었다.

효교(孝橋)79) 옆에 유경관(劉敬寬)이란 사람이 있는데, 사람됨이 조심스럽고 중후하며 또한 지식이 있어서 일찍이 사알(司謁)80)로서 선대왕을 6, 7년 동안 모시다가 병이 들어 은퇴한 사람이었다. 그가 다음과 같이 말하였다.

"선대왕이 하루는 밤이 깊어진 후에 지팡이를 짚고 궁궐 안을 돌아다니다가 나인들의 방을 지나가게 되었다. 유독 한 나인81)의 방만 등촉이 밝게 켜져 있어서 밖에서 몰래 엿보니 성찬을 차려놓고 한 나인이 가지런히 두 손을 모으고 상 앞에 꿇어앉아 있었다. 선대왕이 매우 괴이하게 여겨 그 문을 열고 연유를 물어보았다. 나인이 엎드려 아뢰기를,

'소녀는 중전의 시녀인데 총애하는 은혜를 치우치게 많이 받았습니다. 내일은 바로 중전의 탄신일인데, 폐위되어 서궁(西宮)에 거처하시면서 죄인으로 자처하여 수라를 받지 않기 때문에 아침저녁으로 지공(支供) 받는 것은 단지 거친 밥뿐입니다. 내일 탄신일에 누가 음식과 반찬을

---

79) 효교(孝橋) : 현재 서울시 종로구 예지동(禮智洞) 일대이다. 효경교(孝經橋)가 있어 마을 이름이 유래되었다.

80) 사알(司謁) : 임금의 명령을 전달하는 일을 맡아보던 정6품의 잡직(雜職)이다.

81) 한 나인 : 영조의 생모 숙빈 최씨(淑嬪崔氏)를 가리킨다. 숙빈 최씨는 1670년(현종 11) 11월 최효원(崔孝元)의 딸로 태어나, 7세에 무수리로 궁궐에 들어가 숙원(淑媛)·숙의(淑儀)·귀인(貴人)을 거쳐 숙빈에 봉해지고, 1694년(숙종20)에 영조를 낳았다. 1718년(숙종44) 3월 49세로 죽어 서울 궁정동 칠궁 안에 사당을 짓고 그 묘호(廟號)를 육상궁(毓祥宮), 묘호(墓號)를 소령원(昭寧園)이라 하고, 묘비는 1744년(영조20) 영조가 직접 썼다.

바치겠습니까? 소녀가 정리(情理) 상 몹시 서운한 것을 이길 수 없어서 중전이 좋아하시는 음식을 마련하였지만 진헌(進獻)할 길이 전혀 없기 때문에 소녀의 방에 진헌하는 것처럼 진설하여 충정을 펴고 싶었습니다.'

하니, 주상이 비로소 생각해 보니 내일이 과연 중전의 생일이었다. 이에 감동하여 깨달은 생각이 있어 그 성의를 가상히 여기고 마침내 가까이 하였다. 이로부터 임신하여 점차 6, 7개월이 지났는데 희빈이 알아차리고, 그 나인을 잡아들여 결박하고 매섭게 매질을 하여 거의 죽을 지경에 이르자 담장 아래 두고 큰 항아리로 덮어 놓았다.

선대왕이 바야흐로 베개에 기대어 잠깐 졸다가 홀연히 꿈을 꾸었는데, 신룡(神龍)이 땅속에서 나오려 했지만 이루지 못하고 겨우 머리만 내놓고 울면서 선대왕에게 고하기를,

'전하께서 속히 저를 살려주십시오.'

하였다. 선대왕이 놀라 깨어서 크게 괴이하게 여기고, 희빈의 침방(寢房)에 들어가 주변을 살폈는데, 처음에는 꿈에 본 일을 증험하지 못하다가, 문득 담장 아래 엎어져 있는 항아리 한 개가 있는 것을 보고 묻기를,

'저 항아리는 무슨 이유로 뒤집어져 있는가?'

하자, 희빈이 교묘한 말로 대답하기를,

'빈 항아리로 본래 뒤집어 놓습니다.'

하였다. 선대왕이 즉시 내시에게 명하여 바로 세우게 하니 그 속에서 결박된 여인이 나타났다. 선대왕이 크게 놀라 살펴보니 바로 지난밤 가까이 했던 나인이었는데, 온몸에 피가 흘러 목숨이 경각에 달려 있었다. 이에 급히 결박을 풀게 하고 먼저 약물을 입에 흘려 넣은 다음, 미음(米飮)82) 을 목구멍으로 넣었다. 잠시 뒤 비로소 생기가 돌아오자 마침내 정침(正寢) 의 협방(挾房)에 두고 아침저녁으로 도와서 보호하였는데, 다행히 되살아

---

82) 미음(米飮) : 입쌀이나 좁쌀 등을 끓여 체로 걸러낸 걸쭉한 음식이다. 주로 환자나 어린아이가 먹는 음식이다.

낳으며 태아도 또한 안전하였다. 선대왕이 이 이후로 희빈의 악독함을 알게 되어, 마침내 관계를 멀리하고 배척하는 마음을 갖게 되었고, 자못 중전에게 뜻을 두었다.

최씨가 왕자를 낳자 선대왕이 크게 기뻐하며 최씨에게 하교하기를,

'네가 중전에 대해 지극 정성을 다했기 때문에 신명이 도와서 나로 하여금 너를 가까이 두게 하여 아들을 낳는[83] 상서로움이 있었으니, 곧 중전 때문이었다. 만약 중전의 생일 때문이 아니었다면 네가 어찌 촛불을 밝히고 음식을 차려놓을 것이며, 마침 내가 그곳을 지나갈 때 보았을 것인가? 오늘 아들을 낳은 상서로움은 곧 중전이 베풀어준 바이다.'

하니, 최씨가 우러르며 대답하기를,

'오늘의 하교는 구구절절이 지당합니다. 만약 아들을 낳는 상서로움이 과연 중전에게서 말미암은 것임을 아셨다면 마땅히 복위시키는 처분이 있어야 할 것입니다.'

하였다. 이에 주상이 말하기를, '내 마음 또한 그러하다.' 하였다. 마침내 복위의 일이 거행되었다. 이와 같은 기이한 일은 온 조정의 수많은 관리들이 모두 알지 못하였고 나만 홀로 알고 있었다. ……"

○ 지극하고 성대하도다! 우리 중전 민씨[84]는 곧 성모(聖母)였다. 왕비가 된 처음부터 곧고 바른 덕과 절약하고 검소한 풍모가 있었으니 비록 주나라의 태사(太姒)[85]나 한나라 마후(馬后)[86]일지라도 이보다 더할 수

---

83) 아들을 낳는 : 원문은 "弄璋"이다. 구슬을 갖고 논다는 뜻에서 생남(生男)을 가리킨다. 《시경》 소아(小雅) 사간(斯干)에 "남자를 낳으면 구슬[璋]을, 여자를 낳으면 기왓장[瓦]을 가지고 놀게 한다." 한 말이 있으므로 아들을 '농장(弄璋)', 딸을 '농와(弄瓦)'라 한다.

84) 중전 민씨 : 인현왕후(仁顯王后, 1667~1701)를 가리킨다. 여양부원군(驪陽府院君) 민유중(閔維重)의 딸로, 1681년(숙종7) 계비(繼妃)가 되었으나 1689년 폐위되었다가 1694년 갑술환국으로 다시 복위되었다.

85) 태사(太姒) : 주나라 문왕(文王)의 왕비로서 무왕(武王)의 모친이다. 태왕의 왕비

없었다. 자손을 낳는 경사가 의외로 점점 늦어지자 이것을 근심하여
대전께 간절히 권하여 마침내 희빈을 들여서 이에 세자를 낳으니, 기쁘게
여기고 사랑하여 키운 것이 자신이 낳은 것과 다름이 없이 하였다.[87]
그렇지만 희빈의 이간질하는 참소로 인하여 폐위되어 서궁으로 쫓겨나
6년이나 지났지만 처음부터 한 터럭의 원망하고 탓하는 마음이 없었다.

　그동안 죄인으로 자처하여, 비록 무더운 여름에도 궁문을 꼭 닫아
해를 보지 않았고, 비록 지독히 추운 겨울에도 치락(絺絡)[88]을 입고 따뜻한
옷을 입지 않았으며, 스스로 수라를 폐하고 단지 현미로 지은 밥만을
올리게 했다. 친정에서 송이버섯을 구워 진헌(進獻)하였으나 중전이 보고
서는 드시지 않고 끝없이 슬퍼하기만 하였다. 시녀가 그 이유를 묻자
하교하기를, "이것은 바로 대전께서 좋아하는 음식인데 내가 어찌 차마

　　태강(太姜), 왕계(王季)의 왕비 태임(太任)과 함께 주나라의 삼모(三母)라고 불렀다.
86) 마후(馬后) : 후한(後漢) 명제(明帝)의 후비(后妃)인 명덕황후(明德皇后)로 역대 황후
　　가운데 덕이 으뜸이었다고 한다. 그 부친 마원(馬援)은 광무제(光武帝) 때 명신으로
　　영토를 넓히는 데 많은 공을 세웠다.
87) 자손을 …… 하였다 : 《동소만록》에서는 정반대의 주장이 실려 있다. 남하정은
　　숙종의 비망기를 인용하여 인현왕후의 부정적인 면모를 기술하였다. "공공연히
　　나에게 큰소리로, '숙원은 전생에 짐승이었는데 주상께서 쏴 죽이셨으므로, 묵은
　　원한을 갚기 위해서 이 세상에 태어났습니다. 그래서 경신년 역옥(逆獄) 후에
　　못된 무리와 서로 결탁하였으니 그 화를 장차 이루 헤아릴 수 없을 것입니다.
　　또 팔자에 본디 아들이 없으니 주상이 힘들게 애쓰셔도 공이 없을 것입니다.
　　내전에는 자손이 많을 것이니 장차 선조[宣廟] 때와 다름이 없을 것입니다.'고
　　하였다. 아! 국모로 한 나라에 임하여 신민(臣民)이 우러러 받드는데, 이런 간특한
　　사실이 있음은 천고에 듣지 못한 바이다. 이것을 참는다면 무엇을 참지 못하겠는가."
　　전통시대 동서양을 막론하고 후계자 문제는 권력의 향방을 좌우할 중요한 사안이었
　　다. 따라서 이 문제는 궁중 암투의 외피를 쓰고 표출되었다. 당시 장희빈의 대척점에
　　인현왕후가 있었고, 서인의 후원을 받는다는 점에서 남인의 입장에서 부정적으로
　　평가하는 것은 집권을 위한 당연한 대응이었다. 이때 비판 근거를 국왕의 비망기에
　　서 인용한 점이 주목된다. 즉 국왕의 처분을 명시한 공식 문건을 제시함으로써
　　그 공변됨을 부각시켰다.
88) 치락(絺絡) : 가늘고 고운 갈포(葛布)와 물에 빨지 않은 베로 만든 마포(麻布)라는
　　뜻이다. 옷차림이 검소함을 말하며, 나아가 풍속이 검소함을 숭상하였다는 뜻이다.

혼자 먹을 수 있겠는가?" 하면서, 이윽고 물리쳐 내보냈다.

폐위되어 서궁에 거처한 지 이미 오래되었지만 진실로 주상을 사랑하는 마음은 갈수록 더욱 간절해져서 조금도 해이해지지 않았다. 태양이 밝게 강림하여 그 지극한 정성에 감동하였고, 중전의 탄신을 계기로 최씨에게 음식을 차려놓게 하였으며, 최씨가 음식을 차려놓은 것을 계기로 주상이 마침 이를 보게 하여, 드디어 아들을 낳는 상서로움과 복위의 경사가 이르게 되었으니 누가 그렇게 만든 것인가? 하늘이 시켜서 그런 것이니, 하늘이 시켰다고 하면 그렇게 시킨 자는 누구인가? 우리 성모의 지극한 덕과 지극한 정성이 시켜서 그렇게 된 것이다. ―이 아래는 빠져 있다.―

18일 성균관 동지사(同知事) 이의현과 대사성 김운택(金雲澤)[89]이 윤지술이 질책당한 일로 성묘(聖廟, 문묘)가 오랫동안 공재(空齋)[90]하여 매우 편치 않다고 아뢰었다. 다섯 차례 아뢰자 비로소 윤지술의 유배를 그만두라는 명이 있었다.

선대왕이 국가의 만세를 우려하여 이에 신사년의 지극히 올바르고 지극히 은미한 처분을 내렸으니, 그 성대한 덕과 큰 업적은 실로 쇠와 돌에 새겨 만세토록 전하는데 부합되었다. 그런데 유궁의 지문에 이같은 사실이 완전히 누락되었으니, 지문을 찬술한 대신이 비록 임금의 어버이를 위해 감추려는 의도에서 부득이하게 그랬다고 하지만 실로 큰 결점이었다. 온 조정의 여러 신하들이 알지 못하는 것은 아니었지만 혹은 약삭빠르게 피하여 말하려 하지 않았고, 혹은 두려워하여 감히

---

89) 김운택(金雲澤) : 1673~1722. 본관은 광산, 자 중행(仲行), 호 백운헌(白雲軒)이다. 김만기의 손자, 예조판서 김진구의 아들, 김춘택의 동생이다. 형조참판 등을 역임하였다. 1722년 임인옥사 당시 목호룡의 고변으로 노론 사대신과 함께 죽임을 당했다.
90) 공재(空齋) : 성균관 유생들이 불평이 있을 때에 식당에 들어가 끼니를 먹지 않고 일제히 동재(東齋)와 서재(西齋)에서 물러 나와 반촌(泮村)에 머물러 있는 일이다.

말하지 못하였다. 그런데 윤지술이 나이 어린 유생으로서 몸을 던져 홀로 감당하였는데, 말은 비록 어긋나고 과격하였지만 의리는 분명하고 올바른 것이어서, 선대왕이 40년간 배양한 덕이 윤지술에게서 입증되었다고 할 수 있다. 윤지술이 말한 것 가운데, 대각에서 지문에 빠진 일이 있다는 것을 한 사람도 주상에게 직접 아뢰는 사람이 없다고 개탄하고, 이들을 비난하고 배척하는 말이 있었다.

대신(臺臣) 송필항이 단지 허물을 자책하며 사직 상소를 올렸을 뿐 애초 윤지술을 처벌하라고 청한 일은 없었는데, 그 비답에서 윤지술을 멀리 유배 보내라는 명이 있었으니, 주상이 윤지술을 매우 미워하였다는 것이 입증되었다. 위로는 대신(大臣)으로부터 아래로는 여러 대신(臺臣)에 이르기까지 윤지술을 변론하여 구원하였으나 끝내 따르지 않다가 성균관 유생들이 여러 날 공재(空齋)를 벌인 뒤에야 비로소 윤지술을 귀양보내 내쫓으라는 명을 거두어들였다.

이것은 주상이 성균관을 중요하게 여기고 있다는 뜻인데, 성균관은 정론(正論)을 세우는 기풍이 있어서 오늘날 그 아름다움을 볼 수 있었다. 그러나 올바른 무리들이 윤지술의 상소를 지지하자 매번 받아들이는 것에 인색했지만, 사특한 무리들이 윤지술을 성토하는 상소에 대해서는 반드시 온화한 비답을 내렸다. 그리하여 주상의 뜻이 향하는 바를 헤아려 알 수 있었으므로 흉악하고 사특한 무리들이 윤지술의 공사(供辭)가 정직한 데에서 나왔으며, 왕제(王弟)를 책봉하는 것이 실로 당연하다는 것을 알지 못하는 것이 아니면서도 윤지술을 성토하고 희빈을 비호한 것은 바로 주상의 뜻에 영합하여 올바른 무리들을 제거할 계략이었던 것이다.

왕제를 버리고 종실 가운데 뽑자고 논의하는 것은 바로 "문생천자(門生天子)"91)를 만들자는 것이니, 자기들이 권력을 멋대로 휘두르려는 계책이었

---

91) 문생천자(門生天子) : 환관인 양복공(楊復恭)이 황제 보기를 시험관이 문생을 보는 듯 하다고 해서 생긴 말이다. 당나라 경종(敬宗)에서 선종(宣宗)에 이르는 시기

다.92) 윤지술을 찬배하라는 명이 환수된 지 얼마 되지 않아 대신(臺臣) 조최수의 상소가 나와서, 윤지술을 외딴 섬에 정배하고 권당(捲堂)93)에 참여한 유생들을 모두 쫓아낼 것을 청하고, 양사를 구원한 여러 신하들과 성균관 당상 및 대신들을 모두 파직시키라고 청하였다. 이것은 바로 사특한 무리들이 꾸민 계략이 이미 이루어져서 올바른 무리를 배격하는 대기관(大機關)이 되었다.

26일 원접사(遠接使) 유명웅(兪命雄)94)과 경기도 관찰사 이집(李㙫)95)이 칙서를 맞이한 뒤에 입래(入來)96)하였다. 청나라 사신이 통보한 등본(謄本)에서, "세자를 서로 만나볼 때 아울러 왕실의 여러 자질(子姪)들을 만나 보겠다. ……" 하였는데, 실로 이전에는 없는 의외의 일이었으므로 중앙과 지방에서 보고들은 사람들이 놀라 괴이하게 여기지 않는 자가 없었다. 주상이 모화관(慕華館)97)에서 청나라의 사신을 접견하는 날이 되자

황제의 폐립(廢立)이 모두 환관에 의해서 좌우되면서 나온 고사성어이다.

92) 왕제를 …… 계책이었다 : 이문정은 줄곧 왕제로서 연잉군의 지위를 공고히 하는데 노력하였다. 따라서 윤지술의 발언도 문제지만 이를 빌미로 연잉군을 제거하려는 의도도 저지해야만 했다. 더욱이 경종의 의중이 확인된 이상 왕제의 처지는 국왕의 결심에 따라 얼마든지 위태로워질 수 있었다. 이에 본문에서와 같이 비록 윤지술의 발언이 과격하지만 의리는 분명하고 올바르다고 옹호하였던 것이다. 이 문제로 왕제에게까지 화가 미치는 것을 막기 위해서였다. 세제 교체를 모의하는 세력의 음모를 저지하기 위해서 윤지술 단계에서 논란을 차단하려 했던 것이다.

93) 권당(捲堂) : 성균관 유생들이 행하던 일종의 동맹휴학이다. 공관(空館)이라고도 하며 자신들의 주장이 관철되지 않을 때, 또는 자치기관인 재회(齋會)에서 결정된 사론(士論)에 대하여 부당한 처분을 받게 될 때, 유생들이 식당에 들어가는 것을 거부하였다. 혹은 성균관을 비워두고 나가 버리는 행동을 말한다.

94) 유명웅(兪命雄) : 1653~1721. 본관은 기계(杞溪), 자 중영(仲英), 호 만휴정(晩休亭)이다. 숙종대 지평 등을 거쳐 풍기군수를 지내다가 남인들에 의하여 파직되었다. 1694년 갑술환국으로 장령에 임명되었고, 1701년 형방 승지 재직시 장희빈이 사사될 때 이를 반대한 소론을 숙청하였다. 공조판서 등을 역임하였다.

95) 이집(李㙫) : 1664~1733. 본관은 덕수(德水), 자 노천(老泉), 호 취촌(醉村)이다. 숙종대 최석정을 구원하였으며, 영조대 우의정 등을 역임하였다.

96) 입래(入來) : 서울을 떠났던 관원이 돌아와서 임금께 아뢰는 일이다.

청나라 사신이 황제의 명령이 이와 같다고 하면서 주상에게 말하였다. 시종과 삼사의 신하들이 예의(禮義)가 그렇지 않으며 사리에도 맞지 않다고 일깨우며 일체 막아서자 저들도 또한 힘써 청하지 못하여, 그 일은 곧 그치게 되었다.

　주상은 춘궁(春宮) 시절부터 청나라 사신을 자주 접하였는데, 접대하는 여러 과정에서 예의(禮義)에 밝아 조금도 실수가 없었다. 그런데 병색이 외모에 현저하게 드러나니, 20년간 청나라에서 사신으로 온 자가 하나둘에 그치지 않았는데, 세자의 용모를 보고 모두 불만의 뜻을 품고 돌아갔다. 이로부터 저들 가운데 세자에게 비상한 질병이 있음을 자세하게 아는 자들이 있어서 봉전(封典)98)의 사신이 오면 반드시 황제의 명령 가운데 그런 말을 운운하는 내용이 있었다. 저들의 법에 황제의 명령을 어기는 자는 삼족을 멸한다는 것이 있으니, 지금 만약 황제의 명령이 없다면 저들 사신이 어찌 감히 외국에서 교명(矯命)99)하였겠는가? 저들 사신이 거짓으로 만든 말이 아니라는 것은 분명하다. 그러므로 사신이 중로(中路)에서 이미 이 말을 하였던 것인데, 사신 행차를 맞이하는 신하들이 구구절절이 힘껏 저지하자 저들이 이에 말하기를, "만약 받들어 행하지 않는다면 애초 궁궐에 들어가지 않고 당장 되돌아갈 것이다." 하였다. 사행을 맞이하는 신하들이 온갖 말로 정사(正使)를 타일렀으나 동요하지 않았다. 서울에 이르러 주상을 보고 또 황제가 한 말을 전하니, 시위(侍衛)하고 있던 여러 대신들이 예에 의거하여 굳게 거절하자 저들 또한 어찌할 수 없어서 다시 청하지 못하였다.

---

97) 모화관(慕華館) : 명나라와 청나라의 사신을 영접하던 곳이다. 모화루(慕華樓)라고 불리다가 1429년(세종11) 규모를 확장하여 개수하고 모화관이라 개칭하였다.
98) 봉전(封典) : 중국 조정에서 공신(功臣) 및 그 조상에게 작위 명호(爵位名號)를 내려주던 일이다.
99) 교명(矯命) : 거짓으로 임금의 이름을 대어 내리는 명령이다.

청나라 사신이 황제의 명이라고 하면서 왕제와 종실의 자질(子姪)들을
보겠다고 청한 것은 진실로 저들이 예의에 어긋난 것이고, 의외의 일이었
다. 본조의 신하들로서는 한마음으로 서로 논의하여 단지 가로막는 방도
만 있을 뿐이므로, 사행을 맞이하는 신하들에게 책임을 돌려서는 안
된다. 그런데 우의정 조태구는 차자를 올려 사행을 맞이하는 신하들과
묘당(廟堂)을 배척하였는데, 사신을 맞이하는 신하들과 묘당에 무슨 허물
이 있단 말인가? 예조판서 박태항(朴泰恒)[100]은 담당 역관에게 죄 줄
것을 청하였는데, 이 또한 잘못이 아닌가?

또한 조태구가 차자 가운데 말하기를, "배신(陪臣)이 받는 것은 혐의를
무릅쓰는 것이 됩니다."[101] 하였는데, 주상은 이미 다른 자질이 없고
단지 왕제인 연잉군만 있을 뿐이었다. "혐의를 무릅쓴다.[冒嫌]"는 두
글자는 은연중에 연잉군을 침해하여 핍박하는 것이니 이 또한 무슨
뜻인가? 한쪽 편 무리들이 연잉군에 대해 자기 주장을 내세우며 다툰
지 이미 오래되었다. 지금 우의정이 말한 "혐의를 무릅쓴다."는 두 글자는
그들이 오랫동안 가슴 속에 품어온 불순한 생각을 드러낸 것이었으니,
청나라 사신이 왕제와 종실의 자질들을 보겠다고 청한 말은 간사한

---

100) 박태항(朴泰恒) : 1647~1737. 본관은 반남(潘南), 자 사심(士心)이다. 1720년(경종
즉위년) 세제 책봉을 주장하는 노론을 적극 탄핵하였다. 영조가 즉위하자 삭탈관직
되었다가 1727년 정미환국으로 다시 기용되어 형조판서 등을 역임하였다.

101) 배신이 …… 됩니다 : 당시 우의정 조태구가 숙종의 상례에 조문 온 청나라 사신이
세자와 종실의 자질을 만나 보겠다는 요구를 들어주어서는 안 된다고 하였다.
즉 상국(上國)에서 열국(列國)의 임금을 조문할 때, 그 배신이 된 아우와 조카까지
보는 일은 실례라고 하면서 배신이 조문을 받는 것은 임금 자리를 노리고 있다는
혐의를 무릅쓰는 것이 된다고 하였다. 따라서 정중히 거절하라고 촉구하였다.(《景宗
實錄》卽位年 11月 26日 참조) 당시 실제로 강희제(康熙帝)가 경종에게 보낸 세제
책봉칙서에서도 국왕이 아들을 얻는 경사가 있으면 다시 주달하라는 언급이 있었다.
이는 왕자가 탄생할 경우뿐만 아니라 종실 출신을 데려다 양자로 삼는 방식의
왕위계승도 가능하다는 점을 시사하는 것이다. 그러나 이 문제는 1722년(경종2)
10월에 국왕이 친아우를 버리고 종실의 아들을 데려다가 후사를 삼을 수 없다는
뜻을 청나라에 알림으로써 종결되었다.

소인이 터럭을 불어 흠을 찾는 단서가 되기에 충분하였던 것이었다.

○ 승지 이진검이 상소하여 대략 다음과 같이 말하였다.

"아! 바야흐로 왕위를 물려받은 초기를 맞아서 여러 신하들이 우러러 전하를 도울 일은, 오직 지극한 정을 힘써 억제하여 한결같이 선조(先朝)가 이미 정한 규례를 따르도록 하는 것이므로, 감히 한 터럭이라도 의리가 아닌 것으로 군부를 인도해서는 안 됩니다. 그런데 저 조중우라는 자는 망령되게 주상의 뜻을 헤아려 틈을 엿보아 불쑥 일어나 대의(大義)의 소중함을 돌아보지 않고 분수에 넘치는 일을 바라는 마음을 드러내려고 꾀하였으니 그 정상을 논하자면 매우 몹시 원통합니다. 그래서 전하께서 깊이 싫어하고 통렬하게 징계하려는 자인데, 논의하는 자들은 반드시 죽이는 것은 지나치게 무겁다고 하시니 어리석은 신은 죽을죄를 무릅쓰고 망령되이 드는 생각이 있습니다. 혹자는 성상의 주된 뜻이 제방(隄防)에 있으므로 차라리 과중한 잘못을 하는 것이 낫다고 하는데, 참으로 이와 같다면 국가의 행복입니다. 그러니 조중우 하나 죽는 것이야 어찌 족히 말할 것이 있겠습니까?

전하께서 시행하고 조치하는 일들은 이미 털끝만치도 다툴 만할 단서가 없으니, 오늘날 신하가 또한 무사한 때에 지난 일을 다시 제기하여, 어버이를 위해 숨기는 의리를 돌아보지 않고 전하의 마음을 다치게 해서는 안 된다는 것 또한 분명합니다. 그런데 저 윤지술이라는 자가 홀로 무슨 속셈을 가졌기에 조금도 꺼리지 않고 오직 배척하는 말을 하는 것을 시원하게 여긴단 말입니까? 그 모자간의 은혜를 끊고 윤리를 해치는 말을 신은 전하 앞에서 다시 아뢰고 싶지 않은데, 그자 또한 오늘날 신하이면서 어찌 차마 이런 말을 한단 말입니까?

신이 삼가 상고하건대 《시경(詩經)》 위풍(衛風) 하광장(河廣章) 주(註)에 풍성 주씨(豊城朱氏)[102]가 송나라 환공(桓公) 부인의 일에 대하여 논하기를,

'어미가 쫓겨나면 진실로 종묘와는 끊어지지만, 어미와 아들 사이에는 애초 끊는 도리가 없다. 종묘에서는 은혜로써 의(義)를 가리지 말아야 하지만 규문(閨門) 안에서는 의로써 은혜를 저버려서는 안 된다. 양공(襄公)[103]은 종묘에 정성을 다하여 밖으로는 이미 승중(承重)하는 뜻을 잃지 않았으며, 자모(慈母)를 잘 섬기고 공경을 다하여 안으로는 어버이를 사랑하는 어짐을 잃지 않았으니, 은혜와 의리를 거의 모두 보전하여 유감이 없을 것이다.'

하였습니다. 이로써 보건대 어머니를 끊어버릴 수 없다는 의리가 이미 경전에 환히 실려 있는 것입니다. 송나라 환공 부인의 일을 오늘날과 비교하면, 그 일은 대체로 다르지만 그 낳아준 은혜 같은 것은 지금과 예전이 어찌 다르겠습니까?

천하에 어버이를 위하여 감추는 의리가 없다면 그만이지만, 공자(孔子)로부터 이미 행하여져서, 《춘추》에 어머니를 원수로 여기는 의리는 없다는 것이 해와 별같이 밝게 나와 있으니, 얼마든지 근거를 찾을 수 있습니다. 과연 윤지술의 말과 같다면 반드시 전하로 하여금 낳아 준 은혜를 끊게 한 뒤에야 바야흐로 마음에 시원하겠습니까?

아! 저 시골의 무지한 부류가 유생의 이름을 거짓으로 꾸며냈지만 젖비린내 나는 어린 아이로서 다른 사람의 사주를 받은 자이니 그가

---

102) 풍성 주씨(豊城朱氏) : 주선(朱善, 1314~1385)을 가리킨다. 강서(江西) 풍성(豊城) 사람으로 자는 비만(備萬), 호 일재(一齋)이다. 문연각 대학사(文淵閣大學士) 등을 역임하였다. 무종(武宗) 정덕(正德) 연간에 문각(文恪)이란 시호를 추증받았다. 저서로는 《시경해이(詩經解頤)》와 《일재집(一齋集)》 등이 있다.

103) 양공(襄公) : ?~B.C.637. 춘추시대 송나라 양공을 가리킨다. 이름은 자부(玆父), 환공(桓公)의 아들이다. 양공의 어머니가 아버지에 의해 쫓겨났는데, 환공이 죽은 뒤 즉위하면서 어머니를 위해 하광(河廣)의 시(詩)를 지었다. 이후 춘추시대 맹주 자리를 둘러싸고 제(齊)·초(楚)나라와 다투었고, 정(鄭)나라를 돕던 초나라와 홍수(泓水)에서 싸우다가 패하여 부상을 입고, 이듬해 죽었다. 홍수에서의 싸움 당시 적병이 강을 다 건너오기를 기다렸다가 싸웠기 때문에 '송양지인(宋襄之仁)'이라는 고사가 생겨났다.

어찌 제대로 알 수 있겠습니까? 오직 남몰래 엎드려 은밀히 헤아리고 턱으로 지시하며 선동하는 자들이 국가에 화를 끼치고 인륜을 어그러뜨리는 것을 돌아보지 않으니, 아! 또한 심합니다.[104] 조중우에 대한 처분이 이미 엄정하여 그 몸이 이미 죽었으니 진실로 논할 것이 없지만, 쓸데없는 말을 다시 거론하며 의중을 떠보고 화를 떠넘기려는 무리들이 꼬리를 물로 일어날 일이 장차 얼마나 될지 알지 못하겠습니다.

윤지술의 죄는 여론이 분하게 여기고 이륜을 무너뜨린 일이므로 전하께서 이미 엄하게 하교하여 형벌이 멀리 유배 보내는 데에 이르렀습니다. 이것은 여러 가지를 고려하여 나온 처분이므로 오늘날 대신이나 조정 신하들이라면 마땅히 같은 말로 엄하게 배척하여 군부의 치욕을 씻어버려야 할 것인데, 그렇게 하지 않았을 뿐만 아니라 또 따라서 극력 변호하여 구원하기를 마치 과감하게 말하는 선비를 도와서 보호하고, 절개를 세운 사람을 장려하는 것처럼 하였습니다.

그리하여 마침내 확고한 의지를 가진 군부가 이미 내린 명령을 도로 거두게 하고야 말아서, 반드시 전하로 하여금 치욕을 감수하고 수족을 마음대로 쓰지 못하게 하였으니, 이는 단지 윤지술이 있는 줄만 알고 군부가 있다는 것은 알지 못하는 것입니다. 이것이 무슨 심술이며 이것이 무슨 의리란 말입니까? 신이 가슴 아프게 생각합니다.

신이 생각하기에 전하가 그 분노를 감추고 참아서 한결같이 신하들의 기롱을 받기보다는 차라리 윤지술이 군부를 욕되게 한 죄를 다시 바로잡고, 이어서 떠들썩하게 변호하여 구원하려는 당여들을 다스려서 앞날을

---

104) 다른 사람의 …… 심합니다 : 이 같은 이진검의 발언은 당시 소론 내 준론 세력의 정국인식을 반영한 것으로, 이문정이 가장 우려했던 상황이었다. 윤지술을 빌미로 그 배후를 캐는 과정에서 노론 사대신은 물론 연잉군에게까지 화가 미칠 수밖에 없었기 때문이었다. 이같이 엄중한 상황에 직면하여 이문정은 과격한 논의를 일삼는 이진검·이진유 등과 거리를 두고, 초명(初名)인 "진정(眞政)"을 버리고 "문(聞)"자로 배항(排行)을 고치기까지 했던 것이다.

엄하게 경계하는 것이 낫지 않을까 합니다.

또한 신이 정유독대(丁酉獨對)[105] 때의 일에 대하여 말하고자 하는 바가 있습니다. 그 일은 앞서서 입진(入診)할 때 이미 말이 나왔으니, 독대의 연유는 입대(入對)하는 대신이 응당 암암리에 헤아린 바가 있었을 것이므로, 승지와 사관이 앞을 인도하기를 기다리지 않고 궁궐[106]에 한 걸음이라도 발을 들여놓았다면, 이미 신하의 광명정대(光明正大)한 도리가 아닙니다.

입시했을 때의 설화는 사관이 쓸 수 없었으니 바깥에 있는 사람으로서는 감히 알 바는 아니지만 이미 '잘못됨을 바로잡는다.' 말했으니, 반드시 이런 일이 없었다고 말하지는 못할 것입니다. 지금에 이르도록 4년 동안 전국의 인심이 이것을 대신의 죄라고 여기지 않는 자가 없습니다. 신의 어리석은 생각으로는 갑자기 독대한 일은 죄가 되지만, 입시 이후의 일에 대해서는 억지로 깊이 치죄하여 너그럽게 용서하는 도리를 해치게 하고 싶지는 않습니다.

그런데 대신이 명령을 받고 연경(燕京, 북경)에 갈 때 차자를 올려 은화를 청하면서 감히 병자년(1696, 숙종22) 사신 행차 때 저들이 끌어댄 《대명회전(大明會典)》[107]의 일을 말한 것은 실로 신하로서 감히 말할

---

105) 정유독대(丁酉獨對) : 1717년(숙종43) 숙종이 좌의정 이이명을 불러 독대하였는데, 그 자세한 내용은 알 수 없다. 다만 독대 직후 세자의 대리청정을 명하였고 또 노론이 이를 적극 찬성하였다. 당시 소론 측에서는 이를 세자를 폐하기 위한 수순으로 보았다. 이런 정황으로 인해 그 독대가 노론 측에 연잉군을 부탁하는 내용이라는 추론이 나왔다.

106) 궁궐 : 원문은 "延英"이다. 연영전은 당나라 장안(長安)에 있는 대명궁(大明宮) 안 편전(便殿)중 하나였다. 후대에 격식에 구애됨이 없이 노신(老臣)을 우대하여 접견한다는 의미의 고사가 되었다. 여기서는 궁궐을 가리킨다.

107) 대명회전(大明會典) : 명나라 초기부터 사용해 오던 모든 행정 법규를 이부(吏部)·예부(禮部)·병부(兵部)·공부(工部)·호부(戶部)·형부(刑部)의 관제로 집대성한 법전이다. 홍치(弘治, 1488~1505) 연간에 서부(徐溥) 등이 칙명을 받아 편찬하여, 1510년 수정을 거쳐 반포되었다.

수 있는 일이 아니었습니다. 《대명회전》의 일은 오래전에 있었던 일이니, 전하께서 또한 어찌 소상히 알 수가 있겠습니까?

병자년 저위(儲位, 세자 지위)에 책봉을 청할 때 고(故) 정승 서문중이 정사의 임무를 맡았는데, 저들이 말하기를,

'《대명회전》 가운데에 제후는 나이 만 50세가 되도록 자식이 없는 뒤에야 비로소 승중(承重)하여 후계자가 되는 것을 허락한다는 말이 있다.'

하면서 봉전(封典, 중국으로부터 받는 봉작(封爵))을 허락하지 않았습니다. 그 뒤에 다시 주청(奏請)하여 겨우 허락받았으므로, 오늘에 이르기까지 이것을 생각하면 동방의 신하로서 분하게 여기지 않는 사람이 없습니다. 우리 전하께서 정당하게 춘궁의 지위에 있은 지 거의 30여 년 동안 여러 정무를 대리하였고 여러 차례 청나라 사신을 접대하였으니, 비록 저들이라도 반드시 그 사이에 다른 의논을 용납할 수는 없는 것입니다.

그런데 대신이 감히 저들이 마음에 두지도 않은 일을 미리 억측하고, 감히 스스로 오늘날에 끌어대어 두렵게 하여 동요시키는 계책으로 삼았으니, 이 또한 무슨 마음입니까? 하물며 저들에게 청한 일은 응당 시행할 상전(常典)으로서, 비록 1전(錢)의 돈을 쓰지 않더라도 저절로 순조롭게 성사될 것인데, 6만여 냥(兩)의 은화를 장차 어디에 쓸 작정이었는지요? ……"

이 상소는 동짓달 16일에 입계(入啓)되었고, 12월 28일 비답을 내렸다.

12월 4일 주상이 탄 수레가 이르러, 모화관에서 칙사를 전송하였다. 주상은 졸곡 이후부터 삭전(朔奠)과 망전(望奠)에 연이어 참석하지 않았고, 소대(召對)하여 강학(講學)하는 데에도 또한 자주 빠졌다. 심지어 여러 신하들의 상소에 대한 비답을 혹 5, 6일이 지나도 내리지 않았고, 혹 10여 일이 되어도 내리지 않았으며, 혹 보름이 되도록 내리지 않았다. 이는 오로지 주상의 건강이 이전에 비해 점점 나빠진 것에서 연유한

것으로서, 신기(神氣)도 또한 많이 혼미해져서 능히 떨치고 일어나지 못한 결과였다.

○ 집의 홍우전이 상소하여 대략 다음과 같이 간언하였다.

"전하께서 즉위 초에는 비록 상중인데도 오히려 또한 빈번히 명하여 소대하고 인접(引接)하기를 게을리 하지 않으셨으니, 여러 신하들이 기뻐하여 모두 말하기를, '우리 임금의 부지런하고 검소한 덕이 선조(先朝)를 따라갈 수 있다.' 하였습니다. 그런데 어느 날인가부터 아뢴 내용을 받아들이는 것이 차츰 게을러지고 사무가 정체되는 일이 많으며, 여러 신하들의 장주(章奏)에 대해 즉시 비답을 내려주시지 않으니, 신은 그윽이 미혹스럽습니다.

삼가 원컨대 전하께서는 오늘부터 빨리 강연(講筵)[108]을 열어 자주 학사(學士)와 대부(大夫)들을 만나서 학문을 연마하는 데 온 힘을 다 기울이십시오. 모든 상소에 대해서는 즉시 비지(批旨)를 내려 옳고 그름에 따라서 처분을 분명하게 보여서, 정체되었다는 탄식을 끊어버리고 청명한 이치를 밝게 드러내 주십시오."

14일 주상이 한 되가량의 누런 물을 토해내고 나서 신기(神氣)가 더욱 편안치 못하였다.

○ 29일 다음과 같이 전교하였다.

"봄·여름·가을·겨울에 지내는 사향 대제(四享大祭)[109]는 직접 거행

---

108) 강연(講筵) : 임금이나 왕세자 등이 경학(經學)에 밝은 신하들과 함께 경전을 읽고 토론하여 수학하는 자리를 말한다. 시간에 따라 조강(朝講)·주강(晝講)·석강(夕講)으로 구별하였다.
109) 사향대제(四享大祭) : 1년에 계절마다 네 차례 종묘에서 올리는 대제이다. 사철의 첫달인 1·4·7·10월 상순(上旬)에 지냈다.

하고, 삭망(朔望, 음력 초하루와 보름)의 은전(殷奠)[110]은 헌관(獻官)이 섭행(攝行)하게 할 것이니, 미리 준비하도록 하라."

○ 교리 김제겸이 다음의 차자를 올렸다.

"삼가 신이 듣건대 전교에서 효령전(孝寧殿, 숙종의 혼전(魂殿)) 사향대제는 친히 거행하시고 삭망의 은전은 섭행할 일을 마련하라고 명하였다하니, 신은 이에 대해 원통하게도 근심과 탄식을 이기지 못하겠습니다. 삼가 선대왕께서는 영원히 떠나시어[111], 그 음성과 모습은 날로 흐려져 네 필의 말이 끄는 수레처럼 빠르게 흘러서[112] 어느덧 한해가 바뀌려고 하니, 온 나라 사람들이 모두 끝없이 애통해 마지않고 있습니다. 엎드려 생각건대, 전하께서 황황(皇皇)하여 미치지 못할 애통함이야 더욱 어떠하시겠습니까?

전하 한 몸의 중요함은 종사의 안전과 위태로움에 관계되므로, 위에서는 자성(慈聖)이 근심하고 있고, 아래에서는 신민(臣民)이 의지하고 사모하고 있어서, 마음 내키는 대로 바로 행동하여 필서(匹庶)들의 자잘한 예절까지 다 할 수 없다는 것은 분명할 뿐만이 아닙니다. 그러나 삼우제(三虞祭)[113]

---

110) 은전(殷奠) : 성대하게 제사의 찬품(饌品)을 올린다는 뜻이다. 찬의 품목을 조석전(朝夕奠)과 삭망전(朔望奠)에 따라 증감하는 법이 있다. 조석전에는 소과(蔬果)와 포(脯)·해(醢)를 쓰며, 삭망에는 여러 가지 찬품을 갖추었다.

111) 영원히 떠나시어 : 원문은 "劍潟永悶"이다. 헌원씨(軒轅氏) 황제(黃帝)가 죽는 날을 선택하여 신하들과 작별하고 죽자 교산(橋山)에 장례 지냈는데, 나중에 산이 무너진 뒤 무덤을 보니 "관이 텅 비어 있고 오직 칼과 신발만 관 속에 남아 있었다.[棺空, 唯有劍舃在棺焉.]"라는 전설이 있다. 여기서 유래하여 '검석'은 제왕의 죽음을 뜻하는 말이 되었다.(《列仙傳·黃帝》 참조)

112) 네 필의 …… 흘러서 : 원문은 "隙駟"이다. 틈새 지나는 네 필의 말이 끄는 수레로서, 매우 빠르다는 뜻이다. 《묵자(墨子)》〈겸애(兼愛)〉에서, "사람이 땅 위에서 사는 기간이 얼마 되지 않는 것이, 비유하자면 마치 사마가 달려서 틈새를 지나기와 같은 것이다.[人之生乎地上之無幾何也, 譬之猶駟馳而過隙也.]" 하였다.

113) 삼우제(三虞祭) : 장례 지낸 뒤 세 번째 지내는 제사이다. 재우(再虞) 후 첫 강일(剛日) 새벽녘에 지내는데, 제사를 지낸 뒤 산소에 가서 가족들이 성묘를 한다.

이후 대부분의 제전(祭奠)들을 연이어 몸소 행하지 않으시니, 전후로 여러 신하들이 이 일에 대해 말이 많은 것은 또한 신하의 한결같은 충성심과 사랑하는 정성에서 나온 것이지, 소인의 일시적인 사랑에서 나온 것이 아닙니다.

전하께서 여러 해 동안 근심하여 속을 몹시 태우다가 갑자기 이처럼 선왕의 상을 당하였으니, 몸이 훼손된 것이 또한 이미 많았을 것이므로 담질(痰疾)이 생기는 것도 이치와 형세로 볼 때 그럴 만합니다만, 매번 제삿날을 당하여 늘 섭행하라고 명하시니, 여러 신하들이 모두 놀라 성체(聖體)가 강건하지 못한 것을 매우 깊이 근심하지 않을 수 없습니다.

전하의 건강이 좋지 않아서 억지로 행하기 어렵다면 사향 대제라 해도 혹 직접 거행하지 못할 때가 있을 수 있지만 만약 그렇지 않다면 어찌 유독 삭망의 은전만 섭행하여 '제사 지내지 않은 것 같다.'114)는 탄식을 끼칠 필요가 있겠습니까?

지금 미리 이와 같이 정식으로 삼아서 거행하더라도, 신은 아마도 그것이 원근의 청문(聽聞)에 부족할 것이라고 생각합니다. 사람의 자식으로서 친상(親喪)을 애통해 하는 것은 마땅히 다른 사람과 관계가 없습니다만, 등(滕)나라 세자115)가 얼굴이 새까맣게 말라서 슬프게 곡을 하니 사방에서 조문하는 자가 크게 기뻐하였습니다. 위(魏)나라 효문제(孝文

---

114) 제사 지내지 않은 것 같다 : 제사에 정성을 다하지 못했음을 탄식하는 것이다. 《논어》〈팔일(八佾)〉에서, "내가 제사에 참여하지 않으면 마치 제사 지내지 못한 것과 같다.[吾不與祭, 如不祭.]" 하였다. 이에 대해서 주자(朱子)가 주석(註釋)하기를, "자신이 제사 지낼 때에 혹 일이 있어서 참여하지 못하고 다른 사람에게 대신하게 하면 조상이 계신 듯이 하는 정성을 다할 수가 없기 때문에 이미 제사를 지냈어도 마음에는 제사를 지내지 않은 것처럼 부족함이 느껴진다." 하였다.

115) 등(滕)나라 세자 : 전국(戰國)시대 등나라 문공(文公)을 가리킨다. 부왕(父王)인 정공(定公)이 죽자 맹자에게 상례(喪禮)에 대해서 물었다. 맹자는 삼년상을 하라고 말하였으나, 종친과 백관들이 모두 반대하였다. 문공이 이에 다시 맹자에게 물은 뒤 마침내 삼년상을 행하면서 예를 준수하고 슬피 통곡하니, 이것을 본 사람들이 모두 기뻐하였다고 한다. (《孟子·滕文公 上》참조)

帝)116)가 초상을 치르면서 슬프게 통곡하자 여러 신하들 또한 곡을 하고 나갔습니다. 이것을 통해서 천리의 자연스러움과 인정의 동일함을 볼 수 있으니, 오늘날 여러 신하들이 군상에게 바라는 것 또한 이 뿐입니다.

아! 전하께서는 평상시에 학문을 강론하였으니, 어찌 등나라 세자처럼 말을 달리고 검술을 연습하는 일이 있겠습니까? 우리나라의 평판이 높은 문물에 어찌 북위[元魏]117)와 같은 오랑캐의 풍속이 있겠습니까? 지금 조정에 있는 신하들 가운데 한 사람도 그 슬픔을 다하지 않는 사람이 없어서 바다로 둘러싸인 나라 안 어디서나 혹 마음으로 기뻐하고 진심으로 복종하는 풍토를 볼 수 있는데 어찌 저 두 나라에 비해 손색이 있겠습니까?

신하가 되어 말하지 않는 것은 그 죄가 또한 어찌 묵형(墨刑)118)에만 그치겠습니까? 신처럼 보잘것없는 사람이 외람되이 경연에 참석하고 있는데 군덕을 성취하는 것은 진실로 감히 바랄 수 없지만 죄를 두려워하여 침묵하는 것은 실로 신하의 의리에서 마땅히 나올 수 있는 일이 아닙니다. 이에 만 번 죽기를 각오하고 피눈물을 흘리면서 말하오니, 바라건대 전하께서는 성명(成命)119)을 거두시고, 성후(聖候)가 억지로 행할 수 없을 정도로 나쁘지 않다면 내일의 은전(殷奠)은 직접 거행할 것을 명하시어, 성효(聖孝)를 밝히시고 여러 사람들의 희망에 답하시기 바랍니다."

---

116) 효문제(孝文帝) : 467~499. 북위(北魏)의 황제로, 선비족(鮮卑族) 출신으로 성은 탁발(拓拔)이었다가 뒤에 원(元)으로 바꾸었고, 이름은 굉(宏), 묘호(廟號)는 고조(高祖)이다. 태황태후(太皇太后) 풍씨(馮氏)는 효문제의 적조모(嫡祖母)로 효문제의 부친을 독살하였는데, 그가 죽자 효문제는 중화(中華)에서도 미치기 어려울 정도로 집상(執喪)의 예를 극진히 하였다.

117) 북위[元魏] : 중국 북조(北朝)의 한 나라(386~534)이다. 선비족인 탁발규(拓跋珪)가 강북에 세운 나라이다. 뒤에 동위(東魏)와 서위(西魏)로 분열되었다.

118) 묵형(墨刑) : 오형(五刑)의 하나로, 죄인의 이마나 팔뚝에 먹줄로 죄명을 써넣던 형벌이다.

119) 성명(成命) : 임금이 신하의 신상에 관하여 결정적으로 내리는 명령이다.

주상이 전교하기를,

"지금 교리 김제겸의 차자를 보니, 직접 거행하라고 힘써 청하여 종이에 가득히 늘어놓았는데, 그 사체(事體)에 비추어 매우 편치 않다. 체차(遞差)하라."

하였다. 승정원에서 우승지 남도규(南道揆)[120]와 우부승지 정형익(鄭亨益)[121]이 아뢰기를,

"지금 막 엎드려 비망기를 보았는데, 김제겸을 체차하라는 명이 있어서 신 등이 머리를 맞대고 당황한 나머지 어떻게 말씀을 드려야 할지 모르겠습니다. 홍문관의 차자에서 직접 제사 지낼 것을 청한 것은 오로지 충성하고 사랑하는 정성에서 나온 것입니다만, 그 말이 성심(聖心)에 맞지 않다는 것을 헤아리지 못하여, 이에 이러한 편치 않다는 하교가 있었고, 조금도 용서하지 않고 특별히 그 직임을 체차하기까지 하셨으니, 이것이 어찌 신 등이 전하에게 바라는 것이겠습니까?

아! 세월이 네 필의 말이 끄는 수레처럼 빠르게 흘러서 어느덧 한해가 바뀌려고 합니다. 삼가 생각건대 전하의 사랑하고 사모하는 정성은 다른 어느 때 보다 저절로 늘어나서, 은전에 직접 참여하는 것은 인정과 예법상 당연한 일인데, 이것이 어찌 여러 신하들의 말을 기다려서 할 일이겠습니까? 어제 뜻밖에 궤전(饋奠)[122]을 섭행하라는 하교가 있었는데, 이는 스스로 기력을 헤아려보고 억지로 거행하기 어려워서 나왔다는 것을 또한 추측하여 알 수 있었으니, 조정에 있는 신료들이 이 하교를 듣고서 누구인들 걱정하고 근심하는 정성이 없겠습니까?

저 유신(儒臣)이 누누이 차자를 올려 논한 것은 단지 품은 생각이

---

120) 남도규(南道揆) : 1662~1724. 본관은 의령(宜寧), 자 상일(尙一), 호 삼족(三足)·여일(汝一)이다. 충청도 관찰사와 대사간 등을 역임하였다.

121) 정형익(鄭亨益) : 1664~1737. 본관은 동래(東萊), 자 시해(時偕), 호 화암(花巖)이다.

122) 궤전(饋奠) : 매장하기 전까지 제사 형식을 갖추지 않고 음식을 올리는 예이다. 하지만 일반적으로 제물을 갖추어 제사지내는 것을 가리키기도 한다.

있으면 반드시 진달한다는 의리를 실천하려 한 것에 불과할 뿐입니다. 성상이 아뢴 내용을 받아들이는 도리로는 그 말의 가부에 따라서 가하면 받아들이고 아니면 그대로 두면 불가할 것이 없는데, 어찌 현저히 편치 않은 뜻을 보이면서 이처럼 엄히 배척하는 하교까지 하십니까?

전하께서 즉위한 이래로 장주(章奏) 가운데에 설령 정도에 지나친 말이 있을지라도 곧 너그럽게 포용하고, 꺾어버린 적이 없었습니다. 주상의 도량이 깊고 넓었으니 누구라고 공경하여 우러르지 않겠습니까? 그런데 유독 홍문관에서 올린 차자에 대한 처분만은 지나쳐서 신 등은 전하를 위해 이 조처를 애석하게 여깁니다. 바라건대 전하께서는 빨리 헤아려 살펴서 특별히 김제겸을 체차하라는 명을 거두어주시기 바랍니다."

하였다. 다음과 같이 전교하였다.

"갑자기 생각해 보니, 김제겸이 차자로 아뢴 것은 진실로 충성하고 사랑하는 마음에서 나왔으니, 내가 실로 부끄럽다. 그대들의 말은 더욱 절실하고 지극하니, 윤허하여 따르지 않을 수 있겠는가?"

○ 아! 우리 주상은 어질고 효성스러운 자질을 타고난 강직하고 명석한 군주였지만 애석하게도 기이한 질병이 있었다. 중전 민씨가 복위하는 날, 궁궐문은 이전처럼 자물쇠로 잠겨 있어서, 배종(陪從)하는 사람과 의장(儀仗)의 물건들을 들이는 것을 허락하지 않았다. 세자 나이 겨우 일곱 살이었는데, 중전을 복위한다는 명령을 듣고서 뛸 듯이 기뻐하며 대전께 공손히 맞이하겠다고 간청하자, 대전께서 그 정성과 효심을 가상히 여겨 특별히 허락하였다. 드디어 서궁(西宮)으로 갔는데 궁궐 문이 열리지 않아서 들어갈 수 없었으므로, 그 문을 두드리며 부르짖어 말하기를, "중전이신 어머님께서 이 문을 열라고 명하소서. 소자가 공손히 맞이하러 왔습니다." 하였다. 중전이 비로소 세자가 온 것을 알고 기뻐하고 즐거워함을 이기지 못하고 직접 그 문을 열어주었다. 그날 중전이

머리를 쓰다듬으며 사랑하고 세자가 재롱을 부리며 즐거워하니 궁인들이
크게 감동하였다.

이에 세자가 연(輦)123)에 오를 것을 청하니, 중궁이 바로 허락하여
마침내 배종하여 입궐하였다. 이 뒤로 아침저녁으로 문안하는 것 외에도
항상 입시하여 마음을 다해 위안하고 기쁘게 하는 방도를 생각하였으니
거의 마치 사가(私家)의 어머니와 아들 사이와 같았다.124) 비록 문왕(文
王)125)이 하루에 세 차례 문안을 올린126) 효성이라도 어찌 이보다 더할
수 있단 말인가? 희빈이 비록 매우 미워하였지만, 중전을 효성스럽게
받드는 것이 처음처럼 한결같았으니 이것이 어찌 어질고 효성스러운
자질이 아니겠는가?

왕위에 오른 뒤에도 한결같이 선왕의 훌륭함을 따라서 고치고 바꾸지
않았으며, 선조 때의 대신들을 빠뜨리지 않고 등용하였고, 전조(銓曹)127)

123) 연(輦) : 임금이 타는 가마이다. 보통 사람이 어깨로 메고 다니는데, 때론 밑에
    수레를 달아 말이 끌기도 하였다.
124) 세자가 …… 같았다 : 이문정이 경종과 인현왕후의 관계를 우호적으로 기술한
    데에는 군주와 서인 간 일체감을 조성하려는 의도가 실려 있다. 비록 장희빈의
    아들로서 경종의 태생은 근본적으로 극복할 수 없지만 양육과정에서 인현왕후가
    베풀어준 은혜와 이를 잊지 못하는 효자의 면모를 부각시켜 양측간 거리를 좁히려
    한 것이다. 더 나아가 경종으로 하여금 당파를 아우르는 위상을 갖추도록 권면하려
    는 의도 또한 담고 있었다. 즉 특정 정파를 대변하는 국왕이 아니라 군권을 위호하는
    세력들을 포괄할 수 있는 군주로서의 면모를 기대하였던 것이다. 이 점은 해당
    본문 후반에 기술된 내용을 통해서도 재확인할 수 있다. "왕위에 오른 뒤에도
    한결같이 선왕의 훌륭함을 따랐다." 든지, "선조 때 대신들을 빠뜨리지 않고 등용하
    였다."는 표현은 경종을 너그럽고 통합을 추구하는 군주로 묘사함으로써 윤지술
    사건을 계기로 불안해진 세제의 지위를 안정시키려는 의도를 반영한 것으로 보인다.
125) 문왕(文王) : 주나라의 기초를 닦은 명군(名君)이다. 왕계(王季)와 태임(太任)의 사이
    에서 태어난 아들이다. 문왕의 사후 아들 무왕(武王)이 즉위하여 은나라를 멸망시켰
    다.
126) 하루에 …… 올린 : 원문은 "三朝"이다. 문왕이 세자로 있을 적에, 왕계에게 하루에
    세 차례씩 문안을 올렸다는 고사로, 황태자 책봉 과정에서 거행되는 하나의 의식이
    다.
127) 전조(銓曹) : 문무관(文武官) 선발을 담당하는 이조(吏曹)와 병조(兵曹)를 일컫는

에서 의주(擬注)[128]할 때 비록 미관말직이라도 올바른 무리는 반드시 낙점하였지만 사특한 무리들의 낙점에는 인색하였다. 비록 안정하며 조섭하는 중이라도 간쟁하는 말을 순순히 받아들이셨으며 허물을 들으시면 반드시 고쳤으니, 비록 요·순과 같은 성군일지라도 어찌 이보다 더 나을 수 있었겠는가?

그런데 상소에 대해 내리는 비답이 여러 날 지체되고, 삭전(朔奠)을 친히 거행하는 것을 자주 빼먹는 것과 같은 일은, 주상의 건강이 근래 들어 나빠져서 신기(神氣)가 아무 때나 혼미해지니 억지로 모든 일을 총괄할 수 없었기 때문이었다. 만약 울화병이 잠시 가라앉아서 신기가 조금 맑아지면 서로 공격하는 장주(章奏)라도 가부를 따라서 비답을 내렸는데, 모두 법도에 딱 맞아서 조금도 어긋나지 않았으니, 어찌 강직하고 명석한 임금이 아니겠는가? 상소에 대한 비답이 지체되고, 궤전(饋奠)을 섭행한 것은 실로 환후(患候) 때문에 억지로 하기 어려웠기 때문이다. 또 일전에 누런 물을 토해낸 뒤로 주상의 건강이 더욱 악화되어 정월 초하루 날 거행되는 삭전을 섭행하라는 명이 있었던 것이다.

주상의 건강이 이 같은 지경에 있으니 설령 직접 거행한다는 명이 있더라도 오늘날 신하된 자로서는 진실로 섭행을 권면하는 것이 마땅하였다. 그런데 앞서 홍우전이 경연을 열어서 유신(儒臣)들을 자주 만나고 상소에 대한 비답을 즉시 내려달라고 상소하고, 김제겸이 삭제(朔祭)[129]를 섭행하라는 명을 빨리 거두어 달라고 말하기에 이른 것은, 절실하고 직설적인 간언으로서, 거의 마치 주상이 병이 없는데, 직접 제사를 거행하는 것을 게을리한 것처럼 말하였다. 홍우전과 김제겸은 이미 근시(近侍)의

말이다.

128) 의주(擬注) : 의망(擬望). 관원을 임명할 때 먼저 문관은 이조, 무관은 병조에서 세 명의 후보자[三望]를 정하여 임금에게 올리던 것이다.

129) 삭제(朔祭) : 왕실에서 매달 음력 초하루마다 조상에게 지내던 제사이다.

반열에 있었는데, 어찌 주상의 건강 때문에 억지로 행하기 어렵다는 것을 알지 못하였겠는가?

그런데도 오히려 이와 같이 한 것은 다른 이유가 아니었다. 국구(國舅) 어유구(魚有龜)[130]가 아침저녁으로 안부를 살폈는데, 한쪽 편의 흉악한 무리들이 질병을 숨기라고 유혹하는 것에 기꺼이 따라서,[131] 선언하여 말하기를, "주상의 건강은 정상이다." 하였다. 그 불충하고 불측한 흉계는 주상의 건강, 한 조목을 바로 시휘(時諱)[132]로 만드는 것이었으므로, 두 신하가 고의로 이 상소들을 올려서 실제로 병이 나서 억지로 행하기 어렵다는 비답을 받들려 한 것이었는데, 이에 김제겸을 체차하라는 하교가 있었으니 이는 진실로 의외의 처분이었다.

내 생각으로는, 주상이 병세 때문에 이처럼 억지로 시행하기 어려운데 신하된 자의 도리에 조금도 근심하고 걱정하는 뜻이 없이 전날의 섭행한 잘못을 일일이 나열하고 내일 제사를 직접 거행하라고 힘껏 청하는 것에 대해 성심이 깊이 편치 않게 여겨서, 마침내 체직시키는 조치가 있었던 것이다. 그런데 남도규와 정형익이 연이어 아뢰어서 넓게 열어 보이니, 주상이 불현듯 깨우치고 바로 "내가 실로 부끄럽다."는 온화한 비답을 내려주었다.

---

130) 어유구(魚有龜) : 1675~1740. 본관은 함종(咸從), 자 성칙(聖則), 호 긍재(兢齋)이다. 1718년 딸이 세자빈[선의왕후(宣懿王后)]이 되었고, 1720년 경종이 즉위하자 함원부원군(咸原府院君)에 봉해졌다. 1721년 노론 사대신이 세제 대리청정 문제로 파직되자 무고라고 주장하였다. 신임옥사 후 김일경이 원훈(元勳)에 오를 것을 청했으나 사양하였다.

131) 어유구가 …… 따라서 : 당시 정국에서 어유구는 경종에게 직접적인 영향력을 끼칠 수 있는 국구라는 지위로 인해 노론 내부에서 의심의 눈초리를 거두지 않았다. 1721년 12월 6일, 사직 김일경 등이 상소를 올려 노론 사대신의 세제 대리청정 주장을 역모라고 비판하여 정국의 반전을 이끌어내자, 어유구는 노론 사대신이 김일경 등의 무고를 받았음을 주장하는 상소를 올렸다. 하지만 노론 측에서는 어유구가 신축환국의 배후라는 의심을 받자 부득이 거짓으로 구원하는 상소를 올렸을 뿐, 실상 그의 본심은 아니었다고 보았다.(《景宗實錄》 1年 12月 7日 참조)

132) 시휘(時諱) : 그 시대에 있어서 용납되지 않는 언행을 가리킨다.

이와 같은 임금이 있어서 질병이 없고, 신하 또한 이와 같아서 잘못을 바로잡는 책무를 다하였다면 태평성세의 다스림을 우리 조정에서 볼 수 있었을 것이다. 그러나 나라의 운세가 맞지 않아서 이와 같은 성군(聖君)에게 억지로 시행하기 어려운 병이 있고, 사특한 무리들이 그 기미를 엿보고 있어서, 비록 올바른 무리들이 있다 하더라도 직분을 다할 도리가 없으니, 아! 탄식할 만하다.

한번 조중우와 윤지술이 나오면서부터 조중우를 징토하고 윤지술을 지지하는 자는 세상에서 정류(正類)라고 하였고, 윤지술을 징토하고 조중우를 지지하는 자는 세상에서 사당(邪黨)이라고 하였다. 주상의 환후가 몇 년전 부터 최근까지 점점 나빠졌는데, 저사(儲嗣, 세자)의 대본(大本)은 아직도 세워지지 않았으니, 같은 조정의 신하들이라면 한편으로는 주상의 환후가 잘 다스려지기를 걱정하면서도 또 다른 한편에서는 저사를 정책(定策)하는 일을 의논하느라 다른 생각을 할 겨를이 없어야만 했던 것이 바로 그때였다.

그런데 사당은 이때가 기회라고 생각하고, 안으로는 귀척(貴戚)과 결탁하여 종용하는 길을 도모하고, 밖으로는 윤지술을 성토하여 아첨하는 계책으로 삼아서, 이에 종실의 자제로서 소목(昭穆)133)의 친척과 은밀히 저사를 정하는 일을 논의하였다. 안팎으로 화응하는 일이 점차 이루어지면 조정의 정류를 먼저 제거하려고 선조(先朝) 때 뜻을 잃은 무리들을 앞장세워 털을 불어 흠집을 찾아내듯 앞다투어 패악한 상소를 올렸다.

---

133) 소목(昭穆) : 세대를 구분하는 종법의 원리를 가리킨다. 사당에서 신주(神主)를 모시는 차례로 왼쪽 줄의 소(昭), 오른쪽 줄의 목을 통틀어 일컫는 말이다. 《주례(周禮)》에 따르면 제1세를 중앙에 모시는데 천자는 소에 2·4·6세, 목에 3·5·7세를 각각 봉안하여 삼소삼목(三昭三穆)의 칠묘(七廟)가 되고, 제후는 소에 2·4세, 목에 3·5세를 각각 봉안하여 이소이목(二昭二穆)의 오묘(五廟)가 되며, 대부(大夫)는 일소일목의 삼묘(三廟)가 된다. 문헌에 의하면 원래 소는 '존경한다' 또는 '밝다'는 뜻으로 북쪽에서 남쪽을 향한 위치를 일컫고, 목은 '순종한다' 또는 '어둡다'는 뜻으로 남쪽에서 북쪽을 향한 위치를 일컫는 것으로 해석된다.

정류는 분함을 이기지 못하고 간사하고 사특한 자들에 대해 몹시
통분해 하면서 교대로 소장을 올려 발명하였다가 대거 배척받고 물러났
다. 이럴 즈음에 조정에서는 날마다 큰 싸움터가 펼쳐져서, 나라의 형세가
위태로워져 멸망하는 날을 가리키며 기다릴 수 있을 정도였다. 그런데
다행스럽게도 선대왕이 배양한 덕에 나라를 지키는 정류가 적지 않았다.
김창집·이이명·이건명·조태채, 이 네 명의 정승이야말로 바로 가장
주석(柱石)134)같은 신하로서 육척(六尺)의 외로운 임금135)을 보호할 수
있는 자들이었다.136)

　그래서 사당은 이들과 가장 크게 다투었으므로 반드시 공격하여 제거하
려고 하였다. 맨 먼저 유중무가 "영의정이 작성한 도당록(都堂錄)137)이
사사로움을 따랐다." 상소하여 비방하였다. 두 번째로 조최수가 상소하여,
"영의정이 윤지술을 구원하는 차자를 올렸다." 하여, 배척하고 제거하라고
청하였다. 세 번째로 이진검이 상소하여, 먼저 "대의를 돌아보지 않고
분수에 넘치는 일을 도모하려 했다."는 등의 말로 대략 조중우에 대해
논하고, 이어서 "자식으로서 어미를 끊을 수 없다." 하고, "반드시 전하로

---

134) 주석(柱石) : 기둥과 주춧돌을 가리킨다. 국가의 중책을 맡은 사람을 비유할 때
　　사용한다.
135) 육척(六尺)의 외로운 임금 : 원문은 "六尺之孤"이다. 어려서 아버지를 잃은 임금을
　　가리킨다. 여기서는 병든 경종을 지칭한다.
136) 김창집 …… 자들이었다 : 이문정은 노론 사대신을 정류(正類)로 규정하면서 높이
　　평가하였다. 사대신은 선왕의 뜻을 따라서 연잉군을 세제로 정책하여 나라의
　　명맥을 보존하려 노력했기 때문이었다. 따라서 아래와 같이 많은 지면을 할애하여
　　노론 사대신의 행적에 대해 적극 옹호하였다. 반면 세제를 버리고 다른 종실에서
　　후사를 논의하여 나라의 권력을 훔치려는 자는 흉(凶)으로 규정하였다. 이는 추후
　　정국에서 준론을 배제하고 세제를 매개로 노·소론 내 완론 세력과의 연대를 모색하
　　려는 바람을 담은 것이다.
137) 도당록(都堂錄) : 홍문관의 관원들이 함께 의논하여 작성한 홍문록(弘文錄, 홍문관
　　의 교리·수찬을 선임하는 기록), 즉 본관록(本館錄)을 이조(吏曹)에 이송해 다시
　　심사하여 이조록(吏曹錄)을 작성한다. 이조록과 본관록을 의정부에 이송하여 의정
　　부의 대신들에게 다시 심사하여 작성하게 하는 것이 도당록이다.

하여금 낳아 준 은혜를 끊게 한 뒤에야 바야흐로 마음이 시원해했다.”
등의 말로 암암리에 조중우를 지지하고 윤지술을 혹독하게 배척하였다.

또 이어서 윤지술을 힘껏 구원하는 것에 대해서, “확고한 의지를 가진
군부가 이미 내린 명령을 도로 거두게 해서 반드시 전하로 하여금 치욕을
감수하고 단지 윤지술이 있는 줄만 알고 군부가 있다는 것은 알지 못하는
것이다.” 등의 말로 여러 신하들 및 영의정을 군부로 하여금 치욕을
받게 하고, 군부를 잊고 무리들을 보호하는 죄과에 두었다.

또한 정유독대의 일과 청나라로 사행 갈 때 은화를 미리 준비한 일을
제기하여 이 판부사의 대죄안(大罪案)을 구성하였다. 그러나 독대의 일은
다음과 같으니, 선왕이 대신에게 하교하기를,

“지금의 세자는 본래 유약한 체질이었는데, 희빈의 변고 뒤에 곧 기이한
질병이 생겨 후사를 이을 가망이 없을 듯하니 나의 근심이 매우 깊다.”

하였다. 대신이 미처 우러러 대답하지 않았는데 다시 하교하기를,

“내 나이가 노쇠하고 병이 깊어져 실로 수행하기 어려우니 바야흐로
세자로 하여금 대리하게 하라.”

하였다. 이에 대답하여 아뢰기를,

“세자의 대리는 국가의 대사인데 이 같은 성교(聖敎)를 신이 어찌 혼자
받들 수 있겠습니까? 마땅히 중앙과 지방에 전지를 내려야 합니다.”

하였다. 다시 하교하기를,

“내가 당나라 태종의 고사를 따르려고 하는데 경의 뜻은 어떠한가?”

하자, 대신이 놀라고 두려워 안색이 변해서 말하기를,

“전하께서는 어찌 이 같은 하교를 하십니까? 대답할 바를 알지 못하겠습
니다.”

하고는 곧 일어나 물러났다. 이것이 바로 독대 당시의 설화(說話)인데
사관이 기록할 수 없었으니 바깥에 있던 사람들이 어찌 알 수 있었겠는가?
흉악한 무리들이 대내(大內, 임금의 처소)의 일을 염탐하고자 몰래 내시들

과 결탁한 지 이미 오래되었다. 내시 김경도(金景燾)가 흉악한 무리들의 탐문으로 인해 독대 당시의 설화를 비밀리에 고하여, 온 세상에 전파되었다. 선대왕이 즉시 후회하고 마침내 윤음(綸音)을 내려서 대신의 무죄를 발명하였다.

만약 대신이 그날 성교를 순순히 따랐다면 죄안이 될 수 있었겠지만, 이 하교를 듣자마자 불안스럽게 여겨 막고 급하게 물러나갔으니, 체통을 얻었다고 말해도 될 것인데, 어디에 죄를 얽을 단서가 있단 말인가? 독대할 때 또한 세자에게 대리청정시키겠다는 하교가 있었는데, 이것은 어찌 대신에게 그 죄를 돌리지 않는가? 당나라 태종의 고사를 따라서 행하고 싶다고 하교한 것은 곧 선대왕의 과오이지, 대신의 죄과가 아니다. 지금 대신을 죄로 얽어매려 하는 것은 바로 선왕을 죄로 얽어매는 것이다.

은화의 일에 대해서는 곧 두 대신과 세 사신이 함께 논의하여 전례에 따라서 뜻하지 않은 일에 대비한 것인데, 지금 이 판부사가 독자적으로 창시한 것처럼 만들어, 또한 죄에 얽어 넣는 단서로 삼고, 함께 논의했던 두 대신과 세 사신을 함께 죄의 가운데 얽어 넣었다. 만약 그 은을 낭비하여 환납(還納)하지 않았다면 죄안이 될 수 있겠지만, 사신으로 갔다가 돌아온 뒤에 본수(本數)대로 반납하였는데, 죄가 될 일이 무엇이 있겠는가?

네 번째로 조태구의 상소가 나와서, 청나라 사신들이 왕제와 종실의 자질을 보기를 청한 것에 대해서, "접대하는 여러 신하들이 굳게 거절할 뜻을 곧장 진달하지 못하고 단지 '어찌해야 합니까?'라는 한 구절로 데면데면하게 아뢰었다."고 남김없이 허물을 질책하여 죄를 얽은 것이 매우 심각하였다. 이것이 비록 죄를 더할 계략에서 나왔지만 이 또한 그릇되지 않은가? 국가에 큰일이 있는데, 어찌 감히 임금에게 고하지 않고 아래에서 멋대로 처리하는 자가 있단 말인가?

청나라 사신이 왕제와 종실의 자질을 보겠다고 청한 것은 실로 본조를 의심하는 곤란한 일이다. 영의정과 우의정이 "어찌해야 합니까?"하고 우러러 아뢴 것은 첫째, 저들의 말이 이와 같았다는 것을 먼저 알리기 위해서이고 둘째, 감히 밑에서 마음대로 처리할 수 없었기 때문이며 셋째, 품지(稟旨)하여 거행하는 것이 어떠냐에 따라서 굳게 거절한다는 한 대목은 차례로 진행할 일이기 때문이다.

만약 주상에게 고하지 않고 멋대로 막는다면 또한 군부를 무시하고 밑에서 마음대로 처리한 죄를 지은 것이 아니겠는가? 이 모두 화란의 기미를 선동하여, 정류를 얽어매어 죽이려는 계략이었다. 판부사 조태채의 경우 원래 근거할 만한 일이 없었기 때문에 짐짓 간사한 무리들의 상소에서 거론하지 않았다. 그러나 시기하고 증오하는 마음은 세 정승에 대해서와 다름이 없어서 함께 "사흉(四凶)"이라고 칭하였다.

자손이 번창하는 경사를 지금 기대하기 어려우니, 선왕의 뜻을 따라서 당당한 세제로 정책하여 나라의 명맥을 보존하려는 것이 도리어 흉(凶)이 되는가? 주상의 동생을 버리고 멀고 아득한 종실에서 후사를 논의하여 나라의 권력을 훔치려는 자가 도리어 충(忠)이 되는가? 오직 네 정승이 왕제로 정책하려는 계책만이 천경지위(天經地緯)[138]이고 해와 달처럼 밝아서 만고에 바꿀 수 없는 정류이다. 아! 추악한 무리들이 종실 가운데 후사를 세우려 한 일은 자개무늬 비단[139]이나 때까치[140] 울음 같은 참소이자 사납게 물어대는 해충[141]과 같으니, 만고에 피하기 어려운 역절(逆節)이었다.

---

138) 천경지위(天經地緯) : 천지의 경위(經緯)로, 영구불변의 도리를 이른다.

139) 자개무늬 비단 : 원문은 "織貝"이다. 자개 무늬를 놓아서 짠 비단이다. 《서경》〈우공(禹貢)〉에 "광주리에 담아서 바치는 폐백은 직패이다[厥篚織貝]." 하였다.

140) 때까치 : 원문은 "鵙"이다. 음기가 지극히 성할 때 우는 새이다. 때까치가 우는 소리는 매우 흉하여 맹자는 이를 오랑캐의 말소리에 비유하기도 하였다. "지금 남만의 때까치 소리를 하는 사람의 말은 선왕의 도가 아니다.[今也南蠻鴃舌之人, 非先王之道.]"(《孟子·滕文公上》 참조)

141) 해충 : 원문은 "蟊賊"이다. 뿌리와 마디를 갉아 먹는 해충이다. 백성의 재물을 빼앗아 먹는 탐관오리를 가리키는 말로도 쓰인다.

신축년(1721)

신축년(1721, 경종1) 정월 3일 정언 김만주(金萬胄)[1]가 상소하여, 이진검 (李眞儉)[2]이 위로는 대신으로부터 아래로는 삼사에 이르기까지 배격한 일, 정유독대의 일과 사신이 행차할 때 은화를 가져간 일을 제기한 죄를 들어서 배척하였다.

4일 승정원에서 먼저 이진검을 삭출할 것을 청하였으나, 주상이 윤허하지 않았다.

7일 다음과 같이 전교하였다.

"효령전에 지내는 춘향 대제(春享大祭)[3]는 마땅히 직접 거행할 것이니, 승지는 인원을 갖추지 않으면 안 될 것이고, 동부승지 이진검은 개차(改差) 하라." 도목정사(都目政事)[4]에 친림하겠다고 하교하였다.

---

1) 김만주(金萬胄) : 본관은 광주(光州), 자 종백(宗伯)이다. 김육(金堉)의 손자이다.
2) 이진검(李眞儉) : 1671~1727. 본관은 전주, 자 중약(仲約), 호 각리(角里)이다. 숙종대 이조정랑을 거쳐 예조판서를 지냈다. 1721년 동부승지 재직시 이이명을 탄핵하다 유배되었다. 그 뒤 예조판서가 되었으며, 신임옥사 때 노론 축출에 가담하였다. 1725년(영조1) 강진으로 유배되어 죽었다.
3) 춘향 대제(春享大祭) : 초봄에 종묘와 사직에 지내는 큰 제사이다.
4) 도목정사(都目政事) : 이조와 병조에서 관원의 치적을 조사하여 출척(黜陟)과 이동을 행하던 인사제도이다. 1년에 한 번 행하는 단도목(單都目, 12월), 두 번 행하는 양도목(6·12월), 네 번 하는 사도목(1·4·7·10월)이 있다.

8일 전교하기를, "도목정사를 10일 밖에서 베풀어 행하는 일과 효령전 춘향대제를 섭행할 것을 마련하는 일을 분부하라." 하였는데, 계속 주상의 건강이 나빠졌기 때문이었다.

판부사 이이명, 집의 박성로, 예조판서 이조가 6만 냥의 은화를 본수(本數)에 의거하여 환납한 일을 가지고 연이어 상소하여 발명하였다. 부수찬 김민택(金民澤)[5], 정언 김고, 장령 홍용조(洪龍祚)[6], 정언 이성룡(李聖龍)[7], 지평 어유룡(魚有龍)[8] 등이 서로 상소하여 이진검을 성토하였다. -이 아래는 빠져 있다. -

2월 9일 충청도 유학(幼學) 이몽인(李夢寅)·심득우(沈得佑)·조형(趙瀅) 등이 상소하여, 윤지술의 머리를 베어 인륜을 밝히고 김창집의 죄를 통쾌하게 바로잡아서 인심을 진정시킬 것을 청하였다.[9] 승정원에서 물리쳤는데 세 사람이 작두[斫刀]를 들고 궁궐 문으로 들어와서 군졸을

---

5) 김민택(金民澤) : 1678~1722. 본관은 광산(光山), 자 치중(致中), 호 죽헌(竹軒)이다. 김익겸(金益兼)의 증손으로, 할아버지는 김만기(金萬基)이고, 아버지는 호조판서 김진구(金鎭龜)이다. 1720년 이진검·이진유 등이 형 김운택(金雲澤)을 논핵하자 용서를 청하는 상소를 올렸다. 1722년 목호룡 고변 명단에 끼어 옥사하였다. 김제겸·조성복과 함께 신임옥사 때 죽은 삼학사(三學士)로 일컬어진다.

6) 홍용조(洪龍祚) : 1686~1741. 본관은 남양(南陽), 자 희서(羲瑞), 호 금백(金伯)이다. 1721년(경종1) 연잉군의 세제 책봉을 반대하는 유봉휘를 처형하라고 상소하였다가 파직되었다. 이듬해 임인옥사로 온성에 안치되었다.

7) 이성룡(李聖龍) : 1672~1748. 본관은 경주, 자 자우(子雨), 호 기헌(杞軒)이다. 정언·지평 등을 역임하였다.

8) 어유룡(魚有龍) : 1678~1764. 본관은 함종(咸從), 자 경우(景雨)이다. 경종의 장인 어유구의 재종제이다. 대간으로 있으면서 세제 책봉에 반대하는 소론의 처벌을 주장하였고, 또한 세제 대리청정을 반대하는 조태구 등을 탄핵하여 박치원(朴致遠)·이중협(李重協)과 함께 노론의 3대 대간으로 불렸다. 1722년(경종2) 임인옥사 때 유배되었다.

9) 이몽인 …… 청하였다 : 당시 이몽인 등은 경종의 어머니 장희빈을 죽인 것이 숙종의 큰 업적이라고 한 윤지술이야말로 인륜을 무너뜨린 자이며, 이이명이 6만 냥으로 청나라 사신을 매수하고 김창집이 청나라 사신에게 연잉군의 신상을 써준 것을 비난하였다.

구타하였다. 승정원에서 계문(啓聞)하고 형조에 잡아 가두었다.

13일 청나라 사신이 와서 등극을 허락하는 조칙과 시호(諡號)를 내려주고, 혼궁(魂宮)에 제사하였다.

19일 형조판서 이홍술(李弘述)[10]이 전지(傳旨)에 의거하여 이몽인 무리의 공사(供辭)를 봉입(捧入)하였으니, 공사의 대략은 다음과 같다.

첫째, 먼저 윤지술이 윤리를 손상시킨 죄를 논척하였다. 둘째, 영의정이 윤지술을 구원한 죄이니, 이는 주상의 뜻에 아부하려는 계략이었다. 셋째, 영의정과 청나라 사신이 주고받은 설화인데, 심지어 말하기를, "전하의 춘추가 몇 살이고, 뒤를 이을 후사가 있고 없고를 아무런 까닭 없이 저들에게 글을 써서 주었다." 하였다.

외국에서 승통(承統)할 때가 되면, 청나라 사신의 입장에서 국왕의 춘추가 몇 살이고 뒤를 이을 후사가 있고 없는지를 묻는 것은 또한 괴이할 것이 없으며, 대신이 춘추가 몇 살이며, 뒤를 이을 후사가 아직 없다고 대답하는 것은 또한 당연하였다. 무엇 때문에 춘추가 몇 살이고 뒤를 이을 후사가 있고 없는지를 숨겨야 하는가?

청나라 사신이 또한 왕제(王弟)와 종실이 몇 명이 있는지를 묻고, 다른 종실은 없고 단지 왕제 한 명만 있다고 답변한 것 또한 당연한 일이었다.

---

10) 이홍술(李弘述) : 1647~1722. 본관은 전주, 자 사선(士善)이다. 덕흥대원군(德興大院君, 중종의 7자)의 후손이다. 경종이 즉위하자 김창집 등과 함께 세제 책봉을 청하였다. 1722년 목호룡 고변으로 하옥되었다가 죽었다. 임인옥사 당시 조흡(趙洽)의 공초에서 김창집이 궁성을 호위하고 대리청정의 명을 받아내려고 훈련대장 이홍술을 시켜 중군(中軍)에 임명하여 계획을 세웠다고 자백하였다.(《景宗實錄》 2年 4月 20日 참조) 소론은 조흡의 진술을 바탕으로, 노론이 군사를 일으켜 군부를 폐출하려 했다고 주장하였다. 《진감》에서는 이홍술을 포함하여 이우항(李宇恒)·윤각(尹慤)·백시구(白時耉)·김시태(金時泰)·심진(沈搢)·유취장(柳就章)·이상집(李尙馦) 등을 '8명의 절도사(節度使)'로 추숭하였다.

주상의 뒤를 이을 후사를 기대할 희망은 오히려 점점 멀어지고 있으므로, 왕제를 정책하는 것이 바로 가장 먼저 해야 할 일이니, 왕제가 있다고 말한 것은 앞으로 다가올 일을 내다보고 밝히는 방도가 아니겠는가? 만약 그것을 감추고 말하지 않다가 책봉을 주청(奏請)할 때 갑자기 있다고 한다면 저들이 의혹하는 단서가 되지 않겠는가?

그러나 단지 괴귀(怪鬼)한 무리들이 흉악한 속셈을 서로 이어 가면서 머리와 얼굴만 바꾸고 교대로 상소하여 공격하고 배척하였는데, 오히려 미치지 못할까 두려워하여 시골의 무뢰한인 이몽인의 무리를 불러 모아서 터무니없는 말을 지어내고 흉악스럽고 어그러진 상소를 꾸며내었다. 이것은 한편으로는 주상의 뜻을 두렵게 하여 동요시키려는 계략이었고, 다른 한편으로는 영의정을 공격하여 제거하려는 계략이었다.

넷째로 정유독대의 일과 은화의 일을 제기하였는데, 심지어 말하기를, "독대한 대신이 은화를 훔쳐갔다." 하였다. 아! 저 무리들이 날조하여 모함하는 계략에 급급하였다고는 하나, 이른바 "은화"는 묘당(廟堂)에서 함께 논의하고 전례에 따라 계청하여 가지고 간 것이었는데, 끝내 이몽인 무리들은 "훔쳐갔다."고까지 말하였으니, 심하고 심하구나! 터무니없이 다른 사람을 모함한 것이여! 이는 주상의 뜻을 현혹시키려는 계략이었다. 기타 묘당을 무함하고 여러 신하들을 업신여겨 짓밟은 것이 끝이 없었는데 이는 모두 불령(不逞)스러운 무리들이 사주한 것이었다. 어떤 사람이 다음과 같이 말하였다.

"이전부터 청나라 사신으로 온 자들은 문득 세자의 병든 얼굴을 보고 매번 불만스런 뜻이 있었으므로, 청나라 사람들이 주상에게 기이한 질병이 있고 뒤를 이을 후사가 없다는 것을 자세히 알고 있었을 것이다. 이 때문에 이번에 온 사신이 종실이 몇 명인지를 탐문하고 왕제와 종실의 자질들을 서로 볼 것을 청한 것이었는데, 이것은 우리나라의 국세가 고립되고 위태로운 것을 업신여기고 깔본 것이었다.

왕제인 연잉군은 영민하고 총명하였으며, 단정한 태도와 자세가 다른 사람을 감동시켜서 실로 왕자(王者)의 기상이 있었다. 오늘날 이처럼 주상이 뒤를 이을 후사가 없는 상황에서 앞으로 왕통을 계승할 사람은 오로지 왕제뿐이었기 때문에 대신들이 저들이 묻자 왕제가 있다고 대답하였던 것이다.

또한 이전부터 국왕이 청나라 사신을 접대할 때, 세자가 뒤에서 시립(侍立)하였다. 그런데 지금은 시립할 세자가 없으니, 왕제가 시립하더라도 또한 불가할 것이 없었다. 하물며 청나라 사신이 함께 보기를 청하였으니, 가로막아서는 안 되므로 대신이 계품한 것이었다. 대신의 뜻이 과연 이와 같다면 사실을 보여주어 외국인을 접대하는 도리에 진실로 합당한 것이었다. 그런데 한쪽 편 사람들은 도리어 대신이 '왕제가 있다.' 말한 것을 죄로 삼아서, 왕제가 있다는 것을 숨기지 않았다고 매우 미워하였으니, 그 마음이 있는 곳은 길가는 사람도 알 수 있을 것이다."

이 말 또한 일리가 있구나! 형조판서 이홍술이 이몽인을 형추(刑推)하여 정상(情狀)을 알아내자고 계문하니, 전교하기를, "형신(刑訊)을 면제하고 의논해 처리하라." 하였다.

아! 저 이몽인 무리들은 시골의 일개 유생으로서, 이륜을 떠받들어 바르게 한다고 핑계대고, 윤지술(尹志述)이 지존을 핍박하여 은혜를 해친 죄를 성토하여 배척한 것은 오히려 괴이할 것이 없었다. 그런데 영의정이 차자를 올려 윤지술을 구원한 것을 감히 먼저 거론하며 꾸짖었는데, 심지어 말하기를, "군신의 분수와 모자(母子)의 의리가 모두 사라져 남은 것이 없게 되었다." 하였다. 주상의 춘추가 몇 살이며, 뒤를 이을 후사의 있고 없고를 곧 청나라 사신들이 묻자 영의정이 묻는 바에 따라 대답한 것인데, 이르기를, "청나라 사신이 본래 찾아서 물은 일이 없었는데 영의정이 함부로 저들에게 써서 주었다." 하였다.

이른바 "은화"는 전례를 따라서 청하여 얻은 것이고, 완수(完數)를 환납하였는데, 이르기를, "독대한 대신이 은화 6만 냥을 훔쳐갔다." 하였다. 이것은 터무니없는 말을 지어내어 두 대신을 배격한 것이니, 그 간교하고 악랄한 것을 논한다면 무거운 형률을 면하기 어려울 것이다. 또한 반드시 사주하는 자가 있을 것이니, 형신(刑訊)을 단연코 그만둘 수 없는데, 단지 형신을 면제하고 정배하는데 그쳤으니, 주상의 뜻이 어디에 있는지를 우러러 헤아릴 수 있다.

옛날 성인이 은미하게 간언하는 것[11]과 드러내어 간언하는 것을 구분하여 가르쳤는데, 이는 무엇을 이른 것이겠는가? 군주에게 허물이 있어서 은미하게 간언하였는데 듣지 않으면 그 뒤에야 바야흐로 드러내어 간언하는 것을 일러 말한 것이다.

주상께서 즉위하신 뒤에 사친을 추보하는 한 가지 일은 시행하고 조치하는 사이에서 애초부터 거론하지 않았는데, 저 윤지술이 사단(事端)이 없을 때에 아무 까닭 없이 제기한 것은 이미 극도로 놀랍고 망령스러운 일이었다. 하물며 감히 임금에게 아뢴 말에 극구 배척하는 말을 거리낌 없이 하였으니, 주상 입장에서는 어찌 속을 썩이고 은밀히 애통해 하지 않았겠는가?

따라서 윤지술에게 죄가 없음을 사실대로 밝혀 구원하는 자는 마땅히 주상이 미워하였을 것이며, 윤지술을 성토하여 배척하는 자는 마땅히 주상이 고맙게 생각하였을 것이다. 윤지술 한 명으로 인하여 간신배들이 구름처럼 일어나 앞다투어 패악한 소장을 올려 온 세상을 두드리고

---

11) 옛날 …… 것 : 《논어》〈이인(里仁)〉편에서 공자가 다음과 같이 말하였다. "부모를 섬기되 은미하게 간해야 하니, 부모의 뜻이 내 말을 따르지 않음을 보더라도 더욱 공경하고 어기지 않으며, 수고로워도 원망하지 않아야 한다."[子曰, 事父母幾諫, 見志不從, 又敬不違, 勞而不怨.] 이에 대해 주자가 주해하기를, "은미하게 간한다는 것은 이른바 부모가 허물이 있거든 기운을 내리고 얼굴빛을 화하게 하여 부드러운 소리로써 간한다."[微諫, 所謂父母有過, 下氣怡色, 柔聲以諫也.] 하였다.

흔들어 위에서는 주상을 의혹하고, 아래로는 대신들을 물리쳐 쫓아냈으
니, 윤지술이 나온 것은 매우 불행한 일이었다.

26일 주상이 탄 수레가 명릉(明陵)12)에 나아갔다.

3월 5일 형조에서 이몽인을 삼수(三水)13)에 충군(充軍)14)하고, 심득우는
강릉에 정배하며, 조형은 삼척에 정배할 것을 아뢰었다. 영의정이 차자로
아뢰기를,

"산릉에 전알(展謁)15)하시는 일은 실로 정성스럽게 효도하는 지극함에
서 나온 것이지만 3년 안에는 애초에 대가(大駕)가 도성을 나가는 예(禮)가
없습니다. 하물며 지금 주상의 건강상태가 오랜 기간 조화롭지 못한데,
만약 몸과 마음을 다해 슬피 울부짖는 일이 있으면 한층 더 상하게
할 우려가 있으니, 청컨대 능행(陵行)하겠다는 명을 멈추시기 바랍니다."
하였다. 주상이 마침내 그만두었다.16)

9일 이에 앞서 승지 김시환(金始煥)17)이 병신년 상소로 폐고된 유생의

---

12) 명릉(明陵) : 숙종과 계비 인현왕후(仁顯王后), 두 번째 계비 인원왕후(仁元王后)를
   모신 능이다. 숙종과 인현왕후의 능이 쌍릉으로 나란히 놓여 있고, 인원왕후의
   능은 다른 쪽 언덕에 단릉(單陵)으로 모셔져 있는 동원이강릉(同原異岡陵) 형식이다.
13) 삼수(三水) : 함경도 북서쪽에 있는 지역이다. 추운 날씨와 열악한 환경으로 귀양가
   서 살아남은 자가 적었던 곳이다.
14) 충군(充軍) : 죄인을 강제로 군역에 복무시키는 제도이다. 범죄자 신분의 높고
   낮음과 죄의 경중에 따라 달랐다.
15) 전알(展謁) : 궁궐·종묘·문묘(文廟)·능침(陵寢) 등에 참배하다.
16) 주상이 마침내 그만두었다 : 《경종실록》 1년 2월 26일자 기사에는 경종이 명릉에
   행차하였다고 기록되었다. 따라서 실록과 본문의 내용은 일치되지 않는다. 연활자
   본에는 여기의 김창집의 차자가 위 2월 26자에 실려 있는데, 《경종실록》이나
   《승정원일기》에는 보이지 않는다. 김창집을 비호하려는 이문정의 입장이 반영된
   부분이라고 추정된다.
17) 김시환(金始煥) : 1673~1739. 본관은 강릉(江陵), 자 회숙(晦叔), 호 낙파(駱坡)이다. 공

벌을 풀어달라고 아뢰어, 윤허를 받았다.18) 그런데 성균관 대사성(大司成)
김운택이 거행하지 않자, 김시환이 이때 이르러 상소하여 김운택을 논척
하면서 상신(相臣)을 침해하였는데, 상신은 바로 영의정 김창집(金昌集)이
었다. 상소 유생에 대한 유벌(儒罰)을 풀어달라는 일은 이미 아뢰어서
윤허 받은 일로서 이는 곧 조정의 명령이었다. 그런데 김운택이 감히
거부하여 행하지 않았으니, 그 책임은 김운택에게 있는 것이다. 따라서
김시환이 김운택을 공격하는 것은 옳다고 할 수 있지만 무슨 이유로
영의정을 쓸데없이 공격하는가?

영의정이 차자를 올려서 대응한 것은 또한 사실에 근거해 그 일 자체를
논하여 선조의 국시(國是)가 이미 정해진 일을 명확히 말한 것에 불과할
뿐이었으므로, 이에 대한 김시환의 상소는 단지 옳고 그름을 밝혀서
사실을 가리면 될 일이었는데, "신에게 화를 내고 신을 욕한 것이 이르지
않는 곳이 없다."는 말19)로 시작하였다. 영의정 김창집의 차자를 상세히
살펴보면, 먼저 선조(先朝, 효종) 때의 일을 분변하여 숙종의 처분을 밝히
고, 다음으로 윤선거(尹宣擧)20)의 사적(事蹟)21)을 말하였다.

조판서 등을 역임하였다.

18) 김시환 …… 받았다 :《경종실록》1년 2월 19일자 기사에 보인다. 병신년(1716,
숙종42) 상소로 처벌받은 유생이란, 윤선거(尹宣擧)의 문집을 헐고 윤증(尹拯)에
대한 예우를 없애버린 이른바 '병신처분(丙申處分)'에 대해 항의한 소론측 유생을
처벌한 일을 말한다. 이들에 대한 유벌(儒罰)을 풀어달라는 김시환의 주장에 경종이
호응함으로써 병신처분이 뒤집히기 시작한 출발점이 되었다.

19) 신에게 …… 말 : 우부승지 김시환이 김창집을 배척하기 위해 다시 올린 상소에
나오는 말이다.(《景宗實錄》1年 3月 13日 참조)

20) 윤선거(尹宣擧) : 1610~1669. 본관은 파평(坡平), 자 길보(吉甫), 호 미촌(美村)·노서
(魯西)·산천재(山泉齋)이다. 성혼(成渾)의 외손이자 윤황(尹煌)의 아들이며 윤증(尹
拯)의 부친이다. 병자호란 이후 강화도에서 살아남은 것을 자책하여 출사하지
않고, 학문에만 정진하였다. 벗이었던 송시열과 윤휴가 주자의 경전 해석을 두고
학문적으로 대립하자, 이를 중재하다가 결국 송시열과 대립하게 되었다. 1716년
윤선거의 문집이 간행되었는데, 효종에게 불손한 내용이 있다고 하여 훼판(毁板)하
고 윤선거 부자의 관작도 추탈되었다.

21) 윤선거(尹宣擧)의 사적 : 영의정 김창집이 상소를 통해 밝힌 사적은 다음과 같다.

세 번째로 선왕의 처분이 매우 엄정했음을 두루 말하였을 뿐, 애초 조금도 김시환을 욕하는 말이 없었으므로, 김시환이 "신을 욕했다." 말한 것은 원래 근거가 없었다. 심지어 말하기를,

"성명(聖明)의 시대에 이런 흉악하고 교활한 큰 간특(奸慝)이 있을 줄은 헤아리지 못하였습니다. 그가 임금을 잊고 어버이를 저버리며 나라를 해치고 세상을 그르친 정상은 한두 마디 말로 다 말할 수가 없습니다. 주상에게서 권력을 옮겨 가져갔으니, 그 죄가 종사(宗社)에 관계되는데, 어찌 감히 사람들 사이에 끼어 넣어 사론(士論)의 옳고 그름에 대해 함께 의논할 수 있겠습니까?"

하였다. 구구절절이 겁박하여 욕보이고 추악하게 욕하지 않은 것이 없어서, 마치 길가에서 분별없이 도리에 어긋난 사람이 술에 취해서 근거도 없이 사람을 끝없이 욕한 것과 같았다.

김시환은 사자(士子)로서 명류(名流)라고 부르는데 어찌하여 말씨가 이토록 광패하단 말인가? 임금을 사랑하는 정성이 영의정만한 사람이 없는데, "임금을 잊었다." 하고, 영의정 한 사람에 의지하여 세도를 부지(扶持)하였는데, "세상을 그르쳤다." 하였으며, 종사를 위호(衛護)한 것은 영의정 한 사람이 있을 뿐인데, "죄가 종사에 관계된다." 하면서 "어버이를

___

윤선거가 병자호란 당시 강화도에서 살아남은 일을 변명하기 위해서 은연중에 봉림대군[효종]을 폄하하였고, 또한 역적 윤휴와 함께 교유했다는 것이다. 윤선거의 문집에 효종을 폄하하는 망령된 말이란 구체적으로 '두거(杜擧)'와 '강왕(康王)'의 비유였다. '두거'는 임금의 잘못을 일깨우게 하는 술잔이라는 뜻이다. 노론 측에서는 윤선거가 효종에게 잘못이 있다는 것을 보이기 위해 '두거'라는 말을 사용했다고 공격하였다. 즉 효종이 강화도에서 처신했던 것을 윤선거가 죽지 않고 살아남은 일에 비겨서 효종에게도 허물이 있다는 혐의를 씌웠다고 지적하였다. 또한 '강왕'의 비유는 "금(金)나라 군사가 강을 건너 쳐들어올 때 강왕은 실로 그 군중에 있었다."고 한 내용이었다. 이 내용이 청나라 군사가 침입하였을 때 당시 대군이었던 효종이 아무것도 하지 못하고 청나라 군사의 포로가 되었던 것을 비꼰 말이라는 혐의를 받았다. 이에 숙종이 실정을 간파하신 뒤로 여러 번 엄중한 교지를 내려 윤선거의 문집을 헐어버렸다는 것이다.(《景宗實錄》 1年 3月 12日 참조)

배반하였다."고까지 말한 것은 더욱 두서가 없이 무함하고 헐뜯은 것이었다.

김시환 또한 사당(邪黨)에 물들어 반드시 영의정을 몰아내려고 도모한 것이었다. 영의정은 한나라 조정의 급자(汲子)22)와 같은 사람이었는데, 불령한 무리들은 이 정승이 있으면 흉악한 음모를 꾀할 수 없다고 여겼다. 이에 선조 때 낙담한 무리들을 모아서 머리와 얼굴을 바꾸어 가면서 터무니없는 말을 지어내어 패악한 소장을 어지럽게 올린 것이 끝이 없었다. 이렇게 하고도 부족하여 또 시골 유생 이몽인의 무리를 부추겨 사악한 입을 멋대로 놀려 대신을 무함하고 헐뜯은 것이 여지가 없었다. 인군도 오히려 대신을 존경해야 하는데 하물며 시골의 천한 무리들이 감히 이와 같이 하였으니 어디에 조정을 존숭하고 체통을 중시하는 뜻이 있단 말인가?

그 죄상을 논하면 무거운 형벌을 피하기 어려웠는데도 형신(刑訊)을 면제하고 단지 정배한 것에 그친 것은 주상의 보살펴주는 뜻이었는데, 영의정은 이것을 민망하게 생각하였다. 안으로는 간사한 외척의 피부에 와 닿는 참소가 있고, 바깥에서는 털을 불어 허물을 찾는 흉악한 음모에서 나온 상소가 있으니, 어떻게 증자(曾子)의 어머니가 베틀 북을 던진 일23)과 시장에 호랑이가 나타났다24)는 것과 같은 일이 없을 수 있단 말인가.

---

22) 급자(汲子) : 한나라 무제(武帝) 때 급암(汲黯, ?~B.C.112)을 가리킨다. 경제(景帝) 때 음보(蔭補)로 출사하여 무제 때 동해태수(東海太守)를 거쳐 구경(九卿)에 올랐다. 무제로부터 우직하게 직간(直諫)을 잘한다고 하여 '사직을 지탱하는 신하'라는 평가를 받았다.

23) 증자의 …… 일 : 증자의 어머니가 베를 짜고 있었는데, 누군가 증자가 사람을 죽였다고 하였다. 증자의 어머니는 믿지 않았으나 세 사람이 돌아가며 같은 말을 하자 베틀북을 던지고 담을 넘어 달아났다.(《戰國策·秦策》 참조)

24) 시장에 …… 나타났다 : 원문은 "市虎之成三"이다. 거짓말도 반복해서 계속 듣다보면 사실처럼 믿게 된다는 것이다. 저잣거리에 호랑이가 출몰할 수 없는 데도 사람들이 세 번 정도 호랑이가 나타났다고 하면 모두 그렇게 믿게 된다는 "삼인성호(三人成虎)"의 고사에서 나온 것이다.(《戰國策·魏策二》 참조)

영의정이 이로 인해 문을 닫고 업무를 보지 않은 지 이미 몇 개월이
되었다.

조정이 뒤죽박죽이 되어 꼴이 갖추어지지 못하니 좌의정과 여러 대신들
이 영의정을 출사하도록 권면해야 한다는 뜻으로 재삼 차자를 올려
겨우 성심(聖心)을 돌려서 비로소 돈유(敦諭)25)하라는 하교가 있었다.
이에 김시환은 혹 영의정이 재차 벼슬길에 나올까 두려워하였기 때문에
김운택을 성토하는 상소에서 영의정을 침범하여, 그것을 변명하는 차자
가 나오게 하였고, 끝내는 갖은 말을 거짓으로 꾸며 모욕한 것이 이봉인보
다 심하였으니, 오늘날 세도가 어찌 이와 같이 위태로운 지경에 이르렀단
말인가.

이 판부사의 은화 일에 대해서 말하자면, 사신으로 갈 때26) 은화를
가지고 가는 것은 즉 성규(成規, 성문화된 규정)이므로 이번에 은화를
가지고 간 것은 죄가 될 수 없다. 원수(元數)를 쓰지 않고 환납하였으므로
또한 죄가 없는 것이다. 그런데 한쪽 편 사람들이 매번 상소하여 제기하였
으니 이것은 무슨 의도인가?

만약 그 은화를 써버리고 환납하지 않았다면 대신을 죄주는 것은
가하다. 그러나 부사 이조와 서장관 박성로의 상소에서 모두 "환납하였
다." 말하였으니, 환납한 일이 이미 틀림없는 사실인데도 대신을 처벌하라
고 주장하는 것은 한갓 사람을 모함하는 음모에서 나온 것이었다. 관례에
따라서 가지고 갔고 원수에 따라서 환납한 일을 마치 격식을 어기고
가지고 가서 써버리고 환납하지 않은 것처럼 말한 것은 마땅히 반좌(反

---

25) 돈유(敦諭) : 임금이 교지를 내려 정승이나 유학자가 노력하도록 권하던 말이다.
26) 사신으로 갈 때 : 1721년 10월 28일 연잉군의 세제 책봉을 승인받기 위하여 주청사(奏
   請使)인 좌의정 이건명과 부사(副使) 윤양래, 서장관(書狀官) 유척기가 북경으로
   출발하였다. 이듬해 3월 26일에 사신보다 앞서 돌아오는 역관이 도착하여 세제
   책봉을 승인받았음을 전하였다. 그 이튿날 목호룡이 고변하였다.(《景宗實錄》1年
   10月 28日, 2年 3月 26日 · 27日 참조)

坐)²⁷⁾하는 형률이 있는데도 또한 거론하지 않다가, 대신(臺臣)이 모함한 것에 대해 반좌의 형률을 시행하자고 청하기에 이르렀지만 이 또한 윤허하지 않았다.

또한 대신이 은화의 일에 대해 진술하여 토로한 상소가 나온 지 이미 50일이 지났는데도 아직도 비답을 내리지 않아서 대신으로 하여금 도성 바깥에서 방황하면서 나아가지도 물러나지도 못하게 만들었으니, 시사 (時事)를 생각하면 아! 또한 슬퍼진다. 만약 그 대신이 은화를 사용하고 환납한 일이 없었다면 어찌 두 사신이 환납하였다고 상소하였겠는가?

백방으로 적발하여 떼 지어 일어나서 성토하였을 것이니 어찌 하루라도 세간(世間)에서 살아남을 수 있었겠는가? 은화 한 가지 일은 애초 터럭을 불어 흠을 찾을 만한 단서가 없다는 것을 저들의 무리가 알지 못하지 않는데도, 오늘날 일부러 문제를 제기하여 뒷날에 재앙을 일으킬 빌미로 삼았던 것이다.

영의정이 연이어 비난하고 배척하는 상소를 만났는데, 이몽인의 무륜 (無倫)하고 패악한 말은 차치해 두더라도 김시환의 상소에 이르러서는 꾸짖고 욕한 것이 극에 달하였다. 이에 연이어 인혐(引嫌)²⁸⁾하여 체직을 청하는 차자를 올렸지만 한층 더 돈유하였다. 29일의 차자에 이르러서는 비답하기를,

"경이 국사(國事)에 할 일이 없다고 생각한다면 그만이지만 만약 그렇지 않다면 어찌 함께 근심을 같이해야 하는 의리를 생각하지 않고, 한결같이 떠나려고만 하는 것이 이와 같단 말인가? 경이 스스로 지나치게 인혐하는 것은 저들의 모함하는 계략에 바로 걸려드는 것이니 이 또한 어찌 사체를 손상시키는 일이 없겠는가? 비록 날마다 열 차례 상소할지라도 단연코

---

27) 반좌(反坐) : 사건을 무고하거나 위증해서 상대방을 얽어 넣었다가 일이 뒤집히면 상대가 받은 죄만큼 받게 되는 것을 말한다.
28) 인혐(引嫌) : 혐의 있는 일에 잘못을 깨달아 뉘우치다. 또는 책임을 지고 사퇴하는 일을 가리킨다.

윤허할 이치가 없을 것이니 경은 살피도록 하라."

하였다. 전후의 은혜로운 유지(諭旨)가 더욱 정성스럽고 간곡하였는데, 이러한 비답 가운데 "모함하는 계략에 바로 걸려드는 것"이라고 한 것에 이르러서는 당시의 행태가 교활하고 음험하여 만약 영의정이 아니라면 국사는 어찌 할 수 없다는 것을 밝게 보신 것이다. 이처럼 지극히 절실한 주상의 비답이 있는데, 영의정이 어찌 감히 자기 한 몸의 청렴과 의리를 내세워 성상(聖上)의 보살펴 주는 뜻을 살피지 않을 수 있겠는가? 마침내 출사하니 도성 사람들이 모두 말하기를, "낙파(洛波)의 용이 다시 일어났다."[29] 하였다.

이보다 앞서 좌의정이 가서 영의정을 보고 말하기를,

"근래 분위기를 살펴보면, 간사한 척신(戚臣)은 위로 주상을 회유하고 아래로 내시와 몰래 결탁하였으며, 사당(邪黨)은 밖에서 대신을 쳐서 몰아내고, 안에서는 흉악한 계략을 몰래 빚어내어 안팎으로 서로 호응하였지만 아직도 흉계를 자행하지 못하는 것은 우리 서너 명이 있기 때문입니다. 왕제를 정책(定策)하는 일은 단지 우리들의 책임인데 지금 대감께서는 한갓 한 몸의 염치 때문에 종사의 큰 계책은 염두에 두지 않고 굳게 누워서 일어나지 않고 있으니, 그러다가 끝내 종사의 큰일을 그르치게 된다면 어찌 지하의 선왕을 찾아뵐 수 있겠습니까? 바야흐로 국세는 날로 더욱 위태로워지고 조정의 형편이 날로 더욱 어지러워지고 있으니, 지금이 어떠한 때인데 사사로운 일을 내세워 한가롭게 요양하려 합니까?"

하니, 영의정이 낯빛을 변하며 말하기를,

"노물(老物)의 집안은 대대로 국가의 은혜를 받았고, 지금 내 몸에

---

29) 낙파의 …… 일어났다 : 김창집의 출사를 송나라 정호(程顥)가 사마광(司馬光)을 전송(餞送)하면서 지은 시 〈증사마군실(贈司馬君實)〉에 비유하여 나온 말이다. 그 시는 다음과 같다. "두 마리 용이 낙수 가에 한가히 누웠더니, 오늘은 도성 문에서 나 홀로 그대 전송하네. 현인 얻어 출처를 함께하길 바랐더니, 깊은 뜻이 백성에게 있는 줄을 알겠다.[二龍閑臥洛波淸, 今日都門獨餞行. 願得賢人均出處, 始知深意在蒼生.]"

이르러서는 선왕의 융숭한 보살핌을 치우치게 받아서, 덕을 갚으려 해도 하늘처럼 높고 땅처럼 두터워서 아래를 굽어보고 위를 우러러보아도 끝이 없습니다. 하물며 작년 11월에 진찰하러 들어갔을 때 마침 조용히 몸소 부탁받은 유언도 있었습니다."

하였다. 이에 유언을 대략 다음과 같이 암송하였는데,

"내 병세가 점점 막다른 지경에 이르렀으니, 다가올 국사를 생각하면 망극할 뿐이다. 세자가 본래 유약한 체질이고 또한 기이한 질병이 있으니, 후사를 이을 희망에 대해 지금은 논할 수 없다. 다행히 연잉군의 영명함이 있으니, 이후 종사의 계책은 오로지 경에게 부탁한다. 경은 마음속 깊이 새겨두고 힘써야 할 것이다. ……"30)

하였다. 암송을 끝마치자 두 정승은 서로 쳐다보며 눈물을 흘렸다. 영의정이 다시 말하기를,

"비록 이러한 유언이 없었더라도 왕제를 정책하는 것은 천경지위(天經地緯)31)와 같아서 하늘을 이고 땅을 밟고 사는 자라면 누가 '안된다.' 하겠습니까? 일종의 흉악한 무리들이 처음부터 불령한 마음을 갖고 있다는 것을 선왕이 살펴서 알고 있었기 때문에 우리들에게 부탁하신 것입니다. 지금 저 무리들이 반드시 우리들을 몰아내려고 할 것이니 이는 먼저 우익(羽翼)을 제거하려는 계략입니다.

내가 비록 온몸이 부셔져 가루가 될지언정 어찌 흉계에 빠져서 선왕의 부탁을 저버릴 수 있겠습니까? 만약 한가롭게 요양하고자 한다면 어찌

---

30) 내 병세가 …… 할 것이다 : 해당 내용은 실록을 포함한 관찬사료 및 주요 당론서에서 찾아볼 수 없다. 좀 더 면밀한 사료검토가 필요하다. 다만 본서에서 인용한 의도는 숙종의 유언이라는 권위를 빌어 노론 사대신의 세제 보호 노력을 정당화하려는 목적임이 분명하다. 더욱이 "기이한 질병"을 부각시켜 기왕의 노론이 내세운 정책의 이유가 숙종에게서 나온 것임을 강조하였다. 이처럼 이문정은 노론 사대신을 세제를 위호하는 정류로 간주하고, 이들을 둘러싼 조정의 논란에 대해서 적극적으로 변론함으로써 세제 지위 유지에 힘썼다.
31) 천경지위(天經地緯) : 천지의 경위(經緯)로, 영구불변의 도리를 이른다.

향사(鄕舍)에 물러나서 쉬지 않고 도성에 웅크리고 있겠습니까? 늙은
저 스스로 계획이 있어서 때마침 뜻을 같이하는 사람과 함께 정책 한마디
말에 집중하고 있는데 이것이 출사의 여부와 무슨 관계가 있단 말입니까?"
하였다. 좌의정이 말하기를,

"종형(從兄)이 양주(楊州)에 굳게 누워서 인혐하며 일어나지 않고, 대감
또한 출사가 늦어지니 조정에는 사람이 없어서 비중 있게 드러내기
어렵습니다. 그래서 흉악한 무리들이 날마다 멋대로 날뛰어 그 형세가
점점 이루어지고 있으니 일찍 나아가 국사를 보는 것만 같지 않습니다."
하였다. 이에 영의정이 마침내 출사를 허락하자 사특한 무리들이
영의정이 명을 받들었다는 보고를 듣고서 혹은 깜짝 놀라는 자도 있고,
혹은 팔을 걷어붙인 자도 있었는데, 그 흘겨보는 태도와 씹어대는 말이
이전보다 두 배가 되어서 사람들이 똑바로 쳐다볼 수 없을 정도였다.

한번 대상(大喪)이 지난 뒤로는 주상의 건강상태가 이전보다 악화되었
지만 조금도 근심하는 사람이 없고, 제향을 연이어 섭행하였지만, 김제겸
한 사람을 제외하고는 어떤 사람도 다시는 올바른 도리로 간쟁하는
자가 없었다. 강연(講筵)이 몇 개월간 열리지 않았는데도, 영의정 한
사람을 제외하고는 다시 강연을 권하는 자가 없었다.

근년에 흉년이 들어 백성들의 목숨이 위태로운데, 살아갈 방도를 세우
는 논의는 없었다. 봄에서 여름으로 바뀌는 동안에 가뭄이 한결같이
혹독하였는데도 기우제를 거행하는 일이 없었고, 도적들이 곳곳에서
일어나 관부(官府)를 노략질해도 방어할 계책이 없었다. 조정에는 날로
소장이 쌓여갔지만 이것은 단지 당동벌이(黨同伐異)일 뿐이었으니, 이와
같다면 국사에 대해 해볼 만한 방도가 무엇이 있겠는가?

28일 이 판부사가 진술하여 토로하는 상소가 1월 초순에 입계(入啓)하였
는데, 이달 이날에 비로소 비답을 내렸다. 다른 상소에 내린 비답도

또한 이와 같았으니, 주상의 건강은 점차 혼궤(昏憒)32)해지는 증상이 더해져서 수습할 수 없을 지경에 이르렀다는 것을 알 수 있는데, 한쪽 편의 무리들이 말하기를, "주상의 건강이 점차 정상을 회복하고 있다." 하니 어찌 이상하지 않겠는가? 세상 사람들 가운데 의혹스러워 하지 않는 사람이 없었다. -이 아래는 빠져 있다.-

4월 18일 호조판서 민진원(閔鎭遠)33)이 상소하였는데, 그 대략은 다음과 같다.

오늘의 국사가 급급히 위태로워진 일, 새로 대상(大喪)을 겪고 나서 인심이 두려워하는 일, 근년에 가뭄이 들어 백성의 목숨이 위태로워진 일, 봄 석달 동안 심한 가뭄이 들어 이미 수확할 보리가 없다고 판가름 난 일, 여름이 되어 가뭄이 극심해졌으니 전례에 따라 기우제를 지낼 일, 전염병 기운에 감염되어 사망자가 서로 잇따라 발생한 일, 도적이 두루 가득 차서 대낮에 사람을 죽이고 물건을 빼앗은 일, 임금과 신하가 급급하게 밤낮으로 강론하여 확정해야 할 일, 조종(祖宗)의 법에 따라 매일 세 번씩 신하들을 접견할 일, 날마다 경연을 열어 나라를 다스리는 방도를 갈고 닦을 일, 중앙과 지방에 쌓아 둔 것이 모두 고갈되어 남은 것이 없는 일, 떠돌아다니는 자들이 거리를 가득 메워 날마다 굶어 죽었다는 소식을 들은 일, 팔도의 조적(糶糴)34)이 모두 텅 비어 기근에 빈민을

---

32) 혼궤(昏憒): 정신이 흐리멍덩해져서 주위에서 벌어지는 일을 알지 못하는 것을 말한다.
33) 민진원(閔鎭遠): 1664~1736. 본관은 여흥(驪興), 자 성유(聖猷), 호 단암(丹巖)·세심(洗心)이다. 1721년(경종1) 세제의 대리청정을 건의해 실현하게 하였다. 이듬해 임인옥사로 유배되었다가, 1724년 영조의 즉위로 풀려나 우의정에 올랐다. 1725년 (영조1) 영조의 탕평책에 따라 소론의 영수인 좌의정 유봉휘를 신임옥사를 일으킨 주동자로 유배시켰다.
34) 조적(糶糴): 환곡(還穀)을 꾸어 주거나 또는 받아들이는 일이다. 여기서는 환곡 그 자체를 가리킨다.

구할 수 없게 된 일, 오직 동전을 주조하는 일 한 사안을 둘러싸고 조정에서
논의가 둘로 갈라진 일 등이었다.

그밖에 이 한 편의 상소 안에서 반복하여 간절히 아뢴 것은 모두
임금을 바로잡고 나라를 근심하는 절실한 말이었지 편언반사(片言半辭)라
도 당시에 갑(甲)이니 을(乙)이니 논란하는 것은 언급하지 않았다. 실로
주나라 원로인 주공(周公)35)이 지었다는 칠오호(七烏呼)36) 편이나 가 태부
(賈太傅)가 여섯 가지를 크게 탄식했다37)는 대책에 견주어 부끄러움이
없었으므로, 이 사람은 진실로 위대한 군자이고 어진 신하였다.

수찬 이중협(李重協)38)이 신료를 드물게 접촉하고, 오랫동안 경연을
폐하였으며, 효령전의 제전(祭奠)을 수개월 동안 섭행한 일 등에 대해
경연에서 아뢰었다.

---

35) 주공(周公) : 주나라 문왕(文王)의 아들이자 무왕(武王)의 동생이다. 무왕을 도와
은(殷)나라를 멸망시키고 천하를 통일한 뒤에 예악(禮樂)과 문물을 정비하였다.
또 성왕(成王) 때에 관숙(管叔)과 채숙(蔡叔)이 무경(武庚)과 함께 반란을 일으키자,
왕명을 받들고 동정(東征)하여 평정하였다.

36) 칠오호(七烏呼) : 주공(周公)이 무왕의 뒤를 등극한 성왕(成王)이 안일에 빠지지
않을까 염려하여 《서경(書經)》 무일(無逸)을 지어 훈계하였다. 무일은 내용상 일곱
단락으로 나누어 볼 수 있으며, 매 단락의 첫 구절을 '오호(嗚呼)'로 시작하고 있다.

37) 가 태부(賈太傅) …… 탄식했다 : 가 태부는 한(漢)나라 때 가의(賈誼, B.C.200~
B.C.168)를 가리킨다. 문제(文帝) 때 박사(博士)가 되어 시국 광구책(匡救策)인 치안책
(治安策)을 올려 잘못된 정치를 격렬히 비판하였다. 치안책 첫머리의 대략에 "신은
삼가 생각하건대, 지금의 사세가 통곡할 만한 일이 한 가지요, 눈물을 흘릴 만한
일이 두 가지요, 길이 한숨을 쉴 만한 일이 여섯 가지입니다.[臣竊惟事勢, 可爲痛哭者
一, 可爲流涕者二, 可爲長太息者六.]" 하였다.(《漢書·賈誼傳》 참조)

38) 이중협(李重協) : 1681~? 본관은 경주, 자 화중(和仲)이다. 1722년(경종2) 이후 사
간·수찬·교리 등을 역임하였다. 영조대 도승지 등을 지냈다. 노론계 당론서
《진감》에 따르면 이중협은 어유룡(魚有龍)·박치원(朴致遠) 등과 함께 삼간신(三諫
臣)으로 불리웠다. 1721년(경종1) 우의정 조태구가 세제 대리청정에 반대하여 입궐
했을 때 경종이 승정원을 경유하지 않고 직접 내시를 보내 조태구를 인견하였다.
이에 교리 이중협·사간 어유룡·장령 박치원 등이 승정원을 거치지 않고 주상을
알현한 조태구의 죄를 맹렬히 논척하였다. (《景宗實錄》 1年 10月 18日 참조) 이들의
발언은 임인옥사의 과정에서 그 불경함이 다시 문제가 되었고, 이로 인해 모두
유배되었다.(《景宗實錄》 1年 12月 8日 및 2年 10月 9日 참조)

19일 다음과 같이 비망기를 내렸다.

"효령전 은전(殷奠)39)을 섭행한 것은 실로 다리 병으로 말미암아 직접 거행할 수 없었기 때문이니, 항상 슬프고 한스럽게 여기고 있다. 어제 경연에서 부수찬40) 이중협은 임금의 기거(起居)의 안부를 묻는 홍문관 소속 신하로서 나의 병 증세를 알지 못한 나머지 누누이 번거롭게 진달하였는데, 말이 지극히 간절하여 나의 마음이 매우 부끄러웠다. 비록 억지로 하고자 해도 형세가 어찌할 수 없었으니, 이 같은 나의 허물을 중앙과 지방의 여러 신하들은 자세히 알도록 하라."

이 비망기가 나온 이후 전국에서 주상의 건강이 이와 같다는 것을 명쾌하게 알게 되었다. 이제부터는 흉악하고 사특한 무리들이 이를 감추고자 해도 감추기가 어려워졌으니, 다시 새로운 계책이 어디서 나오겠는가?

25일 비국 당상(備局堂上)들을 인견(引見)하였다. 이들이 입시했을 때, 수찬 서종섭(徐宗燮)41)이 대략 경연을 여는 것과 치도(治道)를 자문(諮問)할 일에 대해 아뢰었다. 영의정이 말하기를,

"지난해 즉위 초에는 빈번히 입대(入對)하여 정사에 관한 의견을 아뢰라는 명이 있었습니다. 그 뒤 홍문관이 인원을 갖추지 못하였고, 또한 국가에 일이 많아서 오랫동안 경연을 열지 못하였습니다. 그런데 오늘날 상·하번(番)이 모두 갖추어졌는데도 주강(晝講)을 한 번도 거행하지 않으시니 여러 사람들이 답답해했는데, 유신(儒臣)이 거론하였으니, 좋은 일입

---

39) 은전(殷奠) : 성대하게 제사의 찬품(饌品)을 올리는 일이다. 삭전(朔奠)을 은전이라고 하여 망전(望奠)과 구별하여 넉넉하게 차린다. 우리나라에서는 삭전과 망전을 가리지 않고 모두 은전으로 차렸다.

40) 부수찬 :《경종실록》1년 5월 8일 기사에는 부수찬으로,《경종수정실록》1년 5월 8일 기사에는 수찬으로 각각 달리 표기되었다.

41) 서종섭(徐宗燮) : 1680~1734. 본관 달성(達城), 자 숙화(叔和)이다. 수찬·대사간 등을 역임하였다.

니다."

하였다. 호조판서 민진원이 말하기를,

"치도(治道)를 논의하는 곳은 오직 경연만이 있을 뿐이니, 전하께서 반드시 공연히 그만두어 버려둘 리가 없는데, 전하께서 그 연유를 말하지 않으시니 사람이라면 누군들 원통하여 가슴이 답답하지 않겠습니까? 만약 오래 앉아계시기가 어려우시다면 누워서 듣는 것도 무방합니다."

하니, 주상이 "유념하겠다." 하였다. 민진원이 말하기를,

"신이 약방에 있을 때 전하께서 습담(濕痰)⁴²)이 있어서, 병중에 생기는 울화가 위로 치밀어 오르면 소변이 자주 마려운 증상이 있었습니다. 선왕께서 매번 신 등에게 사흘에 한 번 동궁에 들어가 진찰하라고 한 것은 뜻한 바가 있으셨던 것입니다. 단지 질병에 대한 근심뿐만이 아니라 진실로 후사를 구하려는 방도를 염두에 두지 않을 수 없었기 때문이니, 그 애써 정성스럽게 돌보아주시는 방도가 어떠합니까? 지금 후사를 구하는 한 가지 일은 얼마나 급한 일인데 전하가 의관(醫官)으로 하여금 입진(入診)하게 하지 않으시니 어찌 전하께서는 스스로를 가볍게 여기시어 종묘사직을 유념하지 않으십니까?"

하니, 주상이 "알았다." 하였다. 민진원이 말하기를,

"개강과 입진, 두 가지 일은 비록 내일이라도 바로 하지 않을 수 없습니다."

하였다.

장령 송도함(宋道涵)⁴³)의 상소 가운데 아뢴 일이 진실로 많았다.

첫째, "옳고 그름을 밝히고, 좋아하고 미워하는 것을 바르게 함으로써

---

42) 습담(濕痰) : 습탁(濕濁)이 체내에 오래 정체되어 생기는 담(痰)을 말한다.
43) 송도함(宋道涵) : 1657~?. 본관은 진천(鎭川), 자 형보(亨甫)이다. 인현왕후 폐위 당시 교문(敎文) 작성을 거부하고 낙향하였다. 이후 장령 등을 역임하였다.

인주(人主)가 다스림을 내는 큰 근본을 세워야 합니다." 둘째, "빨리 경연을 열라는 명을 내려서 강론하고 토론하는 공부에 힘쓰십시오." 셋째, "날마다 신료를 접하여 널리 묻고 두루 찾아서 온갖 법률과 제도를 시행하는 일에 힘쓰십시오." 넷째, "시급히 흉년에 진휼하는 계책을 마련하여 이 백성들을 구덩이 속에서 구제하라고 명하십시오." 다섯째, "각 도의 관찰사를 신칙하여 신속히 흉년을 당한 가난한 백성을 진휼(賑恤)할 방도를 도모하십시오." 여섯째, "선량한 관리를 뽑아 등용하여 민생을 구제하고 도적이 생기지 않게 하십시오." 일곱째, "태인(泰仁)·석성(石城)·회인(懷仁), 세 읍에서 변란이 일어나자 앞장선 자를 모두 무거운 형률에 처하였는데, 해당 고을의 수령을 이보다 앞서 파직하였으니, 이는 도리어 저들이 원하는 것을 들어준 꼴이 됩니다. 청컨대 파직의 명을 거두어주십시오." 여덟째, "삼남(三南, 충청·전라·경상도) 지방에 보낼 암행어사를 초계(抄啓)[44]한 지 이미 오래되었는데, 아직도 발송하지 않았습니다. 지금 각 읍의 봄철 진대(賑貸)를 이미 끝마쳤다는 보고가 들어왔으니, 일단 시행하는 것을 멈추고 초가을을 기다렸다가 한꺼번에 발송하십시오." 등의 일이었다.

그가 아뢴 여러 조항은 절실하지 않은 것이 없었는데, 시론(時論)이 간간이 끼어들어서 또한 당시의 당파적 논의에 의해 제한받는 것을 면하지 못하였지만, 또한 그것을 조금이나마 약화시킬 수 있었다.

대사헌 이재(李縡)[45]가 또한 주상이 제전(祭奠)에 참석하지 않고 강연을

---

44) 초계(抄啓) : 인재를 가려 뽑아서 아뢰는 일이다.

45) 이재(李縡) : 1680~1746. 본관은 우봉(牛峰), 자 희경(熙卿), 호 도암(陶菴)·한천(寒泉)이다. 이유겸(李有謙)의 증손으로, 아버지는 이만창(李晩昌), 어머니는 민유중(閔維重)의 딸이다. 김창협의 문인이다. 숙종대 대사성 등을 거쳐 1716년 부제학 재직시 《가례원류》 편찬자를 둘러싸고 시비가 일자, 노론의 입장에서 소론을 공격하였다. 1721년(경종1) 도승지가 되었으나 삭직당하고, 이듬해 임인옥사 때 중부 이만성(李晩成)이 옥사하자 은거하며 성리학 연구에 전념하였다. 영조대 다시 등용되어 대제학

오랫동안 폐한 일에 대해서 상소하여 대략 다음과 같이 말하였다.

"을유년(1705, 숙종31) 간에 주연(胄筵, 세자의 서연(書筵))에 참여해서 강론한 문장의 뜻을 인용하며 저하에게 스스로 어떤 군주이기를 기대하느냐고 우러러 물었었습니다. 저하께서 신종(神宗)[46]이 정자(程子)[47]에게 '어찌 감히 요와 순이 되기를 바라겠느냐?'[48]고 한 말을 거론하면서 말하기를,

'내가 기대하는 것이 어찌 또한 작겠는가?'

하시기에 신이 하례하기를,

'이는 종사와 생민(生民)의 복입니다.'

하고서 마침내 요와 순의 효제의 도에 대해 반복하여 고하였습니다. 전하께서도 아직 기억하고 계신지요? 신은 항상 소리 높여 외우고 공경하고 탄복하면서, 스스로 말하기를, '요와 순의 다스림을 거의 보게 될 것이다.' 하였습니다. 그런데 어찌 즉위한 이래로 여러 조치가 활기 없이 나태해져서 마침내 한마디 말, 한 가지 일도 위로 천심(天心)에 보답하고, 아래로 백성의 바램을 위로할만한 것이 없습니까? 전하께서는 의미

등을 지내다가 1727년(영조3) 정미환국으로 소론 중심의 정국이 되자 용인 한천(寒泉)에 거주하면서 제자 교육에 힘썼다. 준론(峻論)을 표방하며 의리론(義理論)을 들어 영조의 탕평책을 부정하였다. 당대 호락논쟁(湖洛論爭)에서는 이간(李柬)의 학설을 계승해 한원진(韓元震) 등의 심성설(心性說)을 반박하는 낙론의 입장에 섰다.

46) 신종(神宗) : 1048~1085. 송나라 제6대 황제이다. 왕안석을 등용하고 신법(新法)이라고 하는 청묘(靑苗)·모역(募役)·시역(市易)·보갑(保甲)·보마법(保馬法) 등의 재정·군사 관제의 개혁을 강력히 추진하여 부국강병책을 시행하도록 하였다.

47) 정자(程子) : 송나라 유학자 정명도(程明道, 1032~1085)를 가리킨다. 명도는 호이다. 이름은 호(顥), 자 백순(伯淳)이다. 아우 이천(伊川)과 함께 이정자(二程子)라고 일컬어진다. 신종때 지방관을 거쳐 어사가 되었다. 왕안석(王安石)과 갈등하다가 관직을 그만두었다.

48) 정자가 …… 바라겠느냐 : 정자가 송나라 신종에게 치도(治道)를 진달하였다. 이에 신종이 "이는 요와 순의 일인데 짐이 어떻게 감당하겠는가?" 묻자, 정자가 "폐하의 말씀은 종사와 신민의 복(福)이 아닙니다." 대답하면서 "당우(唐虞)의 시대는 미칠 수 없으나 삼대는 결단코 회복할 수 있습니다." 하였다.

있는 일을 할 자질을 타고났고 그것을 할 수 있는 지위에 오르셨는데, 평소에 자처하시는 것이 어떠하기에 지금 바로 이렇게 답답합니까?

근래 제향을 섭행한 일로써 간언을 드리는 자가 많았지만 천청(天聽)[49]을 감동시켜 돌리지 못하여 중앙과 지방의 근심과 답답함이 날로 이미 심해졌는데, 어제 환우(患憂)가 있어 참석하지 못하신다는 비망기가 내려오니 여러 신하들의 의혹을 조금이나마 풀 수 있었습니다. 그러나 신의 구구한 근심은 오히려 감히 갑자기 그칠 수 없습니다.

질병이 생기는 것은 성인일지라도 면할 수 없습니다. 전하께서는 위로는 종사의 주인이기에 마땅히 감히 스스로를 가벼이 여겨서는 안 되지만 애통하고 참담한 슬픔 같은 것은 천성에서 나온 것이므로 억누르려 해도 어찌할 수가 없습니다. 비록 절하고 꿇어앉을 때 능히 예(禮)대로 할 수 없지만 오직 제전에서 소리 내어 슬피 우는 절차는 전하께서 스스로 마음을 다할 수 있습니다.

그런데 새해 이후 아직 한 번도 참배하지 않아서, 크고 작은 제향(祭享)에 제사 지내지 않은 것 같다는 탄식[50]이 있으니 근력이 미치지 못하는 것은 진실로 어쩔 수 없겠지만 숨겨진 마음에 그것이 과연 스스로 편안하시겠습니까? 하물며 지금 연제(練祭)[51]를 지내기 전 은전(殷奠)은 유독 이번 달 초하루에 지낼 수 있을 뿐인데, 침 맞는 것도 정지하시고 다리 부위의 시리고 아픈 증상도 또한 이미 차츰 감소하였으니 전하께서 이때 슬픔을 표하지 않으신다면 다시 어느 때를 기다리겠습니까?

지난번에 내린 사향(四享, 사철에 지내는 제사)의 정식(定式)은 이미

---

49) 천청(天聽) : 임금의 귀 혹은 그 귀에 어떤 말이 들어간다는 뜻이다. 《서경》 태서 중(泰誓中)에 "하늘은 우리 백성의 눈을 통해 내려다보시고, 하늘은 우리 백성의 귀를 통해 들으신다.[天視自我民視, 天聽自我民聽.]"는 말이 나온다.

50) 제사 …… 탄식 : 《논어》 팔일편(八佾篇)에, "내가 제사에 참여치 못하면 제사를 지내지 아니함과 같다.[子曰, 吾不與祭 如不祭.]" 하였다.

51) 연제(練祭) : 아버지 생전에 죽은 어머니 소상(小祥)을 11개월 만에 치르는 일이다. 여기서는 소상을 가리키는 듯하다.

예전(禮典)에 크게 어긋났는데, 전하께서 또 그 말씀을 한 번도 실천하지
않으셨으니, 지금 생각을 바꾸신다면 해와 달의 고침52)보다 빛날 것입니
다. 어떤 사람은 주상의 건강이 회복되지 않아서 그렇다고 하는데, 신이
이에 특별히 아뢰어 올릴 사례가 있습니다.

선정신(先正臣) 김집(金集)53)이 나이 팔십에 병들어 능히 절하고 일어날
수 없었는데도 사당(祠堂)에 고하는 글을 지었습니다. 비록 제사에 참석하
더라도 힘이 미치지 못하여 능히 절차에 따라서 예를 다하지 못했지만
단지 그 앞에서 스스로 고개 숙여 엎드리고, 집사로 하여금 대신 섭행하게
한 것입니다. 이는 오히려 처음부터 제사에 참석하지 않은 것보다 나은
것이었으니 어찌 예가 아니겠습니까? 선정신이 거행하였으니, 이는 상하
가 통용할 수 있는 권의(權宜)54)입니다.

삼가 원컨대 성명께서 빨리 분명한 하교를 내리시어 친히 삭전을
거행하십시오. 만약 절하고 꿇어앉는 것이 어렵다면 관천(祼薦)55) 한
절차는 대신으로 하여금 대신 거행하게 하시고, 스스로 성상의 마음을
다하신다면 중앙과 지방의 마음을 크게 위로할 수 있을 것입니다. 진실로
그렇게 하지 않고 다만 말하기를, '지난번 비망기가 사람들로 하여금
분명히 알게 하기에 충분하다.'고 하면서 오직 매번 이에 따라 섭행하게

---

52) 해와 달의 고침 : 원문은 "日月之更"이다. 군자가 허물을 고치는 것을 비유한 말이다.
《논어》〈자장(子張)〉에서, "군자의 과실은 마치 일식이나 월식과 같아서, 과실이
있으면 사람들이 다 바라보고, 고치면 사람들이 다 우러러 본다.[君子之過也, 如日月之
食焉. 過也人皆見之, 更也人皆仰之.]" 하였다.
53) 김집(金集) : 1574~1656. 본관은 광산, 자 사강(士剛), 호 신독재(愼獨齋)이다. 김장생
의 아들이다. 이조판서·좌참찬 등을 역임하였다. 부친과 함께 예학의 기본체계를
완비하였으며, 송시열에게 학문을 전하여 기호학파(畿湖學派) 형성에 중요한 역할
을 하였다. 저서로는 《신독재유고(愼獨齋遺稿)》 등이 있다.
54) 권의(權宜) : 한때 사정에 따라 성인(聖人)이나 임금이 의(義)를 밝혀 임시로 상황을
고려하여 맞게 조처하는 것이다.
55) 관천(祼薦) : 신령의 강림(降臨)을 위해 술을 땅에 뿌리고 제수를 올려 제사 드리는
일이다. 관(祼)은 검은 기장으로 만든 울창(鬱鬯)이라는 술을 땅에 뿌려 신령의
강림을 비는 것을 말하며, 천(薦)은 제수(祭羞)를 올리는 것이다.

할 뿐이고, 많은 신하들 또한 이에 따라 감히 말하지 못한다면 이것은
위에서는 사람들이 간언하는 것을 막는 것이고, 아래에서는 군주의 허물
을 이루어 주는 것이 됩니다. 이에 신이 감히 망령되게 아뢰지 않을
수 없었습니다.

전하께서 조정에 나와 정사를 돌볼 때는 오로지 말없이 침묵만을
숭상하여 모든 시비와 흑백에 대해 거의 옳은 것도 없고 옳지 않은
것도 없는 것처럼 하시며,56) 크고 작은 정령을 일체 다잡아 하지 않는
지경에 두어 하나인 신심(身心)과 마치 서로 관계가 없는 것처럼 하십니다.
이 때문에 아래에서 명을 받드는 자들은 혹 견보(牽補)57)하거나 그럭저럭
지내고 구차하게 날짜나 헤아리면서, 마치 우물 속에 떨어진 것처럼
막막해합니다. 이와 같이 하고도 능히 나라를 다스릴 수 있는 자는 없습니
다.

독서와 강학은 마음을 한데 모아서 이 마음을 유지하는 것이므로
명철한 임금은 경연에 부지런히 참석하는 것을 제일의 임무로 삼았습니
다. 전하께서 시험 삼아 앞선 시대의 역사를 살펴보시면, 어찌 일찍이
즉위 초에 한해가 다 지나도록 한번도 개강을 하지 않았던 적이 있었습니
까? 처음에는 오히려 강관(講官)이 결원되었다고 핑계 댈 수 있었지만,
지금은 뛰어난 선비들이 많이 모여 있는데, 나라에서 홍문관을 둔 것이
어찌 장차 두려워하며 지키게 하려는 것일 뿐이겠습니까?

승선(承宣, 승지)이 입대하는 규정이 드디어 폐지되어 진현(進見)은
더욱 뜸해졌고, 전강(殿講)58)이나 친정(親政)하는 일이 간혹 있지만 그

---

56) 옳은 것도 …… 것처럼 : 원문은 "無適無莫"이다. 《논어》〈이인(里仁)〉에서 나온
    말로 본래 무엇이 옳고 무엇이 그르다는 식의 아집과 편견이 없어야 한다는 뜻이다.
    "군자는 이 세상에서 어떤 일을 꼭 해야 된다고 고집을 부리거나 어떤 일을 해서는
    안 된다는 주관적인 편견을 배격하고, 오직 대의(大義)에 입각해서 행동한다.[君子之
    於天下也, 無適也, 無莫也, 義之與比.]"
57) 견보(牽補) : 견라보옥(牽蘿補屋). 담쟁이덩굴을 끌어다가 새는 지붕을 덮는다는
    뜻이다. 근본적인 해결책은 강구하지 않고 임시로 미봉책을 쓴다는 의미이다.

완급이 뒤바뀌었습니다. 빈청(賓廳)⁵⁹)의 차대(次對)⁶⁰)는 나라의 중대한 일인데도 하전(廈氈)⁶¹)에서의 토론⁶²)은 '알았다[唯]' 한 글자에 불과합니다. 진실로 이와 같이 하고서 그만둔다면 비록 부지런하게 세 번씩 인접하더라도 또한 무슨 보탬이 있겠습니까? 전하는 궁궐 속에서 팔짱을 낀 채 계시면서 신료들을 드물게 보시니, 감히 알지 못하겠습니다만 평상시 거처하는데 친근한 자는 누구이며, 하시는 일은 무슨 일입니까?

인군의 마음을 좀먹게 하고 덕을 손상시키는 것은 반드시 성색(聲色, 음악과 여색)과 말을 달려 여기저기 돌아다니며 노는 것만이 아닙니다. 한순간이라도 나태한 데에서 벗어나지 못하면 족히 나라를 잃는 근저가 되는 것이니 매우 두려운 일입니다.

아! 천재지변이 날마다 이르고 인심이 날로 떠나가며, 사사로운 뜻이 날마다 더욱 방자해지고 의리가 날로 더욱 문란해지며, 기강은 날마다 더욱 무너져 내리고 있습니다. 그런데도 오히려 갑자기 망하는데 이르지 않는 것은 오직 선왕의 은덕(恩德)의 혜택이 사람들에게 남아 있기 때문인데, 전하께서 그것을 믿고 스스로 편안하실 수 있겠습니까? 주자가 말하기를,

'오늘날 첫 번째로 해야 할 일은 오직 인주에게 권하여 몸과 마음을

---

58) 전강(殿講) : 경전 강독을 장려하기 위하여 실시한 시험이다. 성종 때 경학의 발전을 위하여 식년(式年)마다 경서에 뛰어난 문신을 뽑아 어전에서 경서를 강(講)하게 하였는데, 이것이 전강의 모태가 되었다.
59) 빈청(賓廳) : 궁궐에서 대신이나 비변사의 당상들이 모여서 회의하던 곳이다.
60) 차대(次對) : 매월 여섯 차례 의정부 당상·대간·홍문관이 입시하여 중요한 정무를 상주(上奏)하던 일이다.
61) 하전(廈氈) : 넓은 집과 촘촘한 털방석이다. 임금이 거처하는 곳이나 임금과 강학하는 경연(經筵)을 가리킨다.
62) 토론 : 원문은 "吁咈"이다. 도유우불(都兪吁咈)의 줄인 말이다. 도유는 찬성, 우불은 반대를 뜻한다. 요임금이 신하들과 정사를 토론할 때 찬성과 반대의 의견을 기탄없이 개진하였다. 일반적으로 밝은 임금과 어진 신하가 서로 뜻이 맞아 정사를 토론하는 것을 뜻한다.

수습하고 정신을 보존하고 기를 수 있게 하여 한결같이 천하의 일을 염두에 두도록 하는 것이다.'63)

하였는데, 이것이 바로 오늘날 증상에 맞는 좋은 약입니다. 전하께서는 신의 이 말을 가지고 마음에 돌이켜보아 그것이 있는지 없는지를 살피고, 부지런하고 게으른 것을 실험하여 반드시 배워서 깨우치고, 삼가하며 보전해야 할 것입니다.

먼저 종전의 나태한 습관에 대해서는 덕음(德音)을 널리 선포하여 통렬히 스스로 질책하신다면 신이 논한 여러 일들은 저절로 강령이 서고 세목이 드러날 것입니다. 위와 아래 사이에 정신을 모으면 한마디 말을 듣는 사이에도 바람처럼 신속히 움직여서 그 알선하는 기틀이 마치 손바닥을 뒤집는 것과 같을 뿐만이 아니니, 이른바 요와 순이 되는 것은 여기서 벗어나지 않는데, 전하께서는 무엇을 꺼려서 하지 않으십니까?

이에 오늘날을 생각해 보면, 상소로 아뢰는 말이 간절하지 않은 것이 없고 성상의 비답에서 가납(嘉納)64)하지 않는 것이 없지만 끝내는 실제로 채용되는 것을 보지 못하였습니다. 이것은 거의 '기뻐하면서도 근본을 추구하지 않고, 따르면서도 허물을 고치지 않는 것'65)에 가깝습니다. 지금 신이 아뢴 것은 진실로 특별한 일이 아니라 처음부터 끝까지 간절하고 간절하게 '먼저 임금의 마음을 바로잡는 의리'에 따른 것입니다. 전하께

---

63) 오늘의 일은 …… 것이다 : 《주자대전(朱子大全)》〈조 상서에게 주는 편지[與趙尙書書]〉에 나오는 구절이다. 습속에 얽매이지 말고 존양(存養)과 성찰을 통해 정신을 보존하고 마음을 지키도록 노력하라는 뜻을 담고 있다.

64) 가납(嘉納) : 신하들이 간쟁하는 말을 옳게 여겨 받아들이는 것을 말한다.

65) 기뻐하면서도 …… 것 : 《논어》〈자한(子罕)〉에서 나온 말이다. "바른 소리로 일러 주는 말을 따르지 않을 수 있겠는가? 그러나 그 뒤에 잘못을 고치는 것이 귀중하다. 완곡하게 이끌어 주는 말을 좋아하지 않을 수 있겠는가? 그러나 그 뒤에 그 말을 추슬러 보는 것이 귀중하다. 좋아하기만 하고 추슬러 보지 않거나 따르기만 하고 잘못을 고치지 않는다면 나도 그런 사람은 어떻게 할 도리가 없다.[法語之言, 能無從乎? 改之爲貴. 巽與之言, 能無說乎? 繹之爲貴. 說而不繹, 從而不改, 吾末如之何也已矣.]" 하였다.

서 만약 또 말씀하시기를, '유의하겠다.' 할 뿐이라면 신은 다시 무엇을
바라겠습니까? ……"

대사헌 이재의 이 상소는 후세에 신하 된 자가 인군에게 간쟁할 때
본받을 만한 것이라고 할 수 있다. "저하는 어떤 군주이기를 기대하느냐?"
로부터, "스스로 말하기를 '요순의 다스림을 거의 보게 될 것이다.' 하였다."
까지는 그 착한 마음을 깨달음으로 인도한 것이다. "어찌 즉위한 이래로"
부터 "지금 바로 이렇게 답답하다."까지는 그 나태함을 깊이 경계한
것이다. "근래 제향을 섭행한 일로써"로부터 "중앙과 지방의 근심과 답답
함이 심하였는데"까지는 인심 향배의 기미에 대해서 절실하게 근심한
것이다. "어제 비망기를 내려서"로부터 "여러 신하들의 의혹을 풀 수
있었다."까지는 인심이 조금 안정된 것을 기뻐한 것이다.

"그러나 신의 구구한 근심"으로부터 "숨겨진 마음에 그것이 과연 스스로
편안하시겠습니까?"까지는 제향에 대한 성의(誠意)를 일으키고자 한 것이
다. "하물며 지금 연제(練祭)를 지내기 전 유독 이번 달 초하루에 지낼
수 있을 뿐인데"부터 "슬픔을 표하시는데 다시 어느 때를 기다리겠습니
까?"까지는 만약 이번 달 초하루가 지나가면 비록 슬픔을 표시하고자
해도 방법이 없다고 절실하게 말한 것이다. "사향(四享)의 정식"으로부터
"해와 달의 고침보다 빛날 것입니다."까지는 절실하게 이전의 잘못을
바로잡아서 착한 데로 옮기고자 한 것이다.

"신이 이에 특별히 올릴 사례가 있습니다."로부터 "상하가 통용할 수
있는 권의(權宜)입니다."까지는 절실하게 옛사람의 효심을 끌어다가 주상
의 효심을 일으키려 한 것이다. "빨리 분명한 하교를 내리시어"로부터
"대신으로 하여금 대신 거행하게 하시고"까지는 절실하게 군주가 반드시
제향을 직접 거행하게 하고자 한 것이다. "진실로 그렇게 하지 않고"로부
터 "신이 감히 망령되게 아뢰지 않을 수 없었습니다."까지는 이전의

잘못을 끌어다가 새로운 규정을 만드는 것을 방지하려고 한 것이다.

기타 수많은 말과 글은 성학(聖學)66)을 권면하고 나태함을 경계하는 것에서 벗어나지 않으니, 임금을 사랑하는 정성이 글자와 구절 사이에 넘쳐흐르고, 나라를 다스리는 규모가 문장 안에 모두 구비되었다. 애석하도다! 그 말이 쓰이지 않다니!

대사헌 이재 또한 정류(正類) 가운데 한 사람이었다. 이때 간사한 자를 물리치는 일이 바야흐로 한창 벌어졌는데, 대사헌의 중대한 직책을 담당하여 그 상소로 아뢴 것은 단지 간절하게 옳은 도리로 간언하고 타일러 훈계하였을 뿐, 한마디의 짧은 말이나 표현이라도 당시 당파가 다투는 일에 대해서는 애초에 한 번도 언급하지 않은 것은 무엇 때문인가?

대사헌 이재는 도학(道學) 군자이니, 그 마음을 억누르고 군주의 마음을 바로잡은 뒤에야 조정을 바로잡고 백관을 바로 잡을 수 있다고 여겼기 때문이구나! 그 상소의 의도를 보건대, 무난한 가운데 삼엄한 기운이 있고, 매우 정직한 가운데 간절하고 정성스러운 뜻이 있으니, 진실로 도학 가운데에서 나온 것이 아니라면 어찌 이와 같을 수 있겠는가?

대사헌 이재는 젊어서부터 세상 사람들이 말하기를, "문장은 신선의 언어를 뛰어넘었고 학문은 근세 최고였으며, 효는 사람의 도리를 다하였다." 하였다. 이 상소를 보건대, 사지(辭旨)가 빼어난 가운데서 학행은 유연하게 움직이고, 규모가 간절하고 지극한 즈음에서 정성과 효성이 드러났으니, 이 사람은 진실로 문장과 도학과 효행을 겸비한 대군자(大君子)이다.67)

---

66) 성학(聖學) : 노론의 핵심 정치론 가운데 하나이다. 성학을 통해 군주의 도덕적 수양[正君心]에 신료가 개입함으로써 국정운영의 시비와 사정(邪正) 논함에 양반사대부의 이해관계를 반영할 수 있는 여지를 마련하는 것이다. 이를 주도한 이재가 김창협의 문인으로서 증조부 이유겸(李有謙) 이래로 노론의 정론을 학문적으로 뒷받침해온 가학(家學)의 전통을 계승하였다는 점에서 경종 대에도 여전히 그 정치적 영향력이 유지되고 있음을 확인할 수 있다.

67) 이 사람은 …… 대군자이다 : 《동소만록》에서는 이재를 부정적으로 기술하였다.

5월 10일 인견하였을 때 영의정 김창집이 다음과 같이 아뢰었다.

"바야흐로 지금 국사가 망극해져서 온갖 제도가 해이해지고 기강이
날마다 무너지니, 굶주림과 전염병이 몰아닥쳐서 흩어져 유망하는 일이
서로 이어지고 있습니다. 전하께서는 궁궐 깊숙한 곳에 거처하시면서
아무런 말씀도 없이 일찍부터 국사에 뜻을 두지 않으시고, 여러 신하들은
단지 자기 몸을 거두어들여서 물러날 것만 생각하고 수수방관하며 하찮게
보고 있습니다. 비유컨대 마치 한 조각 외로운 배가 거친 파도 위에
둥둥 떠 있는 데도 키를 잡은 사람이 없어서 정처 없이 떠도는 것과
같습니다. 아! 위태롭습니다. 급히 바깥에 있는 신하들을 불러 모아서
그들로 하여금 각자 맡은 일에 종사하게 한 뒤에야 겨우 임시변통이나마
바랄 수 있을 것입니다.

최규서(崔奎瑞)·정호·권성(權憳)68)·이만성·김흥경(金興慶)69)·이
광좌(李光佐) 등 여러 사람들은 모두 함께 국사를 돌볼 수 있는 사람들인데,
은퇴하여 물러나는 것을 달갑게 여겨서 조정에 나올 뜻이 없습니다.
이 외에도 연하(輦下)70)에 거처하면서 관직에 나아가는 것을 달갑게 여기

"이상(李翔)의 종손(從孫) 이재(李縡)가 또한 이상의 뒤를 이어 학자라 칭하고 수많은
문도들을 모았다. 매번 나갈 때면 술과 음식을 지니고 따르는 자들이 수십여
리에 달하였고, 상소문에 기록된 숫자가 5천여 명에 이르렀다." 남하정은 공자보다
문도 수가 두 배가 넘으니 이재가 부자(夫子)보다 뛰어난 것인가라고 반문하였다.
이외에도 유학자로서 부적절했던 언행을 실어 놓았다. 이이(李珥)를 필두로 학문적
권위를 빌어 현실정치에 영향력을 끼치려 했다는 대(對)서인 비판이 그대로 투영된
서술방식이었다.

68) 권성(權憳) : 1653~1730. 본관은 안동, 자 경중(敬仲), 호 제월재(霽月齋)이다. 1721년
(경종1) 한성부판윤 재직시 신축환국으로 삭직되었다가, 1725년(영조1) 노론이
집권하자 부총관·판윤·공조판서 등을 역임하였다. 정미환국(1727)으로 다시 물
러났다가 형조판서 등에 여러 차례 기용되었으나, 사퇴하고 여생을 마쳤다.

69) 김흥경(金興慶) : 1677~1750. 본관은 경주(慶州), 자 자유(子有)·숙기(叔起), 호 급류
정(急流亭)이다. 경종 때 한성부우윤으로 신임옥사에 관련되어 파직되었다가, 1724
년 영조의 즉위로 도승지가 되었고, 우의정·영의정 등을 역임하였다.

70) 연하(輦下) : 임금이 타는 수레인 연(輦)의 아래라는 뜻으로, 곧 임금의 있는 곳을
가리킨다.

지 않는 사람들이 있습니다. 조정에 있는 신하들은 모두 나라의 두터운 은혜를 받아 높은 벼슬에 올랐으므로 국가에서 의지하여 중하게 여기는데도 초야에 숨는 것만을 능사로 여기고 명에 응할 생각이 없으니 어찌 개탄하고 애석하지 않겠습니까?

전하께서는 왕위를 계승한 뒤 정령을 시행하는 일에 대해 정신을 가다듬고 다스려 보려는 뜻이 없으십니다. 제왕의 다스리는 근본은 실로 처음부터 끝까지 학문에 뜻을 두는 것인데,71) 경연의 법강(法講)72)도 줄곧 정지하여 그만두었습니다. 이에 전국의 인심이 실망하지 않음이 없어서, 모두 국사는 다시 해볼 수 없다고 여기고 어쩔 수 없는 지경이라고 내버려 두고는 모두 물러갈 생각만 하고 있으니, 이것은 그 뜻이 거취의 절개를 온전히 하려는 데에서 나온 것입니다.

그렇지만 진실로 추보(追報)의 의리를 생각하고 지극한 정성으로 개도하여 주상의 마음을 크게 깨우쳐 불현듯 마음을 고쳐서 직무를 성실하고 부지런하게 수행하는 일에 그 정성을 다하게 할 수 있다면 어찌 임금을 섬기는 대절(大節)에 더욱 합치되지 않겠습니까? 옛날 당나라 육지(陸贄)73)가 덕종(德宗)74)에게 권하여 자기 잘못을 고백하는 조서75)를 내리게

---

71) 처음부터 …… 것인데 : 부열(傅說)이 은나라 고종(高宗)을 권면하기를, "생각하는 것을 시종일관 학문에 두고 중단하지 않으면 자기도 모르는 사이에 덕이 닦여질 것입니다.[念終始典于學, 厥德脩罔覺.]" 하였다.(《書經·說命下》 참조) 처음부터 끝까지 학문에 뜻을 두고 중단하지 않는다는 말이다.

72) 법강(法講) : 경연(經筵)과 서연(書筵)에서 시행하는 정규 강의를 가리킨다. 법강 이외에도 소대(召對)·야대(夜對) 등의 비정규 강의가 있었다.

73) 육지(陸贄) : 754~805. 당나라 때 정치가이자 문학가이다. 한림학사에 재임할 때 덕종의 신임을 얻었다. 783년 병변(兵變)이 일어나자, 재상으로서 덕종을 모시고 피난하면서 국사를 이끌었다.

74) 덕종(德宗) : 742~805. 당나라 제9대 황제이다. 조용조(租庸調)를 폐지하고 양세법(兩稅法)을 시행하여 재정 안정을 도모하였다. 각지에서 발생한 번진(藩鎭)의 반란을 진압하였으나 이로 인해 국가재정도 궁핍해졌다.

75) 자기 잘못을 고백하는 조서 : 덕종이 주자(朱泚)의 반역을 피하여 섬서성(陝西省) 봉천(奉天)으로 파천(播遷)하였다. 그곳에서 과거를 뉘우치고 자기의 잘못을 고백하

하니 비록 교만한 장수와 사나운 병졸들도 감격하여 울지 않는 이가 없었습니다.

지금 신은 또한 원컨대 전하께서 특별히 비망기를 내리거나, 승정원으로 하여금 말을 지어 별도로 하유(下諭)하게 하여, 허물은 자기에게 돌리고 스스로 책망하기를 격렬하고 절실하게 하기에 힘쓴다면 여러 신하들이 또한 어찌 감격하여 달려오지 않겠습니까? 전하께서 또한 마땅히 스스로를 격려하려고 도모하여 전철(前轍)을 통렬하게 고치신다면 단 한 번의 호령으로 풍속이 완전히 바뀌고 기상이 저절로 달라질 것입니다."

좌의정 이건명(李健命)76)이 말하기를,

"혹 비망기를 내리시든 혹 승정원으로 하여금 대신 찬술하게 하든, 지극한 정성과 간절함에 힘써서 중앙과 지방을 고무시키는 것이 요점이니, 둘 가운데 하나를 지목하여 하교하심이 어떠신지요?"

하니, 주상이 "알겠다." 하였다. 좌의정이 친히 찬술하거나 대신 찬술하는 것 가운데 하나를 선택하여 하교할 것을 우러러 청하였지만 단지 "알겠다." 하교할 뿐이었으므로, 여러 신하들이 주상의 뜻이 어디에 있는지를 알지 못하였다. 이에 승지 한중희가 아뢰어 말하기를,

"비망기로써 하유하시겠습니까? 승정원으로 하여금 대신 찬술하게 하시겠습니까?"

하였고, 호조판서 민진원이 말하기를,

"지금 별도로 하유하는 일은 반드시 격절하고 간절한 정성으로 인심을 감동시킨 뒤에야 그 효과가 있기를 바랄 수 있을 것입니다. 승정원에서

는 조서를 내리고 '죄기조(罪己詔)'라 하였다.
76) 이건명(李健命) : 1663~1722. 본관은 전주, 자 중강(仲剛), 호 한포재(寒圃齋)·제월재(霽月齋)이다. 숙종대 사간 등을 거쳐 이조판서 등을 지냈다. 1717년(숙종43) 종형 이이명과 숙종의 정유독대 직후, 우의정에 발탁되어 연잉군의 보호를 부탁받았다. 경종 즉위 후 좌의정에 올라 김창집·이이명·조태채와 함께 노론 사대신으로 세제 책봉에 노력하였다. 1722년(경종2) 목호룡의 고변으로 유배되었다가 죽었다.

대신 지은 것을 대신(大臣)에게 왕복하여 비로소 입계하는 것이 좋을 듯합니다."

하였다. 주상이 "그렇게 하라." 하였다. 응교 김제겸이 글을 지어 바쳤다.

○ 근래 국사를 다시 어떻게 할 수 없다는 것을 어찌 다 말할 수 있겠는가? 국가의 치란은 오로지 군신이 정사에 대해 토론하면서 고무하여 힘쓰게 하고 타일러 훈계하는데 달려 있다. 주상이 왕위를 계승한 이래로 비록 건강이 더욱 나빠졌기 때문이기는 하지만 효령전 사향대제(四享大祭)와 삭망(朔望, 음력 초하루와 보름) 제전을 연이어 섭행하게 하고, 경연의 법강이나 유신(儒臣)을 소대하는 것 또한 정지하여 폐지하였으며, 여러 신하가 올린 상소에 대한 비답을 내리지 않아서 적체되었다. 이로부터 백관들이 나태해지고 모든 업무가 모두 자질구레하고 번잡해져서 전국의 사람들이 크게 실망하였다.[77]

해를 거듭하여 가뭄이 들어서 백성들이 흩어지고 도적들이 사방에서 일어나도 위아래에서 근심할 줄 모르고, 해의 변괴와 별의 요기(妖氣)가 나타나고 산은 진동하고 바다가 치솟아서, 다달이 더해가도[78] 위아래에서 두려워할 줄 모르니, 나라의 형세가 위급하고 인심이 어지러운 것은 형세가 진실로 그러하였다. 바로 이러한 때야말로 모름지기 신하가 경계하는 간언을 올려야 할 때였다.

---

77) 주상이 …… 실망하였다 : 경종의 병약함과 국정 불안을 연관시켜 보려는 인식이 반영된 자설이다. 당시 세제 연잉군의 즉위를 바라는 세력들에게 왕위계승의 정당성을 확보하기 위해서는 경종의 신병(身病) 문제와 이로부터 초래된 국정운영의 난맥상을 부각시킬 필요가 있었다. 그래서 앞서와 같이 김제겸을 필두로 송도함·이중협·서종섭 등에 이르도록 한결같이 경종을 권면한 발언을 열거하여 은연중 병증으로 인해 정상적인 국정운영을 할 수 없었다는 사실을 드러내었다. 이처럼 이문정에게 경종은 세제의 지위를 유지하는데 꼭 필요한 후견인이자 동시에 병약한 국왕으로 인심을 잃은 극복대상이기도 했다.

78) 다달이 더해가도 : 원문은 "式月斯生"이다. 《시경(詩經)》〈소아(小雅) 절피남산(節彼南山)〉편의 한 구절이다. 하늘의 재앙이 매달 생겨날 만큼 심해졌다는 뜻이다.

중니(仲尼, 공자의 자)가 말하기를, "열 집밖에 없는 읍에도 반드시
충성스럽고 믿음직한 사람이 있다."79) 하였다. 우리는 동방의 천승(千乘)
이나 되는 나라80)인데 어찌 충성스럽고 믿음직한 신하가 없겠는가?
가장 먼저 김제겸이라는 자가 있어 제향을 직접 거행할 것과 강연을
자주 열어 유신을 만날 것을 두 차례나 권면하였지만 끝내 체직 당하였다.

이어서 송도함·이중협·서종섭이 상소하여 간하였고, 또 민진원이 재
차 간절하고 지극한 상소를 올려 경계하였으며, 또 이재가 반복해서
정성스럽고 간절하게 권면하는 상소로 깨우쳐주었다. 심지어 영의정과
좌의정이 시시때때로 권면하기를 부지런히 하여 그치지 않았고, 오늘에
이르러 특별히 윤음(綸音)을 내려서 뭇 사람들의 심정을 위로하라고 청하
였으니 신하의 도리를 다한 것이 이에 이르러 지극하였다.

그런데 저 한쪽 편 사람들은 날마다 다른 편을 공격하는 상소나 올렸을
뿐, 임금의 덕을 면려하는 한 가지 일에 대해서는 애초 한마디 말도
그 안에 들어있지 않았다. 그 의도는 오로지 주상을 자신들의 뜻대로
종용하는 데에 있었으므로, 혹 진실로 면려하여 경계하는 말을 아뢰었더
라도 헛되이 주상의 뜻을 거슬렀을 뿐 조금도 보탬이 되지 않았을 것이다.
진실로 면려하여 경계하는 것이 보탬이 안 된다고 여겨서 애초 면려하여
경계하지 않았다면 이것은 우리 임금이 능히 할 수 없다고 여긴 것이다.

8월 헌납 서명균(徐命均)81)이 상소하여 근래 당론의 폐단과 전조(銓曹)82)

79) 열 집 …… 있다 :《논어》〈공야장(公冶長)〉에서, "열 집밖에 없는 읍에도 나처럼
　충신한 사람은 반드시 있겠지만, 나처럼 학문을 좋아하는 사람은 아마 없을 것이다.
　[十室之邑, 必有忠信如丘者焉, 不如丘之好學也.]" 하였다.
80) 천승(千乘)이나 되는 나라 : 병거(兵車)가 천승인 제후국을 가리킨다. 고대에는
　병거의 대수를 국력으로 평가하였는데, 병거 1승(乘)에는 통상 군마 4필, 갑사(甲士)
　3명, 보졸 72명, 취사병 25명이 배속되었다. 땅이 천 리인 천자국을 만승지국(萬乘之
　國), 땅이 백 리인 제후국을 천승지국(千乘之國)이라 칭하였다.
81) 서명균(徐命均) : 1680~1745. 본관은 달성(達城), 자 평보(平甫), 호 소고(嘯皐)·재간

의 인재 등용이 공정하지 못한 것을 아뢰었는데, 기타 시대를 근심하고 풍속을 개탄하는 말이 절실하지 않은 것이 없었다. 정언 이정소(李廷熽)⁸³⁾가 전관(銓官)⁸⁴⁾을 쫓아내려 한다고 아뢰어 파직할 것을 청하자, 교리 조문명(趙文命)⁸⁵⁾이 상소하여 서명균을 구원하였다.

근래 당론의 폐단이 갈수록 더욱 심해졌다. 갑(甲)쪽 사람이 반드시 모두 군자가 아니니 또한 소인도 있으며, 을(乙)쪽 사람이 반드시 모두 소인이 아니니 또한 군자도 있다. 갑쪽 사람이 한 번 상소하여 혹 을쪽 사람을 침범하여 핍박하는 내용이 있으면, 을쪽 사람은 그 사람이 현명한지 현명하지 않는지의 여부나 그 말이 가한지 불가한지를 논하지 않고, 그에 맞서 상소하여 배척하고 공격하기를 위주로 하는데 급급하였다. 사당(私黨)에 미혹되어 염치가 전혀 없으며, 득실에 현혹되어 조금도

(在潤)·보졸재(保拙齋)·송현(松峴)이다. 아버지는 영의정 서종태(徐宗泰)이다. 아버지로부터 아들 서지수(徐志修)까지 삼대가 대신을 지냈다. 경종대 이조참의 재직시 장희빈을 공격한 윤지술을 구하려다가 김일경 등 소론의 탄핵을 받고 안악군수로 좌천되었다. 영조대 호조판서·우의정·좌의정 등을 역임하였다.
82) 전조(銓曹) : 이조와 병조(兵曹)의 인사기관을 합하여 부른 호칭으로, 양전(兩銓)이라고도 하였다. 동반(東班, 문관)의 전형(銓衡)을 맡아본 이조를 동전(東銓)이라고도 하고, 서반(西班, 무관)의 전형을 맡아보던 병조를 서전(西銓)이라고도 했다. 또한 양조의 관원을 전관(銓官), 참판을 아전(亞銓), 정랑(正郞)·좌랑(佐郞)을 전랑(銓郞)이라 하였다.
83) 이정소(李廷熽) : 1674~1736. 본관은 전주(全州), 자 여장(汝章), 호 춘파(春坡)이다. 1721년(경종1) 노론 사대신과 함께 연잉군을 세제로 정책할 것을 발의하였다. 그러자 김일경 등이 노론 사대신을 사흉(四凶)으로 규정하며 공격하자, 그도 유배되었다. 1725년(영조1) 풀려나온 뒤 병조참판 등을 역임하였다.
84) 전관(銓官) : 이조와 병조에서 인사행정을 담당하는 관원 전체를 지칭한다. 실제 업무는 전랑(銓郞)으로 통칭되는 정5품 정랑(正郞)과 정6품 좌랑(佐郞)이 맡고 있다.
85) 조문명(趙文命) : 1680~1732. 본관은 풍양(豊壤), 자 숙장(叔章), 호 학암(鶴巖)이다. 1721년(경종1) 부교리로서 붕당의 폐해를 거론하였고, 세제 연잉군을 보호하기 위해 김일경 등과 대립하였다. 영조대 파붕당(破朋黨)의 설을 제창하다가 민진원의 배척을 받았다. 이후 이조판서·우의정 등을 역임하면서 송인명 등과 소론 탕평파를 이끌어 갔다.

공적인 마음이 없으니, 실로 곁에서 지켜보는 자가 대신 부끄러울 정도이
다. 이러한 때에 갑과 을쪽에 있는 사람을 막론하고 세태에 물들지 않아서
부귀영화를 멀리하고, 단지 국사만 생각하여 근심스러운 마음으로 걱정
하는 사람들 또한 많이 있는데, 오늘날 국사에서 가장 근심해야 할 일이
무슨 일이겠는가?[86]

주상의 춘추는 점점 많아지는데 주상의 환후는 이전보다 점점 심해져서
아들을 낳을[87] 기약이나 자손이 번창할 경사를 다시 바랄 수 없고, 저사(儲
嗣)는 아직 세워지지 않아 사특한 말만 더욱 성행하여 중앙과 지방이
의혹되고 인심이 소란스러우니, 이것이 실로 제일의 근심스러운 일이었
다.

○ 남산동(南山洞) 가장 높은 골짜기에 변노인과 장노인 두 사람이
있었는데, 젊어서부터 대문을 마주하고 살면서, 나이가 모두 86~87세가
되었다. 천문(天文)과 지리(地理)에 통달하지 않은 것이 없었고, 관상이나
운수를 헤아려 알아서 조금도 어긋남이 없었는데, 두 사람이 밤낮으로
서로 대면하여 토론하고 강명하기를 그치지 않았다. 변노인이 장노인에
게 묻기를,

"지금 주상의 얼굴 생김새가 어떠한가?"

---

86) 근래 …… 일이겠는가 : 이문정의 탕평적 사고를 엿볼 수 있는 대목이다. 즉 각각의
정파에는 대인과 소인이 함께 뒤섞여 있기 때문에 온전히 한쪽 편을 모두 물리쳐버릴
수 없는 것이다. 따라서 당색을 막론하고 세태에 물들지 않고 부귀영화를 멀리하면
서 단지 국사만 생각하여 근심스러운 마음으로 걱정하는 사람들을 등용하면 자연스
럽게 당쟁이 사라질 것으로 내다보았다. 비록 표현이 막연하고 구체적이지 않은
것 같지만 한 가지 분명한 점은 명분의리론에 기준하지 않는다는 사실이다. 주자도
통론(朱子道統論)에 근거하여 시비명변(是非明辯)의 관점에서 군자당과 소인당으로
구분하여 상대당을 완전히 제압하려는 붕당인식에서 벗어난 정론이다.
87) 아들을 낳을 : 원문은 "燕媒"이다. 매(媒)는 아들을 비는 제사 이름이다.《예기(禮記)》
월령(月令)에, '제비[燕]가 이르는 날에 태뢰(太牢)로써 고매(高媒)에 제사한다.'라고
한 데서 인용된 말이다.

하자, 장노인이 말하기를,

"잠자는 호랑이의 생김새이다. 잠자는 호랑이는 잠자도록 놓아두고 건드리지 않으면, 애초 사람을 해칠 이치가 없다. 하지만 만약 그 꼬리를 밟으면 노여움을 건드려 반드시 사람을 해칠 근심이 생길 것이다. 만약 주상의 노여움을 건드린다면 반드시 많은 사람들이 다칠 것이다."

하니, 변노인이 "그렇다." 하였다. 장노인이 변노인에게 묻기를,

"미원(微垣)[88]의 아래 항상 전성(前星)[89]이 있는데, 주상이 등극한 뒤에 홀연히 이 별이 없어졌다. 어제 건상(乾象, 천문)을 보건대 전성이 다시 옛 궤도에 나타났으니 반드시 나라의 경사가 있을 것이다."

하니, 변노인이 말하기를,

"나도 역시 이미 보았다."

하였다. 장노인이 말하기를,

"지금 주상의 나이가 몇 살인가?"

하니, 변노인이 엄지손가락을 세 번 굽혔다 펴니, 장노인이 말하기를, "그렇다." 하였다. 변노인이 말하기를,

"2년 반 안에 조정이 모두 어육이 될 것이니 장차 어찌하겠는가?"

하니, 장노인이 말하기를,

"나라의 운세와 관계되는 것이니 또한 어찌 하겠는가? 하지만 국가는 위태로움이 편안함으로 바뀌게 될 것이니 이는 다행이다."

하였다. 두 사람은 세상에 아는 자가 없었는데, 오직 정승 최규서와는 젊어서부터 서로 친하였다. 두 사람이 최규서에게 말하기를,

"지금 공이 만약 우리 두 사람의 말을 듣는다면 크게 귀해져서 여생을 마칠 것이다."

---

88) 미원(微垣) : 자미성(紫微星)을 가리킨다. 천제좌(天帝座)를 상징하는 별이다. 대궐 이나 임금을 상징한다.

89) 전성(前星) : 천왕(天王)을 상징하는 심성(心星)의 앞에 있는 별이다. 세자를 가리킨 다.

하니, 최규서가 말하기를,

"제가 반드시 따를 것입니다."

하였다. 두 사람이 말하기를,

"평생토록 당론에 참여하지 말며, 만약 벼슬이 정경(正卿)90)에 이르면 고향 초막으로 물러나고, 만약 정승의 지위에 이르면 병을 핑계로 벼슬에 나가지 않는다면 지극히 귀해져서 여생을 마칠 것이다."

하였다. 정승 최규서가 그 말과 같이하여 마침내 몸과 명성을 보존하였다.

신축년(1721, 경종1) 8월 20일 주상이 정언 이정소가 올린 왕제를 건저(建儲)하라는 상소로 인하여 묘당(廟堂)으로 하여금 품처토록 하였다. 빈청에서 아뢰기를,

"이 일이 매우 중대하니, 또한 시임(時任)·원임(原任) 대신과 육경(六卿) 및 삼사 장관들 모두 즉시 패초(牌招)91)하여 입대하도록 하는 것이 어떻습니까?"

하니, 윤허한다고 전교하였다. 조 판부사가 마침 그날 강교(江郊)에 나아가 있었는데, 그 아들 조관빈이 이 소식을 듣고 말을 달려 아비가 머물러 있는 곳으로 갔다. 그리고 여차저차 하다고 말하자 조 판부사가 급히 올라와서 곧장 빈청으로 갔는데, 영의정과 좌의정 및 여러 신하들이 모두 모여 있었다. 조 판부사가 말하기를,

"여러 대감들께서는 이러한 종사(宗社)의 대사를 거행하면서 어찌 소생을 함께 참여시키지 않으십니까? 원컨대 여러 대감들과 생사를 함께하고

---

90) 정경(正卿) : 의정부 참찬(參贊), 육조의 판서, 한성부 판윤(判尹), 홍문관의 대제학 등을 이른다.

91) 패초(牌招) : 승지가 왕명을 받고 신하를 부르는 일이다. '명(命)'자를 쓴 주색(朱色) 패의 한 면에 부름을 받은 신하의 성명을 기입하여, 승정원의 하례(下隷)를 시켜 송달하였다.

싶습니다."

하였으니, 그 충성심 이외 다른 마음이 없다는 것을 알 수 있다.

이날 밤 삼경(三更, 자정 전후)에 대신과 재상들이 입시하자, 영의정 김창집이 아뢰기를,

"대간 이정소가 건저의 일로 상소하자 대신들에게 품처하라는 명이 있어서 신 등이 여러 신하들과 함께 입대하였습니다. 대간이 아뢴 것은 바로 종사의 큰 계책입니다. 지금 국세가 위태롭고 외로워서 인심이 요동치고 있는데, 성상의 춘추가 한창이지만 아직 저사(儲嗣)가 없어서 종사의 근심이 이보다 더 큰 것이 없습니다.

신 등이 대신의 반열에 있으니 밤낮으로 근심하기를 어찌 감히 조금이라도 멈출 수 있었겠습니까만 아직도 우러러 청하지 못한 것은 단지 사체가 지극히 중대하기 때문에 지금까지 머뭇거렸던 것입니다. 대간이 대신이 말하지 않은 것을 허물하였는데, 신은 진실로 직무를 제대로 수행하지 못한 책임을 면하기 어렵습니다. 대간의 말이 지극히 타당하니 누가 감히 다른 의견이 있겠습니까? 여러 신하들이 모두 바야흐로 입시하였으니, 신들에게 묻고 결정하는 것이 어떠하신지요?"

하였다. 판부사 조태채(趙泰采)가 송나라 인종(仁宗)[92]이 춘추가 비록 많지 않았지만 간신(諫臣) 범진(范鎭)[93]이 여러 차례 걸쳐 상소하여 정책(定

---

92) 인종(仁宗) : 1010~1063. 송나라 제5대 황제이다. 진종(眞宗)이 죽자 제위에 올랐지만 장헌태후(章獻太后)가 수렴청정했다. 명도(明道) 2년(1033) 친정(親政)을 시작했다. 요나라의 침공으로 굴욕적인 강화를 맺었다. 일찍이 범중엄(范仲淹)을 참지정사(參知政事)로 기용해 신정(新政)을 실시했지만 오래지 않아 파직되고 폐지되었다.

93) 범진(范鎭) : 1008~1089. 송나라 정치인으로, 자는 경인(景仁), 시호 충문(忠文)이다. 범백록(范百祿)의 숙부이자 범조우(范祖禹)의 종조부(從祖父)이다. 1038년 진사가 되어 한림학사(翰林學士), 판태상시(判太常寺) 등을 지냈으며, 촉군공(蜀郡公)에 봉해졌다. 방직온(龐直溫)을 사사하였다. 왕안석의 신법을 반대하다가 벼슬을 그만두고 물러났다. 학문은 육경을 근본으로 하여 노장과 불교를 배척하였으며, 고악(古樂)을 정밀히 연구하였다. 저서에 《정언(正言)》, 《국조운대(國朝韻對)》, 《범촉공집(范蜀公集)》 등이 있다.

策)할 것을 청하자, 대신 문언박(文彦博)⁹⁴⁾도 또한 힘써 찬성하였다고
아뢰었는데, 그 나머지 계사는 영의정과 대략 같았다. 좌의정 이건명이
말한 대의(大意)도 대략 같았는데, 대간의 상소가 이미 나온 뒤에 조금도
지체해서는 안 되기 때문에 밤이 깊어지는 것도 헤아리지 않고, 곧 감히
서로 이끌고 가서 우러러 청하게 되었다고 아뢰었다.

　호조판서 민진원, 판윤 이홍술, 병조판서 이만성, 형조판서 이의현(李宜
顯), 대사간 홍석보(洪錫輔)⁹⁵⁾ 등이 모두 결정을 조금도 지체할 수 없으니
조속히 결정을 내려 달라고 아뢰었지만 주상이 끝내 결정하지 않았다.
다시 김창집이 아뢰기를,

　"대신과 여러 신하들이 아뢴 말은 모두 성상께서 빨리 윤허해 달라는
것이니, 삼가 원컨대 빨리 명을 내려 처분하여 모든 사람의 소망에 부응하
시기 바랍니다."

　하였다. 이건명과 조태채 등이 모두 조속히 처분을 내려달라고 다시
아뢰었지만 오랫동안 따르지 않았다. 다시 김창집이 아뢰기를,

　"대간이 아뢴 일은 조종(祖宗)에서 이미 거행한 아름다운 법도이니
오늘날 마땅히 따라야 합니다만, 이와 같은 대처분은 반드시 자전(慈殿)⁹⁶⁾
의 수필(手筆)을 얻은 뒤에야 받들어 행할 수 있습니다. 신 등은 합문(閤門,
편전의 앞문) 밖에 물러나 공손히 처분을 기다리겠습니다."

---

94) 문언박(文彦博) : 1006~1097. 송나라 정치가로, 자는 관부(寬夫)이다. 인종 대 참지정
　사(參知政事) 등을 거쳐 재상의 지위에 올랐다. 부필(富弼) 등과 함께 영종(英宗)의
　옹립에 공을 세웠고, 신종(神宗) 때 왕안석의 신법에 반대했다가 쫓겨나기도 했다.
　네 명의 황제를 섬기면서 장상(將相)으로만 50년을 재임하면서 정계 원로로 활동하
　였다.
95) 홍석보(洪錫輔) : 1672~1729. 본관은 풍산(豊山), 자 양신(良臣), 호 수은(睡隱)이다.
　김창협의 문인이다. 신임옥사 당시 노론 사대신과 함께 유배되었다. 1725년 풀려나
　와 도승지·평안도관찰사 등을 역임하였다.
96) 자전(慈殿) : 숙종의 계비 인원왕후(仁元王后)를 가리킨다. 경은부원군(慶恩府院君)
　김주신(金柱臣)의 딸이다. 1701년(숙종27) 인현왕후가 죽자, 간택되어 이듬해 왕비에
　책봉되었다.

하니, 주상이 말하기를,

"마땅히 아뢴 대로 하겠다."

하였다. 이에 주상이 자전에게 품달(稟達)하니, 자전이 언문교서를 다음과 같이 써서 내려주었으니,

"효종대왕의 혈맥과 선대왕의 골육은 다만 주상과 연잉군(延礽君) 뿐인데, 주상이 이미 뒤를 이을 자식이 없으니 지금 저사를 정함에 연잉군이 아니면 누가 있겠는가? 나의 뜻이 이러하니 대신들에게 하교하심이 옳을 것이다."

하여, 마침내 연잉군으로 건저(建儲)하고 정호(定號)하였다.

승지가 탑전(楊前, 임금의 자리 앞)에서 이 사실을 써서 내고, 책례도감(冊禮都監) 관원을 즉시 해당 조에서 차출하게 하였으며, 종묘에 고하고 책례를 거행할 길일을 관상감(觀象監)으로 하여금 가려 뽑게 하였다. 연잉군이 상소하여 사양하자 비답하기를,

"저사를 미리 세우는 것은 종사를 중히 여기기 때문이다. 아! 내가 불곡(不穀)⁹⁷⁾하여 이미 입년(立年, 30세)이 지났는데도 아직도 후사가 없고 또 기이한 병이 있으니 나라 일을 생각하면 믿을 만한 계책이 없다. 이에 자성께 우러러 여쭙고 여러 사람의 청을 굽어 따라서 중대한 저위를 맡기니, 조심하는 마음으로 부지런히 나라 사람들의 큰바람에 부응하라."

하였다. 그날 밤 저위(儲位)가 겨우 결정되어 아직 반포하지도 않았는데, 숙위 군졸과 승정원의 사령(使令) 가운데 궁궐에서 나온 자들이 어깨를 으쓱이고 발을 구르며, 돌아가면서 서로 고유(告諭)하기를,

"연잉군을 세제로 봉하다니, 어찌 이런 큰 경사가 있는가?"

하였다. 듣는 자들이 뛸 듯이 놀라고 기뻐하면서 또한 서로 돌아보고 기쁜 표정으로 말하였다. 잠깐 사이에 환호성이 도성에 가득 차서 방마다 서로 축하하고, 집집마다 서로 경축하였다. 길거리에서 노는 철없는

---

97) 불곡(不穀) : 임금이 스스로 선(善)하지 못하다고 겸손하게 칭하는 말이다.

아이들도 너무 좋아서 어쩔 줄 모르고, 시전(市廛)에서는 피리소리 북소리로 기쁨을 드러냈으니[98] 태평성대의 기상이 일시에 가득해졌다.

○ 저위를 정책하는 것은 바로 국가의 대사인데 하룻밤 사이에 아뢰어 결정한 것은 갑작스러운 것 같으니, 이것은 어째서인가? 만약 혹 시일을 끌면 불령한 무리들이 반드시 서로 다른 논의를 개진하여 아마도 큰일을 그르칠 수 있기 때문이었다.[99]

○ 영의정과 좌의정의 논의에 따라서 세제로 위호(位號)를 정하고, 세제와 세제빈이 입궁하는 길일(吉日)은 다가오는 달 6일로 정하였다.

○ 연잉군이 재차 상소하였는데 주상이 다음과 같이 답하였다.
"어제의 비지(批旨) 가운데 이미 상세히 말했는데 다시 무엇을 더 고하겠는가? 다시 사양하지 말고 나의 마음을 편안케 하라."

○ 판부사 이이명(李頤命)이 상소하기를,
"삼가 신이 듣건대 전하께서 깊이 종사의 대계를 생각하여 성모(聖母)의 자지(慈旨)를 상품(上稟)하여 일찍이 국사(國嗣, 임금의 후사)를 정하여 원량(元良, 세자)의 지위를 믿고 맡기시니 하룻밤 사이에 환호성이 사방으

---

98) 기쁨을 드러냈으니 : 원문은 "飾喜"이다. 《예기》〈악기(樂記)〉의 "음악은 선왕이 기쁨을 드러내는 방법이었으며, 군대와 부월은 선왕이 노여움을 드러내는 방법이었다.[夫樂者, 先王之所以飾喜也, 軍旅鈇鉞者, 先王所以飾怒也.]" 하였다.
99) 지위를 …… 때문이었다 : 해당 구절에는 이문정이 노론 사대신이 주도한 세제 정책의 정당성을 거듭 강조하는 현실적 이유가 잘 드러나 있다. 그는 정국안정을 위해서는 무엇보다 연잉군의 세제 지위를 확정하고 정상적으로 등극하는 것만이 유일하다고 보았다. 따라서 경종대 귀척과 소론 내 준론 세력의 농간으로 후사의 향방이 묘연해진 상황에서 연잉군을 저위에 올린 노론 사대신의 공로는 정파를 떠나 청론을 표방하는 서인으로서 긍정적으로 평가할 만한 조처였던 것이다.

로 내달렸습니다. …… 신의 몸이 비록 바깥에 있지만 큰 경사를 보게 되어서 간절하고 간절한 충성심을 이길 수 없습니다."

하니, 답하기를,

"경의 간절한 마음은 잘 알았다.100) 다행히 묵묵히 돕는 것에 힘입어서 이와 같이 막대한 경사가 있었으니, 기쁨을 어찌 다 말할 수 있겠는가? 경은 마음을 편안히 갖고 사직하지 말고, 부디 하루속히 길을 떠나 진하(陳 賀)하는 반열에 참가하여 간절히 기다리는101) 나의 바람에 부응하라."

하였다. 책례도감 제조에 우의정 조태구(趙泰耉)를 임명하니, 조태구가 상소하기를,

"삼가 신이 엎드려 듣건대 어제 경연 중에 대신과 여러 신하들의 청을 따라서 위로 자전(慈殿)의 뜻을 받아 저사(儲嗣)가 이미 정해지니 나라의 근본이 더욱 굳건해졌습니다. 이것은 실로 종사가 끝없이 이어질 기틀이니, 신민(臣民)의 경사스럽고 다행스러움을 어찌 이루다 말할 수 있겠습니까? 신의 질병은 이미 뿌리 깊은 증상이 되어서 결코 다시 일어나 사람 구실할 가망이 없습니다. 이처럼 침상에서 거의 죽어가는 목숨을 부지하는 처지라서 운신할 방법이 없는 것을 생각하면, 도감 사무는 날로 급한데, 병이 차도가 있기를 기다릴 수 없으니 즉시 처분을 내려주시기 바랍니다. ……"

하니, 다음과 같이 답하였다.

"경의 간절한 마음을 잘 알았다. 다행히 묵묵히 돕는 바에 힘입어서

---

100) 경의 …… 알았다 : 원문은 "卿懇"이다. "省疏具悉卿懇"을 줄인 것으로서, 품계가 높은 신하의 상소에 대해 임금이 비답을 내릴 때 쓰는 말이다. 대신(大臣), 보국(輔國) 이상, 산림(山林) 등이 올린 상소에 이 말을 쓰고, 그 이하의 신하가 올린 상소에는 '이간(爾懇)'이라는 말을 쓴다.

101) 간절히 기다리는 : 원문은 "虛佇"이다. 허저(虛竚)라고도 한다. 원래 저(竚)는 문(門) 과 외병(外屛) 사이로 정당(正堂) 앞의 정중(庭中)에 있는데, 임금이 정사를 들을 때 서는 곳이다. 허저란 이곳을 비운다는 뜻으로, 임금이 마음을 비우고 어진 신하의 말을 듣는다는 것을 비유한 말이다.

이와 같이 막대한 경사가 있었으니, 그 기쁨을 어찌 이루다 말할 수 있겠는가? 경의 병이 또 더욱 심해졌다고 하니 놀라서 근심을 이길 수 없다. 도감 제조의 직임은 지금 우선 억지로나마 뜻대로 따라 주도록 하겠다."

23일 사직 유봉휘가 상소하여 대략 다음과 같이 말하였다.

"삼가 신이 듣건대 정언 이정소가 상소하여 저사를 세울 것을 청하자 성상께서 대신과 의논하여 품처(稟處)하라는 비답을 내리셨습니다. 신은 이를 듣고 놀라고 두려워서 우려하고 의혹스러운 것을 이루다 말할 수 없었습니다. …… 나라의 저사를 세우는 일이 얼마나 중대한 일인데, 시임·원임 대신으로서 멀지 않은 강교(江郊)에 있던 사람마저 막연히 알지 못하고, 원임 재상 가운데 처음 불러서 나가지 않은 사람은 다시 부르지도 않고서 갑작스럽게 서둘러서 조금도 국가의 체통을 생각하는 마음이 없으니, 신은 이것이 무슨 거조인지 알지 못하겠습니다.

신은 대대로 국가의 은혜를 받아서 지위가 재상의 반열에 올랐고, 10년 동안 전하 가까이에 출입하였으니 이러한 때를 당하여 어찌 감히 부월(鈇鉞)의 베임[102]을 두려워하여 입을 다물고 한마디도 말하지 않아서 우리 선왕과 전하를 저버릴 수 있겠습니까? 전하께서는 중전을 재차 맞이하여 이제 겨우 몇 년이 되었는데, 일찍이 근심이 되는 증세를 치료한 적이 있고, 계속 상중에 계시니 후사(後嗣)의 있고 없음은 아직 논할 수 없습니다.

전하의 보주(寶籌, 임금의 수명)가 한창 젊으시고 중전의 나이도 이제 겨우 계년(笄年)[103]을 넘으셨으니 뒷날 자손이 번창할 경사는 진실로 온 나라 신민들이 크게 바라고 있는 것입니다. 어떤 자는 양궁(兩宮)께서

---

102) 부월(鈇鉞)의 베임 : 부는 도끼, 월은 큰 도끼이다. 임금이 한 방면을 맡기는 사신·장 군에게 생살(生殺)의 권한을 맡기는 뜻으로 주는 것으로, 여기서는 부월로 주살(誅殺) 당함을 뜻한다.

103) 계년(笄年) : 여자가 처음 비녀를 꽂던 나이로서 보통 15세였다.

병환이 있어 귀한 아이를 낳아 기르는데 방해가 된다고 하는데, 보호하는 자리에 있는 자들은 마땅히 정성을 다해 의약으로 치료하는 일을 다 하지 않을 수 없는데도 이에 대해 유념하는 자가 있다는 말을 듣지 못하였습니다. 그런데 바로 즉위하신 원년에 갑자기 이러한 거조가 있게 되었으니 이것이 어찌 된 까닭입니까?

전하께서 보위를 이으신 지 겨우 일주년이 되어 신민이 바야흐로 눈을 씻고 바라보면서 새로운 교화를 기대하는데, 대간의 상소에서 이른 바 '국세가 위태롭고 인심은 흩어졌다.' 한 것은 무슨 근거로 이러한 말을 하였는지 알지 못하겠습니다. 설령 이러한 말과 같은 일이 있다고 하더라도 주요한 지위에 있는 대신은 마땅히 조정의 의사를 널리 물어서 조용하게 아뢰어 중앙과 지방으로 하여금 무슨 사연이 있고 무슨 까닭이라는 것을 분명히 알게 하여야 할 것입니다.

그런데 지금은 그렇게 하지 않고 이정소 같은 어리석고 무식한 자로 하여금 대충대충 상소로 청하게 하여 마치 시험하여 보는 것처럼 하였습니다. 그리하여 '품처하겠다[稟處]'는 두 글자의 전교를 얻자 이에 경고(更鼓)[104]가 밤이 이미 깊어진 것을 알린 뒤에 등대(登對)하여 힘껏 청하여 반드시 따르게 하고서야 그만두었으니, 이정소와 화답하여 응한 정상이 분명하여 숨길 수가 없게 되었습니다.

만약 이 일을 자성(慈聖)께 우러러 아뢰지 않을 수 없었다면 이 또한 마땅히 품정(稟定)하겠다는 뜻을 전하에게 우러러 여쭙고 물러나 하교를 기다리는 것이 사체에 맞는 것입니다. 그런데도 이미 들어가 아뢸 것을 청하였다가 갑자기 나와서 결정하라고 청하고, 다시 청한 계사에서는 '오래 끌 수 없습니다.'고까지 말하여 마치 심부름하는 사람을 독촉하는 것과 같았으니, 이는 진실로 신하의 예의가 없다고 할 만합니다.

일찍이 무진년(1688, 숙종14) 전하께서 탄생하셨을 때 인현왕후께서는

---

104) 경고(更鼓) : 밤중에 시각을 알리기 위해 치는 북소리를 말한다.

오래도록 뒤를 이을 후사가 없었습니다. 그때에도 후사를 세우는 일이 급하지 않은 것은 아니었지만 전석(前席)에서 하문하셨을 때 여러 신하들이 말하기를,

'우선 수년을 더 기다려 보아 정궁에게서 아들을 얻는 경사는 없는데 왕자의 나이가 장성하였다면 유사(有司)가 마땅히 후사를 세워야 한다고 청하기에 다른 겨를이 없을 것입니다.'

하였으니, 당일 신하로서 어찌 다른 뜻이 있었겠습니까? 국본(國本)을 소중히 여기고 국체(國體)를 존중하기 때문입니다.

신하가 군주를 섬기는 도리는 마땅히 이와 같아야 할 것인데도 지금은 너무 급하게 서둘러 마치 한 시각도 넘겨서는 안 되는 것처럼 하면서 한밤중에 엄려(嚴廬)[105]에서 한 번 청하고 두 번 청하여 막중하고 막대한 경사를 끝내 경솔하게 결정하기에 이르렀으니, 국체는 도리어 가벼워져서 자못 모양을 갖추지 못하였고, 인심은 의혹되어 오래 지나도 안정되지 않습니다. 신은 참으로 어쩌다가 일이 이 지경에 이르렀는지를 알지 못하겠습니다. …… 성명(成命)[106]은 이미 내려져서 다시 논의할 수 없지만 대신과 입대한 여러 신하들의 우롱하고 협박한 죄는 밝게 바로잡지 않을 수 없습니다. 그런데 전하의 조정에서 한 사람도 이것을 말하는 사람이 없으니, 이에 감히 월권(越權)의 혐의를 피하지 않고 죽음을 무릅쓰고 아뢰옵니다.

삼가 원하건대 성명(聖明)께서는 이제부터라도 모든 일을 반드시 전하의 의사대로 결단하여 행하시어 위복(威福)을 아래로 옮기는 일이 없도록 하시고, 대신 이하의 죄과를 바로잡아서 나라 사람들에게 사과하고 조정을 엄숙하게 만들기 바랍니다. ……"

---

105) 엄려(嚴廬) : 상주(喪主)가 거처하는 여막이다.
106) 성명(成命) : 임금이 신하의 신상에 관하여 결정적으로 내리는 명령이다.

유봉휘의 상소는 처음부터 나온 말이 흥분되어 화를 내고 원망하는 마음을 가리지 못하였다. 왕제를 정책하자 상하가 손뼉을 치고 기뻐하였는데, 감히 말하기를, "이를 듣고 놀라고 두렵다." 하고, 나라에 큰일이 있으면 수레를 기다리지 않고[107] 서둘러야 할 것인데, 감히 말하기를, "원임 재상 가운데 처음 불러서 나가지 않은 사람은 다시 부르지도 않았다." 하였다.

주상이 평소에 기이한 질병이 있어서 앞뒤 양궁과 두 잉첩 모두에게서 임신의 징조가 없었다. 오늘에 이르러 춘추는 점점 많아지는데, 질환이 이전에 비해 심해졌으니 아들을 얻을 경사를 다시 바랄 여지가 없다는 것을 중앙과 지방에서 모두 알고 있었다. 그런데 아직도 후계자를 세우지 않아서 국세가 외로운 것이 거의 위태로울 지경이었으니, 오늘 후계자를 세우더라도 오히려 늦었다고 할 수 있는데, 감히 말하기를, "갑작스럽게 서둘렀다." 하였다.

후사를 세운 뒤에 하루도 지나지 않아서 기뻐하는 소리가 서울과 시골에 두루 가득 찼으며, 춤추는 백성이 도로에 가득 찬 것을 수많은 사람들이 보았는데도 감히 말하기를, "인심이 의혹된 것이 오래되어 안정이 되지 않았다." 하였다. 대신과 여러 신하들이 하룻밤 사이에 한 번 청하고, 두 번 청하여 반드시 청을 들어 준 뒤에야 그친 것은 급히 서두른 것 같지만 이는 그렇지 않다. 후사를 세우는 일은 나라의 큰일인데, 만약 조정의 신하들이 왕제를 정책하는 일에 모두 같은 마음이었다면 주요한 지위에 있는 대신이 어찌 조정의 의사를 널리 물어서 조용하게 아뢰지 않았겠는가?

그런데 그 가운데 일종의 불령한 무리들이 남몰래 흉계를 꾸며서

---

107) 수레를 기다리지 않고 : 《논어》〈향당(鄕黨)〉에서, "공자가 왕의 부름을 받으면 수레에 멍에를 맬 때까지 기다리지도 않고 달려갔다.[君命召, 不俟駕行矣.]" 하였다. 왕의 소명(召命)을 받고 급히 달려가는 것을 말한다.

서로 호응하여 이미 이루어진 것을 길 가던 사람들도 모두 알고 있었다. 그래서 대신과 여러 신하들이 시일을 질질 끌면 반드시 저 무리들이 백방으로 방해하고 희롱하여 큰일이 잘못될까 두려워하였다. 이에 하룻 밤 안에 후사를 세우는 큰일을 이루었으니, 이것은 실로 한결같이 국가를 위해 충성하는 마음에서 나온 것이었다.

그렇게 급작스럽게 정한 이유에 대해 저들이 마땅히 스스로 반성해야 하는데도 스스로 반성할 줄은 모르고 감히 말하기를, "우롱하고 협박하였다." 하였다. 급하게 하거나 천천히 하거나를 막론하고, 이미 후사를 정한 뒤에는 저들이 비록 발끈하여 화를 내는 마음이 있더라도 또한 어찌할 방법이 없으니, 진실로 마땅히 조정에 나와서 축하했어야 할 것이다.

그런데 도리어 급하게 패악한 상소로 후사를 세운 큰일에 화를 내며 정책을 추진한 여러 신하들을 죄 줄 것을 청하여, 평생 품고 있던 흉악한 속마음이 사납고 거친 상소에서 드러났으니, 또한 하나의 큰 변괴이고 하나의 큰 기괄(機括)이었다.108)

주상이 다음과 같이 전교하였다.

"아! 선대왕께서는 해와 달 같은 밝으심으로 나에게 후사가 없는 것을 매우 우려하셨다. 이제 와서 나의 병이 점점 더하여 아들을 얻을 희망이

---

108) 이상의 자설은 이문정이 세제 정책문제와 관련해서는 어떠한 반론도 용납하지 않겠다는 굳은 의지를 피력한 것이다. 본서의 편찬 목적 중에는 영조 즉위의 정당성을 정치사의 맥락에서 확정하는데 있었다. 따라서 세제 정책에 일조하거나 우호적인 입장을 취하는 인물은 그가 상정했던 "세태에 물들지 않아서 부귀영화를 멀리하고, 단지 국사만 생각하여 근심스러운 마음으로 걱정하는 사람들"로서 보합 (保合)의 대상이었다. 하지만 유봉휘처럼 경종 보호를 빌미로 연잉군을 견제하였던 소론 내 준론 세력은 배척해야 했다. 이에 장문의 상소를 인용하여 조목조목 비판하였고, 이어지는 기사에서 경종의 전교를 인용하여 세제 정책을 부동의 사실로 확정하였다.

없으니 삼가 무거운 부탁을 받들고 밤낮으로 근심하고 두려워하여 편안히
지낼 겨를이 없었다. 여러 가지로 생각하던 끝에 엊그제 대간의 상소를
보니, 종사를 위하여 국본을 정하려 한 것이 아님이 없어서, 선대왕의
허다한 우려와 나의 근심하여 한탄하는 뜻에 정확하게 합치하였기 때문에
자성(慈聖)에게 우러러 아뢰었더니, 이르시기를 '효종대왕의 혈맥과 선대
왕의 골육은 다만 나와 연잉군 뿐이다.' 하시어 여기에서 벗어나지 않았다.
자성의 하교가 지극히 간절하였으므로, 나도 몰래 눈물을 흘렸다.

아! 내게 조금이라도 후사를 이을 희망이 있다면 어찌 이러한 하교가
있었겠는가? 이미 저사(儲嗣)를 정했으니, 종사의 무궁한 복이요, 또한
내가 크게 바라던 바였다. 그런데 유봉휘의 상소가 전혀 뜻밖에 나와서
말이 망령되어 이치에 맞지 않기까지 하였으니, 이 사람은 어떤 사람이기
에 어떻게 이와 같이 하는가? 이를 내버려 둘 수가 없으니 경 등이
의논하여 아뢰도록 하라."

이날 밤 합문 바깥에서 영의정 김창집·좌의정 이건명·대사헌 홍계
적·대사간 유숭(兪崇)109)·사간 신절(申晢)110)·장령 송도함·정언 이성
룡·부교리 신방(申昉)111) 등이 아뢰기를,
"신 등이 삼가 유봉휘의 상소를 보건대, 감히 국가 대계를 대충 소홀하게
처리한 죄과로 돌려서 신 등을 터무니없는 말로 모함하여 망측한 지경으

---

109) 유숭(兪崇) : 1661~1734. 본관은 창원(昌原), 자 원지(元之)이다. 신임옥사로 파직되
  어 유배되었다가 이듬해 영조의 즉위로 풀려났다. 정미환국으로 소론이 등용되자
  이를 반대하다가 파직되었다. 이듬해 이인좌(李麟佐)의 난이 일어나자 호서소모사
  (湖西召募使)로 기용되고 이어서 도승지·공조참판 등을 역임하였다.
110) 신절(申晢) : 1681~1723. 본관은 평산(平山), 자 성여(聖與)이다. 도승지 신익전(申翊
  全)의 증손으로, 할아버지는 이조판서 신정(申晸)이다. 1722년(경종2) 임인옥사
  때 관작을 삭탈 당하고, 이듬해 유배되어 죽었다.
111) 신방(申昉) : 1686~1736. 본관은 평산(平山), 자 명원(明遠), 호 둔암(屯菴)이다. 할아
  버지는 영의정 신완(申琓), 아버지는 신성하(申聖夏), 어머니는 박세채의 딸이다.
  경종 대 헌납 등을 거쳐 영조대 이조참판 등을 역임하였다.

로 몰아가려 합니다. 아! 성명을 한 번 내리자 백성들이 목을 길게 빼고
나라에 살고 있는 모든 무리들이 손뼉을 치고 기뻐하지 않는 자가 없었는
데, 저 유봉휘는 도대체 무슨 마음이기에 혼자만이 놀라고 두려워하며
우려하고 의심하여 속으로 불만을 품고 현저히 국본을 흔들어 보려는
뜻을 지니고 있으니, 그 도리에 어긋난 죄를 남김없이 드러내어 엄하게
징토하지 않는다면 난신적자(亂臣賊子)가 반드시 잇따라 일어날 것입니다.
청컨대 국청(鞫廳)을 설치하고 유봉휘를 엄하게 신문하여 왕법(王法)을
바로잡으십시오."

　하니, 주상이 윤허하였다.

　우의정 조태구가 녹사(錄事)[112]를 통해서 곧바로 올린 차자에서 대략
이르기를,

　"삼가 신은 병으로 거의 죽어가는 가운데 유봉휘가 상소로 진달한
것을 보았는데, 그를 국문하는 일을 논의하기에까지 이르렀으니 어찌
이렇게까지 할 수가 있습니까? 나라에 큰 경사가 있어 처분이 이미
정해진 뒤에 이렇게 말하여 아뢴 것은 진실로 망령되다 할 수 있습니다만
그 마음은 나라를 위하는 진심[赤忱]에서 나온 것입니다. …… 어찌 일찍이
한 때의 쟁론을 가지고 국문한 일이 있었습니까?

　오늘 전하에게 충성하는 자는 뒷날 반드시 저군(儲君)에게도 충성을
다할 것입니다. 설령 그의 말이 비록 망령되어 이치에 맞지 않더라도
나라를 위해 충성을 다한 것인데, 성급하게 국문하여 다스리라 명하신다
면 어찌 성스러운 조정에서 간언을 용납하는 도리에 큰 손상이 있지
않겠습니까? 말한 자를 박살(撲殺)하도록 인주를 인도하는 것은 성세(聖世)
의 아름다운 일이 아닙니다. 바라건대 특별히 세 번 더 생각하시어 빨리
성명(成命)을 거두십시오. ……"

---

112) 녹사(錄事) : 중앙·지방 관서의 행정실무를 맡은 서리와 경아전에 속한 상급 서리를
　　가리킨다.

하였다. 주상이 답하기를,

"경의 간절한 마음은 잘 알았다. 지금 경의 차자를 보니, 과연 국청(鞫廳)을 설치한 것이 지나친 일임을 알겠다. 이러한 사례를 살펴서 대신과 의논하고 품의하여 처리하라."

하고, 다음과 같이 비망기를 내렸다.

"반복하여 생각해 보아도 국시(國是)가 이미 정해진 뒤에 망령되게 소장을 올린 것은 매우 잘못된 일이므로 엄한 형벌에 처해야 마땅하겠으나, 국문만은 정도에 지나친 듯하니 참작하여 아주 먼 변방에 귀양보내라."

우의정이 유봉휘(柳鳳輝)를 구원하는 일로 차자를 올렸는데, 어쩌면 그리도 어긋났단 말인가? 건저의 성명이 널리 내려졌으니 종사의 대본은 이미 굳건해져서 온 나라의 신민이 손뼉을 치고 즐거워하고 반기고 좋아하지 않는 사람이 없었다. 가령 유봉휘가 조금이라도 함께 경사스러워하고 기뻐하는 마음이 있었다면 반드시 지난날과 같은 상소는 없을 것이다. 상소문 가득히 장황하게 늘어놓은 말 가운데 애초 반가워하며 좋아한다는 등의 말은 한 마디도 없고, "놀라고 두려워서 우려하고 의혹스럽다."느니, "갑작스럽게 서둘렀다."느니, "인심이 의혹되었다." 등의 말로 현저히 기뻐하지 않는 뜻을 드러냈고, 그 끝에서는 건저를 청하였던 여러 신하들을 모함하였으니 그 마음씀씀이를 살펴보면, "흉역"이라 말해도 지나칠 것이 없는데, 우의정은 단지 "광망(狂妄)"하다고만 말한단 말인가?

또한 주상이 혹 계사년(1713, 숙종39)과 갑오년(1714) 사이에 아기 울음소리를 들었다거나, 또는 혹 진숙(震夙)[113]의 아름다운 징조가 있었는

---

113) 진숙(震夙) : 《시경(詩經)》〈대아(大雅) 생민(生民)〉의 "아기를 배고 신중히 하여, 낳아 기르셨으니, 이분이 바로 후직이시라.[載震載夙, 載生載育, 時維后稷.]"라는 말에서 나왔다. 이 시는 주(周)나라 문왕(文王)과 무왕(武王)의 공이 그들의 조상인 후직(后稷)에게서 나왔다는 것을 읊은 것이다. 여기서는 아들을 임신한 것을 비유한

데도, 이처럼 왕제를 정책하였다면 오히려 갑작스럽다고 쟁론한 것을 "진심"이라고 말할 수 있을 것이다. 그렇지만 지금 이러한 두 가지를 바랄 수 없고 단지 국가의 유일한 혈맥으로서 왕제가 있을 뿐인 상황에서 뒤늦게 부득이 정책하였는데, 유봉휘는 도리어 급하고 갑작스럽다고 상소하여 쟁론하였다. 그 마음가짐은 역적에 관한 범죄를 면하기 어려운데 우의정은 어떻게 "진심"이라고 말할 수 있단 말인가?

주상에게 저사가 없었으므로 국세가 위태롭고 외로워서 밤낮으로 우려하였다. 이러한 때를 당하여 여러 신하들이 저사를 세우자고 청하여 국본을 영원히 굳건하게 하려 하였으니, 바야흐로 이들이야말로 주상에게 충성하였다고 할 수 있다. 그런데 유봉휘는 도리어 저사를 세우자고 청한 여러 신하들을 처벌하자고 하여, 끝내 국세를 위태롭게 만들려고 하였으니 이것은 전하에게 반역이라고 할 수 있는데, 우의정은 전하에게 충성하였다고 말하여 유봉휘와 한 통 속이 되었으니, 그를 위해 한탄하고 애석하게 생각한다.

유봉휘의 이 상소가 나오자 길 가던 사람들이 사납게 의혹하고 엎어지고 넘어지며 말하기를,

"왕세제 책봉은 국가의 경사이고 신민의 복인데, 유 참판이 상소하여 가로막았다고 하니 그가 진짜 역적이다."

하면서 분노하지 않는 사람이 없었으며, 곧 국문한다는 소식을 듣고서는 통쾌하게 여기지 않는 사람이 없었다. 또 우의정이 차자를 올려 구원했다는 소식을 듣고 놀라며 서로 고하기를,

"우의정 대감이 유 참판을 구원하여 국문하지 말라고 하였다고 들었는데 분하고 분하도다! 근래 양반의 마음을 헤아릴 수가 없으니, 그렇다면 나라에 저사가 없어도 되는가? ……"

하였다. 이미 왕제를 책봉하여 세자로 삼았으니 군신의 분의(分義)가

───────────────

것이다.

이미 정해진 것이다. 주상이 비록 인조[仁廟]가 원손(元孫)[114]이 어리다고
하여 나머지 적자(嫡子) 가운데 가장 나이가 많은 아들[115]을 택하여 세웠던
것처럼 하더라도 신하의 분수로 보아 감히 다른 논의가 있을 수 없었다.
하물며 주상이 애초 후사를 이을 희망이 없었고 단지 아우님으로서
연잉군이 있을 뿐이었으니, 연잉군으로 정책하는 것 이외에는 다시 누가
있겠는가? 그런데 유봉휘가 이에 기뻐하지 않는 마음을 갖고 이와 같이
어그러진 상소를 아뢰었으니, 현저하게 저지하려는 뜻이 있었던 것이다.
그가 남몰래 두 마음을 품고서 국본을 동요시킬 계책을 꾸몄다는 것은
비록 길 가던 사람들도 알 수 있는 일이었다.

　유봉휘의 이 상소는 전편의 내용이 모두 왕세제가 저위에 오른 것에
불만을 품은 데에서 나온 것으로서, 그 가운데 "갑자기 서둘렀다[猝遽忙迫]."
는 한 구절의 말에서 더욱 정책을 조금이라도 더디게 늦추지 못한 것을
깊이 한스럽게 여긴 것을 볼 수 있다. 왕세제가 저위를 이은 것은 곧
천명이 있는 바인데 비록 혹 더디게 늦추었다고 하더라도 어떻게 그
계책을 멋대로 할 수 있겠는가?

　정책(定策), 이 한 가지 일은 국가의 큰일로 노론과 소론, 남인을 물론하
고 오늘날 신하 된 자는 마땅히 한 마음으로 서로 상의하여 정대하게
주청했어야 할 일이지, 진실로 한쪽 편 사람이 홀로 담당하여 대충 상소로
아뢰어 청해서는 안 될 일이었다.[116] 이정소가 상소로 청한 것이 갑작스럽

---

114)　원손(元孫) : 소현세자(昭顯世子)의 아들 경선군(慶善君) 이백(李栢, 1636~1648)을
　　　가리킨다. 아명은 석철(石鐵)이다. 1645년(인조23) 소현세자가 갑자기 죽자 소현세
　　　자의 아들을 제치고 차남인 봉림대군이 세자가 되었다. 이어서 인조는 신하들의
　　　반대를 무릅쓰고 강빈(姜嬪)에게 역모의 혐의를 씌워 사사하고, 그 소생 석철·석린
　　　(石麟)·석견(石堅)을 제주도로 귀양 보내 석철·석린을 죽음에 이르게 하였다.
115)　가장 나이가 많은 아들 : 봉림대군(鳳林大君)을 가리킨다. 1649년 인조가 승하한지
　　　5일 뒤 31세에 즉위하였다. 효종은 1619년(광해군11) 인조의 둘째 아들로 태어났고,
　　　1625년(인조3) 일곱 살 위인 형 소현세자(昭顯世子)가 먼저 세자로 책봉되었고,
　　　이듬해 봉림대군에 봉해졌다. 1645년 소현세자가 급서(急逝)하자 조카들을 제치고
　　　봉림대군이 27세에 세자 지위에 올랐다.

게 나왔고, 네 대신이 주의(奏議)한 것은 한밤중에 있었으니, 겉으로만 본다면 갑자기 서둘러 나온 것 같기도 한데, 이것은 그렇게 하지 않으면 안되는 이유가 있었다.

국구(國舅) 어유구가 매부(妹夫) 김순행(金純行)[117]에게 말하기를,
"대전에게서 후사를 이을 희망은 아직도 기약할 수 없으니, 특별히 저사를 정하는 외에는 다시 다른 계책이 없다. 그런데 중전이 어머니라고 부르는 소리를 듣고 싶은 것은 인지상정이고 사리(事理) 또한 그러하다."
하자, 김순행이 그 의도를 알았기 때문에 대답하기를,
"대전에게 끝내 후사가 없는데, 연잉군은 바로 삼종의 혈맥이고, 금상의 아우님입니다. 또한 선대왕이 남긴 부탁도 있으니, 연잉군으로 저위를 정하지 않을 수 없을 것인데 어찌 형수를 어머니라고 부를 수 있겠습니까?"
하였다. 어유구가 말하기를,
"그대는 체례(體例)[118]를 알지 못한다. 이미 저사를 별도로 정해야 하는 지경에 이르렀다면 종실 가운데 소목(昭穆)[119]의 친척이 어찌 없는 것을 근심하여 반드시 연잉군으로 정하여 순서대로 승통하는 법을 어기겠는가?"

---

116) 정책 …… 일이었다 : 해당 구절은 세제 정책을 매개로 정파간 연대를 모색하려는 심중을 드러낸 대목이다. 가능한 범위 내에서 노론과 소론뿐만 아니라 남인과의 절충과 합의를 거쳐 세제의 정통성을 인정받고자 했던 것이다. 절차 문제를 둘러싼 준론 세력의 반발이 거세지면 거세질수록 불가피하게 연잉군이 논란의 중심에 휘말릴 수 있었기 때문이었다. 따라서 가급적이면 다수의 우군을 확보하기 위해서라도 세제 정책을 매개로 한 타협과 절충은 더욱 절실하였다. 이처럼 정파간 제휴 모색은 현안을 매개로 한 탕평의 단초로 평가할 수 있다.

117) 김순행(金純行) : 1683~?. 본관은 안동, 자 성중(誠仲), 호 추옹(鶖翁)이다. 김상용(金尙容)의 현손 김시보(金時保)의 아들이다.

118) 체례(體例) : 체통에 맞게 시행되어 온 관례(慣例)를 가리킨다.

119) 소목(昭穆) : 세대를 구분하는 종법의 원리를 가리킨다. 사당에서 신주(神主)를 모시는 차례로 왼쪽 줄의 소(昭), 오른쪽 줄의 목을 통틀어 일컫는 말이다.

214 번역

하니, 대답하기를,

"그렇다면 연잉군은 어떻게 합니까?"

하였다. 어유구가 말하기를,

"한번 아뢰는 것으로 배제할 수 있다."

하였다. 김순행은 다시 대답할 말이 없자, 급급하게 영의정 김창집에게 가서 고하니 김창집이 말하기를,

"내가 이미 저들에게 이러한 계책이 있다는 것을 알고 있었지만 어찌 이와 같이 흉패할 줄을 생각이나 했겠는가? 일이 장차 급하게 되었다."

하고는 아들 김제겸으로 하여금 급히 좌의정 이건명에게 보내 통지하였다. 이건명이 그 말을 듣자마자 전율하며 위축되고 안색이 검푸르게 변하였으며, 기가 막혀서 말이 안 나와 어쩔 줄 모르고 단지 말하기를,

"잠시 진정되기를 기다려서 분이 가라앉으면 즉시 나아갈 것이다. ……" 하였다. 김제겸이 돌아와서 이 같은 상황을 고하니, 김 정승이 말하기를,

"너는 또 급히 강교(江郊)에 가서 판부사 이이명에게 통지하라."

하였다. 김제겸이 또 이 판부사에게 달려가서 고하였다. 이 판부사가 말하기를,

"위로부터 갑작스럽게 종실의 아무개로써 저사를 정한다는 전지를 내린다면 종사는 끝장나고, 일 또한 어쩔 도리가 없을 것이다. 지금이 바로 신하가 목숨을 바칠 때이다."

하고는 빠르게 말을 달려서 도성에 들어가 삼정승이 합좌(合座)[120]하여 급히 논의하고, 이정소로 하여금 상소하여 청하게 하였으며, 밤새도록 헌의(獻議)[121]하여 마침내 연잉군이 갑작스럽게 저사로 정해졌던 것이다.

어유구가 두 마음을 품은 것이 이미 저와 같았는데 왕제를 정책하는

---

120) 합좌(合座) : 둘 이상의 당상관이 모여 나라의 큰일을 의논하다.
121) 헌의(獻議) : 신하들이 정사에 관한 의견들을 논의하여 그 결과를 임금에게 올리다.

일에 어찌 시각을 지체하는 것을 용납할 수 있었겠는가? 어유구의 이
계책은 한쪽 편 무리들이 평소에 쌓아 두고 어유구를 이로움으로 유혹한
것이니 어떻게 그들을 불러서 같이 의논할 수 있겠는가? 그래서 저들과
같이 도모할 수 없었으므로, 단지 뜻을 같이하며 나라를 위해 죽을 수
있는 사람들이 급히 서둘러 정책한 것이다. 저들의 무리가 만약 이와
같은 흉계를 꾸미지 않았다면 어찌 이와 같이 국가의 큰일을 급히 서둘렀
겠는가?

저 유봉휘는 그와 같은 흉악한 마음을 거두어 들였어야 했는데, 도리어
갑작스럽게 서둘렀다고 상소하여 배척하였다. 그렇지만 왕제를 정책한
것은 이미 당당한 대의(大義)이니, 이미 결정된 뒤에 어찌 감히 급히
했다거나 더디게 했다는 것을 논하며 분주하게 흉패한 상소를 올리는가?
어찌 스스로 자기들이 세운 흉악한 계획을 실행하는 것이 늦어진 것을
한탄하지 않고 도리어 다른 편에서 정책을 급하게 했다고 질책한단
말인가?

○ 한쪽 편 무리들은 주상이 끝내 후사를 이을 희망이 없다는 것을
잘 알고 있었지만, 왕제를 좋아하지 않았으므로 몰래 두 마음을 품고서
주상이 잠저(潛邸)122)에 있을 때부터 은밀히 모여서 논의한 것이 바로
종실의 자제 가운데에서 후사를 선택하는 계략이었다. 마침내 몰래 어유
구와 결탁하여 외손이 고귀함을 누릴 것이라는 말로 유혹하니, 어유구가
드디어 사특한 당여의 계략에 의기투합하였다. 이에 따라 중전의 마음을
흔들어서 내외에서 화응할 세력을 이미 이루어 놓았다. 이로부터 저사(儲
嗣)를 정책하는 논의가 날이 갈수록 세상에서 횡행하였다.

저 저사를 정책하는 논의가 날로 긴급해진 것은 실로 유봉휘의 무리로

---

122) 잠저(潛邸) : 창업의 임금이나 종실에서 들어온 임금으로서, 즉위하기 전에 살던
집 혹은 그 시절을 가리킨다.

부터 시작되었는데, 지금 도리어 왕제로 정책한 것을 갑작스럽다고 하는 가? 만약 중전을 어머니라고 부르는 사람으로 저사를 정책했다면 또한 장차 말하기를 갑작스럽다고 할 것인가? 만약 어유구가 운운한 말이 없었다면 사대신이 어찌 저사를 정책하는 큰일을 갑작스럽게 아뢰어 올렸겠는가?

그 일을 헌의했을 때에 주상이 즉시 윤허하지 않은 것은 사특한 무리들의 말이 먼저 들어갔기 때문이었다. 사대신이 한밤중에 힘써 간쟁하여 이미 성총(聖聰)을 되돌렸고, 또한 경은부원군(慶恩府院君)123)이 도와서 자전(慈殿)을 움직여 드디어 언문 하교를 내려서 마침내 연잉군을 저사로 정책하였다. 밖에서는 사대신이 힘써 다투고, 안에서는 경은부원군의 도움이 있었기 때문에 정책의 일이 비로소 이루어질 수 있었던 것이다.

만약 그날 저사를 정책한 공을 논한다면 사대신과 경은부원군이 첫번째였는데, 사대신의 일은 어려웠고, 경은부원군의 일은 쉬웠으니, 경은부원군은 자성(慈聖)의 아버지였다.

왕세제가 다음과 같이 상소하였다.

"삼가 생각건대 신은 구구하게 무릅쓰기 어려운 정황을 남김없이 다 말하였으니, 성심께서 반드시 측은하게 여겨서 윤허해주실 것이라고 여겼는데, 삼가 내리신 비답을 받아보니 말뜻은 매우 성대하고 장중하였습니다만 또 신이 의도한 바를 얻지 못하였으니 더욱 지극히 억울한 것을 이길 수 없습니다. 신은 재주가 없어서 감히 막중한 임무를 맡는다면 조만간 실패하리라는 것을 이미 스스로 알고 있습니다. 그런데 어제 유봉휘의 상소문을 보니 말이 매우 위험하여 신의 모골(毛骨)이 송연(竦然)

---

123) 경은부원군(慶恩府院君) : 숙종의 장인 김주신(金柱臣, 1661~1721)의 봉호이다. 본관은 경주(慶州), 자 하경(廈卿), 호 수곡(壽谷)·세심재(洗心齋). 할아버지는 예조판서 김남중(金南重)이고, 박세당(朴世堂)의 문인이다. 1720년 딸이 숙종의 계비[인원왕후]가 되자 돈녕부도정(敦寧府都正)이 되고, 이어 영돈녕부사(領敦寧府事)로 경은부원군에 봉해졌다. 당대의 문사 최석정·김창협·서종태 등과 교유하였다.

하고 심담(心膽)이 떨어지는 것 같았으니, 이것이 또한 신이 무릅쓰기
어려운 일단(一端)입니다.

아! 비록 미관말직(微官末職)이라도 이미 다른 사람들의 말이 있으면
스스로 깨끗함을 취하는 도리로는 결코 그대로 따를 수 없는 것입니다.
하물며 저사의 지위는 진실로 나라의 중요한 근본인데 언의(言議)가 거세
게 일어나는 것도 돌아보지 않고서 엄중한 명령을 두려워하여 염치없는
것을 무릅쓰고 덮어 놓고 받아들여서 감당한다면, 신의 한 몸의 수치는
진실로 아까울 것이 없지만 그것이 국가에는 어떻겠습니까? 천만 번
생각해 보아도 단연코 명령을 받아들일 형세가 없으니, 감히 위태롭고
고통스러운 정상을 아뢰지 않을 수 없습니다. 5일 안에 계속해서 네
차례 상소문을 올려서 신청(震聽, 임금에게 아룀)을 번거롭게 하였으니,
신의 죄는 만 번 죽어도 갚기 어렵습니다.

삼가 원하건대 성명께서 위로는 종사의 중대함을 생각하시고, 아래로
는 신의 위태로운 정상을 살피시어 여러 위사(衛司, 세자익위사(世子翊衛
司)[124])의 무리들은 빨리 파면하여 돌아가게 하시고, 이어서 성명을 거두
어 들여 신으로 하여금 본분을 지킬 수 있게 해주시면 살아서는 성세의
신하가 될 것이고 죽어서도 눈을 감고 돌아갈 수 있을 것입니다. 신은
황공함을 이길 수 없어서 거적을 깔고 울면서 명이 이르기를 기다립니다."

주상이 다음과 같이 답하였다.

"국가의 막대한 일이 이미 완전히 결정되었고, 유봉휘의 죄상을 밝게
말하였으니, 망령되어 이치에 맞지 않는 말에 대해서 무슨 신경 쓸 일이
있겠는가? 이와 같은 사람이 어느 시대인들 없겠는가? 조금도 불안해할
까닭이 없으니, 위로는 종사를 생각하고 아래로는 국인(國人)들의 큰바람
에 부응하여 다시는 공사(控辭)[125]하지 말고 빨리 상소를 중단하여 나의

---

124) 세자익위사(世子翊衛司) : 세자의 배종(陪從)과 시위(侍衛)를 맡았던 관아이다. 1418
년(태종18)에 설치하여 1895년(고종32)에 폐지하였다.

마음을 편안케 하라. 위사의 무리들도 의식대로 할 것이다."

○ 한번 유봉휘의 상소가 나오자 우의정 조태구가 유봉휘의 국문을 구원하는 차자를 올린 뒤, 대신 이하로부터 미관말직의 벼슬아치, 종친부, 성균관 유생에 이르기까지 유봉휘를 국문하는 일과 조태구가 역적을 비호한 죄가 있으니 관직을 삭탈하여 문외출송(門外出送)126)하라는 일에 대해서 날마다 상소하여 청하였다. 주상이 일절 윤허하지 않으니, 조정에서 날마다 이 일로 소란스러워 거의 편안한 날이 없었다.

10월 10일 집의 조성복이 상소하여, 처음에 국본을 빨리 정하여 세자의 지위를 믿고 맡길 것과 경연은 그 권장하는 도리에 비추어 볼 때 조금이라도 늦추어서는 마땅치 않다는 등의 말로 단서를 열고, 끝에 가서는 전하가 신료를 인접(引接)할 때나 정령을 판단하여 결정할 때 세제로 하여금 곁에서 모시고 참여하여 듣게 하여 한편으로는 가부를 강론하여 확정하는 방도로 삼고, 한편으로는 일을 훈련하고 익히는 방도로 삼으라고 아뢰었다.127)

○ 그날 밤 다음과 같이 비망기를 내렸다.

---

125) 공사(控辭) : 벼슬을 사면하여 달라고 청원하다. 여기서는 세자 자리에서 물러나겠다는 뜻을 말한 것이다.
126) 문외출송(門外出送) : 죄인의 벼슬과 품계를 빼앗고, 한양 밖으로 추방하던 형벌이다.
127) 조성복이 …… 아뢰었다 : 일개 사헌부 집의에 불과했던 조성복이 상소를 올린 것은 대리청정에 대한 경종의 의중을 떠보려는 의도에서 비롯되었다. 앞서 이정소가 상소를 올려 연잉군을 세제에 책봉했던 방식과 동일하였다. 즉 사실상 국왕이 정치 일선에서 물러나는 대리청정을 요구한 뒤 노론 대신들이 청대하고, 예의 인원왕후의 힘을 빌려 경종을 압박하려 한 것이다. 소론과 남인의 극심한 반발을 불러일으킬 것은 불 보듯 뻔하였다. 결국 노론 사대신이 대리청정을 위한 절목을 만들고 있을 때 조태구가 경종을 만나 명을 철회시켰고, 12월에 김일경 등이 연명 상소를 올려 노론 사대신의 처벌을 촉구하면서 신축환국을 일으켰다.

"내가 기이한 질병이 있어 10여 년이 되도록 조금도 회복될 기미가 없어서, 선조(先朝)가 불쌍하게 여길 정도였으니, 정무를 수행하기가 진실로 어렵다. 지난 정유년(1717, 숙종43)에 청정(聽政)의 명이 있었던 것은 선대왕이 조용히 몸조리하는 중에 건강을 보살피고 병을 다스리는 편리함을 위한 것뿐이었는데, 나의 경우에는 다른 것을 돌아볼 겨를이 없다. 등극한 이래로 밤낮으로 두려워하고 근심하였지만 요즘 증세가 더욱 깊어져서 수행하기 또한 어려우니 정사가 지체된 것이 많아서 국사를 생각하면 마음속 고민이 더욱 깊어진다. 지금 세제가 영특하고 총명하므로, 만약 청정하게 하면 나라 일을 맡길 수 있어서, 내가 마음 편히 몸을 보살피고 병을 다스릴 수 있을 것이니, 크고 작은 국사는 모두 세제로 하여금 결정하게 하라."

인군이 정사에 염증을 느낄 즈음에 스스로 결단을 내려서 대리청정하게 하는 일이 있었다. 비록 이것이 일의 형세로 보아 그렇게 된 것이라고 하더라도 신하의 정리(情理)로는 몹시 섭섭하고 서운한 마음을 지극하게 표현해야 할 일이었다. 차라리 내린 명령을 취소하라고 청할 수는 있지만 차마 감히 대리청정을 우러러 청할 수 있단 말인가? 지난 정유년에는 선대왕이 정사에 염증을 느꼈던 때였을 뿐만 아니라 여러 해 쌓인 고질병으로 인해 수행하기가 어려웠다. 이러한 시기에도 여러 신하들이 감히 대리청정을 청하지 못하였는데, 위에서 세자에게 대리청정하라는 하교가 있자, 명을 받은 신하들과 대신들이 슬퍼하며 울지 않는 사람이 없었다.

하물며 우리 주상께서는 춘추가 한창이시고 애초 정사에 염증을 느낄 때가 아니었다. 다만 주상의 건강이 오랫동안 나아지지 않았기 때문에 비록 정무가 지체된 것이 많았지만 누가 차마 "대리" 두 글자를 올려서 청할 수 있겠는가? 저 조성복이 멋대로 마음속에 싹튼 것을 입 밖으로 드러내었으니, 이런 일을 차마 할 수 있다면 차마 무슨 일을 못하겠는가?

이미 신하가 지녀야 할 분수와 도리가 없으니 어찌 하겠는가?[128]

하물며 "곁에서 모시고 참여하여 듣게 한다."든가, "가부를 강론하여 확정하게 한다." 등의 말은 천고토록 국조 이래로 없었던 일인데, 천고토록 국조 이래로 없었던 일을 감히 우리 조정에서 만들어서 시행하려고, 조금도 거리낌 없이 입을 열어 청한 것은 거의 군부를 협박하여 왕위를 내놓게 하려는 것이나 마찬가지였다. 이것은 실로 이전에는 없던 변고였는데, 이것은 오로지 우리 임금은 능력이 없다는 마음에서 나온 것이니, 성인의 교훈에서 "우리 임금은 훌륭한 일을 할 수 없다고 하는 것을 적(賊)이라 이른다."[129] 말하지 않았는가.

조성복이 올린 이 상소는 승정원에서 반드시 먼저 점검하였을 것인데, 이와 같은 패악스러운 상소가 어떻게 하여 봉납(捧納)될 수 있었단 말인가? 그것을 봉납한 승지가 어떻게 제대로 살피지 못한 책임을 면할 수 있겠는가? 이 상소를 입계(入啓)하던 밤에 곧 비망기를 내려, "크고 작은 국사를 아울러 세제로 하여금 결정하게 하라." 하였다. 주상의 이러한 하교는 만약 성의(聖意)가 매우 괴로워서 나온 것이 아니라면 여러 신하들의

---

128) 저 조성복이 …… 하겠는가 : 이문정은 아직 미약한 연잉군의 지위와 경종의 내심을 파악할 수 없는 상황에서 조성복이 성급히 상소를 올려 세제를 위태롭게 만들었다고 판단하였다. 이에 군신(君臣)의 분위에서 어긋난 짓이라고 강력히 비판하였던 것이다. 이는 세제 보호를 통해 온전한 왕위계승을 바라던 입장에서 현재 권력인 경종의 심기를 조금도 헤아리지 않고 무리하게 대리청정을 추진한 노론 내 준론 세력에게 보내는 경고의 메시지였다. 또한 세제 정책을 계기로 겨우 본궤도에 오른 연잉군의 입지가 대리청정으로 인해 한 번에 무너질 수 있다는 위기의식을 반영한 논평이기도 하다. 이문정은 노론 사대신과 함께 세제의 실질적인 후견인이었던 경종의 심기를 해치지 않으려고 노심초사하였던 것이다. 더 나아가 세제가 정상적으로 등극했더라도 정쟁 과정에서 훼손된 국왕의 권위로는 안정적인 국정운영이 불가능하다는 판단이 담겨 있었다.

129) 우리 …… 이른다 : 《맹자》〈이루 상(離婁上)〉에서 군주를 모시는 바른 신하의 모습을 설명하며 한 말이다. "어려운 일을 임금에게 책하는 것을 공이라 하며, 선한 것을 말하여 사심을 막는 것을 경이라 한다. 우리 임금은 훌륭한 일을 할 수 없다는 것을 적이라 한다.[責難於君謂之恭, 陳善閉邪謂之敬. 吾君不能謂之賊.]" 이때 '적(賊)'은 '해치다'는 뜻이다.

동정을 살펴보려 한 것이니, 이로 보나 저로 보나 크게 편치 못한 처분이었다. 그러니 세제가 마음속으로 두려워하고 놀란 것이 어느 정도였겠는가?

좌참찬 최석항(崔錫恒)과 홍문관이 다급하게 한밤중에 청대(請對)하여 반복하여 개유(開諭)하여 겨우 주상의 마음을 돌려서 비망기를 환수하였다. 호조참판 조태억(趙泰億)이 뒤에 입시하였고, 중신이 입대(入對)하였을 때는 이미 비망기를 환수하였으므로, 조태억이 뒤에 입대하여 더 아뢴 말이 무엇인지는 알 수 없다. 연주(筵奏)130)는 매우 비밀스러워서 비록 즉시 듣지 못하였지만 밖에 있는 사람들은 매우 괴이하게 생각하였다.

조성복이 상소한 날은 10월 10일이었고, 그날 밤 곧 비망기가 내려졌으니, 그 사이는 불과 반나절에 불과하였다. 또한 이 상소에 대한 비답이 내려지기 전에 밖에 있던 여러 신하들은 막연하여 알지 못하였으므로 즉시 죄를 성토하지 못한 것은 진실로 형세가 그러했기 때문이었다. 승정원에 있는 승지와 숙직하고 있던 홍문관의 경우 당초 비망기가 처음 내려졌을 때 즉시 이미 내린 명령을 취소하라고 청하였으나 즉시 윤허를 받지 못하였으므로, 또 즉시 급하게 대신과 여러 신하들에게 알려서 이들로 하여금 한자리에 모여서 힘껏 다투게 한 것은 당연한 일이었다.

먼저 들은 자는 빨리 도착하고 뒤에 들은 자가 늦게 도착한 것은 진실로 그 형세가 그러했기 때문이었다. 최석항은 먼저 들었기 때문에 빨리 도착하여 입대하였고, 조태억은 뒤에 들었기 때문에 늦게 도착하여 입대하였다. 조태억보다 뒤에 도착한 자가 또 있었는데, 그들이 입대하는 것을 누가 금지했는가? 조태억이 입대한 뒤에 곧 궐문을 닫고서 뒤늦게 들어와 입대하려는 자를 허락하지 않았으니, 이 또한 무슨 의도란 말인가?

130) 연주(筵奏) : 조강(朝講)·주강(晝講)·석강(夕講)과 같은 경연(經筵) 및 임금을 대하는 자리에서 임금에게 시사(時事) 혹은 정책 등에 대한 의견을 직접 아뢰는 것이다.

좌의정 이건명과 여러 재신들이 바삐 도착하였는데, 궁궐 문을 견고하게 잠그고 입대를 허락하지 않았다. 세 차례나 승정원을 왕복하였지만 끝내 가로막아 부득이 도로에서 방황하였는데, 잠시 뒤 최석항과 조태억이 비망기를 환수해달라는 청을 윤허 받고 밖으로 나왔다. 성명을 이미 거두어 들였는데 좌의정이 다시 청대할 일이 있겠는가? 그래서 밖에서 그냥 물러나왔다.

영의정 김창집은 일전에 늙어서 벼슬을 그만두는 것을 허락하는 명을 받았으므로 직사(職事)를 이미 마친 상태였다. 또한 이날 밤에 성명을 환수하였으니, 이날 추후에 청대할 일은 더욱 없었다. 그렇다면 두 대신에게 무슨 조그마한 실수라도 있단 말인가? 또한 어찌 조금이라도 흠집내고 헐뜯을 일이 있단 말인가?

그런데 이광좌가 조성복의 상소를 성토하면서 두 대신이 한 마디 말도 없었다고 배척하였다. 박태항 등 27인이 연명(聯名)하여 조성복을 성토한 상소에서 말하기를, "한 명의 대신은 베개를 높이 베고 방관하였다." 배척하였고, 또 "한 명의 대신은 천천히 가마를 몰아 뒤에 도착하여 상소로 도리어 공격하였다." 배척하였는데, 이른바 "상소로 도리어 공격했다."는 것은 무엇인가?

좌의정은 이미 조태억이 추후에 입대했을 때 침해하고 배척한 말을 들었고, 또 이광좌가 조성복을 성토하는 상소 가운데 대신이 한마디 말도 없다고 언급한 것을 보았다. 심지어 박태항 등의 상소 가운데 침해하고 배척한 말이 매우 절박하였기 때문에 좌의정이 이에 차자를 올려서 영의정의 사직을 마지못해 따른다는 전지를 환수할 일과 그날 밤 비망기를 거두어들인 일을 손뼉 치며 기뻐한 일 등을 아뢰면서 끝부분에서 말하기를,

"지금 일이 지나고 나서 '뒤에 도착하였다.' 상소로 돌아가면서 배척하기를 미치지 못할 것을 두려워하듯 하였으니 도대체 무슨 까닭입니까?

그 의도는 나라를 위하는 데에 있는 것이 아니라 실로 오로지 중요하다고
핑계대고 모함하려는 계책에서 나온 것입니다. ……"
　하였다. "상소하여 도리어 공격하였다." 말하면서 조성복을 성토한
것은 그를 성토한 데에서 그쳐야 하는데 무슨 이유로 허물이 없는 두
대신을 공격하는 것인가? 이는 실로 동쪽에서 소리를 내고 서쪽을 공격하
는 계략이다. 좌의정은 이미 단서도 없이 다른 사람들의 공격을 받았으니
어찌 달게 받아들일 리가 있겠는가? 대항하는 차자의 끝부분에서 "중요하
다고 핑계대고 모함하려는 계책"이라고 한 것은 병에 알맞은 약제와
같은 말이라고 이를 수 있다.

　○ 연잉군으로 정책한 날, 한쪽 편 사람들이 모두 한곳에 모였는데,
어떤 자는 팔을 걷어붙이고 분통을 터트리고 어떤 자는 발끈 화를 내는
자가 있었으니 차마 똑바로 쳐다볼 수 없었다. 조태억이 팔을 걷어붙이고
말하기를,
　"어찌 오늘날 당나라 말기의 정책국로(定策國老)[131]를 다시 보게 될
줄을 생각이나 했겠는가?"
　하였고, 그 가운데 거괴(巨魁)가 말하기를,
　"오래지 않아 문생천자(門生天子)가 될 것이다."
　하였다. 아! 오직 우리 춘궁만이 선왕의 차자(次子)이고 지금 주상의
아우님이다. 그래서 선왕이 주상이 후사가 없는 것을 깊이 근심하여
일찍이 연잉군에게 후사를 맡기려고 한 것이 틀림없다. 주상이 아들을
얻을 바람이 끊어질 즈음 저사의 책임을 받들 이는 낱낱이 헤아려 봐도
연잉군, 한 명뿐이었다. 이에 대간이 상소하여 청하고 대신이 품계하니

---

131)　정책국로(定策國老) : 당나라 16대 경종(敬宗, 재위 824~826)으로부터 18대 선종(宣
　　宗, 재위 847~859)에 이르는 동안 황제의 폐립(廢立)이 모두 환관에 의해서 이루어졌
　　다. 당시 환관 양복공(楊復恭)이 스스로 천자의 옹립을 도모하는 원로라는 뜻에서
　　'정책 국로'라고 하였다.

주상이 자성(慈聖)에게 우러러 아뢰었고, 마침내 연잉군을 저이(儲貳, 세자)
에 봉하였다. 세제가 저위(儲位)를 이어받은 것이 이처럼 광명정대하였는
데, 저 조태억이 "정책국로"라고 지목하였으니, 이는 진실로 고금에 없는
역신(逆臣)이다.

○ 한쪽 편 사람들이 밖으로 귀척(貴戚)과 결탁하고 안으로 내시와
연계한 것은 이미 오래되었다. 이 때문에 궐내의 말이 바깥으로 유출되고,
궐 밖의 말이 궐 안으로 유입되었다. 지난밤 최석항이 연주(筵奏)한 것을
비록 "극비"라고 말하지만 어찌 전파되지 않을 리가 있겠는가? 추후에
최석항에게서 들으니 그가 아뢰기를,

"전하께서는 어찌 적신(賊臣)의 흉계에 빠져서 이러한 의외의 지나친
결정을 하십니까? 오늘의 대리청정의 명은 을유년(1705, 숙종31) 전선(傳
禪)132)의 말과 같으니 세제가 반드시 받들어 따를 리가 없고, 여러 신하들
또한 받들어 거행할 리가 없으므로, 한갓 온 나라가 의혹하고 놀라는
단서가 될 뿐입니다. 빨리 성명(成命)을 정지하십시오."

하였다. 주상이 또한 머뭇거리고 있는데, 조태억이 뵙기를 청한다는
말을 듣고서 유문(留門)133)하여 입시하게 했다. 조태억이 아뢰기를,

"조성복의 이 상소는 김창집과 이건명의 무리가 사주한 것입니다.
이는 실로 전하를 위협하여 대위(大位)에서 물러나게 하려는 것이니 어찌
이것이 조성복 한 사람의 독자적인 판단이겠습니까? 전하께서는 어찌하
여 의외의 처분을 내려서 흉악한 무리들의 계책에 딱 맞추어주려 하십니
까? 빨리 성명을 거두어들여서 위로는 위태로워 망할 위기에 처한 종사를
보존하시고 아래로는 놀라고 의혹하는 인심을 진정시키십시오."

132) 전선(傳禪) : 임금이 살아 있으면서 세자나 후계자에게 왕위를 물려주고 물러나는
     것이다.
133) 유문(留門) : 궁궐 문을 여닫는 것은 정해진 시간이 있으나, 특별한 사정이 있을
     때 그 여닫는 일을 유보하는 것을 말한다.

하였다. 다시 아뢰기를,

"김창집 등 사흉(四凶)을 전하께서 먼저 제거하신 뒤에야 대위를 보존할 수 있을 것입니다."

하였다. 최석항이 옆에서 보니, 주상이 자못 그렇다고 여기고 이에 비망기를 내려 명령을 환수하였다. 이 뒤로 노론 쪽 사람들은 비록 권세 있는 요직에 있었지만 곧 소원(疏遠)한 신하가 되었고, 소론 쪽 사람들은 비록 산반(散班)134)에 있었지만 도리어 임금을 가까이서 모시는 신하가 되었다.

11일 밤에 승지 이기익(李箕翊)135), 부승지 남도규, 응교 신절, 교리 이중협이 뵙기를 청하고 입시하였을 때 신절이 아뢰기를,

"…… 신료가 동궁에게 바라는 것은 오직 효도하며 우애를 돈독하게 하고 강학(講學)을 권장하는 데 있을 뿐입니다. 참여하여 정무를 듣게 하는 것과 정령(政令)을 결정하는 것에 대해서는 실로 오늘날 말할 일이 아닙니다. 지금 이 '가부(可否)를 강론하여 확정한다.'는 말은 무식하여 그릇되고 망령됨이 심합니다. 청컨대 조성복을 파직하십시오."

하였다. 주상이 말하기를,

"파직시키는 것은 너무 지나친 듯 싶다."

하자, 신절이 말하기를,

"파직의 벌이 어찌 너무 지나치다고 하십니까?"

하였다. 이기익이 말하기를,

"본원에는 대간의 파직을 청하는 규정이 없기 때문에 감히 먼저 우러러 아뢰지 못하였습니다만 홍문관에서 아뢴 것은 원래 너무 지나친 것이 아닙니다."

---

134) 산반(散班) : 품계만 있고, 실직(實職)이 없는 벼슬아치를 말한다.
135) 이기익(李箕翊) : 1654~1739. 본관은 전주, 자 국필(國弼), 호 시은(市隱)이다. 1694년 성균관 유생을 이끌고 송시열의 신원(伸冤)을 위한 상소를 올려 윤허 받았다. 승지·병조참판 등을 역임하였다.

하였다. 이중협이 말하였다.

"신이 조성복 상소의 비답이 이미 내려진 뒤에 비로소 그 상소를 보았는데, 매우 놀라고 애통하여 차자를 올려서 죄줄 것을 청하기도 전에 갑작스럽게 비망기를 내리셨습니다. 조성복의 죄는 파직도 오히려 가벼운데 어찌 지나치게 무거울 리가 있겠습니까?"

하였다. 주상이 말하기를, "아뢴 말에 따라서 파직하는 것이 옳다." 하였다.

○ 조성복의 상소에서 말한 "곁에서 모시고 참여하여 정무를 듣게 한다."든가 "가부를 강론하여 확정한다." 등의 말은 실로 천고 이래 제왕의 집안에서는 없었던 일이었으니, 이것이 조성복, 한 명이 창출한 것이겠는 가? 한편으로는 우리 임금은 능력이 없다는 마음을 가졌고, 한편으로는 주상을 협박하여 왕위를 빼앗을 계책이었다.[136] 비록 요와 순과 같은 성군일지라도 어찌 조성복에 대해 격노하는 마음과 통절한 뜻이 없겠는 가? 그래서 그날 밤 특별히 비망기를 내렸으니, 주상이 갑작스럽게 비망기를 내린 의도를 바로 여기서 엿볼 수 있으며, 더욱이 중신이 한 차례 상주(上奏)한 말을 듣고 즉시 성명을 환수한 것에서 증명되었다.

조정에 있는 여러 신하들은 그 도리와 사체(事體)로 보아 조성복을 빨리 국법대로 처형하라고 힘껏 다투었어야 했는데, 승지와 홍문관,

---

136) 우리 임금은 …… 계책이었다 : 이문정은 해당 논설을 통해 노론 내 준론 세력의 발언을 엄중히 비판함으로써 추후 초래될 화를 미연에 방지하려 했다. 즉 연잉군의 실질적인 후원자인 국왕 경종의 권위마저 부정하는 발언으로 규정하여 상대 정파의 공세를 사전에 저지하려고 의도하였다. 상대를 인정하지 않고 지나치게 압박하는 정치행태로는 원하던 목표를 달성할 수 없을 뿐만 아니라 상대방의 극심한 반발을 초래하여 파국을 면하기 어렵다는 평소의 정론을 반영한 것이다. 동시에 아무리 병약한 군주일지라도 그 심기를 거스르면서까지 권능을 부정한다면 당장 세제를 위태롭게 만들 수도 있으며, 추후 왕위계승에도 지장을 초래할 가능성이 컸다. 따라서 세제 대리청정 문제는 시일이 걸릴지라도 준론을 배제한 정파 간 타협이 필요하다는 의중을 드러낸 자설이었다.

그리고 대간이 그날 밤에 아뢴 것은 단지 짐짓 먼저 파직을 청하는 것에 그쳤으니, 주상이 파직하는 것은 너무 지나친 것 같다고 하교한 것은 참으로 파직이 너무 지나치다고 여겨서 그런 것이겠는가? 그 뒤 양사에서 합계하자 위리안치(圍籬安置)[137]시키라는 청을 즉시 윤허하였다.

이를 통해서 볼 때, 당초 파직이 너무 지나치다는 하교는 실로 편치 않은 데에서 나온 것이었으니, 신절 등이 단지 파직하라고만 아뢰고, 즉시 엄히 징토하지 않은 것은 매우 잘못된 일이었다. 신하가 임금을 섬기는 도리는 한결같이 대의만을 따라야 할 뿐 조금의 사사로운 뜻도 용납해서는 안 된다. 신절과 이중협 등이 청대하였을 때 처음 아뢴 것이 단지 전례를 인용하여 파직을 청하였을 뿐이었으니, 사람들이 조성복과 같은 당이어서 사사로움이 끼어들었기 때문이라고 운운하였는데, 어찌 이 같은 말을 면할 수 있겠는가?

국가에 큰 변괴가 있으면 신하들은 급히 구원해야 할 도리가 있는데, 여러 신료들이 모이기를 어느 겨를에 기다릴 것이며, 밤낮의 구분을 어느 겨를에 따질 것인가? 비록 궁궐 문을 이미 자물쇠로 잠근 뒤라도 문을 밀치고 바로 들어가는 것은 인군이 허락한 청대이므로 금지할 수 없다. 그날 조성복의 상소가 있었고 그날 밤 비망기를 내렸으므로, 이것은 실로 국가의 큰 변괴였다.

조정의 신하 가운데 만약 먼저 들은 자가 있다면 갑작스럽게 놀라고 두려워하여 어느 겨를에 진지하게 사람을 기다리고 묵묵히 아침을 기다릴 수 있겠는가? 급하게 먼저 청대하여 구원해야 하는데, 다른 말을 용납할 수 있겠는가? 이에 중신 최석항과 재신(宰臣) 조태억이 먼저 이 소식을

---

137) 위리안치(圍籬安置) : 유배지에서 죄인이 달아나지 못하도록 가시로 울타리를 만들고 그 안에 가두었다.

듣고서 급급하게 청대하여, 성명을 환수하게 한 것을 누가 불가하다고
말하는가?

두 신하가 입궐한 뒤 곧 궁궐 대문을 닫아서 그 뒤를 따라서 청대한
자들은 다시 입궐을 허락받지 못하였다. 우의정 이건명과 재신 이집
등 여러 신하들은 끝까지 승정원이 일체 가로막아서 도로에서 방황하게
만들었으니, 먼저 온 것과 뒤에 온 것의 차이가 이와 같단 말인가? 들은
것이 선후가 있고, 집이 멀고 가까움이 있으니, 먼저 들은 자나 집이
가까운 자가 먼저 도착하는 것은 당연한 형세이다. 뒤에 들은 자나 집이
먼 자가 늦게 도착하는 것 또한 당연한 형세이다.

먼저 도착한 자는 특별히 청대를 허락받고, 늦게 도착한 자는 청대를
허락받지 못하였으니 어찌 혹여 주상의 명령이 이와 같았겠는가? 중간에
서 조종한 것을 실로 헤아리기 어렵다. 오직 여러 신하들 가운데 승정원이
가로막아서 늦게 도착한 사람들은 비난하고 배척할 수 있지만, 승정원이
입궐을 허락하여 먼저 도착한 사람들을 비난하고 배척해서는 안 된다.

두 신하가 한밤중에 홀로 들어간 것을 죄로 삼는 것은 더욱 불가하니,
그처럼 급하게 구원해야 할 때에 어찌 잠시라도 지체할 수 있겠는가?
화급히 뵙기를 청한 것은 신하의 분수에서 당연한 것이었고, 청대를
윤허 받은 것에서 두 신하는 도리를 다한 것이다. 두 신하가 연주(筵奏)한
나머지 비망기를 환수한 일은 분명하게 드러났을 뿐만이 아니었지만,
여러 신하들을 비난하고 배척한 말은 거의 은밀하고 비밀스러운 것에
가까웠다.

비망기를 환수한 일이 분명하게 드러난 것을 다행으로 여기지 않고,
은밀하고 비밀스럽게 비난하고 배척한 말을 가지고 죄를 성토하는 것은,
어찌 두 신하가 성명을 환수하라고 청한 것을 마음속으로 기뻐하지
않는 것에 가깝기 때문이 아니겠는가? 두 신하가 비록 혹 연대(筵對)하던
끝에 여러 신하들을 비난하고 참소하였더라도, 이미 비망기를 환수하게

만든 공을 이루었으므로 여러 신하들을 비난하고 참소한 것을 가지고
논척할 수는 없다.

○ 연잉군이 이미 저사(儲嗣)의 지위를 이었으므로 군신의 분수가 이미
정해졌는데 유봉휘가 멋대로 상소하여 감히 말하기를, "듣고서 놀라고
당황하여 근심과 의혹을 이길 수 없었다." 하고, 저사를 세우는 일을
논의하는 것은 오히려 늦었는데도 감히 말하기를, "갑작스럽게 서둘렀
다." 하였으며, 세제를 정책(定策)하자 온 나라 사람들이 모두 기뻐하였는
데도 감히 말하기를, "인심이 의혹되었다." 하였다.

　대전(大殿)이 자궁(慈宮, 인원왕후)에게 아뢰고, 자궁이 대전에게 허락하
였는데도 감히 말하기를, "우롱하고 협박하였다." 하면서 여러 신하들의
죄를 청한 것이 구구절절이 세제를 책봉한 것에 대해 현저히 기뻐하지
않는 마음이 있다는 것을 드러냈으니, 이는 곧 삼궁(三宮)[138]의 역신(逆臣)
이었다.

　위로부터 비록 대리청정의 명이 있었더라도 신하의 분수로는 명령을
취소하라고 힘껏 청했어야 했는데, 조성복은 멋대로 상소하여 감히 대리
청정을 청하였으니 이미 전에 없던 부도한 신하였다. 그가 왕제로 하여금
"정사에 참여하여 듣게 하라."거나 "가부를 강론하여 확정하게 하라."
등의 말로 주상을 협박한 것은 왕위를 빼앗으려는 것이어서, 우리 임금은
할 수 없다는 마음을 드러낸 것이었으니 이것은 실로 양궁(兩宮)의 역신이
었다.

　역신인 것은 마찬가지인데, 유봉휘에 대해서는 여러 대신들이 국문하
여 죄를 판단하고 결정해야 한다고 차자로 아뢰었지만, 조성복에 대해서
는 여러 대신들이 애초 죄를 청한 차자가 없었으므로, 마침내 한쪽 편
사람들이 두 대신을 침해하여 배척하였는데, 이것은 크게 그렇지 않은

138) 삼궁(三宮) : 숙종과 경종, 인원왕후를 가리킨다.

점이 있다. 유봉휘의 경우 특별히 비망기를 내려 대신들에게 의논하여
아뢰라고 명하였기 때문에 차자를 올려 아뢴 것이었고, 조성복의 경우
애초 대신들에게 의논하여 아뢰라는 명령이 없이 바로 세제의 대리청
정139)을 명하는 비망기를 내렸다.

영의정의 경우 겨우 의정 자리에서 물러나서 원임대신이 되었으니
애초 논할 것도 없다. 좌의정의 경우 비망기가 내려졌다는 소식을 듣자마
자 급하게 들어와서 입대를 청하였는데, 승정원이 가로막았고, 곧 환수한
다는 명을 들었으므로 청대할 수 없어서 이에 밖에서 그대로 물러나서
돌아갔다. 조성복을 성토하는 일은 이미 대신에게 품계(稟啓)하라는 명이
없었고, 삼사(三司)에서 언책(言責)을 맡은 신하들이 있었으므로, 대신이
간섭할 일이 아니었다.

그런데 똑같이 늙어서 벼슬을 그만둔 대신으로서 영의정은 조성복을
성토하지 않았다고 배척받았는데, 그렇다면 우의정이 유봉휘의 역심은
황급히 구원하면서 조성복의 죄를 논하지 않은 것은 어찌 이 대신140)처럼
상소로 배척하지 않았는가? 저 무리들이 사체가 이와 같고 저와 같다는
것을 유념하지 않고, 두 대신141)을 배척하여 쫓아내려는 계책에 급급하였
다. 저 무리들이 사대신을 일체 미워하고 싫어한 것은 다른 이유가 없었으
니, 오로지 종사를 위해 세제를 책봉하였기 때문이었다.

사대신을 제거한 뒤에야 바야흐로 그 흉계를 행하는 것이 편하였으므
로, 이 무리들이 세제를 침해하고 핍박한 것은 그 조짐이 이미 오래되었다.
이진검(李眞儉)의 상소142) 가운데 대신이 독대한 일을 끌어다 거론하여

---

139) 세제의 대리청정 : 통상적으로 세자나 세제의 대리청정은 왕이 노쇠하거나 혹은
    중병이 있을 때 시행하는 것이 관례였다. 이 경우에도 신하가 먼저 청하는 것은
    전례에 없는 일이었다. 더욱이 경종은 즉위한 지 1년 밖에 안 되었고, 나이는
    34세 불과하였다. 따라서 이 문제를 둘러싸고 노론과 소론간 정치적 갈등이 치열해
    질 소지가 많았다.
140) 이 대신 : 영의정 김창집을 가리킨다.
141) 두 대신 : 김창집과 이건명을 가리킨다.

흉악한 무리들이 잇달아 일어나서 독대를 배척하였는데, 이미 지난 일을 갑자기 제기한 이유는 그 귀결되는 취지를 따져보면 은연중에 왕제를 침해하기 위한 것이었다.

청나라 사신이 왕의 여러 아우와 조카들을 보자고 청하였을 때 조태구는 차자 가운데 "혐의를 무릅쓰다[冒嫌]." 두 글자를 제출하였다. 주상은 다른 아우나 조카는 없고, 단지 왕제 한 명만 있었을 뿐이므로, "혐의를 무릅쓰다."는 두 글자는 바로 왕제를 핍박하는 말이었다.143) 세제로 책봉된 뒤에 유봉휘가 패악한 상소를 올린 것은 세제 책봉을 기뻐하지 않은 것이다.

한세량(韓世良)144)이 조성복을 성토하는 상소에서,

"하늘에는 두 개의 해가 없고 땅에는 두 명의 왕이 없다."145)

---

142) 이진검(李眞儉) 상소 : 본서의 1720년 11월 26일자 기사에 보인다.

143) 조태구는 …… 말이었다 : 관련된 내용이 본서의 1720년 11월 26일자 기사에 보인다. 당시 우의정 조태구가 숙종의 상례에 조문 온 청나라 사신이 세자와 종실의 자질을 만나 보겠다는 요구를 들어주어서는 안 된다고 하였다. 즉 상국(上國)에서 열국(列國)의 임금을 조문함에 있어 그 배신(陪臣)이 된 아우와 조카에게까지 보는 일은 실례라고 하면서 배신이 조문을 받는 것은 임금 자리를 노리고 있다는 혐의를 무릅쓰는 것이 된다고 하였다. 따라서 정중히 거절할 것을 촉구하였다. 이문정이 조태구의 발언을 세제를 핍박하는 말로 규정한 것은 대리청정 요청과 함께 서로 상쇄하려고 의도한 것으로 보인다. 노·소론을 막론하고 준론을 표방하는 세력의 위험스러운 행동과 발언에 대해 경고를 보냄으로써 세제를 보호하는 것만이 정국안정을 위한 유일한 방안이라는 점을 다시 한번 환기시키려 했던 것이다.

144) 한세량(韓世良) : 1653~1723. 본관은 청주(淸州), 자 상오(相五)이다. 1721년(경종 1) 노론이 세제의 대리청정을 주장하자 조태구·유봉휘 등과 함께 반대하였다. 그는 이 일로 노론의 반발을 받아 대간들의 탄핵을 받았지만 경종의 비호로 무사하였다.

145) 하늘에는 …… 없다 : 증자(曾子)가 묻기를, "초상에는 두 사람의 상주가 있고, 사당에는 두 신주가 있다고 하는데, 그것이 예법에 맞는 일입니까?[喪有二孤, 廟有二主, 禮與?]" 하였다. 이에 공자가 답하기를, "하늘에는 두 개의 태양이 없고, 땅에는 두 사람의 왕이 없다.[天無二日, 土無二王.]"고 전제한 뒤에, 노(魯)나라 계환자(季桓子)의 초상을 치를 때 그의 아들인 계강자(季康子)와 임금인 애공(哀公) 두 사람이 상주가 된 고사를 인용하면서 "오늘날 두 사람의 상주가 있게 된 풍습은 계강자의 잘못에서 비롯된 것이다.[今之二孤, 自季康子之過也.]" 비평하였다.(《禮記·曾子問》

하였으며, 또한 말하기를,

"비록 세제로 하여금 조정에 임하게 하라고 직접 청한 말은 없었다 하더라도 곧 '참여하게 듣게 하라.'거나, '가부를 상의해 결정하게 하라.' 한 것은 조정에 임하기를 청한 것이 아니면 무엇이겠습니까?"

하였다. 또 말하기를,

"신하 된 자로서 감히 천위(天位)를 몰래 옮기려는 계획을 품었습니다."

하였다. 이와 같은 흉악한 말들은 비록 조성복을 공격한다고 핑계 댔지만 깊이 세제를 핍박하려는 것이었다. 그들의 상소에서 나온 말들이 돌아가는 취지를 따져보면 세제를 핍박하려는 흉악한 마음을 어디에 감출 수 있겠는가? 조성복을 성토하는 다른 상소들을 보면 정형(正刑)을 청한 것들이 많았지만, 세제를 막고 핍박하는 말은 없었는데, 한세량의 상소에 이르러 구구절절이 막고 핍박하였을 뿐만 아니라 암암리에 세제를 불측한 지경에 두었다.

신축년(1721, 경종1) 10월 13일 전교하기를,

"원임대신과 시임대신, 삼사 2품 이상은 빈청(賓廳)에 와서 모이도록 하라."

하였다. 전교하기를,

"이전의 비망기에 의거하여 세제로 하여금 대리청정 하도록 하라."

하자, 홍문관과 양사가 잇달아 뵙기를 청하였다. 전교하기를,

"너희들은 내 병이 어떤지 알지 못해서 이와 같이 여러 차례 번거롭게 청하는 것이다. 당초 인견(引見)은 어렵지 않았으니 너희들의 진실한 충정을 무엇으로 막을 수 있겠는가? 그렇지만 지금은 인견이 어려울 뿐만 아니라 응대는 더욱 괴로우니, 다시는 번거롭게 말하지 말고, 생각한 바는 각자 적어서 들이라."

참조)

하였으나, 대신과 2품 이상, 삼사가 연이어 뵙기를 청하였다. 전교하기를,

"당초 인견은 어렵지 않았지만, 만약 수작이 매우 괴롭지 않다면 어찌 따르지 않았겠는가? 번거롭게 말하지 말고 생각을 적어서 들이라."

하였다. 왕세제가 상소하자[146] 주상이 다음과 같이 답하였다.

"나의 병이 깊은 것은 전에 이미 자세히 알았을 것이니, 실로 꾸며서 사양하는데 비할 것이 아니다. 지금 국사가 어지러워 괴로움과 근심이 눈앞에 넘치는 날에 나의 병고(病痼)가 심해져서 기무(機務)가 정체된 것이 많으니, 근심하고 두려워하지 않을 수 있겠는가? 그래서 부득이 너에게 대리청정을 명한 것이니, 이는 바로 조종조(祖宗朝)의 고사(故事)인데, 어찌하여 사양하는가? 아! 부탁이 지극히 중차대하니, 밤낮으로 힘쓰고 두려워하며 공경하고 삼갈 것이다. 공경히 잘 받들고 다시 사양하지 말아서 온 나라 신민(臣民)의 바라는 바에 부응하도록 하라."

○ 대신과 2품 이상이 생각을 적어서 들였다. 이에 다음과 같이 전교하였다.

"아! 내 병환은 이미 전후의 비지(批旨)에 상세히 말하였다. 또한 하루아침 하루저녁에 생긴 빌미가 아니라 십여 년 이래 손상된 결과라서, 관련된 모든 증세가 날로 깊어져 치료하기가 어렵다는 것은 의가(醫家)도 인정하는 일이다. 오늘 이 일을 거행한다고 해서 어찌 편한 대로 조식(調息)[147]하여 보양하는 방도로 삼겠는가? 이것은 작은 증세가 아니니 만약 지금 치료하지 아니한다면 실로 견디기 어려운 근심거리가 될 것이다. 또

---

146) 왕세제가 상소하자 : 당시 연잉군은 세제로 책정된 지 얼마 안 되어 노론 사대신의 압박으로 대리청정의 명이 내리자 하교를 거둬줄 것을 청하는 상소를 올렸다.(《景宗實錄》 1年 10月 13日 참조)

147) 조식(調息) : 호흡을 조절하는 도인법(導引法)의 하나이다. 호흡을 조정하는 방법은 좌선(坐禪)이나 요가 등 동양적 수양법을 익히는데 중요한 수법이다.

대리청정은 곧 조종조의 고사인데 어찌하여 이렇게까지 하는가? 경 등은 나를 괴롭히지 말고 다시 번거롭게 말하지 말라."

○ 대신과 2품 이상이 재차 생각을 아뢰었다. 이에 다음과 같이 전교하였 다.

"전후 비망기와 비지(批旨)에서 이미 내 생각을 다 말하였으니, 지금 어찌 많은 말을 하겠는가? 질병의 근원이 내장을 손상시키고 심화(心火)가 점점 불어나 화기(火氣)가 오르내리면 정신이 아득하고 혼미해져서 깨닫 고 살피지 못하므로 이러한 위태로운 조짐은 반드시 생사가 관련되어 있는 것 같으니, 어찌 돌아보고 아끼는 마음이 없겠는가? 나를 아는 자는 나를 위해 걱정하는데, 나를 모르는 자는 내가 싫증나서 이와 같다고 여기니, 어찌 안타깝지 아니한가?

지금 국본은 이미 정해졌는데 나의 화열(火熱)은 점점 치료하기 어려운 지경에 이르러서, 억지로 행하면 반드시 후회가 있을 것이고, 조섭하고 치료하는 데 전념하면 공무(公務)에 방해가 될 것이다. 이 지경에 이르렀으 니 세제로 하여금 근심을 나누게 하는 것 외에 다시 다른 계책이 없다. 이는 내 한 몸을 아끼는 것만이 아니라, 바로 국가를 위한 것이다. 만약 그렇지 않다면 무슨 근거로 이와 같이 하겠는가?

나에게 깊은 병이 없다면 비록 지명(知命, 50세)[148]의 나이를 넘겼다 하더라도 반드시 대리청정을 할 필요는 없었을 것이니, 어찌 나이가 장성한지 쇠약한지를 가지고 논할 수 있겠는가? 경 등이 나를 사랑하여 생각을 바꿔주기 바란다. 날마다 밤새도록 수작하니 기운이 매우 편치 못하다."

전후의 비지(批旨)가 이와 같이 간절하였으므로, 사람들이 모두 주상의 진정이라고 말하였다.[149]

---

148) 지명(知命): 공자(孔子)가 50세가 되어 천명(天命)을 알았다고 한 데서 온 말이다.

○ 승정원에서 재차 생각을 아뢰었다. 이에 다음과 같이 전교하였다.
"이는 곧 조종조에서 이미 거행한 일로, 이전 비망기대로 거행하고,
번거롭게 하지 말아야 할 것이다."

○ 심수현(沈壽賢)150)과 이진망(李眞望)151) 등 32인이 상소하니, 이에
답하기를,
"전후 비망기와 비지에 내 뜻을 자세히 말하였다. 오늘의 일은 이미
굳게 정해졌으니, 그대들은 다시 번거롭게 하지 말라."
하였다. 조정에서 연이어 아뢰었지만 대답이 없었다.

○ 원임·시임대신, 육경, 승정원·홍문관, 양사 및 미관말직의 벼슬아치
까지 사흘 동안 정청(廷請)152)하였는데 모두 윤허하지 않았다. 무신·음관
(蔭官), 성균관 유생이 연이어 상소하였지만 윤허하지 않았다.

○ 13일 대리청정의 비망기를 빈청에 내린 뒤, 또 우의정 조태구에게
다음과 같이 비망기를 내렸다.

---

149) 사람들이 …… 말하였다 : 이문정은 경종의 전교를 인용하여 병세로 인한 세제
대리청정의 불가피성을 대변하였다. 즉 국왕의 권능을 빌어 무리한 대리청정이었다
는 여론을 진정시키고, 그 정당성을 피력하여 세제를 보호하고자 했다. 이어지는
본문에서도 그는 경종이 직접 심사를 밝힌 다른 전교나 비지·비망기 등 공식적인
문건을 적극 인용하여 준론 세력의 공세를 저지하려 했다.
150) 심수현(沈壽賢) : 1663~1736. 본관은 청송(靑松), 자 기숙(耆叔), 호 지산(止山)이다.
심억(沈憶)의 증손으로, 할아버지는 심약한(沈若漢), 아버지는 응교(應敎) 심유(沈濡)
이다. 경종대 공조판서 등을 거쳐 영조대 영의정 등을 역임하였다.
151) 이진망(李眞望) : 1672~1737. 본관은 전주, 자 구숙(久叔), 호 도운(陶雲)·퇴운(退雲)
이다. 영의정 이경석(李景奭)의 증손이다. 숙종대 정언 등을 거쳐 1725년(영조1)
대사성 재직시 이광좌의 신원을 상소하였다. 영조의 잠저(潛邸)때 사부(師傅)로서
왕의 예우를 받았다. 1730년 형조판서에 올라 예조판서·대제학 등을 역임하였다.
152) 정청(廷請) : 나라에 큰일이 있을 때, 백관들이 함께 궁궐에 나아가 일을 계품(啓稟)하
고 하교를 기다리는 것인데, 신하들이 집단적으로 의사를 표현하는 방식이었다.

"아! 오늘날 국사가 몹시 위태롭다고 말할 수 있다. 영의정은 병든 나머지 늙고 병든 몸을 조섭하고 있고, 좌의정은 사신으로서 국경 밖으로 나갈 날이 멀지 않았으니, 이처럼 국세가 어지럽고 재이가 거듭 나올 때를 당해서 정승의 자리가 거의 비어 있게 되었다. 그러니 오늘날 국사가 또한 위급하다고 이를 만하다. 경은 관대한 도량이 있는데, 어찌하여 생각이 이에 미치지 못하는가?

지난번 있었던 대간의 말은 사리에 어긋나니 마음에 둘 가치도 없다. 지금 그대를 생각하면 큰 가뭄에 비가 오기를 바라는 것과 같을 뿐만이 아니다. 간절히 바라건대 경은 이전의 일을 잊어버리고 시속의 행태를 깨끗하게 씻어낸 뒤, 마음을 돌이켜 도성으로 들어와 힘을 합해 국사를 함께 도모하여 장차 망해가는 나라를 안정시키고, 소자의 밤낮으로 속 타는 마음을 위로하도록 하라."

왕세제가 연이어 세 차례 상소를 올려 아뢰었으나 윤허하지 않았다.

○ 우의정 조태구가 도성 문밖에 와서 차자를 올려 아뢰니, 다음과 같이 답하였다.

"경은 선조에서 예우하던 신하로서 일찍이 중망(重望)을 받아서 정승에 발탁되었으니 실로 공의(公議)를 따른 것인데, 보호(輔護)의 도리를 다하지 않고 갑자기 나를 버렸지만 마음 속으로 매우 그리워하였다. 지난날 올린 상소 내용은 고사(古事)를 끌어다가 인용한 것에 불과한데, 대간이 이미 발론하여 아직까지 멈추지 않았지만 경의 관대한 도량으로 반드시 개의치 말라. 또한 오늘날의 일은 조종(祖宗)의 고례(古例)일 뿐만 아니라 오로지 국가를 위하는 것이니 경은 안심하고 걱정하지 말라."

○ 주상이 좌의정 이건명과 판부사 조태채가 올린 차자를 따라서 영의정의 면부(勉副)153) 전지(傳旨)를 환수한 뒤에 연이어 돈유(敦諭)154)를

내렸다. 이에 영의정 김창집이 출사하였다.

○ 영부사(領府事) 이이명이 사은(謝恩)하였다. 이때 사대신이 모두 들어
왔고, 우의정 또한 들어오자 사람들이 모두 반드시 큰 기괄이 있을 것이라
고 하였다. 이에 앞서 주상이 《소학(小學)》155) 1부를 우의정 조태구에게
내려 보냈는데, 어필(御筆)로 직접 수장(首章)의 빈 공간에,

"경은 속히 들어와서 장차 망해가는 나의 나라를 지켜 달라."
고 써서 주었다. 우의정이 이 어찰을 받들고 장차 가마를 재촉하여 도성에
들어가려는데, 곁에서 시중들던 사람이 울면서 어린 자식들을 가리키며
말하기를,

"이 어린 아이들을 대감께서는 장차 어찌 처리하시려고 곧 이렇게
행차하시려는 것입니까?"
하였다. 우의정이 또한 눈물을 흘리고 어찰을 꺼내 보여주면서 말하기
를, "주상이 이와 같이 애처로운 하교를 내렸는데, 내가 어찌 차마 나
몰라라 할 수 있겠는가?"
하고는 곧 도성으로 들어와 남문 바깥에 머물렀다. 우의정이 갑작스럽
게 들어왔다는 소식을 듣고, 소론 쪽 사람들은 빨리 들어가서 청대하고
오라고 권하였고, 노론 쪽 사람들은 그 동정과 기미를 살피고, 초헌(軺
軒)156)을 타거나 말을 타고 길을 가득 메웠다. 우의정이 가는 길에 위기가

---

153) 면부(勉副) : 내키지 않지만 간절히 요청하므로 마지못해 따른다는 말이다.
154) 돈유(敦諭) : 의정(議政)과 유현(儒賢)에게 면려(勉勵)를 권하는 말이다.
155) 소학(小學) : 송나라 유자징(劉子澄, 1163~1232)이 편찬한 책이다. 총 6편으로 내편
    4권은 입교(入敎)·명륜(明倫)·경신(敬信)·계고(稽古), 외편 2권은 가언(嘉言)·선행(善
    行)으로 구성되어 있다. 16세기 조선에서 사림파(士林派) 학자들을 중심으로 《소학》
    이 더욱 강조되었으며, 특히 조광조(趙光祖) 등이 사회개혁의 실천수단으로서 《소
    학》보급에 주력하였다. 이후 《소학》 보급을 위한 집주(集註)류와 언해(諺解)류의
    책들이 다수 수집·간행되었다. 김안국(金安國)은 《소학》을 한글로 번역한 《소학언
    해(小學諺解)》를 발간하여 민간에 보급하였다.
156) 초헌(軺軒) : 종2품 이상의 벼슬아치가 타던 가마이다. 긴 줏대에 외바퀴가 밑으로

잠복되어 있다고 의심하고, 이에 말하기를,

"내가 오늘 갑자기 감기가 들어 기운이 매우 평안치 못하니, 조정에 나아갈 수 없다."

하고는, 마침내 수행하는 하인을 놓아 보내고는 망건을 벗고 드러누워서 거짓으로 크게 아픈 모습을 지었다. 이에 노론 쪽 사람들이 이를 믿고 의심하지 않고 곧 흩어져 돌아갔다.

이에 우의정이 남여(藍輿)157)를 타고 외남산(外南山)을 따라 험한 쪽으로 고개를 넘어서 수구문(水口門)158)으로 들어가 선인문을 따라서 마침내 합문(閤門) 바깥에 이르렀다. 승정원에 말하여 뵙기를 청하였으나 승정원에서 가로막으며 말하기를,

"대간이 바야흐로 죄를 청하였는데 배척받은 대신이 관대(冠帶)를 하고 인견하는 것은 불가합니다."

하였다. 이와 같이 서로 다툴 즈음에 사알(司謁)이 황급히 밖으로 나와 말하기를,

"'우의정은 즉시 속히 입대하라.'는 하교가 있었습니다."

하니, 승정원에서 감히 다시 저지하지 못하였다. 우의정이 마침내 입대하여 눈물을 흘리면서 말을 하려 했지만 소리를 내지 못하다가 아뢰기를,

"전하께서 어찌 이러한 전혀 의외의 잘못을 저지르려 하십니까? 만약 성명(成命)을 환수하지 않으신다면 노신은 문석(文石)159)에 머리를 부딪쳐

달리고, 앉는 데는 의자 비슷이 되어, 위는 꾸미지 않았으며 두 개의 긴 채가 달려 있다.

157) 남여(藍輿) : 뚜껑이 없는 의자 비슷한 작은 승교(乘轎)이다. 앞뒤 각각 두 사람이 어깨에 메고 이동하였다.

158) 수구문(水口門) : 동대문과 남대문의 사이, 즉 도성의 동남쪽에 위치한 문이다. 광희문 (光熙門)으로 불리었다. 수구문 또는 시구문(屍口門)이라고도 한다.

159) 문석(文石) : 임금 앞에 깐 문리(文理) 있는 돌이다.

죽을 것160)입니다."

하였다. 이때 영의정과 좌의정이 또한 모두 입대하였는데, 우의정이 두 정승을 돌아보며 말하기를,

"여러 대감들은 어찌하여 전하께 성명을 환수해달라고 정성을 다해 권면하지 않습니까?"

하자, 두 정승이 비로소 입대하여 또한 힘껏 다투었다. 이에 두 차례 비망기를 모두 환수하는 일을 탑전에서 정탈(定奪)161)하였다.

○ 17일, 우의정이 청대(請對)하기에 앞서 영의정 김창집, 영부사 이이명, 좌의정 이건명, 판부사 조태채가 차자를 올려 다음과 같이 말하였다.

"삼가 생각건대 …… 나흘이나 복합(伏閣)162)하였으나 윤음(允音)163)을 내리지 않으셨고 6, 7차례에 걸쳐서 청대하였으나, 굳게 거절하시기를 더욱 심하게 하여 끝내 한 번도 주상의 얼굴을 뵐 기회를 얻지 못하였습니다. 다만 성의(誠意)가 천박하여 능히 전하의 마음을 감동시켜 돌리지 못하는 것이 한스러우니, 신 등의 죄는 만 번 죽어도 오히려 가볍기에 땅에 엎드려 죄를 기다리며 부월(鈇鉞)의 처벌도 달게 받겠습니다. 지난밤 내리신 비지(批旨)는 더욱 신하가 감히 차마 들을 수 없는 것이어서 받들어 채 반도 읽기 전에 저도 모르게 심담(心膽)이 다 떨어져 한번 죽는 것이 오히려 나을 뻔했습니다. 이와 같이 망극한 일을 당하여 놀랍고 떨린 나머지 우러러 대답할 방법을 알지 못하겠습니다.

다만 엎드려 생각하건대 당초 비망기 가운데, '크고 작은 국사를 아울러

---

160) 머리를 부딪쳐 죽을 것 : 원문은 "碎首"이다. 머리가 부서지는 것으로, 죽음을 무릅쓰고 간쟁하는 정신이나 행위를 형용하는 말이다.

161) 정탈(定奪) : 제신(諸臣)이 아뢴 논의 중에서 임금이 선택하여 결정하다.

162) 복합(伏閣) : 나라에 큰일이 있을 적에 조선(朝臣) 또는 유생(儒生)이 대궐문 밖에 이르러 상소(上疏)하고 엎드려 청하던 일이다.

163) 윤음(允音) : 임금이 윤허하여 내리는 말이다.

결정하게 하라.'는 하교는 진실로 국조 이래로 없었던 일입니다. 신 등은
비록 만 번 죽을지라도 결코 감히 받들지 못하겠습니다.[164]

그런데 정유년(1717, 숙종43)의 일에 이르러서는 본래 선조(先祖)가
판단하여 결정하신 것이고 또 절목의 구별이 있었으니, '아울러 결정하게
하라.'는 명에 비하면 차이가 있을 뿐만이 아닙니다. 하물며 또한 이번
성교(聖敎)가 지성으로 슬퍼하는 데서 나왔으니, 전하의 신하가 된 자가
또한 어찌 감히 가볍고 갑작스럽다는 데 구애되어 일체 모두 거역하여
우리 전하의 마음을 상하게 하겠습니까?

엎드려 바라건대 성명(聖明)께서는 빨리 유사(有司)에게 명하여 단지
정유년의 절목[165]에 의거하여 품지(稟旨)해 거행하도록 하신다면 천만다
행이겠습니다. ……"

비지(批旨)가 미처 내리기 전에 갑자기 우의정 조태구가 마구 들어가
청대하여, 전후 비망기를 환수하였다. 이에 두 차례 비망기와 지난밤
비지를 거두어들인 뒤 여러 신하들은 물러났지만 홍계적이 뒤에 남아서
아뢰기를,

---

164) 당초 …… 못하겠습니다 : 이문정은 조태채의 발언을 통해 경종에 대한 충성심을
드러냈다. 비록 대리청정을 주청했지만 기본적으로 군신의 분의를 지켰다는 사실을
재확인하여 노론 내 준론 세력과 차별된 면모를 보여주고자 했다. 이렇게 하여
노론 사대신의 정치력을 보존하여 곤궁에 처한 연잉군을 구원하고, 경종의 심기를
살펴 세제 지위 유지를 기대하였다.

165) 정유년의 절목 : 정유년(1717, 숙종43) 숙종은 자신의 눈병을 명분으로 하여 세자의
대리청정을 명하여 강행하였다. 당시 숙종이 노론과 소론의 대립 속에 노론의
의리를 인정하였고, 노론 대신과 독대 직후 대리청정을 발표하였기에 정치적
의도가 있다는 문제가 소론 측에 의해 제기되었다. 이후 1721년(경종1) 10월 17일
영의정 김창집 등 노론 사대신이 세제의 대리청정에 대해 정유년의 절목에 따라
품지(稟旨)하여 거행하도록 요청하는 차자(箚子)를 연명(聯名)으로 올렸다. 이때의
절목은 앞서 경종이 세제 연잉군에게 모든 대소사를 대리청정하도록 명한 것에
비해 세제의 결정권을 다소 제한한 것이었다. 노론 사대신은 차마 경종의 명을
거스르지 못하고 세제의 결정권이 다소 적었던 정유년의 절목에 따라 거행할
것을 청하였다.(《景宗實錄》 1年 10月 17日 참조)

"신 등이 일곱 차례 청대하였지만 한 번도 만나주지 않았고, 나흘 동안 복합하고, 사흘 동안 정청(庭請)하였지만 끝내 윤허하여 따르는 것에 인색하였습니다. 그런데 우의정은 특별히 청대를 허락하였고, 한번 아뢰자 즉시 성명을 환수하였습니다. 신 등의 정성과 간절함이 우의정만 같지 못해서 그리하셨습니까? 또한 우의정이 청대한 일은 승정원이 품달(稟達)하지 않았는데 전하께서 어떻게 우의정이 들어온 것을 알고 입시하게 하였습니까?"

하니, 주상이 부끄러워하며 답변하지 못하였다. 최석항과 이광좌가 크게 꾸짖으며 말하기를,

"면전(面前)에서 군부를 배척하다니 어찌 감히 이와 같을 수 있단 말인가?"

하였다. 이에 홍계적이 나갔지만, 최석항과 이광좌 등 몇 사람은 또한 뒤에 남아 물러가지 않고 주상과 경연에서 대화를 더 나누었는데, 극비라서 그 내용을 들을 수 없었다.

○ 한쪽 편 무리들이 내시와 결탁하여 기밀을 서로 통한 지 오래되어, 피부에 와 닿는 참소[166]가 들어오지 않는 날이 없었다. 하물며 또한 지난밤 최석항과 조태억이 주상을 만났을 때 참소하는 말이 이르지 않는 곳이 없었을 것이다. 단지 일반 민가에 알려진 말에 따르면,

"조성복을 지휘한 자는 김창집과 이건명이고, 김창집과 이건명을 지휘한 자는 본래부터 그 사람이 따로 있다."

하였다. 주상이 크게 옳다고 여겨서 즉시 비망기를 환수하였는데, 이른바 그 사람은 즉 누구를 가리키는 것인가? 또 그날 최석항과 이광좌 등 몇 사람이 뒤에 남아서 나가지 않고 주상과 나눈 대화는 극비라서 비록 그 내용을 들을 수는 없었지만 반드시 망측하고 참소하는 말이었을

---

166) 피부에 …… 참소 : 원문은 "膚受之譖"이다. 살을 에는 듯이 실감나는 참소이다.

것이다. 어찌 시장에 호랑이가 나타났다[167]는 것과 같은 말이 없을 수 있었겠는가? 주상의 의도가 무엇인지 그 향배가 또한 이미 판가름 났는데, 다시 궁궐 내 인적이 드문 구석진 곳에서 비밀리에 모임을 갖고 모의한 것은 무슨 일인가? 분명히 이처럼 가까이 모시는 내시 무리들과 더불어 여차여차한 기미가 있다고 말하고, 여차저차한 일을 알선하였을 것이다. 그 일이 진행된 절차를 보면 흉악한 음모를 양성하고 있었다는 것을 감출 수 없었으니, 책봉을 헌의(獻議)[168]하던 날 즉시 윤허하지 않은 것이 어찌 주상의 뜻이 본래 그랬기 때문이겠는가?

불령한 무리들이 귀척(貴戚)을 사주하여 종실 가운데 소목(昭穆)의 친척을 세자로 정하는 것이 유리하다고 유혹하자, 귀척도 마음속으로 또한 외손으로 승통하는 것보다 나은 것이 없다고 생각하여 몰래 중전에게 권하니, 중전 또한 그렇다고 여기고 늘 이것으로써 주상에게 권하였다. 이것이 바로 먼저 들어간 말이었고, 세제를 정책하는 것을 더디게 윤허한 까닭이었다. 이것은 흉악한 무리들이 중상하여 이간하였기 때문인 듯하다.

주상이 우애의 마음으로써 이미 자궁의 하교[169]를 받았고, 또한 대신이 협력하여 찬성하여 마침내 세제를 세웠는데, 이것을 이간질하려는 시도가 얼마나 있었는지 모른다. 조성복이 "참여하여 듣게 한다."거나 "강론하여 확정하게 하라."고 상소로 청한 것이 있었는데, 이것은 우리 임금은 훌륭한 일을 할 수 없다는 마음을 현저히 드러내서, 마치 지휘하는 자가

---

167) 시장에 …… 나타났다 : 원문은 "市虎之成三"이다. 세 사람이 짜고 호랑이가 나타났다고 거짓말을 하면 사람들이 그 말을 믿는다는 뜻이다.
168) 헌의(獻議) : 신하들이 정사에 관한 의견들을 논의하여 그 결과를 임금에게 올리다.
169) 자궁의 하교 : 자궁은 숙종의 계비 인원왕후이다. 노론 사대신이 후계자를 세우는 일은 종사(宗社)의 대계(大計)를 위한 것이라고 거듭 주장하면서 결단을 내리기를 종용하였고, 마침내 경종의 마음을 돌려 윤허를 받았다. 그 다음 인원왕후에게 가서 뜻을 물어 수필(手筆)을 받아오도록 경종에게 요구하였다. 이에 자전의 언문수교를 보인 후 연잉군을 후계자로 삼는다는 전지를 써서 내도록 하였다.

있는 것처럼 하였다. 그래서 한밤중에 급히 세제 대리청정의 비망기를
내렸으니 어찌 한갓 조성복에 대해서 격노한 것이겠는가? 세제로서는
더욱 두려워서 마음이 몹시 거북할 수밖에 없었는데, 이것은 조성복의
흉악한 상소 때문이었다.

이날 밤 비망기를 환수하게 하려고 급급하게 청대한 자는 애초 사대신
가운데 한 사람도 없었고, 단지 최석항과 조태억, 두 신하뿐이었다.
주상의 뜻이 이미 사대신을 편치 않게 생각하였는데, 하물며 조태억의
참소하여 이간하는 말이 있었으니 어떠하였겠는가? 뜻밖의 재앙이 이처
럼 잠복하고 있는데 이건명과 조태채는 계속해서 영의정의 출사를 권면하
는 차자를 올리면서도 애초에 조성복을 성토하는 말은 한마디도 없었다.

한쪽 편 사람들이 기꺼이 이것을 결정적 증거로 삼아 돌아가면서
상소하여 배척하였으니, 주상의 입장에서 볼 때, 최석항과 조태억, 두
신하와 야대(夜對)170)했을 때 끝 무렵에 말하기를,

"조성복이 사대신의 지휘를 받았고, 사대신을 지휘한 자는 본래부터
그 사람이 따로 있다."

하니, 아뢴 말과 딱 들어맞는다고 생각하였을 것이다.

처음부터 주상이 사대신 편 사람들에 대해서 좋지 않게 생각하였는데,
최근 들어 그들에 대한 마음이 점점 나빠져서 이러한 지경에 이르렀으니
더욱 절실히 미워하는 마음이 있었던 것이다. 그래서 노론을 "역적 편[賊
邊]"으로 보고, 소론을 "나라 편[國邊]"으로 간주하였기 때문에 대리청정을
환수하는 비망기가 불과 이틀 사이에 나왔는데, 또 앞선 비망기에 따라
거행하라고 빈청에 하교하였으니, 주상의 뜻이 어디에 있는지 사람들이
헤아릴 수 없었다.

지혜로운 자가 논하기를, "제왕의 농락수단은 예측할 수 없는 점이

___
170) 야대(夜對) : 임금이 밤중에 신하를 불러서 경연(經筵)을 베풀어 경사(經史)의 고금
　　치란에 대하여 강론하던 일이다.

있다." 하였다. 그렇다면 주상이 다시 이러한 하교를 한 것은 다음과
같은 두 가지 경우를 벗어나지 않는다. 그 하나는 혹 신하들이 대리청정을
청한 것은 역대 없었던 일이므로, 신하로서 감히 말할 수 없는데 조성복이
감히 청하자 주상이 격노하여 갑자기 크게 편치 않은 비망기를 한밤중에
내려서 온 조정의 신하들로 하여금 두려워 벌벌 떨게 만들었다가 두
신하가 대궐 문을 밀치며 힘껏 다투자 문득 성명을 환수하였다. 그런데
일이 지난 뒤에 주상이 스스로 조용히 생각하기를,

"질환이 고질병이 되어 수행하기 어려워서 정무가 많이 지체되니 국사
를 어찌해야 할지 모르겠다. 그러니 세제로 하여금 수고를 나누게 해도
실로 안 될 것이 없을 것이다."

여기고, 이에 스스로 마음속으로 결단하여 특별히 이와 같은 하교를
내린 것인가! 진실로 이와 같다면 이는 실로 국가의 큰 복이 될 일이다.

아니면 다른 하나는 혹 조성복의 상소가 바로 아무아무개의 지휘를
받았다고 재신(宰臣)이 한밤중에 주상을 대면하여 격식을 갖추지 않고
넌지시 아뢰니, 대리청정을 명하는 비망기는 이미 환수하였으므로, 그
진짜 자취를 적발할 수 없게 되자 다시 이전의 하교에 의거하여 거행하라
고 하교하여 사대신의 동정을 살피고자 한 것인가! 만약 이와 같다면
사대신이 크게 살피고 삼갔어야 했다.

그러나 왕세제가 여러 차례 올린 상소에 대한 비답과 대신·중신이
여러 차례 품은 뜻을 올린 데에 대한 비지(批旨)를 보면, 환후 때문에
억지로 정사를 보기 어려워서 조종의 고사에 따른 것이니, 이번 대리청정
의 일은 본래 의도에서 나온 것이지 대간의 상소 때문이 아니라는 것을
효유한 것으로서, 굳게 결정하였다고 하교한 것이 두서너 차례만이 아니
었다.

백관이 나흘 동안 대궐 문에 엎드려 상소하고, 사흘에 걸쳐 정청(廷請)하
였는데도 연이어 굳게 결정하였다고 하교하였으니, 이것이 과연 주상의

본래 의도에서 나와서 바꿀 수 없는 것이었다면 그것은 사대신이 정유년 절목에 의거하여 품지(稟旨)하여 거행하라고 청하였기 때문이었다. 그런데 갑자기 우의정 조태구가 궁궐로 돌입하여 한번 아뢰자 대리청정 비망기를 환수하였으니, 이날 차자를 올려서 절목을 거행하라고 청한 사대신이 어찌 위태롭고 또 위태롭지 않았겠는가? 그렇지만 사대신의 위태로움은 세제의 안위에 비하면 오히려 그 남은 일이 되고 말았다.

○ 우의정이 입궐하여 청대하자, 승정원에서 대간의 배척을 받은 대신은 청대할 수 없다고 말하면서 가로막고, 계품을 허락하지 않으면서 서로 버티는 사이에 사알(司謁) 한 명이 이러한 사정을 몰래 중전 어씨(魚氏)[171]의 시비(侍婢)에게 알리니 그 시비가 중전 어씨에게 고하였다. 이때는 주상이 바야흐로 잠이 들어 몽롱한 상태였는데, 중전이 두세 차례 전하를 불러서 깨웠다. 대전이 놀라 깨어나 묻기를,

"무슨 일인가? 무슨 일인가?"

하자, 중전이 다시 고하기를,

"성문으로 대신이 입궐하였는데, 승정원이 가로막아서 청대하지 못하고 있습니다. ……"

하였다. 대전이 급히 일어나 말하기를,

"성문으로 대신이 들어왔는가?"

하니, "그렇습니다."

하였다. 이에 분연히 창문을 밀치고 사알에게 명하기를,

"속히 명하여 우의정을 입시토록 하라."

하였다. 이에 우의정이 입시할 수 있었으니, 대간이 상소하여 "내시와

---

171) 중전 어씨(魚氏) : 1705~1730. 경종의 계비(繼妃) 선의왕후(宣懿王后)를 가리킨다. 영돈녕부사 어유구의 딸이다. 1718년(숙종44) 세자빈에 책봉되었고, 경종이 즉위하자 왕비가 되었다.

교통하였습니다." 하며 배척한 것은 터무니없는 말이 아니었다.

○ 한번 대리청정을 거두어들인 뒤에는 조정이든 묘당(廟堂)이든 백성
과 나랏일은 내버려 두고 논하지 아니하여 거의 마치 무사태평의 시절과
같았다. 이에 승정원과 삼사, 양사의 신하들이 날마다 소장을 올려서
넘칠 정도로 쌓인 상소문은 모두 서로 배격하거나 서로 터무니없는
말을 날조한 것으로서, 이로써 해가 다 가도록 다른 볼만한 것이 없었다.

○ 12월 6일, 김일경(金一鏡)의 무리들이 바야흐로 사대신을 성토하려고
이미 소장을 만들어 놓고 상소에 연명할 사람들을 널리 구하였다. 심지어
무인 한 명을 권하여 상소에 참여하게 하였는데, 또한 기꺼이 따르려
하지 않아서 어쩔 수 없이 국외인(局外人)으로 거짓 기록하였다. 하지만
그 사람이 이를 알고서 몰래 궁궐 밖에서 기다렸다가 그 상소를 찢어
버렸다.
이에 김일경이 스스로 소두(疏頭)172)가 되었는데, 단지 여섯 명만 연명하
였으니, 그 여섯 사람은 정해(鄭楷)173)·이진유(李眞儒)174)·서종하(徐宗

---

172) 소두(疏頭) : 연명으로 올리는 상소에 맨 먼저 이름을 적은 사람이다. 조정 신료들이
나 성균관 유생 또는 지방 유생들이 집단적으로 상소할 때 그 상소를 대표하는
사람을 제일 먼저 적었다.

173) 정해(鄭楷) : 1673~1725. 본관은 연일(延日), 자 여식(汝式)이다. 1721년 김일경·박
필몽 등과 같이 세제의 대리청정을 주장한 김창집 이하 노론 사대신을 사흉(四凶)으
로 몰아 논죄하는 상소를 올려 사사시켰다. 1722년 사간 재직시 노론을 비호하는
어유구를 논죄하는 상소를 올렸다. 1724년 영조가 즉위하자 관직을 삭탈 당하고
귀양갔으며, 이듬해 북변에서 죽었다.

174) 이진유(李眞儒) : 1669~1730. 본관은 전주, 자 사진(士珍), 호 북곡(北谷)이다. 이경직
(李景稷)의 증손으로, 할아버지는 이정영(李正英)이고, 아버지는 참판 이대성(李大
成)이다. 경종 때 이조참의·부제학·좌부빈객·대사성 등을 역임하였다. 1724년
경종이 죽자 이조참판이 되어 고부 겸 주청사(告訃兼奏請使)의 부사로 청나라에
다녀왔다. 이듬해 노론이 등용되자 아주 먼 외딴 지역에 안치되었다가 중앙에
압송되어 옥사하였다.

廈)175)·윤성시(尹聖時)176)·박필몽(朴弼夢)177)·이명의(李明誼)178)였으며,
그 상소를 일러서 육적(六賊)의 상소179)라고 하였다.

그 상소는 대개 조성복을 지시하여 사주한 일, 단지 사흘 동안 정청(廷請)
한 일, 유사(攸司)에게 영을 내려 절목을 거행하게 하라고 재촉한 일
등을 가지고 사대신 모두의 죄안(罪案)으로 삼았다. 그 다음에 나열하여
말한 것은, 정유독대180)의 일, 이사명(李師命)의 동생으로서 화를 꾸미려는
마음을 품은 것이 여러 해가 된 일, 강교(江郊)에서 죄를 기다리면서

---

175) 서종하(徐宗廈) : 1670~1730. 본관은 달성(達城), 자 비세(庇世)이다. 1721년 김일경
   등과 노론 사대신을 처벌할 것과 세제를 해치려 하였던 내시 박상검(朴尙儉)·문유도
   (文有道)와 궁녀 석렬(石烈)·필정(必貞)을 처벌할 것을 주장하였다. 영조가 즉위하
   자 관직을 박탈당하고 이어 유배되었다. 1728년(영조4) 서소문(西小門)의 괘서(掛書)
   의 변이 일어나 이인좌(李麟佐) 등이 밀풍군(密豊君, 소현세자의 증손)을 추대하는
   반란을 일으켰다. 이에 관련된 혐의로 유배지에서 서울로 압송되어, 신문을 받던
   중 매를 맞고 죽었다. 죽은 뒤인 1755년 역적으로 추시(追弑)되었다.
176) 윤성시(尹聖時) : 1672~1730. 본관은 해평(海平), 자 계성(季成)이다. 좌찬성 윤근수
   (尹根壽)의 현손이며, 윤현(尹晛)의 증손이다. 1721년 김일경·목호룡 등과 신임옥사
   를 주도하였다. 영조가 즉위하면서 유배되었고, 이어 의금부에 잡혀 와 고문받던
   끝에 장독(杖毒)으로 죽었다.
177) 박필몽(朴弼夢) : 1668~1728. 본관은 반남(潘南), 자 양경(良卿)이다. 1721년 김일경
   등과 노론 사대신의 죄를 성토하여 신임옥사를 일으켰다. 영조가 즉위한 뒤 도승지
   가 되었으나 탄핵을 받아 유배되었다. 1728년(영조4) 이인좌의 난이 일어나자
   유배지에서 나와 반란에 가담한 태인현감 박필현(朴弼顯)의 군중으로 가 서울로
   진군하려 하였다. 그러나 도중에 반란이 진압되었다는 소식을 듣고 죽도(竹島)에
   숨었으며, 검모포(黔毛浦)로 가 잔당들과 다시 거사하려다가 무장현감 김몽좌(金夢
   佐)에게 붙잡혔다. 서울로 압송되어 처형되었다.
178) 이명의(李明誼) : 1670~1728. 본관은 한산(韓山), 자 의백(宜伯)이다. 경종대 대사간
   등을 역임하였다. 영조 즉위 뒤 김일경의 상소에 동참하였다는 죄로 귀양을 갔고,
   1728년(영조4) 이인좌 난에 연루되어 고문을 당하다가 죽었다.
179) 육적(六賊)의 상소 : 1721년(경종1) 12월 6일 김일경이 소두가 되어 올린 상소에
   대해 노론 측에서는 이들을 상소에 연명한 여섯 흉적이라는 뜻으로 '소하육적(疏下六
   賊)'이라 불렀다. 김일경 등은 이 상소에서 대리청정을 제기한 조성복과 이를
   강행하고자 했던 노론 사대신 등을 역모로 공격하여 정국의 반전을 이끌었다.
180) 정유독대 : 정유년(1717, 숙종43) 이이명이 숙종의 뒤를 이을 후계자 문제로 국왕과
   단독 면대한 일을 가리킨다. 독대 직후 특별히 이이명은 우의정에 발탁되어 훗날
   영조가 될 연잉군의 보호를 부탁받았다.

원독(怨毒)이 더욱 참혹하여 멀리서 조정의 권력을 잡고 매우 면밀하게
계획한 일, 입성한 그 다음날 즉시 절목을 갖추어 거행하라는 차자를
올리는 일을 주도한 일 등을 이이명의 죄안으로 삼았다.

　일찍이 정유년 고묘(告廟)의 의논을 막은 일, 성궁(聖躬)을 핍박하고
욕한 요적(妖賊) 윤지술을 구원하여 가볍게 처벌하라는 차자를 올린 일,
조성복을 지휘하여 대리청정을 청하는 상소를 올리게 한 일, 나이가
많아 물러남을 핑계대고 조성복을 성토하지 않은 일, 부친의 명령을
생각하지 않고 권세를 탐하고 즐긴 일 등은 김창집의 죄안이 되었다.

　한밤중에 비망기를 내렸는데 천천히 가서 늦게 도착한 일, 최석항과
조태억이 비망기를 거두어 달라고 청한 것에 대해 성내며 원한을 품고
상소하여 도리어 공격한 일, 성주(聖主)가 정사를 사양하는 것을 구원하지
않은 일, 노적(老賊, 김창집)이 권력을 잃은 것을 홀로 구원하는 등의
일은 이건명의 죄안이 되었다.

　환득환실(患得患失)하는 비루한 사람181)으로서 염치도 잊고 의리를 저
버린 일, 기회를 틈타 투합하여 마침내 김창집·이건명과 더불어 난잡하게
동조한 일, 분수를 범하고 의로움을 저버리는 것을 능사로 삼는 등의
일은 조태채의 죄안으로 삼았다.

　그 나머지 사대신을 터무니없는 말을 날조하여 무함한 것이 끝이
없어서 심지어 양기(梁冀)와 염현(閻顯)182), 왕망(王莽)과 조조(曹操)183)에

---

181) 환득환실(患得患失)하는 비루한 사람 : 조태채를 가리킨다.(《景宗實錄》1年 12月 7日
　　참조) 《논어》〈양화(陽貨)〉에서 "비루한 자들과 함께 임금을 섬길 수 있겠는가?
　　부귀를 얻기 전에는 얻으려고 안달하고, 얻고 나서는 잃을까 걱정하니, 참으로
　　잃을까 걱정한다면 못하는 짓이 없게 될 것이다.[鄙夫可與事君也與哉? 其未得之也,
　　患得之, 旣得之, 患失之, 苟患失之, 無所不至矣.]" 하였다. 이에 따르면 재물이나 벼슬을
　　얻기 전에는 얻지 못할까 걱정하고, 얻은 뒤에는 그 벼슬이나 재물을 잃을까
　　걱정하는 속물들을 가리키는 말이다.

182) 양기(梁冀)와 염현(閻顯) : 양기(?~159)는 후한(後漢)의 권신으로 동생이 순제(順帝)
　　의 황후가 되자 외척으로서 권세를 휘둘렀고, 순제가 죽자 제위(帝位)를 마음대로
　　폐립(廢立)하였다. 특히 질제(質帝)는 그에 의하여 독살되었다. 염현 역시 순제

비기기까지 하였다. 그렇지만 사대신은 다른 죄안이 없었다. 한결같은
마음으로 대의를 따르는 것에 힘쓰고 실낱같은 잡념도 없었으며, 단지
종사를 위하여 저사(儲嗣)를 세우기로 결심하고 정성을 다해 협찬하여
세제를 의정(議定)하여, 국본이 길이 견고해져서 신인(神人)이 의탁할 곳이
있게 된 것은 삼척동자도 모두 알고 있는 일이었다.

이와 같은 사직의 신하들에 대해 저 무리들은 터무니없는 말을 날조한
것도 부족하여 양기와 염현, 왕망과 조조에 비기기까지 하면서 반드시
공격하여 쫓아내려 했다. 이들 사대신을 공격하여 쫓아낸 뒤에 도리어
양기와 염현, 왕망과 조조 등과 같은 일을 하고자 했으니, 다만 뒤에
일어난 일을 지켜보기만 해도 저들이 한 일을 알 수 있다. 육적의 상소가
올라오자 비답하기를,

"응지(應旨)하여 진언(進言)한 것을 내가 매우 아름답게 여겨 받아들이노
라. 그런데 대신을 침범하고 헐뜯어 말에 화평이 결여되었다."

하였다. 이 비지(批旨)를 보건대, 사대신은 이미 천 길 구덩이에 빠졌다
는 것을 알 수 있다. 예로부터 소인의 무리가 정류(正類)를 살해하려
모의할 때 먼저 임금의 마음을 현혹시키지 않으면, 참소하고 모함하는
계략을 이룰 수 없었다. 그래서 먼저 군주가 좋아하는 말로 기쁘게 하고,
그 다음으로 군주가 노여워하는 말로 두려워 동요하게 하였다.

오직 저 불령한 무리들이 떼 지어 번갈아 나와서 먼저 희빈(禧嬪)을
추보하는 말을 제기하여, 우선 먼저 주상을 기쁘게 한 뒤에 두려워 동요하
게 하려고 제기한 말들은 하나하나 수를 헤아릴 수 없을 정도였다. 대략
상소로 아뢴 것만 들더라도 독대의 설, 은화의 설, 혐의를 무릅썼다는
설184), 은밀히 천위(天位)를 옮기려 했다는 설, 주상의 권력을 옮기려

때 염태후(閻太后)의 동생인데 태후와 함께 난을 일으켜 찬탈하고자 하였다.
183) 왕망(王莽)과 조조(曹操) : 왕망(B.C.45~23)은 전한(前漢) 때 애제(哀帝)를 폐위하고
    평제(平帝)를 독살한 뒤 신(新)나라를 건국하였다. 조조(155~220)는 위나라 왕이
    되어 그 아들 조비가 헌제(獻帝)를 폐위하고 황제가 되는 길을 열었다.

했다는 설 등이 있었으니 모두 주상을 두렵게 하여 동요시키려는 일이 아닌 것이 없었다. 주상을 두렵게 하여 동요시키려 했을 뿐만 아니라 진실로 이는 은밀히 세제를 핍박한 것이었다.

이외에 주상을 두렵게 하여 동요시키고 은밀히 세제를 핍박하는 가장 긴요한 부분으로서 재신이 한밤중에 주상을 대면하였을 때 끝에서 운운한 말[185]이 있었다. 사대신이 거듭 청대하고 사흘 동안 정청(庭請)[186]하였지만 끝내 명을 되돌리는 일에 인색하다가, 굳게 결정하였다는 비답을 연이어 내린 것은 마침내 주상의 뜻이 진정에서 나왔다는 것을 보여준다.

그런데 17일 차자에서 절목을 거행할 것을 청한 것은 주상이 보기에 재신이 "조성복을 지휘한 자가 사대신이고 사대신을 지휘한 자는 따로 있기 때문에 사대신이 조성복을 성토하지 않았습니다." 말한 것과 정확하게 들어맞았으므로, 그날 절목을 거행하라는 차자와 며칠에 걸쳐 명을 되돌리라는 청이 거짓이라는 것을 어찌 면할 수 있었겠는가?

이에 사대신이 며칠 동안 청하였는데도 윤허하지 않다가 우의정이 한번 말하여 청하자 특별히 윤허한 것은 저들이 두렵게 하여 동요시키는 말이 이미 주상의 뜻에 깊이 들어간 것을 보여준다. 주상이 사대신을 증오하고 분노하는 마음이 이에 더욱 절실해졌으니, 살육의 재앙이 지금이 아니면 곧 저녁때였다.

저 무리들이 주상을 두렵게 하고 동요시킨 말은 비단 사대신을 죽이려고 모의한 것뿐만 아니라 결국 그 취지는 모두 세제를 해치려고 하는

---

184) 혐의를 무릅썼다는 설 : 우의정 조태구가 숙종의 상례에 조문 온 청나라 사신이 세자와 종실의 자질을 만나 보겠다는 요구에 거부 의사를 밝히면서 한 말이다. 즉 아우와 조카로 구성된 배신이 조문받는 것은 임금 자리를 노리고 있다는 혐의를 무릅쓰는 것이 된다고 하였다.

185) 재신이 …… 말 : 조성복이 노론 사대신의 지휘를 받았고, 사대신을 지휘한 자는 본래부터 해당되는 사람이 따로 있다는 말이다. 앞에 보인다.

186) 정청(庭請) : 백관들이 함께 궁궐에 나아가 일을 계품(啓稟)하고 하교를 기다리는 것이다.

마음을 드러낸 것으로 귀착되니, 어찌 한갓 사대신에게만 그치겠는가?[187] 이것은 흉악하고 사특한 무리들이 본래 세제를 좋아하지 않았기 때문이니, 이 말이 어찌 조금이라도 무고한 것이라고 말할 수 있겠는가?

이것은 모두 흉악한 무리들의 마음에서 싹트고, 입에서 나왔으며, 상소문으로 나타나서 수많은 사람들이 함께 보고, 길 가던 사람들도 모두 알고 있었으므로 그 자취를 가릴 수 없었다.

○ 승정원이 아뢰기를,

"사대신이 김일경 등의 상소로 인하여 바야흐로 금오문(金吾門, 의정부 정문)에서 명을 기다리고 있습니다."

하니, 전교하기를, "안심하고 명을 기다리지 말라." 하였다.

○ 이 밤 2경(二更, 오후 10시 전후)에 전교하기를, "서소 위장(西所衛將) 심필기(沈必沂)를 가승지(假承旨)에 차임하라." 하였다.

○ 다음과 같이 비망기를 내렸다.

"내가 한번 왕위에 오른 뒤로부터 조신(朝臣)들이 하는 짓을 보건대, 조금도 나라를 돕고 보호하는 일이 없으니, 시사(時事)를 생각하면 나도 모르게 안타깝게 여긴다. 이와 같이 간사한 무리들과 국사를 함께 도모하

---

187) 저 무리들이 …… 그치겠는가 : 이 말로 미루어 보아 앞서 김일경 등이 "조성복을 지휘한 자가 사대신이고 사대신을 지휘한 자"로 세제 연잉군을 상정하고 있었음이 분명하다. 이문정이 가장 우려했던 바가 노론 사대신을 빌미로 세제를 위태롭게 만드는 일이었다. 그 시발점이 바로 신축환국이었다. 김일경 등은 노론 사대신을 먼저 제거하고, 이를 기화로 저사를 교체하여 준론 중심의 권력체계를 확립하고자 했다. 이에 이문정은 앞서와 같이 노론 사대신의 죄안을 조목조목 변론하였던 것이다. 이로써 노론의 지지를 이끌어냄과 동시에 세제 보호를 명목으로 소론의 협력도 견인해 낼 것으로 기대하였다. 대리청정 철회와 신축옥사로 조성된 위기상황을 완론 세력간 연대를 통해 극복하려 했던 것이다.

다가는 장차 나라가 나라답지 못한 지경에까지 이르게 되어 종사가
위태로워질 것이니 결단코 엄하게 징벌하지 않을 수 없다. 우선 삼사의
여러 신하들을 모두 문외출송 하라."

○ 다음과 같이 비망기를 내렸다.
"삼사는 잠시도 비울 수 없으니, 전 지평 박필몽을 지평에 제수하고,
사서(司書) 윤연(尹延)을 교리에 제수하라. 전 정언 이명의를 헌납에 제수하
고, 헌납 이진유를 사간에 제수하라."

○ 다음과 같이 비망기를 내렸다.
"이조판서 권상유(權尙游), 참판 이병상(李秉常)[188]은 파직하고, 심단(沈
檀)[189]을 판서에 제수하고, 김일경을 참판에 제수하라."
또 전교하기를,
"훈련대장 이홍술은 인륜을 저버린 간흉으로서, 은밀히 불측(不測)한
마음을 품었으니, 내가 매우 비통하고 놀랍다. 이와 같은 사람을 대장의
직임에 그대로 둘 수 없으니, 문외출송하고, 파견한 선전관으로 하여금
병부(兵符)를 빼앗아 오게 하라."
하였다.

---

188) 이병상(李秉常) : 1676~1748. 본관은 한산(韓山), 자 여오(汝五), 호 삼산(三山)이다.
이조참판 등을 지냈으며 신축환국으로 파직되기도 하였다. 1725년(영조1) 대제학을
거쳐 지의금부사를 지냈으나 정미환국(1727)으로 파직되었다가 이듬해 한성부판윤
으로 기용되었다.
189) 심단(沈檀) : 1645~1730. 본관은 청송(靑松), 자 덕여(德輿), 호 약현(藥峴)·추우당(追
尤堂)이다. 아버지는 평시령(平市令) 심광면(沈光沔)이다. 어머니는 윤선도의 딸이
다. 1721년(경종1) 이조·예조판서 등을 역임하면서 경종과 세제인 영조에게 우애하
기를 항상 권장하였다. 당시 김일경이 중심이 되어 내시 박상검을 매수, 세제를
해치려 했던 사건을 비난하였다. 이어 세제 우빈객(世弟右賓客)을 겸하면서 연잉군
을 보도(輔導)하였다. 이후 형조·예조판서 등을 거쳐 영조 즉위 후에는 판중추부
사·도총관 등을 역임하였다.

○ 다음과 같이 비망기를 내렸다.

"이정신(李正臣)[190]을 승지에 제수하라. 병조판서 이만성을 개차(改差)하고 최석항을 제수하라. 우승지 이정주(李挺周)[191]는 삭거사판(削去仕版)[192]하고, 우부승지 김제겸 또한 파직하라. 충청감사 이세근(李世瑾)[193]을 이조참의에 제수하라. 예조판서 이의현(李宜顯)을 체차하고, 전 참판 이광좌를 제수하라. 호조판서 민진원을 체차하고, 김연(金演)[194]을 제수하라. 형조판서 홍치중을 체차하고, 전 참판 이조(李肇)[195]를 제수하라. 전 도사 이제(李濟)[196]를 장령에 제수하고, 참의 양성규(梁聖揆)를 대사간에 제수하라."

---

190) 이정신(李正臣) : 1660~1727. 본관은 연안(延安), 자 방언(邦彦), 호 송벽당(松蘗堂)이다. 경종대 도승지로서 조태구 등과 함께 노론을 축출하는 데 앞장섰다. 1724년 영조가 즉위하자 신임옥사를 일으킨 주동자의 한 사람으로 지목되어 유배되었다.

191) 이정주(李挺周) : 1673~1732. 본관은 벽진(碧珍), 자 석보(碩輔)이다. 1722년(경종 2) 의주부윤 재직시 재물을 모았다는 이유로 탄핵받았다. 영조가 등극한 뒤 승지로 재직하였으나 정청(庭廳)에 참여하였다는 이유로 파면되었다.

192) 삭거사판(削去仕版) : 사판(仕版)에서 이름을 깎아내리다. 죄지은 벼슬아치를 처벌하는 규정의 하나로서, 초사(初仕) 이후의 모든 임관(任官)을 말소하는 규정이다.

193) 이세근(李世瑾) : 1664~1735. 본관은 벽진(碧璡), 자 성진(聖珍)이다. 1721년(경종1) 이조참의에 제수되었으나 계속 충청도관찰사에 머물렀다. 이때 이이명을 사사(賜死)하라는 전지(傳旨)와 관문(關文)이 이르렀고, 이이명의 사위 김시발(金時發)이 이를 절취하였는데, 이를 빨리 처리하지 않았다 하여 체포되어 심문을 받았다.

194) 김연(金演) : 1655~?. 본관 상산(商山), 자 사익(士益), 호 퇴수당(退修堂)이다. 1721년(경종1) 연잉군으로 하여금 대리청정하게 하자, 김일경 등과 이를 반대하여 취소하게 하였다. 1723년 형조판서가 되었으나, 이듬해 영조가 즉위하자 노론의 탄핵을 받아 유배되었다.

195) 이조(李肇) : 1666~1726. 본관은 전주, 자 자시(子始), 호 학산(鶴山)이다. 경종이 즉위하자 도승지로서 국왕을 보필하였고, 이후 노론이 연잉군을 앞세워 대리청정을 요청하자 경종 보호에 앞장섰다. 1721년 형조판서가 되어 임인옥사를 다스려 노론 사대신을 축출하는 데 참여하였다. 1725년(영조1)에 관작을 삭탈당하고 문외출송되었다.

196) 이제(李濟) : 1654~1724. 본관 전주, 자 경인(景仁), 호 성곡(星谷)이다. 1722년(경종 2) 사간에 복직되었으나 1724년 재차 소론이 실각될 때 갑산(甲山)에 귀양가서 죽었다.

국구(國舅)인 어영대장 어유구가 밀부(密符)197)를 받기 위해 와서 빈청에 나아가 뵙기를 청하였다. 전교하기를, "생각을 써서 들여라." 하자, 대략 다음과 같이 아뢰었다.

"삼가 엎드려 성상의 오늘의 처분을 보면 실로 매우 비상한 일입니다. …… 오늘 갑자기 위엄과 노여움이 격발되어 한밤중에 엄한 분부를 거듭 내리셨으니, 전하께서 무슨 이유로 격노하여 이런 일이 있게 되었는지 모르겠습니다. 김일경 무리들의 상소는 신이 보지 못하여 짐짓 어떤 말을 하였는지 모르겠습니다만 비록 승정원의 계사로써 보더라도 그것이 너무나도 흉패하여 오로지 함정에 빠뜨려 일망타진하려는 계략에서 나왔다는 것을 알 수 있습니다. 지난번 정청할 때 사대신이 차자를 올려 아뢴 것은 다른 뜻이 있는 것이 아니라 단지 성궁(聖躬)을 위해 노고를 나누고자 하는 데서 나온 것이었을 뿐, 본심은 단연코 다른 뜻이 없었습니다.

그리고 등대(登對)한 뒤에 힘써 환수하라고 청하고, 이어서 또 허물을 끌어다가 스스로 나열하였으니, 그 본심은 다른 마음이 없다는 것을 이미 성상께서도 통촉하시어 알고 계실 것입니다. …… 심지어 삼사의 여러 신하들과 육경의 장관들은 무슨 죄줄 만한 단서가 있기에 혹은 삭출(削黜)하고 혹은 파직하여 모두 처벌하고 배척하셨습니까? 훈련도감의 장수는 선조 때 공로가 많은 장수인데 죄를 더한 것이 지극히 무거웠고, 본병(本兵)의 수장은 국가의 중대한 임무를 받았는데도 아무런 단서 없이 교체하였으니, 삼가 성상을 위하여 이번 조처를 애석하게 여기며, 장차 나랏일이 어떠한 지경에 이를지 모르겠습니다. …… 중비(中批)198)로

---

197) 밀부(密符) : 유수(留守)·감사(監司)·총융사(摠戎使)·절도사(節度使)·방어사(防禦使) 등에게 내려주는 병부(兵符)이다. 이것을 통해 병란(兵亂)이 일어났을 때를 가리지 않고 급히 군사를 동원할 수 있었다.
198) 중비(中批) : 규정된 절차를 거치지 않고 특지로 관리를 임명하던 일이다. '중(中)'은 적중(的中)을 의미하고 '비(批)'는 결재를 뜻하는 것으로 특채를 말한다.

제배(除拜)하는 것은 본래 성세(聖世)의 아름다운 일이 아닙니다. 심단은
늙고 잔약하여 본래 청현직(淸顯職)에 진출하는 것이 막혀 있었는데,
그 사람의 기량이 어떠한지 묻지 않고 갑자기 전형(銓衡)의 중대한 임무에
제수하여 사람들의 심정이 놀라고 의혹하게 만들었습니다.[199] ……

저 사대신은 선왕의 특별한 대우를 받았으며, 어렵고 근심스러운 국사
를 함께 하려고 온몸을 바쳤다가 병들고 수척해졌는데도 성은에 보답할
것을 기약하였는데, 갑작스럽게 망극한 무함을 받았으니, 성상께서 비록
대신을 침해하고 욕하였다고 김일경 무리들을 허물하고 책망하였지만
그들을 싫어하고 업신여김이 심하였습니다. 저 사대신은 모두 노성하니
깊은 산골짜기로 물러나 죽은들 또한 무엇이 한스럽겠습니까마는 신은
이 뒤로 죄를 얽어 무함하는 말이 반드시 어지럽게 일어나는 것을 이기지
못할까 두렵습니다. 삼가 원하건대 성상께서는 깊이 통촉하소서. ……”

주상이 답하기를, “내 뜻이 이미 결정되었으니 경은 번거롭게 하지
말라.” 하였다.

○ 어유구가 이처럼 아뢴 생각이 과연 진정이란 말인가? 흉악한 무리들
이 외손을 통해서 귀하게 될 것이라고 말하며 유혹하는 것을 달갑게
받아들여서 은밀한 모의가 이미 안에서 이루어졌고 자질구레한 참소가
위에서 한꺼번에 일어났다. 그런데도 오히려 부족하다고 여겨 내시와
교통하는 길을 소개하지 않은 것이 없었고, 정류(正類)를 함정에 빠뜨리는
기틀을 주선하지 않은 것이 없었다. 이미 한밤중 사이에 대처분이 내려지
자, 주상의 잘못을 바로잡는다는 명분으로 일부러 품은 생각을 아뢰어

---

199) 심단은 …… 만들었습니다 : 소론계 당론서 《창랑(蒼筤)》에 따르면 당시 심단은
    경종이 교시한 ‘인협(寅協)’의 뜻을 받들어 오로지 공의(公議)로써 인재를 추천했다.
    소론과 남인 사이의 탕평을 추진하려 했던 것이다. 심단은 탕평을 위해 사대부들의
    정치참여자격을 확대하는 소통 정책을 보다 넓게 실시할 것을 주장하기도 했다.
    그러나 당시 조태구의 견제로 결국 두 달 만에 물러날 수밖에 없었다.

은밀하고 비밀스러운 자취를 가리고자 하였지만 길에서 노는 아이들이나 심부름꾼도 비웃으며 침을 뱉지 않는 사람이 없었으니, 그 간사하고 음흉한 행태를 차마 똑바로 쳐다볼 수 없었다.

○ 다음과 같이 비망기를 내렸다.

"대장의 직임은 잠시라도 비워둘 수 없는데, 훈련대장 자리가 비어 있으니, 윤취상(尹就商)[200]을 대신 제수하라."

또 전교하기를,

"형벌이 이미 시행되었으니, 이진검을 방송(放送)하고, 전 부사 김시환(金始煥)[201]을 서용(敍用)하라."

하였다.

○ 다음과 같이 비망기를 내렸다.

"이조참의 이세근이 현재 근무지에 있어서 부임할 수 없으니, 바꾸어 차임하고 서명균을 제수하라. 전 부사 김동필(金東弼)[202]을 수찬에 제수하고, 윤순(尹淳)[203]을 교리에 제수하라."

---

200) 윤취상(尹就商) : ?~1725. 본관은 함안(咸安)이다. 경종 즉위 후 병조참판·동지의 금부사를 지냈다. 1722년(경종2) 최홍(崔泓) 등이 주도한 세제 독살 음모에 연루된 혐의를 받았지만 풀려났고, 형조판서에 올라 김일경과 함께 노론 축출에 앞장섰다. 1724년 영조가 즉위하면서 김일경의 일당으로 몰려 국문을 받고 복주(伏誅)되었다.

201) 김시환(金始煥) : 1673~1739. 본관은 강릉(江陵), 자 회숙(晦叔), 호 낙파(駱坡)이다. 공조판서 등을 역임하였다.

202) 김동필(金東弼) : 1678~1737. 본관은 상산(商山), 자 자직(子直), 호 낙건정(樂健亭)이다. 1721년(경종1) 보덕으로 재직시 세제를 모해하려는 내시 박상검(朴尙儉)·문유도(文有道) 등을 탄핵해 처벌하게 하였다. 1722년 김일경의 가혹한 임인옥사 처리를 탄핵하다가 광주목사(廣州牧使)로 좌천되었다. 영조 즉위 후에 노론이 집권하였으나, 국왕의 비호를 받아 무사하였다.

203) 윤순(尹淳) : 1680~1741. 본관은 해평(海平), 자 중화(仲和), 호 백하(白下)·학음(鶴陰)이다. 윤두수(尹斗壽)의 5대손이다. 정제두(鄭齊斗)의 문인이며 정제두의 아우 제태(齊泰)의 사위이다. 1723년(경종3) 응교 등을 역임하였고, 영조대 대제학·예조

○ 다음과 같이 비망기를 내렸다.

"총융사 윤각(尹慤)204)이 간사하고 사특한 자들의 앞잡이가 되어 세력에 빌붙고 의리를 저버려서 내가 매우 통탄스럽다. 이와 같은 무리를 그대로 둘 수 없으니 먼저 문외출송하라."

○ 다음과 같이 비망기를 내렸다.

"홍계적이 두세 차례 상소하여 아뢰었는데, 몰래 불측한 마음을 품고 간사한 무리들과 앞뒤로 서로 화응하여 내 마음을 엿보았으니, 매우 통탄스럽다. 흑산도(黑山島)에 위리안치하라."

또 전교하기를, "우의정 조태구의 거처에 사관(史官)을 보내 명소(命召, 임금이 특별히 부름)를 전해주고 함께 오도록 하라." 하였다. 전교하기를, "형벌이 이미 시행되었으니, 한세량을 방송(放送)하라." 하였다.

○ 우의정 조태구가 돌아와 아뢰었다. 전교하기를, "우의정이 비변사(備邊司)205)를 총찰(摠察)하라." 하였다.

○ 다음과 같이 비망기를 내렸다.

판서 등을 역임하였다.

204) 윤각(尹慤) : 1665~1724. 본관은 함안(咸安), 자 여성(汝誠)이다. 아버지는 진사 윤익상(尹翊商)이다. 1699년(숙종25) 무과에 급제하여 선전관이 되고, 1711년 이이명의 천거로 금위중군(禁衛中軍)이 되어 해구(海寇) 방어에 공을 세웠다. 1720년(경종 즉위년)에 병조참판에 전임되고, 이어 삼도수군통제사에 올랐다. 1721년 총융사 재직시 신축환국에 관련되어 유배되었다가 1724년 장살(杖殺)되었다. 영조 즉위 후 신원되어 병조판서에 추증되었다.

205) 비변사(備邊司) : 군국기무(軍國機務)를 관장한 문무(文武) 합의기구이다. 변방에 국가적 비상사태가 발생했을 때 의정부와 육조(六曹)의 대신, 그리고 변방의 일을 잘 아는 지변사 재상(知邊司宰相)으로 구성한 회의에서 협의, 결정하였다. 임진왜란이 일어나 국가의 모든 행정이 전쟁 수행에 직결되자, 비변사의 기구가 강화되고 권한도 크게 확대되었다.

"어려움과 근심이 눈에 가득하고 국사가 어지러울 때, 삼정승의 자리가 텅 비고 묘당이 모두 비어서 마치 큰 집에 기둥과 들보가 없는 것과 같다. 영의정은 탄핵당하였으며 좌의정은 국경 밖으로 나갔고, 우의정만 이제 겨우 정무를 보니 자신만 혹사당한다206)는 마음이 없을 수 없다. 변통하지 않을 수 없으니 영의정과 좌의정은 지금 일단 교체하라."

○ 의금부에서 유봉휘의 정배 단자(定配單子)를 올렸다. 전교하기를, "이미 지난 일이니 사면하는 것이 좋겠다." 하였다.

○ 다음과 같이 비망기를 내렸다.
"작년에 윤지술(尹志述)이 지문(誌文)을 고쳐 지은 것을 빌미로 마음씀씀이가 음험하여 사친을 무함하고 욕하였으며, 그가 써서 올린 소회에서는 지극히 흉악한 정황이 여지없이 모두 드러났다. 절대로 용서할 수 없으니, 국법대로 속히 처형하라."

○ 18일 다음과 같이 비망기를 내렸다.
"내가 비록 덕이 없으나 조금이라도 어렵게 여겨 꺼리는 마음이 있다면 어찌 감히 '환첩(宦妾)이 이름을 아는 사람을 복상(卜相)하였다.'207) 등의 말을 발론(發論)하겠는가? 그 당시 맨 먼저 발론한 자를 잡아다가 엄하게 국문하고, 계사(啓辭)에 참여했던 여러 사람들은 모두 멀리 떨어진 변방으

---

206) 자신만 혹사당한다 : 원문은 "獨賢"이다. 독현은 유독 자신만 혹사당하는 고통을 말한다. 《시경(詩經)》 소아(小雅) 북산(北山)에 "넓은 하늘 아래 모두가 임금의 땅이요, 해내(海內)의 그 누군들 신하 아닌 이 없건마는, 대부의 일 처리 균등치 못한지라 나만 일하면서 혼자만 고생하네.[溥天之下, 莫非王土, 率土之濱, 莫非王臣, 大夫不均, 我從事獨賢.]" 하였다.

207) 환첩(宦妾)이 …… 하였다 : 《경종실록》 1년 10월 18일 기사에 따르면 삼사와 양사에서 조태구를 논척하는 가운데 나온 말이다. 조태구가 평일에 내시와 교통하였고, 이에 환첩이 이름을 아는 사람을 복상하였다는 비판이 일었다.

로 정배하라."

○ 도시인(都市人)이 왕왕 모여서 논의하였다.

"주상이 등극한 이후 환후가 이전에 비해 더욱 심해져서 정신이 오랜 시간 혼미하여 혼전(魂殿)[208]의 사향(四享, 사철에 지내는 제사)과 삭제(朔祭)[209]를 연달아 섭행하였다. 경연의 소대는 누차 폐지하고 시행하지 않았으며, 크고 작은 정무가 적체되었는데도 생각이 미칠 겨를이 없어서, 비록 간단한 상소에 대한 비답도 즉시 내리지 못하였다. 그런데 갑자기 며칠 사이에 크고 작은 처분이 천둥이 울리고 바람이 휘몰아치듯 하여 싫어하는 사람을 낱낱이 적발하여 쫓아내고 귀양 보냈으며, 좋아하는 사람은 일일이 기억하고 유념하여 관작을 내려주기를 하나도 빠뜨림이 없었으니, 실로 이는 예측하기 어려운 일이었다. 혹 그 며칠 사이에 주상의 건강이 완전히 회복되고, 정신이 온전히 돌아와서 그런 것인가? 사람들이 의심하지 않음이 없었다."

대전 별감(大殿別監)의 벼슬에서 떨어진 사람으로서 이름이 신중석(辛重碩)이라는 사람이 술에 취해서 말하기를, "궁궐 안의 일은 내가 자세히 알고 있는데, 대섭(代攝)하는 사람이 있었다." 하였는데, 그 즉시 흰옷을 입은 자가 결박하여 데리고 갔으나, 그 사람의 성명이 무엇인지는 다시는 들을 수 없었다. 근래 흰옷을 입고 기찰하는 사람이 서울과 시골에 가득 차서 사람들이 감히 대화하지 못하였다.

○ 10일, 사간원의 계사(啓辭)로 인하여, 네 정승이 정청(庭請)을 마칠

---

208) 혼전(魂殿) : 임금이나 왕비의 국상 중 장사를 마치고 나서 종묘에 입향할 때까지 신위(神位)를 모시는 곳이다. 임금이 죽으면 삼년상이 끝날 때까지만 혼전에 모시지만, 왕비가 죽으면 임금이 죽어 종묘에 입향한 뒤 임금을 따라 배향이 될 때까지 혼전에 모셨다.

209) 삭제(朔祭) : 왕실에서 매달 음력 초하루마다 조상에게 지내던 제사이다.

것을 의논할 때 따라 들어간 여러 신하인 민진원·이관명(李觀命)·이의현·
이만성(李晚成)·신임(申銋)·임방(任埅)·권상유·유집일(兪集一)·조도빈
(趙道彬)210)과 당일 복합(伏閤)하던 삼사(三司)의 여러 사람들이 모두 삭출되
었다.

○ 13일 양사(兩司) 합계로 인하여 김창집과 이이명을 외딴 섬에 위리안
치하고, 이건명은 청나라에서 돌아오기를 기다렸다가 일체 감률(勘律)211)
할 일을 결정하였으며, 김제겸을 멀리 떨어진 변방으로 귀양 보내는
일을 아뢴 대로 따랐다. 선조 때 뜻을 잃은 무리들이 갑자기 높은 벼슬에
올랐고, 전날 유배되어 쫓겨난 무리들이 모두 청반(淸班)212)에 뽑혀서
의기양양하게 우쭐거리고 기세등등하게 실행하여 꺼리는 것이 없고
막히는 것이 없었다. 그러니 무슨 계략이든 이루어지지 않으며, 어떤
일이든 도모할 수 없었겠는가? 비록 미관말직의 관원도 만약 자기와
다른 사람이라면 터무니없는 사실을 꾸며서 속이고 터럭을 불어서 흠을
잡아서 상소로 공격하여 쫓아내려 하면, 곧 아뢴 대로 하라고 비답을
내렸다. 그리하여 한쪽 편 사람들이 조정에 남은 사람이 한 명도 없었으니,
이로부터 세제는 외롭고 위태롭게 되었음을 다시 말할 것도 없었다.
   판돈녕 송상기(宋相琦)가 상소하여 대략 다음과 같이 말하였다.
   "정청(庭請)을 그만두자고 의논하고 가부를 순문(詢問)하였을 때 모두
말을 합해 승낙하고 함께 따른 것이 여러 신하들의 죄가 되어 모두
삭출하기를 청하자 곧 윤허를 받았는데, 신의 이름 또한 그 가운데 있었습

---

210) 조도빈(趙道彬) : 1665~1729. 본관은 양주(楊州), 자 낙보(樂甫), 호 수와(睡窩)·휴와
    (休窩)이다. 조태채의 조카이다. 1722년(경종2) 임인옥사 때 사사된 조태채와 연루되
    어 유배되었다. 영조가 즉위하자 풀려나와 병조판서 등을 역임하였다.
211) 감률(勘律) : 죄의 경중을 따지어 적용할 형률을 정하다.
212) 청반(淸班) : 학식과 문벌이 높은 사람에게 내리던 규장각·홍문관·예문관 등의
    벼슬을 말한다. 지위와 봉록은 높지 않으나, 여기에 임용된 사람은 뒷날 고관(高官)에
    발탁될 수 있었다.

니다. 대개 그 당시 신의 품계가 조금 높아서 말씀드리는 일에도 앞장섰습니다. 만약 '네. 그렇게 합시다.'고 말한 죄를 논한다면 신은 실로 우두머리가 되는데, 지금 억지로 구별해서 별안간 신의 이름을 빼놓았으니 신은 진실로 놀랍고 의아스럽습니다. 함께 일을 추진하고서 구차하게 면하였는데 계면쩍게 스스로 덮어 둔다면 신이 마음속 깊이 부끄러울 뿐만 아니라 국가에서 법을 적용하는 도리로 보아 어찌 이처럼 서로 다르게 하여 법망에서 빠져나가는 기틀을 만들 수가 있단 말입니까? 삼가 바라건대 삭출하는 형률을 똑같이 시행하여 주십시오. ……"

이 상소의 내용은 단지 여기에서 그치고, "동궁을 보호한다[保護東宮]"는 말은 애초 일언반구도 언급한 적이 없었다. 그런데 주상이 답하기를, "경은 사직을 고집하지 말고 동궁을 보호하라." 하였으니, 이것은 동궁에 대해 편치 않게 여긴다는 하교인 듯 하였다. 한밤중에 한 번 처분이 있은 뒤로 사방에서 유배되어 쫓겨난 사람들이 도로에 줄을 이었다.

17일 의금부 죄인 윤지술을 당고개(堂古介)에서 처형하였다. 무슨 이유로 망언을 해서 이 같은 참형을 받는단 말인가? 제 죄를 스스로 재촉하였으니 누구를 원망하겠는가?

○ 다음과 같이 전교하였다.
"아! 조중우(趙重遇)[213]의 억울한 죽음을 생각하니 나도 모르게 마음속으로 부끄럽다. 충성스러운 말이 퍼지지 않아서, 가혹한 형벌을 받다가 경폐(徑斃)[214]되었으니 어찌 통탄스럽지 않은가? 특별히 증직(贈職)하고,

---

213) 조중우(趙重遇) : ?~1721. 경종 즉위년 폐서인이 된 장희빈의 작위를 회복시켜 달라는 상소를 올렸다가 죽었다. 노론은 이를 계기로 경종을 압박하였다. 그해 9월 윤지술이 장희빈을 죽인 처분이 정도(正道)를 호위한 것이라는 내용을 숙종의 지문(誌文)에 넣어 영원히 전해야 한다고 주장했다.

214) 경폐(徑斃) : 형벌이 확정되기 이전, 또는 형을 집행하기 전에 죄수가 갑작스레

예관(禮官)을 보내 치제(致祭)하여 구천을 떠도는 외로운 영혼을 조금이나
마 위로하라."

또 전교하기를, "복상(卜相)하라." 하여, 김우항(金宇杭)과 최규서(崔奎瑞)
를 써서 들였다. 또 전교하기를, "가복(加卜)하라." 하여 최석항을 써서
들이니, 영의정에 조태구, 좌의정에 최규서, 우의정에 최석항을 임명하였
다.

○ 전교하기를, "조중우의 일로 유배된 사람과 이몽인(李夢寅)215) 상소에
연명한 여러 사람들은 모두 방송하여 내가 지난 일을 뉘우친다는 뜻을
보여 주거라." 하였다.

○ 동궁을 보호하던 쪽의 사람들은 이미 모두 축출되었다. 아! 저
흉악한 무리들이 다시 무슨 일을 하려고 하는가? 동궁을 모해한 것은
즉 그 다음 순서의 일이었고, 그에 앞서 계획하여 시행하려 한 것은
지극히 비밀리에 진행되어서 외인(外人)은 비록 알 수 없었지만 간사한
여우를 막는다고 핑계대고 자궁과 대전으로 통하는 길을 가로막아서
세제가 문침(問寢)과 시선(視膳)216)을 할 수 없게 된 지가 여러 날이 되었
다.217)

죽는 것이다.
215) 이몽인(李夢寅) : 충청도 유생으로 다음의 상소를 올렸다. 경종의 어머니 장희빈을
죽인 것이 숙종의 큰 업적이라고 한 윤지술이야말로 인륜을 무너뜨린 자이며,
이이명이 6만 냥으로 청나라 사신을 매수하고 김창집이 청나라 사신에게 연잉군의
신상을 써준 것을 비난하였다.
216) 문침(問寢)과 시선(視膳) : 세자가 아침저녁으로 왕과 왕비에게 문안을 드리고, 임금
이 드실 수라상을 몸소 돌보시는 일이다. 주나라 문왕(文王)이 세자로 있을 적에
아침과 점심과 저녁 등 하루에 세 차례씩 아버지 왕계(王季)에게 문안을 올리고
수라를 살핀 데서 유래하였다.(《禮記·文王世子》 참조)
217) 세제가 …… 되었다 : 김일경과 박필몽 등이 연잉군의 세제 책봉을 저지하지 못하자
내시 박상검(朴尙儉) 등을 이용해 세제를 제거하려 하였다. 이에 박상검은 은화

○ 사대신을 법에 의거하여 처벌할 때 박필몽이 말하기를,

"조태채는 이미 오랫동안 국권(國權)을 잡은 일이 없는데도 화기(禍機)218)를 빚어낸 것이 삼흉(三凶)과 차이가 없지 않으니 특별히 죄를 감등하십시오."

하였다. 조태억이 박필몽에게 말하기를,

"이 자는 삼흉과 둘이면서 하나이니 등급을 다르게 할 수 없다."

하여, 이에 세 정승과 똑같이 법에 따라 처벌하였다.

박필몽이 이처럼 감등하자고 논한 일이 있으니, 조태채가 더욱 죄가 없다는 것을 여기서 알 수 있다. 조태억은 조태채의 종제(從弟)였으므로 비록 구하기 어려운 단서가 있더라도 오히려 구할 수도 있었는데, 도리어 다른 사람에게 똑같이 감률하라고 권하였으니, 이것이 이른바 "인정이 아니면 가까이할 수 없다."는 것이다.

○ 흉악한 무리들이 가장 중요하게 여긴 것은 오로지 세제를 제거하는 데 있었다. 세제를 돕던 사람들을 전부 귀양 보내 쫓아낸 뒤에 내시와 나인 가운데 주상의 총애를 받는 자를 사주하여 날마다 이간질하는 말을 올리고, 양궁(兩宮)을 문안하러 가는 길을 막기에 이르렀으니, 세제에게 위급한 상황이 아침저녁으로 다가오고 있었다. 자궁(慈宮)이 화기가 장차 임박한 것을 알아차리고, 세제에게 언문으로 하교하기를,

"근일 병이 심하여 대전을 뵙지 못하였는데, 너는 종사가 장차 망해가는 것을 보면서도 주상에게 고하여 알리지 않는가?"

수천 냥을 이용해 내시와 궁녀들을 매수하였다. 그리고 1722년 1월 궁궐 안에 돌아다니는 여우를 잡는다는 구실로 청휘문(淸暉門)에 덫을 놓고 함정을 파놓아 세제가 경종에게 문안을 드리거나 시선하러 가는 길을 가로막아 경종과 연잉군 사이에 불화를 조성하였다. 또한 대전의 궁녀들로 하여금 세제를 헐뜯어서 연잉군을 제거하려 하였다.(《承政院日記》景宗 2年 1月 6日·7日 참조)

218) 화기(禍機) : 재변(災變)이 아직 드러나지 아니하고 잠겨 있는 기틀을 가리킨다.

하였다. 세제가 마침내 대궐 문을 박차고 바로 들어가 울면서 전하에게 한두 명의 내시가 종사에 끼친 죄를 고하자, 쾌히 그 말에 따라서 잡아서 추국하라는 하교를 내렸었다. 그런데 바로 이전의 명령을 거두고 곧 감히 들을 수 없는 엄한 하교를 내리니 세제가 어쩔 수 없이 장차 합문(閤門)으로 나아가 거적을 깔고 엎드려 벌주기를 기다리려 하였다.

그날 밤 세제가 동궁 요속(僚屬)을 입시하라고 영을 내리니, 김동필·권익관(權益寬)[219]·홍우현(洪禹賢)·이세환(李世煥)[220], 네 명이 입대하였다. 하령(下令)[221]하기를, "앞으로 가까이 오라." 하고, 또 다음과 같이 하령하였다.

"내가 덕이 없는데도 무릅쓰고 세제로 책봉한다는 명을 받들었는데, 너무도 감당할 수 없다는 것을 알지 못하는 것은 아니었으나 위로 자성과 주상의 무거운 부탁을 받들고 감히 도망하여 숨을 계책을 마련할 수 없었다. 한 번 명을 받은 뒤로부터 밤낮으로 걱정하고 두려워하여 편안히 있을 겨를이 없었다. 그래서 문침과 시선을 하는 것 이외에는 궁중의 일에 대해 한 번도 간섭한 적이 없는데 하물며 외간의 정령에 대해서랴? 지금 한두 명의 내시가 중간에서 일을 꾸며 감히 나를 제거할 계략을 내었으므로 내가 자성의 하교로 인하여 눈물을 흘리면서 대조(大朝)에게 아뢰어 청하여, 죄인을 잡아다 국문하라는 명을 받았다. 그런데 문득 환수하고, 또 감히 들을 수 없는 엄한 하교를 받아서 이러한 지경에

219) 권익관(權益寬) : 1676~1730. 본관은 안동, 자 홍보(弘甫)이다. 경종대 충청감사를 역임하였고, 1724년(영조 즉위년) 노론에 의해 유배되었다가 복귀하여 공조참의 등을 역임하였다. 1728년 이인좌의 난에 연좌되어 다시 외딴 섬에 안치되었다가 이듬해 풀려났다.

220) 이세환(李世煥) : ?~?. 본관은 벽진(碧珍), 자 계장(季墇), 호 과재(果齋)이다. 박세채·윤증의 문인이다. 1721년(경종1) 학행(學行)으로 천거 받아 연잉군의 사부(師傅)가 되고, 지돈령 부사(知敦寧府事) 등을 지냈다.

221) 하령(下令) : 세자가 내리던 명령이다. 국왕이 신하에게 내리던 하교(下敎)와 구분하여 사용하였다.

이르렀으니 장차 합문 바깥에서 석고대죄(席藁待罪)²²²⁾할 계획이다. 강관
(講官)은 동궁전 소속 관료로서 위사(衛司)의 인원들과는 각각 문과 출신과
음서 출신으로 비록 서로 다르지만 똑같이 사대부이니,²²³⁾ 그대들에게
나의 거취를 알리려고 한다."

네 사람은 이 하령을 듣고 놀라고 두려워서 우러러 대답할 말을 모르다
가 모두 같이 아뢰기를,

"저하가 변고에 대처하는 도리로는 힘써 성의를 쌓아 성총(聖聰)을
열어서 해당 내시를 유사(有司)에게 출부(出付)하여 전형(典刑)을 밝게
바로잡아서 신인(神人)의 분함을 씻어야 할 것입니다. 저하께서는 또한
더욱 효제(孝悌)의 도리를 돈독히 하여 궁궐에서 화락(和樂)한 기운이
가득하게 만들어서 궁중 안에서 별 탈 없이 일을 순조롭게 수습하여
바깥사람들이 알지 못하게 하는 것이 실로 저하가 변고에 대처하는
첫 번째 의리입니다. 합문 밖으로 나가 석고대죄하고 저위를 사양한다고
하교하는 일은 신하로서 차마 들을 수 없는 것이니, 신 등은 비록 죽어도
하교를 받들 수 없습니다."

하였다. 네 사람이 한밤중까지 힘껏 저지하여 말하기를,

"신 등이 이러한 사정을 분명하게 깨우쳐서 대신과 사부(師傅)²²⁴⁾·빈객
(賓客)²²⁵⁾에게 알리고, 그들로 하여금 입대하게 하면 내시 무리들을 죽이거

---

222) 석고대죄(席藁待罪) : 거적을 깔고 엎드려 벌 주기를 기다린다는 뜻으로, 죄과(罪過)
에 대한 처분을 기다리다.
223) 강관은 …… 사대부이니 : 동궁전에는 강학을 맡는 세자시강원(世子侍講院)과 시위
를 맡는 세자익위사(世子翊衛司)가 있다. 세자시강원에 있는 관료를 강관(講官)이라
고 하고, 세자익위사에 있는 관료를 위사(衛司)라고 하였다. 강관은 문과 출신으로
엄선하여 임명하지만 위사는 주로 공신이나 재상 등 권세가의 자제들이 음서로
진출하였다. 위사들은 늘 세제와 가까이 있었기 때문에 세제의 사정을 잘 알고
있었을 것이므로, 당시 세제가 특별히 강관을 불러서 자신의 결심을 피력한 것으로
보인다.
224) 사부(師傅) : 세자를 교육하던 시강원(侍講院)의 정1품 벼슬, 혹은 강서원(講書院)의
종1품 관직이다.

나 없애는 것이 무슨 어려움이 있겠습니까?"

하니, 하령하기를,

"너희들의 지극한 정성을 한결같이 따르지 않겠다고 할 수 없으니, 내일 아침에 사부와 빈객에게 말하겠다."

하였다.

23일 대신·승정원·삼사의 2품 이상이 청대하고, 그들이 품은 생각을 써서 들이자, 이에 주상이 적발하여 정법(正法)하라고 하교하였다. 그러나 내시 무리는 조금도 두려워하며 꺼리는 마음이 없이 의기양양하게 자득하면서, 곧장 감히 말할 수 없고 감히 들을 수 없는 말로써 자궁과 대전 앞에서 세제를 침해하고 배척하였다. 만약 매우 긴밀하게 의지할 곳이 없었다면 더욱 방자하게 흉악하고 간교한 것이 어찌 이와 같을 수 있단 말인가?

이미 의지할 곳이 있었다면 지휘하는 사람은 당연히 존재한다. 예로부터 내시 무리들이 변란을 일으켰을 때 지휘하는 사람이 없을 수 없었으니, 지금 내시 무리들이 동궁을 제거하려고 모의하였는데, 이것이 어찌 저 무리들이 독자적으로 주관할 수 있는 일이겠는가? 만약 애초부터 기괄(機括)을 품고 있던 곳을 깊이 파고들어 사적(事跡)을 드러내면 내시를 지휘한 사람은 말하지 않아도 알 수 있을 것이다.

대비 전하226)가 대신들에게 언문 하교를 내리기를,

"효종의 혈통을 잇는 자손이자 선대왕의 골육은 단지 대전과 연잉군이 있을 뿐이다. 선왕의 유교(遺敎)로써 연잉군을 책립(冊立)하는데 양궁이 서로 마음을 터놓고 협의하였다. 그러나 불행하게도 중관(中官)227)과

---

225) 빈객(賓客) : 세자의 교육을 담당하던 세자시강원 소속의 정2품 관직이다.

226) 대비전하 : 숙종의 계비이자 영조의 계모 인원왕후 김씨이다.

227) 중관(中官) : 환시(宦侍)의 별칭이다. 또는 내관(內官)·내시(內侍)·내당(內璫)이라고

나인이 거짓을 꾸며서 둘 사이를 이간질하여 세제가 장차 불측한 죄목에 빠져들게 되었다. 차라리 선왕께서 주신 작호에 따라서 그가 원하는 대로 바깥의 사제(私第)로 나가서 거처하게 하는 것보다 나은 방법이 없는 것 같으니, 이것을 바라고 또 바란다."

하였다. 이에 대신이 즉시 봉환(封還)[228]하는 계사(啓辭)에서 아뢰기를,

"대전께서 이미 처분을 내리셨는데, 신 등이 감히 양궁이 서로 사랑하는 도리로써 군상에게 아뢰어 인도하지 않겠습니까? 내전께서도 '화평', 두 글자로써 매번 자상하게 타이르며 '바라고 또 바란다.' 하교하셨습니다. 내관(內官)은 이미 정형하라는 하교를 받았고, 나인은 궁 밖의 신하가 알 수 없으니 궁 안에서 바로 유사에게 출부하여 마땅히 법에 따라 정형하게 할 계획입니다."

하였다. 대비전에서 다시 언문 하교를 내려 말하기를,

"저사(儲嗣)를 정한 것은 곧 선왕의 유교를 받든 것으로서 대전이 직접 작호를 썼고, 내가 또 언문 교서를 대신에게 내려서 정하였다. 불행히도 궁인과 내시가 거짓을 꾸며서 양궁을 이간질하고 성총을 속이고 가려서 내가 마음속으로 항상 분하고 원통하게 여겼다.

일찍이 궁인을 불러서 갖가지 방식으로 개유(開諭)하여 화동(和同)[229]의 방도로 삼으려 한 적이 있는데, 감히 흉패한 말 -흉패한 말이란 즉 궁궐 안에서 흘러나온 말을 들은 것인데, 대간을 지휘해서 주상을 협박하여 임금 자리에서 물러나게 할 자는 누구인가? 알 수 없지만, 세제의 이와 같은 죄안(罪案)을 도리어 하교하여 화동의 방도로 삼으려 한 것인가?- 을 멋대로 대전과 내가 앉은 앞에서 하였으니, 그 죄상에 대해서는 반드시 합당한 형률이 있을 것이다.

도 하였다.

228) 봉환(封還) : 교지(敎旨)나 상소문을 접수하지 않고 봉한 채 돌려보내는 것이다.
229) 화동(和同) : 두 사람 사이가 벌어졌다가 다시 뜻이 서로 맞게 된다. 여기서는 내시의 농간으로 소원(疏遠)해진 경종과 연잉군의 사이를 좋아지게 만든다는 뜻이다.

그 한 궁인은 바로 내시와 체결한 사람이니 마땅히 형률에 근거하여
처치해야 할 것이다. 경 등은 또한 마땅히 우리 주상과 동궁을 잘 보호하여
우리의 삼백년 된 종사를 보존함으로써 선왕의 유교를 저버리지 않는
것이 바로 내가 바라는 것이다."

하였으니, 궁인은 바로 석렬(石烈)과 필정(弼貞)230)이었다. 또 대비전에
서 세 번째 언문 하교를 내리기를,

"영의정 조태구가 소매 속에 넣어서 가지고 가서 혼자 보고 즉시
작환(繳還)231)한 것은 궁궐 내에서 유출된 말을 뒤미처 들은 것인데,
동궁이 '저사'라고 선왕이 손으로 쓴 글이 있었기 때문에 내가 언문으로
써서 아래로 배포한 것이다. 지금 조정 신료들을 유배 보내고 국문한
일은 모두 세제를 돕는 세력을 제거할 계략으로서, 오로지 대전의 장번
내관(長番內官)232)과 승전색(承傳色)233)이 한 짓이라는 것을 경 등이 어찌
알지 못할 리가 있겠는가? 만약 세제를 제거한다면 그것은 바로 선왕의
유교를 없었던 일로 간주하는 것이니, 과인은 단연코 마땅히 사제로
나가서 거처하겠다."

하였다. 기타 매우 엄한 하교와 애통해하는 교지(教旨)는 보는 사람을
지극히 두렵게 만들었다고 한다.

---

230) 석렬(石烈)과 필정(弼貞) : 연잉군이 세제 자리에 오르자 김일경이 내시 박상검(朴尙
儉)과 결탁하여 연잉군을 해치려고 하였다. 박상검은 궁인 석렬과 필정 등을 시켜
밤마다 청휘문을 닫게 하여 연잉군이 왕에게 문침(問寢)하러 가는 길을 봉쇄하였다.

231) 작환(繳還) : 조서(詔書)에 잘못이 있을 때 이를 바로잡아 장주(章奏)와 함께 봉하여
반납하던 일을 말한다.

232) 장번 내관(長番內官) : 장기간 궁중에서 유숙하며 교대하지 아니하고 근무하는
내시이다.

233) 승전색(承傳色) : 내시부(內侍府)에 소속된 관직이다. 국왕의 전교(傳敎) 가운데에서
정사(政事)와 관련된 중요한 일들은 승정원에서 담당하고, 사사로운 일들은 이들
승전색이 맡았는데, 왕비의 전교는 전적으로 승전색이 수행하였다. 또한 왕의
전명(傳命)은 액정서(掖庭署)의 사알(司謁) 등이 맡기도 하였으나 왕비의 경우에는
금지하였다.

영의정 조태구를 필두로 최석항·이광좌·조태억·유봉휘·김일경 등이
동궁을 위안하겠다며 차례로 입시하였는데, 세제가 하령하기를,

"사대신은 오래지 않아 주륙(誅戮)될 것이고, 그렇게 되면 나를 보호해줄
사람이 한 사람도 남아 있지 않을 것이니, 내시가 중간에서 일을 꾸며
반드시 나를 제거하려 할 것이다. 또 차마 들을 수 없는 엄한 하교를
받았으니, 감히 그것을 무릅쓰고 이 자리에 있으면서 반드시 이 무리들의
독수(毒手)에 침범을 받는 것보다는 차라리 사적인 거처로 나가 머물면서
선왕께서 주신 작호나마 보존하는 것이 낫지 않겠는가?"

하였다. 입대한 여러 신하들이 비록 이것을 저지하는 말을 하였지만
모두 겉으로만 그러는 척할 뿐, 그 말의 진실된 취지는 세제가 하령한
것을 막지 않겠다는 뜻이 많았다. 그런데 그 반열의 끝에 참여한 한
사람이 낸 기침 소리가 지극히 해괴해서, 세제가 괴이하게 여기고 바라보
니, 설서(說書) 송인명(宋寅明)234)이었다.

그는 세제가 돌아보는 것을 보고 혹은 눈짓으로 혹은 입으로 지적하는
것이 매우 수상하였다. 여러 신하들이 모임을 끝내고 나갈 때가 되자
세제가 송인명을 남겨서 기다리게 하고, 조용히 하문하기를,

"여러 신하들이 수작(酬酢)할 때 네가 나에게 눈으로 입으로 한 짓은
무엇 때문인가?"

하니, 대답하기를,

"저하가 만약 한 발짝이라도 춘궁(春宮)을 떠난다면 종사는 끝장입니다.
어찌 들어가 자궁을 알현하여 이 위급한 형세를 고하지 않습니까?"

하였다. 세제가 말하기를,

---

234) 송인명(宋寅明) : 1689~1746. 본관은 여산(礪山), 자 성빈(聖賓), 호 장밀헌(藏密軒)이
다. 아버지는 송징오(宋徵五)이며, 어머니는 이단상(李端相)의 딸이다. 경종대 세자
시강원 설서(說書)로 있으면서 연잉군의 총애를 받았다. 영조가 즉위하자 탕평정치
에 적극 협조하였다. 노·소론을 막론하고 온건한 인물들을 두루 등용하여 당론을
조정, 완화함으로써 영조의 신임을 두터이 받았다. 우의정 등을 역임하였다.

"자전에게 가는 길을 가로막고 있으니 어느 곳으로 들어가 알현하겠는
가?"

하자, 송인명이 대답하기를,

"지름길이 한 곳이 있는데, 신이 잘 알고 있습니다. 저하가 만약 신이
가는 데로 따라오시면 당장 들어가 알현할 수 있습니다."

하였다. 이에 세제가 송인명을 따라서 들어가 한 누각 앞에 도착하였다.
송인명이 말하기를,

"이 누각 아래가 바로 자궁입니다."

하니, 세제가 말하기를,

"이 누각은 저와 같이 높고 험준한데 어떻게 올라갈 수 있겠는가?"

하였다. 송인명이 말하기를,

"저하께서 신의 두 어깨를 밟고 서면 신이 마땅히 차츰차츰 몸을
펼칠 것이니, 그러면 오르실 수 있습니다."

하자, 세제가 그 말대로 해서 마침내 누각 위에 오를 수 있었다. 세제가
묻기를,

"네가 어떻게 궁궐 안의 지름길을 아는가?"

하니, 대답하기를,

"신의 아비가 일찍이 판윤(判尹)으로 있을 때 자궁을 수리하는 공사를
감독하였는데, 신이 어린아이였기 때문에 신의 아비를 따라 입궐해서
그 당시 상세히 보았기 때문입니다."

하였다. 세제가 "그렇구나." 하고는 춘방(春坊)235)에 머무르며 기다리라
고 하였다.

이를 통해서 자궁에 들어가 알현하고 위급한 기미를 상세히 알렸고,
이에 자전이 한밤중에 합문을 두드리고 들어가서 전하를 보고 눈물을

---

235) 춘방(春坊): 세자시강원(世子侍講院)을 가리킨다. 세자를 모시고 경사(經史)를 강독
하며 도의(道義)를 바르게 계도(啓導)하는 일을 관장하였다.

흘리며 말하기를,

"전하께서 어찌하여 이간질하는 말을 듣고 믿어서 세제로 하여금 시시
각각 위험에 처하게 하십니까? 선왕께서 전하가 대를 이을 후사가 없는
것을 깊이 우려하여 연잉군을 저에게 부탁하였는데, 전하께서는 진실로
한번 생각해 보십시오. 저사를 이을 사람이 연잉군이 아니면 다시 누가
있겠습니까? 그래서 전하가 직접 작호를 쓰고, 또 내가 언문 교서를
대신들에게 내려서 정하였습니다. 그 실상은 모두 선왕의 유교를 따르는
데에서 나왔으며, 이를 통해서 국본이 길이 견고해져서 신인(神人)이
의탁할 곳이 있게 되었고, 또한 양궁도 기뻐하였습니다. 그러나 불행하게
도 궁인과 내관 등이 중간에서 거짓을 꾸며서 둘 사이를 이간질하여
세제에 대해 차마 들을 수 없는 엄한 하교까지 내려 장차 불측한 죄목에
빠지게 되었습니다. 그래서 차라리 그가 원하는 대로 사제로 나가라고
명하여 선왕께서 주신 작호를 보존하는 것이 나을 것 같은데, 그러면
종사는 끝장입니다. 내가 어찌 차마 앉아서 종사가 망하는 것을 보고
있겠습니까? 나 또한 사제로 나가 거처하여 남은 생애를 마칠 계책입니
다."

하였다. 대전이 말없이 눈물을 흘리다가 벌떡 일어나서 고하기를,

"이것은 오로지 소자의 병증 때문인데 근래 들어 더욱 어지러워진
결과입니다. 동궁이 이와 같이 외롭고 위태로운 것을 전혀 알지 못하다가,
지금 자전의 하교를 듣고 저도 모르게 경악하였습니다. 동궁에 대해서는
각별히 위로하여 편안하게 하고, 내시에 대해서는 마땅히 서둘러 국법을
바르게 적용할 것이니, 삼가 바라건대 자성께서 지금부터 근심을 풀고
번뇌하지 마십시오."

하였다. 이어서 탄식하며 말하기를,

"우리 자성의 하교가 아니었다면 자칫 나와 동궁이 지극히 외롭고
위태로워지고, 또 우리 형제가 화락하는 마음을 잃을 뻔 했다. 가로막힌

길을 즉시 철거하게 하라."

하고는, 이어서 전교하기를,

"동궁의 문침과 시선 등의 절차는 혹여 잠시라도 빠뜨릴 수 없다."

하였다.

○ 우리 주상의 인효(仁孝)의 덕과 우애하는 마음은 백왕(百王)을 뛰어넘어서 여대(輿儓)236)에 이르기까지 모두 칭송하였다. 아! 저 도깨비 같은 무리들237)이 주상의 정신이 혼미한 때를 틈타서 환첩(宦妾)·근시(近侍) 같은 사람들을 사주하여 두렵게 동요시키는 말로 참소하고 이해(利害)로 유혹해서 주상으로 하여금 마음에 사무치고 귀에 익숙하게 하였으니, 비록 왕계(王季)처럼 돈독히 우애하는 마음이 있다 하더라도 어찌 증자의 어머니가 베 짜던 북을 내던지고 도망치게 한 것과 같은 의심이 없겠는가?

그리하여 주상이 바야흐로 의심할 무렵에 흉악한 무리들이 그 기미를 알아차리고, 그에 맞추어 거행한 것은 왕명을 사칭하여 조처하는 것과 다름없었으니, 정류(正類)를 소탕한 것이 어찌 진정 주상이 한 일이었겠는가? 문안하는 길을 막은 것 또한 진정 주상의 명이겠는가? 이에 세제가 위험하고 급박한 것이 시각에 달려 있었다.

그렇지만 천명은 빼앗을 수 없어서, 장안(長安)의 옥사에서도 황손(皇孫)을 보호할 수 있었고,238) 대역(大逆)은 피하기 어려워도 왕돈(王敦)239)이

---

236) 여대(輿儓) : 고대 중국에서 백성을 10등급으로 나누었는데, 이 가운데 가장 아래의 2개 등급에 속하는 천민 계급을 말한다.

237) 도깨비 같은 무리들 : 김일경 등 육적(六賊)을 가리킨다. 이문정은 조대(朝代)별로 세제를 위협하는 세력을 명확히 규정하였다. 숙종대에는 장희빈을, 경종대에는 소론 내 준론 세력으로 한정하였다. 이렇게 함으로써 불필요한 정쟁에서 벗어나 상호 타협을 모색하여 공존할 수 있는 여지를 마련할 수 있었다. 즉 준론을 제외한 완론(緩論) 세력 중심으로 일치된 이해관계 위에서 세제의 지위를 굳건히 하고, 경종 사후 원만하게 왕위에 오른다면 정국이 안정될 것으로 기대하였던 것이다.

238) 천명은 …… 없었고 : 갓 태어난 한나라 선제(宣帝)가 무고 옥사(巫蠱獄事)에 연루되어 군저옥(郡邸獄)에 수감되었다. 이때 천기(天氣)를 관측하는 사람이 장안(長安)의

황제를 폐위시키려는 음모가 결국 드러났으니, 이것은 진실로 천리가
밝힌 것이었다. 다행히 성모(聖母)가 한밤중에 합문을 열고 들어와 성심(聖
心)을 널리 깨우친 것에 힘입어, 세제에게 닥친 위기가 안정되고, 지휘한
내시를 먼저 국법에 따라 복주하였으니, 송인명이 지도한 공이 또한
크지 않은가?

어떤 사람이 말하기를, "소론은 모두 세제를 좋아하지 않았는데, 송인명
은 바로 소론 가운데 한 사람이면서 어찌 홀로 세제를 구원하였는가?"
하자, 곁에 있던 한 사람이 발끈하여 안색을 바꾸고 말하였다. "그대는
소론의 소론다움이 무엇인지 아는가? 청론(淸論)을 주장한 것이 바로
소론이다. 소론의 규범은 입조하여 임금을 섬길 때는 그 직분을 다할
것을 생각하여 협잡(挾雜)하려는 마음이 없고, 물러나 산반(散班)²⁴⁰)에
있을 때는 본분을 굳게 지켜서 다투어 벼슬에 나아가려는 마음이 없다.
간직한 뜻은 단순하면서도 정밀하고 몸가짐은 힘써 삼가하여 세상이
다스려지면 조정에 나아가 벼슬살이하며 잘못을 바로잡고 도움을 주는
정책을 다할 것을 생각하고, 세상이 혼란해지면 물러나서 자취를 감추고
현명하게 처신하려고 도모하여, 비록 가까운 이웃에서 시비가 일어나도
오히려 문을 걸어 잠그는 것이 혹 늦어질까 두려워 하였는데, 하물며

옥중(獄中)에 천자의 기운이 있다고 했다. 이 말로 인해 감옥에 갇힌 죄수들이
모두 죽임을 당했는데, 어린 선제만은 정위감(廷尉監) 병길(邴吉, ?~B.C.55)의 극진
한 보호에 힘입어 죽지 않았다. 그리고 마침내 천자의 자리에 오르게 되었다.(《漢書·
宣帝紀》 참조)
239) 왕돈(王敦) : 266~324. 진(晉)나라 원제(元帝) 때 공신(功臣)이다. 두도(杜弢)의 반란
    을 진압하고 진동대장군(鎭東大將軍)에 올랐다. 서진(西晉)이 망하고 동진이 들어설
    무렵 병권을 장악했다. 원제가 왕씨 세력을 제거하려 하자 322년 무창(武昌)의
    난을 일으켰다. 스스로 승상(丞相)이 되어 무창으로 돌아와 조정을 장악하였다.
    324년 왕도(王導) 등이 그가 병에 걸린 것을 이용해 토벌하였고, 본인도 얼마 뒤
    죽었다.
240) 산반(散班) : 품계만 있고, 실직(實職)이 없는 벼슬아치를 말한다.

국가를 위기에 빠트리고 나라를 망하게 하는 모의에 참여하겠는가?[241]

소론의 규범이 본래 이러하였으므로 위세와 무력으로 굴복시킬 수 없고 이해관계로 동요시킬 수 없었으니, 이들은 진실로 정류(正類)이다. 이와 같은 정류는 오늘날 세상에서 말하더라도 이루다 셀 수 없는데, 비록 한 사람이라도 혹 미친 듯이 부르짖으며 혼란스럽게 무너뜨리는 무리에 참여한 자가 있겠는가?

송인명은 바로 소론 가운데 정류에 속하는 사람이다.[242] 때마침 춘방의 말단 관료로서 여러 신하들의 의도가 허위라는 것을 개탄하고, 세제의 위급한 기미를 근심하여 생각을 다하고 정성을 다하여 몸으로 사다리를 만들어 부자(夫子)를 칼끝에서 벗어나게[243] 하였다. 만약 다른 소론 가운데 정류가 송인명과 같은 처지를 당했다면 또한 당연히 송인명의 충성을 본받았을 것이다. 그대는 소론이 모두 흉도라고 생각하는가?

별도로 한 무리의 흉악한 몇 사람이 있어서 국권을 빼앗으려고 국가를 원망하는 무리들과 뜻을 잃은 무리들을 모았다. 또한 고귀한 척리와

241) 소론의 …… 참여하였겠는가 : 이것이 바로 청론을 표방하는 정류의 면모였다. 이문정은 이와 같은 무리들을 협치의 대상으로 상정하고 함께 세제를 옹호하여 화해와 통합을 이룰 수 있을 것으로 기대하였다.
242) 송인명은 …… 사람이다 : 《동소만록》에서는 송인명을 부정적으로 평가하였다. 영조대 조현명과 송인명 등이 탕평론을 주도하면서 소·노론의 보합(保合)을 이루었지만 그것은 '조·송의 천하'라고 폄하하였다. 남하정은 소위 탕평론자들이 자신의 이익을 관철시키기 위해 가부를 모호하게 하고, 시비를 어물쩍 넘기면서 자리를 지키고 봉록을 유지하려 했다고 비판하였다. 남인의 입장에서 볼 때 소·노론만을 대상으로 하는 탕평은 당쟁을 해소하기보다는 두 정파의 현실적 이해관계를 관철하기 위해 이루어졌다고 보았던 것이다.
243) 부자를 …… 벗어나게 : 여기서 부자는 세제 연잉군을 가리킨다. 본래는 제나라 종실 전횡(田橫)이었다. 한나라 유방(劉邦)이 천하를 통일하고 무력으로 항복을 강요하자 스스로 목숨을 끊었다. 그의 죽음에 대해 당나라 한유(韓愈)가 '제전횡묘문(祭田橫墓文)'을 지었다. "진나라가 망할 때를 당하여 한 명의 선비만 있어도 천하에 왕 노릇 할 수 있었는데, 어찌 5백 명이나 되는 많은 사람으로서 부자(夫子, 전횡)를 칼끝에서 벗어나게 하지 못하였나.[當秦氏之敗亂, 得一士而可王, 何五百人之擾擾, 而不能脫夫子於劍鋩.]"《韓昌黎集》 참조)

내시·나인 무리들과 결탁하여 무한한 화란을 일으켜서 종사를 전복한
뒤에야 그만두려 했으니, 그 마음과 의도를 따져보면 지극히 비루한
것이었다. 이와 같이 큰 반역을 저지른 무리를 어찌 소론이라고 부를
수 있겠는가? 이 같은 무리들을 어떤 사람은 탁소(濁少)라고 하는데,
이 또한 소론의 수치이다."

세제를 제거하려는 계략은 위에서 자궁이 밝게 살피고, 또한 주상의
깨달음이 있어서 감히 다시 도모하지 못하였다. 두 명의 궁인과 두 명의
내시를 만약 사로잡아서 국문하기에 이르렀다면 반드시 지휘한 사람을
말하는 자가 있었을 것이니, 저 흉악한 무리들의 계략이 장차 어디에서
나왔겠는가?
대신 이하 삼사가 품은 생각을 아뢰기를,
"승전색 문유도(文有道)와 장번 내관 박상검(朴尙儉)[244] 등은 중간에서

244) 박상검(朴尙儉) : 1702~1722. 평안도 영변 출신 내시이다. 경종대 김일경과 박필몽
을 필두로 한 소론 측은 연잉군이 세제로 책봉되는 것을 저지하려다 실패하자,
그를 이용해 세제를 제거하려 하였다. 먼저 그는 은화 수천 냥을 이용해 내시와
궁녀들을 매수하였다. 그리고 1722년 1월 궁궐 안에 돌아다니는 여우를 잡는다는
구실로 청휘문(淸暉門)에 덫을 놓고 함정을 파놓아 세제가 경종에게 문안드리거나
시선(視膳)하러 가는 길을 가로막아 경종과 연잉군 사이에 불화를 조성하였다.
또한 대전의 궁녀들로 하여금 세제를 헐뜯어 연잉군을 제거하려 하였다. 이에
세제가 그날 밤 입직 궁관과 익위사관(翊衛司官)을 불러 모아 놓고 "내시 한두
명이 나를 제거하려 하니 그들의 독수(毒手)를 피하기 위해 사위(辭位)하겠다."는
뜻을 밝혔다. 이튿날 아침 대신들의 주청으로 주모자를 국문하라는 경종의 명이
내려져 국문이 시작되었다. 이때 세제로부터 지목받은 그와 내시 문유도(文有道)는
곧 주륙되었고, 나인 석렬과 필정은 자살해 전모가 채 밝혀지기도 전에 사건이
마무리되었다. 이후 1725년(영조1) 김일경 등이 박상검의 배후로 지목되어 탄핵되었
고, 내시 손형좌(孫荊佐) 등에 대한 국문이 이루어지면서 이 사건은 다시 재소환되어
노·소론 간 갈등을 격화시켰다. 노론은 신임옥사를 주도한 조태구·김일경·목호룡
등을 공격하기 위해 이 사건에 대한 재조사와 관련자의 처벌을 주장하였다. 결국
정조 때에 다시 만든 《경종수정실록(景宗修正實錄)》에는 "박상검이 김일경의 손발이
되어 은밀한 기회를 몰래 주선하여 안팎에서 선동하였다." 기록되었다.(《景宗實錄》
1年 12月 22日·23日·24日·25日, 2年 1月 4일·6日 ;《景宗修正實錄》1年 12月 22日 ;

작용하여 춘궁을 제거하려는 계략을 세우고, 문침과 시선하는 길을 또한 가로막았습니다. 그 국본을 동요시킨 대역부도한 죄에 합치되는 나라의 형률은 부대시 처참(不待時處斬)[245]하는 것입니다."

하였다. 삼사가 합계하기를,

"석렬과 필정, 두 궁인이 거짓을 꾸며서 양궁을 무고하면서 저지른 지극히 흉악한 정상이 남김없이 드러났습니다. 하루라도 천지 사이에 그대로 살아 있게 해서는 안 되니, 청컨대 두 궁인에게 빨리 나라의 형률을 시행하십시오."

하니, 전교하기를, "아뢴 대로 하라." 하였다.

국가에 대역(大逆)이 있으면 국청을 설치하고 형신(刑訊)하여 그 실정을 파악하는 것이 나라에서 옥사를 다스리는 상법(常法)이라는 것을 대신과 여러 신하들이 알지 못한 것이 아니었다. 또한 내시 두 명과 궁인 두 명의 죄악은 반드시 저 무리가 독자적으로 저지를 수 없는 일이었으므로 사주한 자가 있는 것이 분명하였으니, 사로잡아 엄히 국문하여 그 뿌리를 캐내는 일을 단연코 그만두어서는 안 된다. 그런데 바로 부대시 처참으로써 나라의 형률을 빨리 시행하라고 아뢰어 청한 것은 아마도 그 뿌리가 탄로 날 것을 두려워한 것이다. 비록 국청을 설치하여 엄히 국문하더라도 스님으로 스님을 벌하는 것과 다름이 없었을 것이니 어찌 뿌리가 탄로 날 것을 우려하겠는가? 반드시 바로 나라의 형률을 시행하려 한 것은 입을 틀어막으려는 계략이라는 것이 밝게 드러나서 가릴 수 없었다.

○ 두 궁인과 두 내시를 이미 유사에게 맡겼다면 즉시 의금부에 가수(枷

《承政院日記》景宗 2年 1月 6日·7日 참조)

245) 부대시 처참(不待時處斬) : 시기를 기다리지 않고 참형(斬刑)에 처하다. 사형을 집행할 때 가을철 추분(秋分)까지 기다리는 것이 상례이나, 십악 대죄(十惡大罪) 등 중죄(重罪)를 범한 죄인은 이에 구애받지 않고 사형을 집행하였다.

囚)246)하여 각별히 검찰하고, 국청을 설치하라고 힘껏 청하여 시급하게 거행하는 것이 법례(法例)에 당연한 일이었다. 그러나 홍문관과 양사의 여러 신하들은 그렇게 하지 않고 다시 국문할 수 없다고 하면서 연이어 형벌을 거행할 것을 청해서 고의로 느슨하고 헐하게 만들었다.

한 궁인은 그의 집에서 자결하게 하였고, 다른 궁인은 옥중에서 자결하였다. 이미 사로잡으라는 명이 있었는데 어찌 한꺼번에 잡아 가두지 않고 한 궁인은 뒤처지도록 내버려 두었는가? 이미 사로잡힌 궁인은 또 무슨 이유로 자결하게 두었는가? 그가 자결했다는 것이 과연 스스로 자결한 것인가? 유사(有司)의 신하가 비록 주둥이 길이가 삼척이라도 발명할 수 없을 것이다. 의정부의 죄수는 경중을 막론하고 혹 진실로 자결했다면 감옥의 사졸과 해당 담당 관리는 결단코 죄를 논해야 하는데도, 예사롭게 보고, 그대로 두고 묻지 않았다는 것을 여기서 알 수 있다.

25일, 병조판서 송상기가 상소하여, 대신과 여러 신하들이 나라의 형률을 바로 시행하라고 청한 것을 비난하니, 영의정 조태구가 이에 대응하여 변명하는 차자 가운데에서 이르기를,

"오직 죄인을 신속하게 참수하는 것을 통쾌하게 여기다 보니 국문하는 것과 주살하는 것의 득실은 미처 생각할 겨를이 없었습니다. ……"

하였으니, 이것이 어찌 말이 되는가? 주상을 범한 죄를 바로 참형에 처하는 것은 왕법(王法)에 없는 일인데, 대신이라는 사람이 이러한 법을 알지 못하였으니 저런 대신을 장차 어디에 쓰겠는가? 알면서도 바로 정형(正刑)을 청하였다면 입을 틀어막는 것에 급급하여 법의(法義)를 저버렸기 때문이었다. "신속히 참수하는 것을 통쾌하게 여기다 보니 참형에 처하는 것과 국문하는 것의 득실은 미처 생각할 겨를이 없었다."는 말은 실로 자신의 진정을 드러낸 것이었다.

246) 가수(枷囚) : 죄인을 목에 칼을 씌워 옥에 가두었다.

바야흐로 국청을 설치하는 일을 고민할 즈음에 갑자기 바로 참수하라는
윤허를 받들었으니 어찌 신속하게 참수하는 것을 마음속으로 통쾌하게
여긴 것이 아니겠는가? 바야흐로 바로 참수하는 것을 마음속으로 통쾌하
고 다행스럽게 여겼으니, 어느 겨를에 국문하는 것과 참수하는 것의
득실에 생각이 미칠 수 있었겠는가?

정직한 마음으로 실행해 나간다면 일마다 정직하여 비록 일시적으로
굽히더라도 오래도록 펴질 것이고, 협잡하는 마음으로 실행해 나간다면
일마다 협잡하여 잠시 펴지다가도 끝내 굽혀질 것이다. 영의정이 평일에
행하는 일이 협잡하는 마음에서 나오지 않은 것이 없었으므로, 이에
이날 대응하는 차자에서 자기도 모르게 협잡하는 마음이 진정이라는
것을 드러낸 것이었다.

이미 두 궁인을 자살하게 만들었지만 아직 두 내시는 살아서 갇혀
있었는데, 바로 참형에 처하는 일에 대해 먼저 김우항·송상기·황일하(黃一
夏)247) 등이 상소하여 국청을 설치하라고 청하였다. 이것이 입으로 퍼져서
온 나라 사람들이 시끄럽게 떠든 뒤에야 대신과 여러 신하들이 부득이해
서 억지로 국청을 설치하라고 청하였으니 이는 진실로 웃기는 일이었다.
비록 혹 국청을 설치하더라도 단서를 캐내는 일은 전혀 기대할 수 없었다.
김우항·송상기·황일하 등 여러 신하들은 이러한 무익한 말로 귀양가서
내쫓기는 화를 각오했지만 이는 매우 시세를 살피지 못한 것이었다.
그러나 그 나라를 향한 마음은 충분히 다른 사람을 감복시킬 수 있었다.

○ 저 무리들이 아뢴 내용 가운데에서 낱낱이 칭하며 말하기를,
"신속하게 나라의 형률을 바로잡는 것과 국청을 설치하여 엄하게 형문
하는 것, 모두 결국 죽이는 것은 한 가지다."

247) 황일하(黃一夏) : 1644~1726. 본관은 창원, 자 자우(子羽)이다. 좌참찬 등을 역임하였
다.

하였는데, 국문은 그 자체가 나라의 법이고 당여를 적발하는 방도인데, 바로 참수하는 것은 나라의 법을 무너뜨리는 것이고 당여를 적발하는 방도를 없애는 것이다. 국문하는 것과 바로 참수하는 것은 실로 하늘과 땅 만큼이나 현저하게 다른 것인데도 감히 죽이는 것은 한 가지라고 말하여, 멋대로 속여서 지엄한 임금에게 아뢰었다. 비록 입을 틀어막는 계책에 급했다 하더라도 성총(聖聰)을 속이고 가린 것이 다시 이보다 더 큰 것이 있겠는가?

백옥같이 흠이 없어서 범행과 관련이 있는 사람이 없다면 법에 따라 국청을 설치하는 것을 어찌 이와 같이 반드시 하지 않으려 했는가? 흉악한 역도를 국문하는 것은 법에 당연한 일인데 지금 법을 굽혀서 두 내시처럼 흉악한 역적을 바로 참수하라고 청하였으니, 국법으로써 말한다면 그것을 지극하게 무너뜨린 것이고, 체면으로써 말한다면 지극히 괴이하고 의심스러운 것이다.

조정의 여러 신하들이 모두 한쪽 편 사람이라면 진실로 그만이지만 혹 쫓겨나 귀양 가는 데서 우연히 빠진 사람이 있었다면 단서가 드러나는 것을 두려워하여 죽여서 입을 틀어막으려 했다는 등의 말로 배척하는 것이 사리에 당연한 일이었다. 이처럼 배척하는 말을 만나는 것은 당연히 곧 닥칠 일인데, 또한 역시 살피지 못하였다면 그 살피지 못한 죄를 끌어다가 허물 삼아서 상소하여 아뢰는 것도 가능하며, 빨리 국청을 설치할 것을 청하는 것도 가능하였다.

그런데 사간 이진유, 지평 박필몽·김일경·윤성시·이명의·서종하·유중무(柳重茂) 등이 입시하여 논계할 때, 국청을 설치하여 실정을 알아내는 것이나 바로 참수하는 것, 모두 죽이는 것은 똑같다는 말을 여러 사람들이 다 함께 말하였으므로, 이 두 가지를 다 말한 사람들은 그 뜻이 바로 참수하려는 데 있었다.

그리하여 몇 명의 신하들이 바로 참수할 것을 청한 일을 배척하니,

어떤 사람이 말하기를,

"감히 흉악하고 패악한 말을 상소로 아뢰기까지 하여 상하가 모두 망극한 무함을 당했다."

하고, 어떤 사람은 말하기를,

"국청을 설치하라는 청을 허락하지 않으면 저들은 반드시 핑계거리로 삼아서 마치 기이한 재물을 얻은 것처럼 할 것이다."

하고, 어떤 사람은 말하기를,

"지금 곧 상하가 모두 거짓으로 꾸며 모욕을 당했으니 속히 국문을 명하여 한 점의 의혹도 없게 한 다음에 이중협 등도 국문해야 한다."

하였다. 일에 따라서 일을 논하고, 법에 근거하여 법대로 시행할 것을 청한 것에 불과할 뿐이지 어찌 조금이라도 무함하여 얽어 넣으려는 말이 있었는가? 기타 무함하여 속이고 종용하는 말을 이루다 기록할 수 없다. 그날 입대한 여러 신하들이 국문하는 것과 참수하는 것이 죽이는 것은 똑같다고 하면서 두 가지 말을 다 같이 아뢰고, 애초 한 가지를 주장하는 논의가 없어서, 성총을 현혹시킨 것이 이보다 심한 것이 없었다.

만약 여기에 그친다면 또한 쑥스럽고 어색하다는 것을 알았기 때문에 국청을 설치하라고 강력하게 청한 자들이 있었는데, 그들의 말은 단지 저 무리들의 의혹을 깨뜨리고 저 무리들의 무함을 밝히는데 그쳤을 뿐, 한 사람도 법리로 보아 당연하다는 것을 말한 사람은 없었다. 주상이 이 같은 무리들과 국사를 함께하려 했으니 국가가 위태로워 망하는 것을 손가락을 꼽으며 기다릴 수 있었다.

또한 송상기의 상소는 단지 국청을 설치하라고 청하지 않은 여러 신하들을 배척하였을 뿐 애초 한마디 말도 주상을 거리끼는 말이 없었다. 그런데 그날 입시한 여러 신하들은 모두 상하가 무욕을 받았다고 하면서 이에 저 무리들이 탄핵을 받은 것을 방자하게도 지존에게 억지로 전가하였으니 비록 주상의 뜻을 한층 분발하게 하려는 계략에서 나왔다고 하지만 그 자리에서는 역절(逆節)을 면키 어려웠다.

여러 신하들이 아뢰기를 마치자 주상이 아뢴 대로 하라고 하였으니, 두 내시를 국문하는 것이 마땅하였다. 그런데 옥사를 맡은 대신은 누구였는가? 최석항이었다. 의금부 당상은 누구였는가? 강현(姜鋧)[248]·이조·김연·이인징(李麟徵)[249] 등이었다. 송상기가 상소하여 여러 신하들이 바로 참수하라고 청한 일을 배척하니 먼 곳에 유배하는 법을 시행하였다.

29일 두 내시를 국문하였다. 대신 최석항이 입대하여 아뢰기를, "국청의 규례에 따르면 문목 외에는 반드시 거론할 필요가 없습니다. 박상검의 초사(招辭, 진술서)는 허황되고 어지러워, 감히 말할 수 없는 지위에 있는 사람에 대하여 감히 말하였습니다. 그 하나는 성궁(聖躬)을 무고한 것이고, 또 하나는 동궁을 무고한 것입니다. 지극히 흉악한 정황이 더욱 드러났지만, 일이 궁궐과 관련되어 있으므로 감히 전례를 따라 형벌을 청할 수 없다는 것을 이에 삼가 아룁니다."

하니, 주상이 말하기를,

"엄히 형신하여 자복을 받도록 하라."

하였다. 박상검의 초사는 과연 단지 성궁과 동궁을 무고하는 것에 그치고, 지시하여 사주한 무리에 대해서는 애초 납초(納招)[250]한 것이 없었는가? 지시하고 사주한 무리들이 역적의 공초에서 함께 나왔지만 이를 가리어 숨기고 단지 성궁을 무고하고 동궁을 무고한 것만 아뢰었다. 비록 중요한 인물을 핑계로 증거를 없애려는 계책에서 나온 것이기는

---

248) 강현(姜鋧) : 1650~1733. 본관은 진주(晉州), 자 자정(子精), 호 백각(白閣)·경암(敬庵)이다. 아버지는 판중추부사 강백년(姜柏年)이다. 경종대 신임옥사에서 노론을 치죄하였는데, 그 죄로 1725년 삭출되었지만 곧 석방되었다.
249) 이인징(李麟徵) : 1643~1729. 본관은 연안(延安), 자 옥서(玉瑞), 호 운강(雲崗)이다. 경종대 공조판서 등을 거쳐 영조대 한성판윤 등을 역임하였다.
250) 납초(納招) : 죄인이 심문에 응하여 자기의 범죄 사실을 자세히 말하는 것, 또는 그 내용을 가리킨다. 납사(納辭)라고도 한다.

하지만 또한 매우 천박한 짓이었다. 성궁을 무고하고 동궁을 무고한 것 또한 누가 그렇게 하라고 시킨 것인가? 두 내시가 독자적으로 저지른 것인가?

문유도는 별도의 문목 없이 연이어 가혹한 형장을 맞다가 물고(物故)되었고, 박상검은 말이 되지 않은 말로 공초(供招)를 받고 처형되었다. 세상 사람들이 말하기를, "두 내시가 이와 같이 별 탈 없이 처치된 것은, 예상에서 벗어나지 않았다." 하였다. 정호(鄭澔)가 상소하여 대략 다음과 같이 말하였다.

"삼가 들건대 전하께서 새로 큰 처분을 내리시어 선조에서 예우하던 대신들을 모두 축출하였고, 아래로 일을 말하던 신하들과 성균관의 선비들까지 침질(礩鑕)251) 당하지 않으면 천극(栫棘)252)에 이르렀다고 합니다. 신은 시골구석에 있었으므로 진실로 무슨 사단(事端)으로 인하여 얼마나 심한 죄악이 있었는지는 모르겠습니다만, 이는 사위(嗣位)한 이후에 없던 일일 뿐만 아니라, 실로 전적(典籍)에 실려 있다는 말도 듣지 못하였습니다. 아! 우리 성상께서는 춘추가 한창이지만 자손이 번창할 경사는 오히려 지체되고 있는데, 온 나라의 인심이 매달리고 있는 사람으로 춘궁을 빼고 누가 있겠습니까?

당초 저사(儲嗣)로 세울 적에 자전의 하교에 이르기를, '효종의 혈맥과 선왕의 골육은 오직 주상과 연잉군 뿐이다.' 하였는데, 이 하나의 하교는 귀신을 울릴 수 있고 천지에 물어서 바르게 할 수 있는 말씀이었습니다. 불행히도 일종의 무엄한 무리들이 감히 불만스런 마음을 품고 교대로 나와 선동하여 반드시 국본을 동요시킨 뒤에야 그만두려 하고 있으니, 삼성(三聖, 효종·현종·숙종)의 혈맥이 어떻게 끊어지지 않을 수 있겠습니

---

251) 침질(礩鑕) : 참형(斬刑)시 사용하는 기구로, 받쳐 놓는 나무토막이다. 여기서는 처형한다는 뜻으로 사용되었다.
252) 천극(栫棘) : 유배된 죄인에게 가해지는 형벌이다. 곧 유배지 주위에 가시 울타리를 설치하여 외부와 격리하는 것이다.

까? ……

이번에 환첩 한두 명이 갑자기 거짓을 날조하여 이간질하는 계책을
실행하려고 했으니, 그 요사하고 간악함은 형벌에 처해야 마땅하겠습니
다만, 또한 이것이 어찌 어느 하찮은 무식한 자가 혼자서 저지를 수
있는 것이겠습니까? 더욱 놀랄 만한 것은 오늘 자성께서 내리신 하교가
비록 어떠하였는지는 모르겠지만 그 관계되는 것이 이미 크고, 사체
또한 중요하니, 마땅히 신료들에게 반포하여 모두 환히 알게 했어야
할 것인데, 대신 된 자가 도리어 중간에서 가로막고 봉환(封還)하는데
급급하여 자성의 애통하고도 절박한 뜻을 덮어버리고 드러나지 못하게
했습니다. 또한 등대(登對)했을 때는 당연히 국청을 설치하여 실정을
알아내자고 청했어야 하는데, 도리어 곧바로 먼저 정형(正刑) 하라고
일제히 한 목소리로 힘껏 청하였으니, 이것은 무슨 의도이고, 무슨 도리입
니까? ……

전하에게 친애하는 인정과 참소(讒訴)를 미워하는 현명함이 있어서
저러한 사람들이 이간질할 수 없을 것 같기는 합니다만, 지금부터 소인배
들이 남의 골육을 이간하고 남의 국가를 혼란시킬 적에는 그 정황이
혹 탄로 난다고 해도 곁에서 틈을 노려 독기를 부리려는 마음을 반드시
멈추지 않습니다. 삼가 바라건대 성명께서는 더욱 간절하게 여기에 마음
을 기울이시어 간사한 역적이 이미 제거되었다고 여기지 마시고, 효우(孝
友)하는 마음을 더욱 돈독히 하십시오. ……"

세상 사람들이 다음과 같이 말하였다.

"지금 세상에서는 충직한 말이 도리어 화를 전가하는 단서가 되는데,
정 상서(鄭尙書)는 어찌 시골구석에서 문을 닫고 여생을 마치지 않고,
이처럼 충직한 말을 하여 도리어 귀양 가는 화를 무릅쓰려 하였으니,
국가를 위한 충성은 비록 절실하였으나 자신을 위한 계책으로는 좋은
것이 아니었다. ……"

30일 송상기가 강진(康津)으로 찬배되었다. 두 내시와 두 비첩의 죄는 그들이 독자적으로 저지른 것이 아니라는 것이 분명하였으므로, 반드시 뿌리가 되는 원인이 있을 것이다. 국청을 설치하고 명백하게 조사하는 것은 법리(法理)와 사체에 있어서 단연코 그만둘 수 없었는데, 반드시 바로 형벌을 시행하려고 한 것은 무슨 의도인가? 따라서 김우항·송상기·유복명(柳復明)[253]·이중협 등이 서로 이어서 일어나 국청을 설치하라고 청한 것은 어쩔 수 없었기 때문이었다.

비록 국청을 설치한 일이 있었지만 시일을 끌다가 한 비첩은 그의 집에서 자살하였고, 또 한 비첩은 감옥에서 자살하도록 내버려 두었다. 두 내시의 경우 뿌리가 되는 원인을 특별히 엄하게 추궁하지도 않고, 문유도는 바로 장살되었고, 박상검에게는 황급히 형벌을 시행하였으니, 입을 틀어막으려 했다는 자취를 면치 못하였다. 송상기가 옥사를 다스린 것에 완급이 있다고 말한 것은 오히려 평탄하게 말한 것이었는데, 마침내 이것을 가지고 죄를 얽어서 멀리 유배 보냈으니, 이것이 바로 다른 사람의 입을 막은 것이었다.

---

253) 유복명(柳復明) : 1685~1760. 본관은 전주, 자 양휘(陽輝), 호 만촌(晩村)이다. 1721년 (경종1) 지평 재직 시 연잉군의 세제 책봉을 반대하는 조태구·유봉휘 등을 탄핵하였다. 이듬해 임인옥사가 일어나 노론이 실각하면서, 탄핵을 받아 파직되었다. 영조가 즉위하자 김일경의 처형을 주장하였고, 1725년 지평에 복직하였다.

《隨聞錄》校勘·標點

隨聞錄序

天地之生久矣, 元會屬將末之期. 三綱入漸頹之域, 晦盲迷亂, 如水益下, 《春秋》之義理, 講明無人, 則亂臣 · 賊子, 何所懼而不接踵而起, 嘯聚而至哉? 窮陰用事, 群芳盡摧, 小人得時, 君子盡戮, 所以然者, 小人稟窮陰之氣而以生也. 故當其得時, 盡戮君子, 自合乎窮陰用事, 盡摧群芳者也. 此固物理之常而古今同矣.

"罰不及嗣", 聖訓昭載, 而至我朝辛壬禍亂. 做出睦虎龍三手之變書, 先朝禮遇之四大臣及國家需世之諸君子, 旣盡刑殺, 又施孥戮, 此實千古所未有之刑禍也. 無罪諸臣之酷被烈禍, 猶屬餘事, 尤有大於此者. 綱有三焉, 而首於三者, 豈非君臣乎? 倫有五焉, 而先於五者, 亦非君臣乎? 惟我東宮1)誕膺儲位, 則君臣之義已定矣.

伊師之言曰："使吾君不納於堯 · 舜之聖, 其心愧恥, 若撻于市. 使吾君不納於堯 · 舜之聖, 則尙有撻市之恥矣." 而況以我一毫無疵之聖儲爲凶徒之白地構誣, 使貽千古難洗之惡名, 而莫知所以辨明, 則環海東幾千里之邦, 忠臣 · 義士, 有歟無歟? 嗟乎! 麟2)筆之嚴誅邈矣, 難回鯨呑之亂逆, 全然無懲, 肆其惡喙, 露出凶腸.

趙泰耇 · 崔錫恒之輩, 則以梁獄勿問故奏之3), 此則構讒之極也. 金一鏡則

---

1) 宮：底本에는 "君"으로 되어 있다. 國立中央圖書館 鉛活字本(한고朝56-나108)[이하 연활자본]과 《稗林》第9輯(探求堂, 1970)에 수록된 《隨聞錄》[이하 《稗林》]에 근거하여 수정하였다.
2) 麟：底本에는 "獜"으로 되어 있다. 연활자본과 《稗林》에 근거하여 수정하였다.

以懷刃鍾巫, 蹀血禁庭, 勒提於頒敎之文, 此則誣辱之極也. 雖後世謂"虞舜逼帝堯", 謂"王季攘⁴⁾泰⁵⁾伯"之凶說, 何以加此? 嗚呼! 使此綱之首倫之先, 極光明之大義, 旣任當時之乖亂, 終爲後世之眩惑, 則綱常斁絶, 義理晦塞.

嗟! 我東禮義之邦, 其將爲夷狄之俗, 豈不可大懼哉? 是以有《隨聞錄》矣. 所謂《隨聞錄》者, 特取其何所聞也. 從他甲乙邊如此如彼之聞, 皆是一偏之私言, 固不足取信也. 至於閭巷之言, 無偏無黨, 實出於公正之心. 故擇其所聞之丁寧者, 隨以錄之. 其他疏章之自判忠逆者, 及鞫招之自露僞飾者, 取以錄之, 而忠逆之判者則斷之以忠逆, 僞飾之自露⁶⁾者則明之以僞飾, 如是焉而已矣. 豈敢容一毫私意於其間也?

忠逆之所關, 僞飾之所由, 欲其辨之明言之詳也, 故不無重疊之說於其中, 亦有一節之深於一節者也. 惟後人無論四色, 平心舒氣, 而觀此錄焉, 則事蹟昭然, 脈絡相連, 東宮之黙昧, 辛壬之誣獄, 瞭然可知如在目擊. 苟以爲不然, 則此傳其凶逆之心法故也, 尙復何誅?

嗟乎! 禧嬪之禍甚大矣. 一轉而爲己巳之變, 再轉而致辛巳之凶, 三轉而有辛壬之禍, 朝廷之善類, 一網打盡, 宗社之危機, 迫在朝夕. 苟究其本由, 一禧嬪而已. 蓋斥禧嬪者, 全出於遵守先王之義理, 而扶護國脈之計也. 扶禧嬪者, 全出於迎合主上之私情, 而要奪朝權之計也. 孰爲忠孰爲逆? 請視諸掌.

定山後人 忠巖居士, 自號農叟 李聞政序.

---

3) 奏之 : 底本에는 없다. 연활자본과 《稗林》에 의거하여 보충하였다.

4) 攘 : 底本에는 "讓"으로 되어 있다. 연활자본과 《稗林》에 근거하여 수정하였다.

5) 泰 : 底本에는 "太"로 되어 있다. 연활자본과 《稗林》에 근거하여 수정하였다.

6) 僞飾者 …… 自露 : 底本에는 없다. 연활자본과 《稗林》에 근거하여 보충하였다.

卷之一

丙寅年

<u>肅宗</u>十二年丙寅, 傳曰：“以<u>張氏</u>爲淑媛.” 大殿春秋將滿三十, 尙無儲嗣之望, 中宮殿用是憂憫, 深勸大殿, 仍納<u>張氏</u>. 至是封淑媛, 寵傾闕內, 正言<u>韓聖佑</u>疏諫.

丁卯年

丁卯五月, 五次加卜, 以<u>趙師錫</u>爲右相.

晝講時, 知事<u>金萬重</u>曰："<u>趙師錫</u>之加卜, 閭巷之言曰：'與貴人<u>張氏</u>母家親密, 故請托而致相矣.'" 上大怒, 傳曰："言根, 今日使之自首." <u>金萬重</u>拿問, 三招不對言根. <u>宣川</u>定配.

戊辰年

戊辰九月二十八日, 昭儀<u>張氏</u>誕生王子. 時昭儀母乘屋轎出入禁中, 持平<u>李益壽</u>見之, 毁破燒火, 推治其奴. 上敎以出入有命, 不爲論啓而擅刑, 命內需司罪禁吏. 諸臣多爭之, 不從. <u>李益壽</u>疏略曰: "昭儀之母, 卽一賤人, 何敢乘屋轎而出入於殿下之宮閨, 若是其無嚴? 云云."

己巳年

己巳正月初十日, 引見大臣·六卿·三司長官. 上曰:"國本未定, 國勢單弱, 即今莫大之計, 在於王子建名號. 故今予下詢, 若其遲回觀望, 敢有異圖者, 納官退去也." 吏判南龍翼曰:"國勢孤危, 朝野顒望之餘, 王子乃生, 臣民慶幸, 何可勝達? 第今日下敎出於意外, 定號之擧, 亦涉太遽. 即今內殿春秋方盛, 今此擧措, 豈不太急?" 戶判柳尙運亦以爲奏.

兵判尹趾完曰:"南龍翼之太急爲言, 誠是矣. 漢 明帝 明德皇后嗣續斷望之後, 以章帝子之[1], 必以正嫡爲重可見矣. 王子生纔數月, 此後正宮終無螽斯之慶, 則國本不期定而自定矣." 工判沈梓所奏, 略同少異. 大諫崔奎瑞曰:"聖上春秋鼎盛, 王子生纔數月, 定號何若是汲汲乎? 今日下詢, 旣是大事, 則當從容訪議. 乃以官爵先爲脅制群下, 至有退去之敎, 待群下太迫. 而殿下亦未免大段失言矣." 領相金壽興所奏, 亦以太遽爲言. 上曰:"宗社大計, 不在多言. 元子名號擧行事, 分付該曹." 傳曰:"以元子定號."[2]

五月四日, 廢黜中宮殿于安國坊私第, 兄弟家私備膳羞以供朝夕. 四月二十三日, 即中宮殿誕辰也, 例納供上單子及賀單子[3], 上皆命還給. 供上盤

---

1) 之:底本에는 없다. 연활자본과 실록에 근거하여 보충하였다.
2) 傳曰 …… 定號:연활자본과《稗林》에는 이 부분이 없다.
3) 子:底本에는 없다. 연활자본에 근거하여 보충하였다.

羞, 皆命埋諸後苑, 命廢日供上之如此. 大過擧, 內則有張嬪之日進讒間, 外則有南人之潛誘上意故也.

禧嬪張氏陞爲妃, 以其父張炯爲玉山府院君, 母尹氏贈坡山府⁴⁾夫人. 賜死金壽恒 珍島謫中. 校理朴泰輔與吳斗寅·兪㯙·李世華四十餘人上疏極諫廢妃⁵⁾事, 上大怒. 夜二更, 御仁政門, 親鞫朴泰輔, 而亢直不服, 上愈加盛怒, 嚴飭獰杖. 上曰:"汝敢終生毒, 不爲直告?" 泰輔曰:"臣於疏中, 已爲直告." 上愈怒曰:"汝何爲妬忌婦人, 肆其惡毒至此也."

時泰輔皮肉糜脫, 濺血滿身, 神色不變, 改容厲聲曰:"殿下何忍有此敎也? 夫婦人倫之始⁶⁾, 聖人人倫之至. 雖庸常匹夫, 猶重夫婦之道, 則況我母后配體何地, 因一時之忿, 不念古聖之訓, 而向中宮之言, 若是鄙慢也?" 上曰:"汝一向斥我乎⁷⁾? 亟以誣上不道遲晚." 泰輔曰:"元子誕生之後, 殿下見過如此, 臣斷以爲浸潤之讒, 入於其間, 而殿下莫之察也." 上玉音不成, 良久乃語曰:"此何言也? 壓膝火刑之具, 速爲待令." 壓膝嚴問. 泰輔曰:"臣於今日狂妄, 而死則死矣, 誣上則千萬曖昧." 連施壓膝二次, 顏色不變.

上曰:"奸毒若此, 辱我無足怪也. 夢記之說, 是何言也? 汝以予爲做幻虛語耶?" 泰輔曰:"夢本冥漠, 豈可一一契合於將來耶? 不過偶然上達之過失, 而今殿下因此一事爲大罪案, 此豈非莫大過擧耶? 今雖以中宮爲憑信夢兆, 實出於殿下好夢之致. 前日引見, 頻說夢中事, 已示信重之意, 臣則以爲此亦殿下之先自失而然也." 上盛怒, 使羅卒倒懸於柱上, 而裸體遍⁸⁾烙, 連加二次.

領相權大運唏噓良久, 進曰:"火刑之法, 本有其處, 遍烙非例也." 上曰:

---

4) 府 : 底本에는 없다. 연활자본과 실록에 근거하여 보충하였다.
5) 妃 : 底本에는 "母"로 되어 있다. 연활자본에 근거하여 수정하였다.
6) 始 : 底本에는 "至"로 되어 있다. 연활자본에 근거하여 수정하였다.
7) 乎 : 底本에는 없다. 《稗林》에 근거하여 보충하였다.
8) 體遍 : 底本에는 "遍體"로 되어 있다. 연활자본에 근거하여 수정하였다.

"然則依例爲之." 天威震疊, 屢促遲晩, 泰輔微笑, 徐對曰："臣雖骨燒, 決不當誣供遲晩. 如此而後方可謂之臣節, 臣於今日固當盡節. 語侵先后之嗣基, 殿下不之罪, 獨於臣有何大罪而施此慘刑耶?"

上曰："汝果終不遲晩耶?" 泰輔曰："如欲殺臣, 則雖肆諸市朝, 安敢辭避? 今若遲晩, 則死歸地下, 不免爲誣服之鬼, 豈不愧衆鬼指笑之凷耶? 生不能救正, 寧欲死而溘然也. 速賜極典." 顧羅卒曰："此鐵泠, 更炙來." 自是閉目緘口, 終不一言. 烙刑又至二次, 終不遲晩.

上遂起還內殿, 命於內兵曹, 復爲鞫問. 來善按刑, 盛氣厲聲曰："今此罪人, 各別嚴刑." 泰輔厲聲曰："在御前, 則天威震疊, 固當嚴刑,[9] 而吾有何罪, 而旣被酷刑, 今到外庭, 若是深治耶?" 來善若不聞者然, 杖杖考察, 遂加一次, 脛骨拉碎, 血如泉湧.

[10]夫來善者, 凶獰之漢也, 極逆之漢也. 惜乎! 以主上之英明, 內信妖女之讒間, 外陷凶徒之逆謀, 旣有廢正宮之大過, 終得殺忠臣之惡名也. 上進用南人, 權大運爲領相, 睦來善爲左相, 金德[11]遠爲右相. 六曹·政院及三司, 皆以一邊[12]人除拜, 朝著遂大變. 因原州儒生安瑊[13]等疏請命黜文成公 李珥·文簡公 成渾文廟之享, 埋兩賢位板. 賜死前領相金壽恒, 賜死前右相宋時烈. 其他一代名流, 或杖殺之, 或竄逐之, 殆盡無餘.

---

9) 泰輔 …… 嚴刑：底本에는 없다. 연활자본과 《稗林》에 근거하여 보충하였다.

10) 夫來善者 …… 惡名也：연활자본에는 이 부분이 한 글자를 내려서 편집되어 있어 편찬자의 논평임을 알 수 있다. 이하에서는 연활자본을 따라서 편찬자의 논평을 구분하여 편집하였다.

11) 德：底本에는 "器"로 되어 있다. 《稗林》과 실록에 근거하여 수정하였다.

12) 邊：底本에는 "番"으로 되어 있다. 실록에 근거하여 수정하였다.

13) 瑊：《燃藜室記述》에는 "瀷"으로 되어 있다.

庚午年

庚午四月日, 梃妻諺簡中入丸藥三箇納于闕內曰："此藥極利於痘疫, 且益壽, 可進於元子." 上怪之, 卽詣內殿, 使修[1]答, 更求其藥丸, 則梃妻發明曰："與初入之簡, 相準此簡, 則可知其眞僞." 上以藥和飯飼猫, 猫卽斃矣. 拿梃究問.

先是梃之妾與女, 欲害其嫡母, 咀呪發覺, 黜其妾逐其女. 至是賚進成藥於闕內者, 疑是妾與女, 陰欲嫁禍於嫡母之計也. 於是驗其筆跡, 與其女大相似, 梃請殺其女. 上敎曰："不可以筆跡之疑似成罪[2], 姑置之." 梃又奏曰："以其妾之咀呪嫡母, 妖惡如此, 決不可貸." 自上命曰："其女則幷其前罪而遠黜之, 其母亦幷黜." 又因吳挺緯[3]招, 三司請拿問鄭重萬之妻, 卽梃之妹也. 上曰："至親婦女, 處置爲難." 重萬配鐵山, 鄭妻配龍仁.

蓋鄭妻無他所犯, 則何故三度移書於吳挺緯："今番供招, 一如前辭, 保全人生."云矣? 吳挺緯供招之時, 三度諺書幷納之, 所以三司之請拿鄭妻也, 而上以至親婦女不許之.

---

1) 修：底本에는 "受"로 되어 있다. 연활자본과 《稗林》에 근거하여 수정하였다.
2) 罪：底本에는 "之"로 되어 있다. 연활자본에 근거하여 수정하였다.
3) 緯：底本에는 "偉"로 되어 있다. 실록에 근거하여 수정하였다. 이후 동일사례에 대해서는 별도의 校勘記를 달지 않는다.

甲戌年

甲戌春, <u>金春澤</u>將圖驅出南人, 復位中宮, 卒爲<u>大運</u>·<u>來善</u>輩所發覺, 枷囚繫[1]王獄, 明將行刑. 是夜二更, 傳曰: "昔之囚推者, 今反爲鞫問, 昔之定配者, 今反爲極刑. 一日二日, 使三木囊頭之罪, 囚充滿於金吾, 傳相告引, 輒稱面質, 幾盡請刑. 其所前後援引者, 亦將次第羅織, 然則主家及一邊之人, 其得免於栲掠竄殛之科[2]者鮮矣. 其愚弄君父·魚肉縉紳之狀, 極爲痛惋, 參鞫大臣以下, 幷削奪官爵, 門外黜送, <u>閔黯</u>及禁府堂上, 幷絶島安置."

傳曰: "前領相<u>南九萬</u>拜領相, <u>權大運</u>代, 吏判<u>柳尙運</u>, <u>玄逸</u>代, 兵判<u>徐文重</u>, <u>睦昌明</u>代, 刑判<u>尹趾善</u>[3], <u>閔就道</u>代. 工判<u>申翼相</u>, 吏參<u>朴泰尙</u>除授, 故判府事<u>閔鼎重</u>復官賜祭."

傳曰: "<u>金錫冑</u>至於壬戌誣告人<u>金重夏</u>·<u>金煥</u>之獄事, 處事謬戾, 自致人言, 固有其失. 而朝家待大臣之道, 事體自別, 原其本情, 豈負國而然哉? 特爲復官."

傳曰: "<u>宋時烈</u>罪狀多, 而其中'貶君亂統'之說, 不過彼輩脅持之好題目. 至於'妄論宗廟'一款, 尤是情外, 予嘗平心舒究, 嘗自悔恨矣. 特爲復官賜祭. <u>南龍翼</u>·<u>李師命</u>復官."

---

1) 繫 : 底本에는 "係"로 되어 있다. 연활자본에 근거하여 수정하였다.
2) 科 : 底本에는 "計"로 되어 있다. 연활자본에 근거하여 수정하였다.
3) 尹趾善 : 底本에는 "徐文重"으로 되어 있다. 실록에 근거하여 수정하였다.

傳曰："强臣凶孼敢伸救廢人者, 當以逆律論斷事, 旣已布告中外. 此則專出於嚴防伸雪復位, 亂我國事也. 自古帝王於此等事, 雖已明罪廢出, 而亦必參酌善處, 恩威幷施, 不害爲寬大之道也. 頃年, 有一大臣以廢人移處別宮等事, 陳箚蒙允, 而更又思之, 廢處未久, 世子未離阿保, 以此處分, 未免太遽, 故姑寢不行矣. 今不可全無恩禮, 令該曹移處別宮, 處所定于於義宮."

傳曰："移處別宮命下之後, 使人致問, 則辭意悽惋, 悔心殊切, 令人不覺感動. 更命移處于西宮景福堂, 供奉如法, 而入宮時用屋轎, 摠管4)及軍兵導從等事, 參酌磨鍊, 令該曹斯速擇日."

五月十二日午時, 中殿乘屋轎, 前後射隊·禮官陪從輿車·儀仗, 從曜金門入闕. 大小諸臣依例肅謝於中宮殿.

嗚呼! 聖母之廢處私第者, 今幾年也, 僅有一大臣以移處別宮事, 箚奏之外, 更無以移處爲奏者, 亦無一人, 從容善諫, 感回聖聰. 以此復位之慶, 不在於群下之至誠, 而必自於聖意之悔5)悟. 若使聖心, 終未之覺悟, 我聖母其將永處於私第, 而竟無復位之擧耶!

竊慨夫朝臣徒畏於殿下伸救者用律之令, 而莫敢發一言, 今日之朝廷, 直諫之風, 有乎無乎? 臣子之義, 有乎無乎? 吁! 可歎也. 其在人臣之分義道理, 北面稱臣者, 逐日進諫, 終歲力爭, 期於回天後已也. 主上雖有一時之嚴令, 在廷諸臣, 其何可盡誅之盡竄之乎?

---

4) 管:底本에는 "官"으로 되어 있다. 연활자본에 근거하여 수정하였다.
5) 悔:底本에는 "晦"로 되어 있다. 연활자본에 근거하여 수정하였다.

丙子年

丙子五月, <u>姜五章</u>投疏告世子外家墓所埋置凶穢之物, 而兵判<u>申汝哲</u>家奴<u>應先</u>號牌[1]墜之墓傍. 上親鞫之, <u>申汝哲</u>胥命闕外, 上還授所納符, 傳曰 "勿待罪." <u>應先</u>受刑九次, 不服而死, 上命曰 : "若告作變人者, 當重賞之." <u>張家</u>墓奴言 : "<u>張家奴</u>[2]業同裏糧出來, 留連墓所, 自謂之曰 : '後當有變怪矣.' 其日果[3]得埋凶之物." 領相<u>南九萬</u>·左相<u>柳尙運</u>·右相<u>申翼相</u>曰 : "不可以疑似成獄." 上命放<u>業同</u>諸囚, 三司力請窮覈, 期於得情. 上命鞫問<u>業同</u>, 受刑承服.

<u>希載</u>家自作木人, 而誘致<u>應先</u>於酒家, 勸飮屢盃, <u>應先</u>乃醉倒, 竊其號牌, 而故墜於<u>張家</u>墓所. 埋凶之日, 以埋事欲作<u>應先</u>之所爲也, 以<u>應先</u>欲作<u>申汝哲</u>之所使也. 蓋其意先禍<u>申汝哲</u>家, 而仍爲網打西人之計也.

主其謀者, 乃<u>李義徵</u>之子<u>弘渤</u>, 屢次受刑而斃. 鞫問<u>業同</u>, 領相<u>南九萬</u>·左相<u>柳尙運</u>·右相<u>申翼相</u>, 按獄相議曰 : "自蠱而嫁禍西人, 實涉於疑然, 而獄事若涉於[4]禧嬪, 則豈非難處乎?" 領相遂與左右相請對, 以陳不可窮治之由, 上曰 : "今聞卿等之言, 正合予意." 仍命罷鞫, 遠配<u>業同</u>, 群議譁然, 攻斥三相, 三相幷出城外待罪.

---

1) 號牌 : 底本에는 없다. 《稗林》에 근거하여 보충하였다.
2) 言張家奴 : 底本에는 없다. 연활자본과 《稗林》에 근거하여 보충하였다.
3) 日果 : 底本에는 없다. 연활자본과 《稗林》에 근거하여 보충하였다.
4) 於 : 底本에는 "之"로 되어 있다. 연활자본에 근거하여 수정하였다.

夫人臣事君之道, 不可容一毫私意, 只從大義而已矣. 孟子曰："舜爲天子, 瞽瞍殺人, 則皐陶執之." 雖以天子之父, 旣犯邦憲, 則尙有皐陶之執之, 則何況世子所生之母乎? 希載之自蠱其墓, 欲禍他人, 苟究其設施凶謀, 則禍人家國, 雖三尺童子, 尙可量矣, 三相豈不知之? 而或恐事涉於禧嬪, 所謂"業同不爲窮治", 罪止遠配, 烏得免臺言峻發乎? 窮治業同, 而若無禧嬪之所犯, 則禧嬪脫空矣. 若有所犯, 則此在主上之參酌處分, 而三相之處事, 亦得光明矣. 心上終挾一"私"字, 以當然窮治者, 陳奏罷鞫, 雖畢竟無事禧嬪, 則長在昧之中, 三相則難免挾私之科也.

辛巳年

辛巳八月, 閔中殿薨. 成服後, 九月二十三日, 傳曰 : "大行王妃, 二年遘疾, 而禧嬪一不問候. 居常不曰'中宮殿', 而必曰'妖人'. 又潛設神堂於就善堂之西, 而與其婢僕, 日夜祈禱, 極其綢繆, 是可忍乎? 濟州栫棘罪人張希載, 亟正邦刑." 傳曰 : "張氏罪惡, 今已彰著. 若不早爲善處, 則他日之慮, 有難形喩. 實出於爲國家也, 爲世子也, 張氏使之自盡."

二十五日, 傳曰 : "內司囚禁罪人雪香·丑生·淑英·時英·哲生等拿來. 明日仁政門外[1]親鞫." 時王世子年十四. 朝臣恐搖國本, 擧懷憂懼之心[2]. 領相崔錫鼎·左相李世白·右相申玩·吏判李畬·兵判金構·戶判金昌集會闕下, 聯名陳箚, 請亟寢成命. 傳曰 : "公卿會論箚, 勿爲捧[3]入."
政院·玉堂請對, 同副尹趾仁曰 : "罪人情狀, 雖極絶痛, 何必親臨鞫問乎? 況今梓宮在殯, 而用刑梓宮咫尺之地, 亦是未安. 推鞫禁府, 實合允當." 右副徐宗憲請依此所達, 上曰 : "諸臣事事[4]防塞, 潛設神堂, 何等罪惡, 而敢以設鞫禁府爲請乎? 并推考." 假注書李命世曰 : "趾仁所達之言, 誠爲切至. 殿下以今日處分, 出於十分商量, 非出於一時激惱爲敎. 而臣

---

1) 外 : 底本에는 없다. 실록에 근거하여 보충하였다.
2) 心 : 底本은 "懷"로 되어 있다. 연활자본과 《稗林》에 근거하여 수정하였다.
3) 捧 : 底本에는 "奉"으로 되어 있다. 연활자본과 《稗林》에 근거하여 수정하였다.
4) 事 : 底本에는 "之"로 되어 있다. 연활자본과 《稗林》에 근거하여 수정하였다.

見《己巳日記》, 亦有非出於一時激惱爲敎, 然畢竟悔悟, 則安知今日處分, 亦不[5]出於激惱之致乎?" 上曰 : "今日事, 爾何敢比之於己巳乎? 人臣分義, 豈容如是? 命世拿問定罪." 傳曰 : "噫! 予日夜切齒, 至恨未雪, 而臣子之歇視謀害國母之賊, 一至於此, 尹趾仁削奪官爵, 門外黜送." 翌日還收.

領相崔錫鼎箚略曰 : "漢 景帝使田叔按驗梁獄, 太后憂之, 不食涕泣, 帝亦患之矣. 田叔盡燒梁獄事實而來謁. 帝問曰 : '梁事有之乎?' 對曰 : '死罪有之. 然上勿以梁事爲問. 梁王不伏誅, 是漢法不法而已矣, 梁王伏法, 而太后寢食不安, 是憂在陛下.' 帝大然之, 使叔謁太后曰 : '梁王不知也.' 太后大喜, 起坐而餐, 帝亦大喜. 朱子書之《綱目》, 而先儒亦美之.

噫! 君臣父子, 幷列倫常, 恩義經權, 互爲輕重. 而太后與世子, 雖有親屬尊卑之殊, 人君慈愛之道, 臣子服事之義, 固無異致, 而宗社大計之所關係, 又如何重也? 況今春宮情境, 其可比論於涕泣不食而已乎? 夫梁王一藩臣也, 明有死罪, 而時因太后愛少之情, 屈法曲貸, 先儒猶且許之.

今禧嬪設有難赦之罪, 念春宮誕育之恩, 爲春宮憂傷之慮, 可賜寬貸, 不至於窮竟暴揚. 左右不逞之徒, 則依律致辟, 以伸王法如羊勝等事, 以安春宮, 恐不悖於今日處變之道也.

昔者仁廟宮中有巫蠱之變, 辭連貞明公主. 臣祖父文忠公 鳴吉時爲首相, 上箚之曰 : '臣之疑難於此事者, 非爲公主之婢子, 所以不忍於公主也, 非爲公主也, 所以不敢負先王也, 亦所以不敢負聖恩也.' 夫公主天屬雖尊, 其所株連, 乃在咀呪上躬, 而其時大臣之言如此, 聖祖之所以處之者, 亦不竟其事.

今所不忍於禧嬪者, 非爲禧嬪, 乃所以愍春宮也, 亦所以不敢負聖明也. 惟我春宮以稺弱之年, 乃於倉卒遽遭人倫罔極之變, 震驚崩迫, 當如何也? 若使摧剝隕廓, 不得自全其情性, 則非但重傷殿下止慈之恩, 其於宗社何?"

---

5) 不: 底本에는 없다. 實錄에 근거하여 보충하였다.

答曰 : "寢勿行之說, 出於大臣, 實涉未安." 淑英等刑二次承服 : "神堂所祝之願, 除妖氣·邪氣, 成所願. 云云.", "所謂妖氣'·'邪氣', 指中宮殿, 所謂'所願', 指中宮昇遐, 則禧嬪復爲中宮之意也. 云云." 幷陵遲處斬.

領相崔錫鼎再次陳諫, 辭意懇到切至, 庶感天意, 而無批答. 至於三箚, 批曰 : "謀害國母, 乃是莫大之獄. 內埋咀呪, 外設神堂, 凶逆之節, 不一而足. 予則屢日親臨帳殿, 必欲究得, 而大臣連日三陳箚子, 猶恐獄事漸露. 且今親臨之擧, 謂非人君之體, 有若譏予者, 是其人臣之所敢發諸口乎? 此而置之, 末流之患, 必至於義理晦塞而後已. 領相崔錫鼎中道付處."

十月初八日, 傳曰 : "禧嬪張氏疾怨內殿, 潛圖謀害. 設神堂於內外, 日夜祈祝, 埋凶穢於二闕, 不啻狼藉, 情節盡露, 神人共憤. 此而置之, 得志[6]他日, 則國家之憂, 實難形喩. 觀於前史, 可不畏歟? 今予爲宗社爲世子, 爲此不得已之擧也, 豈樂爲哉? 張氏依前備忘, 使之自盡."

上自大臣, 下至三司, 而以念世子誕育之恩, 憫世子情境之慘, 極軫全恩事疏請, 而一幷不允.

十月初十日, 禧嬪張氏因上敎自盡.

惟我主上亡國之事, 不一而足, 而皆能幡然覺悟如日, 其更眞超百王英明之主也. 全寵禧[7]嬪之妖邪, 聽禧嬪之讒間, 而廢黜姙·姒之正室. 張嬪不過一後宮而陞爲妃, 張嬪之父, 不過一常賤, 而封府院君, 張嬪之母, 不過一常漢之妻, 而贈府夫人. 且如朴定齋千古所無之忠臣, 以無前酷刑而殺之. 此莫非亡國之事, 而未幾改悟, 復爲中殿, 追贈定齋, 斁敗之彝倫始明,

---

6) 志 : 底本에는 "之"로 되어 있다. 연활자본에 근거하여 수정하였다.

7) 禧 : 底本에는 "嬉"로 되어 있다. 연활자본과 《稗林》에 근거하여 수정하였다. 이하 동일 사례에 대해서는 별도의 校勘記를 달지 않는다.

晦塞之義理始闡矣.

生溪·栗谷, 東國之師宗, 而黜享文廟, 文谷·尤翁, 柱石之賢相, 而一倂賜死. 其外名公碩輔, 若非杖殺, 則皆竄逐, 而其所任用之, 皆是閔黯輩, 無父無君之凶賊也. 亦莫非亡國之事, 而又復覺悟, 來善·黯·玄逸之徒, 一時逐出, 生·栗兩先生, 復享文廟. 文·尤兩大臣, 復官致祭, 進用南九萬·朴世采·崔錫鼎·申翼相·申玩·李世白·李畬·金昌集·李頤命·李健命·趙泰采. 其他次次收用者, 皆是一代名流也, 朝著之上, 自此一新.

按獄希載之奴業同也, 領相南九萬以不可窮治之意爲奏, 而上可之. 蓋領相之以是爲奏, 非愛希載也. 或恐事關禧嬪也, 禧嬪不安, 則世子亦不安也. 領相不可窮治之奏, 實出於爲世子忠赤之心, 而斷無他意. 然而業同妖蠱之招, 旣歸於希載, 其在王法, 鞫問希載, 斷不可已也. 鞫希載而罪止於希載, 則誅希載, 亦不可已也. 若其辭連禧嬪, 則禧嬪雖有誕世子之功, 而卽一後宮也, 以一後宮, 旣犯罔赦之罪, 則烏得免祖宗關石之典乎? 其在世子情境極慘, 而只待主上處分, 勉抑之情而已.

且使希載早伏王誅, 妻孥[8]黨援, 盡爲竄逐, 則豈敢肆行凶計, 至成宮禁之變哉? 使彼希載之罔赦, 屈王法而宥, 生於世間者, 六年于玆矣. 妻孥黨援, 晏在輦下, 而潛結怨國之徒, 日夜經營者, 莫非謀害坤位, 顚覆王室之計也. 凶謀滋長, 毒禍蔓延, 震剝之變, 竟出於宮闈, 安知不由於希載之不早誅乎?

領相不忍於爲世子之情私, 乃有業同不窮治之奏, 此是領相平生一誤着也. 世人之言曰: "此大臣之救解希載爲一身長遠之謀." 謂之"爲世子挾私", 則在所難免, 而謂之"一身之謀", 則千萬曖昧也. 非徒領相爲然, 同參之左右相亦然矣. 又從而歸之於護賊, 一節深於一節, 世道何其危險也!

---

8) 孥 : 底本에는 "拏"로 되어 있다. 연활자본과 《稗林》에 근거하여 수정하였다. 이하 동일사례에 대해서는 별도의 校勘記를 달지 않는다.

以此論之, 則人臣事君之道, 只此大義理, 而毋令一"私"字容於其間也.

上連日親鞫, 妖巫·賊婢之招, 禧嬪行凶之事, 這這畢露. 上意遂決於處置禧嬪, 又下備忘記曰:"世子情私, 予豈不念. 而如崔錫鼎箚辭, 引誘無倫, 固不足論, 大臣諸臣之爲春宮惓惓之誠, 亦豈不知哉? 第思之思之, 又復思之思之熟也, 事已至此, 有此處分, 而實無他道理也. 張氏依前備忘, 使之自盡. 玆以予意喻諸左右."

大哉! 王言! 今日處變之道, 正大光明, 深長宏遠, 卓越百王, 雖堯·舜復起, 無以加此. 苟或拘於世子之一時情私, 使謀害國母之妖賊, 得漏於三尺之王章, 則義理壞矣, 彝倫絶矣, 法網頹矣, 神人怒矣, 如是而國不亡乎? 雖或幸而不亡, 主上萬歲之後, 卽禧嬪得意之日也, 肆然稱國王誕生之母, 恣行暴虐, 無所不至. 當此之時, 誰能制之? 國王實無奈何, 大臣亦無奈何, 君臣上下, 坐而待亡之外, 無他道也.

罔極爻象, 想復如何! 猗! 我聖上以是慮焉, 廓揮乾斷, 快除凶妖, 非特爲明義理, 正彝倫, 立紀綱於今日也. 其於爲國家長遠之慮, 當復何如哉? 備忘記曰:"若不早爲善處, 則他日之慮, 有難形喻, 實出於爲國家爲世子." 顧以諸臣全恩爲諸之薄見, 何敢窺主上深泓長遠之涯岸也哉?

領相崔錫鼎卽一世名相也. 禧嬪謀害國母之罪, 神人之所共憤也, 其在國法, 不可容貸者, 領相非不知之, 而連陳三箚以救之, 非爲禧嬪也, 實爲世子也, 斷斷忠赤之心, 有可以見之. 然若其禧嬪以冤罪而遭此, 則其在春宮冤鬱之懷, 崩迫之痛, 無以自抑而自制, 號天叩地, 推[9]胸腐心, 情性莫全, 疾患易成. 到此地頭, 在朝諸臣, 雖至碎首殿砌, 濺血肆市, 力爭不已也. 而夫禧嬪難貸之罪, 雖至情之間, 必有所默料也. 雖切驚怛隱痛之心, 而帝王度量, 逈超於凡人, 以春宮聰明之姿, 其必以義而制之, 以禮而裁

---

9) 推:底本에는 "堆"로 되어 있다. 연활자본에 근거하여 수정하였다.

之, 勉抑私情之切, 至覺得大義之關係, 則豈有喪性成疾之理乎?

領相之箚, 連以莫保性情易致疾患爲奏, 其或以凡人區區之私情而仰揣者歟? 人臣事君之道, 只可以義, 不可以私也. 且領相箚中, 以<u>漢</u> <u>景帝</u>貸罪<u>梁王</u>引諭之, 何其謬哉? <u>梁王</u>, <u>景帝</u>之天親也, <u>禧嬪</u>, 主上之後宮也, 以後宮何可擬之於天親乎? 但以天親言之, 有罪<u>梁王</u>, 在所不已也.

昔<u>帝舜</u>之封<u>象</u>, 亦以是也. 況<u>景帝</u>母后在上, 爲母后愛小子之情, 有罪<u>梁王</u>, 旣致母后之欣喜, 且保天親之恩義矣. 至於主上, 只拘於世子之私情, 遂貸一後宮貫盈之罪, 則帝王家法, 到此蔑矣, 《春秋》大義, 於是壞矣. 領相以此引喩, 未知其得當也, 烏得免聖上悖理無倫之嚴敎乎? 然以斷斷忠心, 或慮春宮之不得保護, 不顧聖批之嚴切, 連進三箚, 一領相而已也.

前[10]領相<u>南九萬</u>賦性正直, 秉心忠貞, 歷事累朝, 位至三事. 其間事蹟, 則當<u>賊堅鴟張</u>之日, 挺身獨當, 抗章極言. 當己巳罔測之變, 不憚逆鱗, 退斥權奸. 其他不顧身謀, 一心事君之丹忠炳節, 不可勝籌矣. 累遭竄逐, 幾陷大戮, 而精忠諒節, 不少挫焉, 實無愧於古之大臣矣.

當<u>業同</u>按獄之時, 以不窮治爲奏者, 斷無他意, 實爲春宮之地, 而亦出於忠赤之心也, 謂之"過慮"可矣. 而臺啓峻發, 或謂之"釀成", 或謂之"禍源", 或謂之"掩護", 請罷而不足, 又請竄配. 至於<u>金普澤</u>之疏, 至謂曰:"不顧大倫, 惟一身日後之[11]利害禍福, 是揣是度[12], 首貳聖母, 曲護凶逆." 此大臣之前後忠節, 街路之所興誦, 則<u>普澤</u>豈獨不知? 而猶忍如此者, 專出於伐異[13]猜賢之心也.

至於前領相<u>崔錫鼎</u>, 則請寬<u>禧嬪</u>一款, 亦出於爲春宮之忠心也. 此則左相<u>李世白</u>·<u>申琓</u>·<u>李畬</u>·兵判<u>金構</u>·戶判<u>金昌集</u>, 心相同也, 箚相同也. 而特以

---

10) 前 : 底本에는 "則"으로 되어 있다. 연활자본과 《稗林》에 근거하여 수정하였다.
11) 之 : 底本에는 없다. 연활자본과 《稗林》에 근거하여 보충하였다.
12) 度 : 底本에는 "廢"로 되어 있다. 연활자본에 근거하여 수정하였다.
13) 異 : 底本에는 "義"로 되어 있다. 연활자본과 《稗林》에 근거하여 수정하였다.

領相三箚之懇至, 區而別之, 乃爲罪目, 何其不公之甚也? 此無他, 不計是
非, 公論專出於黨同伐異之習也.

自是之後, 世人謂之曰:"老論斥禧嬪, 少論扶禧嬪." 此亦謬言也. 然則以
若南九萬·崔錫鼎·尹趾完·尹趾善之賢相, 豈扶禧嬪之妖凶耶[14]?[15] 皆
出於爲世子之忠悃, 而謂之"扶禧嬪", 人心之危險, 於此可知也, 吁! 可歎
矣. 以一禧嬪之妖凶爲老少論之機關, 所謂老少論, 亦可笑也.

曾在甲戌, 後宮崔氏生王子, 是爲延礽君. 聖母之復位, 多賴崔氏之開恢
上意也. 禧嬪當服罪之日, 乃曰:"一見世子, 然後當從上命." 母子情理,
所在難禁, 上許世子相見. 禧嬪固宜流涕不暇, 而反出不忍說之惡言, 肆
其毒手, 侵及下部. 世子卽地氣塞, 半餉之後回蘇, 闕內驚惶. 世子自是之
後, 仍成奇疾, 容貌漸漸瘦黃, 精神時時昏眩.

論其前日罪惡, 雖處斬肆市, 不爲過也, 而賴有世子, 自斃闕內, 亦云幸矣.
何怒於世子, 而爲此不忍惡毒之事[16]乎? 古今天下, 豈復有如此惡毒之
人[17]乎?

14) 耶:底本에는 "邪"로 되어 있다. 연활자본과 《稗林》에 근거하여 수정하였다. 이하
　　동일 사례에 대해서는 별도의 校勘記를 달지 않는다.
15) 禧嬪之妖兇耶:底本의 영인본 442쪽 하단과 443쪽 상단이 뒤바뀌어 있어 연활자본과
　　《稗林》에 근거하여 바로 잡았다.
16) 事:底本에는 "手"로 되어 있다. 연활자본과 《稗林》에 근거하여 수정하였다.
17) 之人:底本에는 "手"로 되어 있다. 연활자본과 《稗林》에 근거하여 수정하였다.

乙酉年

乙酉十一月, 有世子傳禪之命. 領府事疏諫, 上答曰:"今日此舉, 寔出萬萬不得已, 惟卿之體諒也." 其後諸臣連諫, 未幾還收.

庚寅年

庚寅二月, 領相崔錫鼎曾以藥院未盡誠事, 承嚴批, 方在待命, 因左相徐宗泰陳箚救解, 特命還寢. 卽日出仕之後, 七度呈辭, 敎以勉副, 卽日尋鄕. 仍命卜相, 以李畬爲領相, 左相金昌集, 右相李頤命.

丁酉年

丁酉七月, 右相<u>李頤命</u>獨對. 罷後, 有諸大臣命招之擧. 且有王世子聽政之命. 獻納<u>朴聖輅</u>論獨對之非, 右相上箚辭職, 答曰: "獨對之事, 非今創行. 卿顧謂承宣'同我隨入', 則尤無所失矣." 備忘記: "五載沈綿之餘, 目疾添重, 視物益昏, 酬應漸難, 國事可虞. 依國朝及唐時故事, 世子聽政."[1] 八月初一日, 世子聽政. 朝參節目, 禮曹入啓. 領府事<u>尹趾完</u>聞右相獨對之報, 舁櫬入京, 陳箚非斥. 蓋右相獨對時筵敎, 非在外之臣所可得聞, 然自然漏洩於外矣. 略聞漏外之言, 則初以世子代聽之事下詢, 則右相奏曰: "此非臣獨承之事也, 與諸大臣議定." 又敎曰: "欲用<u>唐 太宗</u>故事, 卿意何如?" 右相奏曰: "殿下何出此言也? 非臣子所敢聞." 汲汲而退. 於是命招諸大臣, 乃下王世子聽政之命矣.

細究是日之處分, 則命右相獨對者, 欲詢其過失之敎, 而右相牢拒之, 則上知其不可動搖, 遂招諸大臣, 乃下聽政之命. 若不右相之牢拒, 當日事未可知也, 而特其右相之牢拒, 故上雖有發端, 而終未得行也. 此豈非右相之得體者乎? 是日中外, 莫不驚惶疑惑. 領府事得聞此報, 忙忙入京, 箚斥右相, 批曰: "予病至此, 變通之外, 無他道理. 此固已定于心, 使世子聽政之敎, 予先發於口, 而大臣奉承, 則與<u>世宗</u>廟事, 自然相符. 其歲受敎之

---

1) 曾在甲戌 …… 世子聽政: 底本에는 영인과정에서 442쪽 하단과 443쪽 상단을 뒤바꿔 놓았다. 연활자본과 《稗林》에 근거하여 수정하였다.

下, 未聞有爭之者, 今必爭, 責大臣, 此予之所未解也."

又傳曰:"今玆使世子聽政之敎, 遵依國朝故事, 則處分得宜, 固無可言者. 若以筵敎, 有懷欲陳, 夫孰曰不可? 領府事以篤疾之人, 汲汲入京, 有若國家安危, 迫在呼吸者然, 擧措極異常. 告君之辭, 亦未擇發, 而至於右揆, 則直以'私臣', 一筆句斷, 驅之罔測之科, 是誠何心也?"

答右相辭箚曰:"領府事言獨對事, 遣辭至深, 其意實在於逐卿. 況獨對時, 卿之竭誠匡救, 可質神明, 則大臣之言, 豈非卿之至寃乎?"

雖以此批旨觀之, 竭誠匡救, 可質神明. 聖敎旣如是明白, 則右相之匡救, 丁寧無疑也. 然獨對之擧, 上下交失. 旣曰"獨對", 則必有隱微之敎也, 人君有何隱微之言於臣也, 人臣敢承隱微之敎於君乎? 古人云"嫌疑之地, 君子避之", 是故時原任大臣之違召於是日者, 實有嫌於識事機, 知輕重之故也.

九月初一日, 告廟頒赦. 世子聽政.

庚子年

庚子[1]六月初八日, 上昇遐于慶德宮. 院相金昌集·右相李健命, 依舊例共議 敦匠凡事, 稟旨依達.

十二日, 大行大王成服.

十三日, 王世子嗣位. 告訃兼請諡使, 判府事李頤命·李肇[2]·朴聖輅, 榻前定奪.

○ 李頤命細議于領右相曰 : "今此使行, 別[3]有深慮者存矣. 主上當辛巳之變, 旣被禧嬪毒手之犯, 且驚禧嬪極慘之事. 自是之後, 容貌漸至於瘦黃, 而血色頓減調和. 鬱火時動於胸膈, 而精神常多昏迷, 遂成奇疾, 病氣快著於外. 世子之接見北使亦屢矣, 而彼使見其病色之如此也, 每有未滿底意矣. 今當奏聞嗣位之時, 彼人之心, 有難測度, 萬一有意外之事, 則將若之何?
在我愼重之道, 不可無預備. 自前我朝有請, 彼若不肯, 則有行貨得成之例. 且近來赴燕之行, 其所交接, 專出銀貨. 雖冬至謝恩之例行, 請得公貨,

---

1) 庚子 : 底本에는 없다. 연활자본과 《稗林》에 근거하여 보충하였다.
2) 肇 : 底本에는 "璱"으로 되어 있다. 연활자본과 실록에 근거하여 수정하였다.
3) 別 : 底本에는 "竊"로 되어 있다. 《稗林》에 근거하여 수정하였다.

以備分斂⁴⁾應副之資者, 便成規例. 今番之行, 實關國家大事, 而亦持銀貨
而去, 以備不虞, 僉意如何?" 諸大臣皆應曰"諾." 於是請得六萬兩銀子以
行. 及至彼中, 無樊竣⁵⁾事而還, 持去銀貨, 依本數還納戶曹.

刑曹判書<u>兪集一</u>, 以崇秩宰相, 謂有身病, 一不進於問候之班, 揆以分義,
已極乖當. 而在於哭班, 壺觴隨後, 至被同列對面之誚, 且有臺啓削奪之
請. <u>淸恩君 韓配夏</u>, 當國恤蒼黃號痛之際, 在於闕外私次, 盃盤狼藉. 分義
情禮, 俱極蔑如, 臺啓論斥.

前參判<u>李光佐</u>位登宰列, 深蒙國恩. 而上候添加, 候班連設, 謂有情勢, 一
不進參. 侍藥設廳, 祈禱山川, 擧國驚惶, 而略不動念. 至於仙馭賓天, 敦匠
有命, 則肆然出膺街路, 吏卒目之以不忠.

七月初八日, 梓宮加漆之時, 有召對之命. 領相<u>金昌集</u>奏曰:"當此宅恤
之時, 不廢典學之工, 凡諸群下, 莫不歎仰. 而昨暮始講, 夜深乃罷, 今日又
有召對之命, 卽今盛暑, 趁日開講, 恐損上體. 有時召對似好. 云云." 右相
<u>李健命</u>亦奏曰:"此時異於常時. 上體亦易受損, 召對姑停似好. 云云."
或有問於領相曰:"自古帝王, 未有臨講於諒闇之中. 方今主上居廬而講
學, 恐非《禮經》, 何不引經而奏之, 姑停召對於因山之前, 而⁶⁾乃反以有時
召對爲奏, 殆不近於百步五十步之間耶?"
領相曰:"吾豈不知此耶? 自來玉候源委, 在於鬱火時時衝激, 精神數數
昏眩. 其若潛心於典學, 則或爲降鬱火養精神之一助, 故所以引其端而仰
贊也. 若今盛暑, 逐日臨講, 則恐有損於玉體, 故所以有時開講而奏之."
聞之者皆服其憂愛之誠. 玉堂<u>兪拓基</u>問議進講冊子於諸大臣. 領相曰:
"《禮經》帝王節義之所載, 則尤合於喪中之所講. 以《禮經》進講爲宜."

---

4) 分斂：底本에는 "不虞"로 되어 있다. 연활자본과《稗林》에 근거하여 수정하였다.
5) 竣：底本에는 "準"으로 되어 있다. 연활자본과《稗林》에 근거하여 수정하였다.
6) 而：底本에는 "以"로 되어 있다. 연활자본과《稗林》에 근거하여 수정하였다.

十一日, 傳日 :"在京百歲老人二人招入事分付." 校理洪廷弼疏諫曰 :
"卒哭之前, 開講之事, 老人招入之事, 恐有未安. 云云." 右相責之曰 :"年
少儒臣徒知直諫之義, 而全昧時措之宜也. 方今主上患候, 自非鬱火衝激,
則精神昏憒. 聖心豈不知卒哭前開講爲未安? 而連日召對者, 托心講學,
欲忘鬱火之意也. 今者招入老人, 亦以此意也. 今在近侍之列, 未審上候
之如何, 且昧聖意之所在, 疏諫若常時者然, 未知其可也. 諫君之心, 出於
愛君之誠, 今時則只可愛君, 不可諫君矣." 聞之者莫不歎服.

二十一日, 幼學趙重遇以張禧嬪追報事上疏. 其曰 :"追報之道,《禮經》
明訓."《禮經》所謂"追報"者, 其果以古亦有如禧嬪之大變怪也, 如先王之
大處分也, 如今上之所處地也, 而乃有追報之說耶?
不論本義之出處, 只憑"追報"之二字, 敢擬於今日, 是誣《禮經》之本義也.
其曰"母以子貴',《春秋》大義",《春秋》所謂"母以子貴"者, 卽公羊悖禮之
說. 而胡氏之傳, 極論其非, 程·朱兩賢, 亦甚嚴斥, 而敢以此勸君上, 是納
君上於不測也.
其曰 :"上自大臣, 下至三司, 而無一人爲殿下言此事者." 是敢以不軌之
心, 凌侮朝廷也. 其曰 :"先大王之靈, 必弗咈於今日之舉." 是敢以不道之
臆見, 勒持先王之靈也. 其曰 :"《璿源譜略》有'禧嬪'二字, 而先大王未嘗
有刪去之舉, 則先大王微意在於其間." 夫禧嬪罪雖貫盈, 而嬪則嬪也,《譜
略》書之曰"禧嬪"之外, 無他可稱之字也. 是故以先大王至正至微之大處
分, 至於"禧嬪"二字存, 而勿論此也. 乃以此敢謂曰"先王微意在於其間",
矯誣先王, 胡至於此也?
凡此五大罪, 有一於此, 則罪犯罔赦, 而彼重遇一疏之內, 五罪俱彰, 在廷
諸臣同聲嚴討之[7]不暇, 而趙觀彬·趙聖復一二臣之外, 率多袖手傍觀. 而
至若吏判趙泰耉上疏辭職, 當日出去果川, 承旨宋成明謂有母病陳疏受

---

7) 之 :底本에는 "之之"로 되어 있다. 연활자본과《稗林》에 근거하여 수정하였다.

由, 皆有故[8]避之意也.

蓋先朝失志之徒, 不樂於王弟之英明, 積猜於正類之當局, 包藏禍心, 厥惟久矣. 當主上嗣位之初, 以禧嬪追報之事, 把作奇貨, 先圖迎合上意, 以擇嗣宗室之計, 利誘貴戚, 潛謀除去國本. 如彼凶謀, 雖曰秘密, 自然漏泄, 傳說紛紜, 人心危疑, 怨國之徒, 同一謀計, 逆肚相連.

故重遇悖疏之出也, 或視之尋常, 或逃避不現, 無一討斥者. 惟獨老論中數三人, 陳疏嚴斥, 則老成諸君皆止之曰: "重遇之事, 薄物細故也. 主上尙無嗣續之望, 而延礽君卽先王之小子也, 主上之親弟也. 聰明之姿, 廻出百王, 仁孝之德, 夙著八域, 定策[9]儲嗣, 非延礽君誰也? 禧嬪追報之事, 雖違於《禮經》, 不至於國亡. 世弟策封之事, 今若少緩, 則國脈絶矣. 方營定策大事, 而何必事於討斥重遇, 積忤於群小, 上以妨大事, 下以致速[10]禍耶?"

以定策世弟, 自初劃計, 而主論者金昌集·李頤命·李健命, 三大臣也. 同議者權尙游·閔鎭遠·鄭澔·李宜顯·李觀命·趙聖復·洪致中·李晩成·申鉅·任埅·宋相琦·洪啓迪, 諸君子皆是一代名流也. 以至于文官堂上堂下, 武臣堂上堂下, 莫不樂從於冊封世弟之議, 惟獨趙相泰采, 則三大臣初不同議, 故趙相全然不知也. 而三相之不與趙相同議者, 以趙相與趙泰耇·泰億兄弟爲從兄弟, 而恐事機之漏泄也.

一日則三大臣同會, 議事之際, 趙判府泰采以單騎猝至, 奮袂[11]而言曰: "諸大監方營國家大事, 而何獨擯小生也?" 金昌集笑而不答, 李相健命正色曰: "吾輩不幸, 當國勢之危急, 計短謀拙, 末由效力, 晝宵憂惶, 只願速死而已. 今日之會, 欲以盃酒, 暫消世慮也, 有何國事之所營也? 吾三人深

---

8) 故 : 底本에는 "所"로 되어 있다. 연활자본과 《稗林》에 근거하여 수정하였다.

9) 策 : 연활자본에는 "冊"으로 되어 있고, 《稗林》에는 "策"으로 되어 있다. 이하 동일 사례에 대해서는 별도의 校勘記를 달지 않는다.

10) 速 : 底本에는 "遠"으로 되어 있다. 연활자본과 《稗林》에 근거하여 수정하였다.

11) 奮袂 : 底本은 "奪挾"으로 되어 있다. 연활자본에 근거하여 수정하였다.

蒙國恩, 位充大僚, 宜圖保宗社之策, 而其於無才能何也? 設或有之, 何可同議於謀移國本, 泰耉·泰億之同祖孫乎? 況初無是事, 而大監自何得聞營國事之報也?"

趙相瞠視良久, 噓唏而歎曰:"小生釋褐以後, 追隨大監輩, 肝膽相輸, 情誼相通, 凡幾年所也. 小生雖稟賦不敏, 才智蔑稱, 然素有忠國愛君之誠, 粗知君子小人之別. 默察諸大監之平日持心, 可以爲社稷之臣, 可以托六尺之孤, 先王付畀之托, 良有以也. 然方今國勢漸危, 邪黨釀凶, 而諸大監束手噤口, 殆若忘國者然, 心切訝怪矣.

去夜爲參忌祀, 往從兄家, 方其臨臥之時, 從兄問曰:'金昌集輩謀議世弟冊封云, 台其知之耶[12]?' 對曰:'今始初聞.' 從兄曰:'君於此輩, 奉之若神明, 而營此大事業, 不與共議, 其內疏之心, 有可知矣. 台勿更親. 假托曰冊封世弟, 而其實移國之計也, 若復親密, 後必禍及.' 小生及聞此言, 始知諸大監之營好事, 而獨擯小生, 心切怪之. 所以汲汲而來, 願聞其計, 則乃以我爲大年至親, 諱而不發, 却之退之, 至於此耶? 烏在幾十年推許之情誼耶?

小生與從兄, 自來情疏, 而曾見靑驪貴客頻數來往於角里, 殆涉淆雜. 故若非朔朝與忌日, 則初不投足. 今乃疑我, 方營存社之大計, 而初不共議, 終欲擯斥耶? 此故人不知我之謂也."

金相執手欣然曰:"大監處地[13], 人易疑之[14], 今聞痛快之言, 忠赤之心, 卽地可掬." 趙相曰:"主上素有奇疾, 春秋今至三十四歲, 而前後兩宮, 尙無螽斯之慶. 延礽君, 孝廟之孫, 先王之子, 主上之弟, 而年貌壯盛, 睿學日就. 建儲之事, 時日爲[15]急, 而諸大監何緩緩也?"

---

12) 耶:底本에는 "也"로 되어 있다. 연활자본에 근거하여 수정하였다.
13) 地:底本에는 "他"로 되어 있다. 연활자본에 근거하여 수정하였다.
14) 之:底本에는 뒤에 "地"가 더 있다. 연활자본과《稗林》에 근거하여 삭제하였다.
15) 爲:底本에는 "危"로 되어 있다. 연활자본과《稗林》에 근거하여 수정하였다.

三相同聲曰：“事理則然, 而卒哭之前, 不可遽議也.” 李相頤命曰：“重遇
之疏, 似是大機括, 必有指嗾者矣.” 趙相曰：“大機括曷勝言哉? 曾聞或者
之言曰：‘天理人情, 上下一也. 主上今登寶位, 必欲追報於禧嬪, 此固天
理也人情也. 其若尊其名號加之爵位[16], 固宜阻擋, 而至若厚其祀典, 加
築墳墓, 誰敢曰不可乎? 爲今日臣子者, 只當以勉抑至情[17]一遵先王爲
奏, 而固不敢如前斥言之也, 亦不敢如前防塞之也. 雖無重遇之疏, 主上
追報之心, 已切於平日. 況今重遇之疏, 迎合上意者耶[18], 若其一切斥言,
一切防塞, 此固取禍而敗事之道云.’ 此言何如也?”

金相曰：“今日北面之臣, 依前斥言, 在所不敢, 而若有過隆之禮, 一切防
塞, 不亦可乎? 一自重遇之疏出也, 吾黨之人, 怫怫奮激, 凶邪之徒, 揚揚
自得, 爻象大不佳[19]. 而且泰耆·鳳輝輩締結貴戚, 日相會議, 彼輩所議者,
乃擇嗣宗室之事也. 主上克友延礽君, 常常撫背而言曰：‘三宗血脈, 惟汝
與予, 而予則自幼有奇疾, 莫可致遠. 所恃者惟汝, 而汝漸長成, 祖宗之所
佑, 國家之福也.’

主上之愛延礽如此其篤, 則邪黨莫可變動上意. 而南九萬卽少論之領袖
也, 禧嬪伏罪之時, 有一言之救[20], 故主上自潛邸時, 恩感於少邊人也. 吾
黨之人, 自初斥言禧嬪, 不有餘地, 已多積忤於聖心. 而到今主上嗣位, 少
論之以追報禧嬪事, 容悅上意, 不見可圖矣, 吾輩之自此退斥, 容可說乎?
此則初無一毫顧惜. 而彼結貴戚, 以擇嗣宗室之利, 日復日流入宮闈, 則
婦人偏性, 易以動搖, 而若售彼計, 則國脈絶矣. 吾輩承先王付託[21]之重,

---

16) 固天理 …… 爵位：底本에는 없다. 연활자본과 《稗林》에 근거하여 보충하였다.
17) 情：底本에는 “正”으로 되어 있다. 연활자본에 근거하여 수정하였다.
18) 耶：底本에는 없다. 연활자본과 《稗林》에 근거하여 보충하였다.
19) 佳：底本에는 “可”로 되어 있다. 연활자본과 《稗林》에 근거하여 수정하였다.
20) 救：底本에는 “赦”로 되어 있다. 연활자본과 《稗林》에 근거하여 수정하였다.
21) 託：底本에는 “托”으로 되어 있다. 연활자본에 근거하여 수정하였다. 이하 동일사례
　　에 대해서는 별도의 校勘記를 달지 않는다.

豈顧斧鑕之誅耶?

<u>重遇</u>之疏, 卽彼輩施凶之漸也, 締結貴戚, 卽彼輩移國之計也. 吾輩爲<u>延礽</u>一死之外, 無他策矣, 爲<u>延礽</u>豈非爲國家耶? 吾輩白首殘年, 當此不幸之會, 命耶時耶? 雖至萬戮, 庶共一心, 以保三宗之一骨肉, 則死而作忠義之鬼, 而可報先王知遇之感矣." 四相一時流涕焉.

二十六日, 告訃正使判府事<u>李頤命</u>·副使<u>李肇</u>·書狀官<u>朴聖輅</u>出去.

八月初七日, 進香之需, 極其奢靡, 至求異國珍怪之物, 爭務以相高. 先大王臨御以來, 專尙節儉之餘, 以此奢靡之物, 充於進香之膳需, 而朝臣無一進諫者. 惟司諫<u>金濟謙</u>疏諫之, 其略曰: "魂殿進香, 出於臣子追慕之情, 誠不可以已也, 然而不當以物之豐盛爲禮也. 禮固以小爲貴者, 天子用特牲, 諸侯之奉膳於天子, 亦止一犢. 豈非至敬之地, 簡事之道, 以小爲貴者乎?

今臣子之於大行, 分義禮節, 與諸侯之事天子, 天子之事天, 宜相等也, 其所以享祀之者, 今當以小爲貴. 而臣聞各衙門·諸宮家營辦進香之費, 至於數百千兩之錢, 窮貿異國難得之物, 務以相高. 故其間多有苟且之事, 不正之食, 而奢靡則極矣, 不但違於《禮經》貴小之義也. 先大王節儉之德, 卓出前古, 所御殿內窓紙·廳上紋席, 皆令添補者, 閭閻之間, 莫不傳誦.

癸巳夏, 模寫御眞[22]之日, 所進膳羞極其菲薄, 入侍群臣皆[23]得觀瞻[24], 至今敬歎, 以爲帝王之盛節. 今臣下之所自以盡其誠者, 大乖大行平日之心, 其爲未安, 孰大於此? 宜令政院, 急速知委於中外, 各處進香饌品, 視

---

22) 眞 : 底本에는 "進"으로 되어 있다. 연활자본과 《稗林》에 근거하여 수정하였다.
23) 皆 : 底本에는 "始"로 되어 있다. 연활자본과 《稗林》에 근거하여 수정하였다.
24) 瞻 : 底本에는 "膳"으로 되어 있다. 연활자본과 《稗林》에 근거하여 수정하였다.

前克減, 務從簡潔, 以昭大行大王節儉之至德也."

聞之者皆曰:"若使廷臣, 皆如<u>金濟謙</u>之開陳, 善道於主上, 嗣服之初, 堯·
舜君臣可期於今世矣." 稱美之言, 至僅[25]輿而播傳, 宵小輩倍有齟齬[26]
之心矣.

九月初七日, 大司成<u>黃龜河</u>書進, 掌議尹志述所懷略曰:"伏見判府事<u>李</u>
<u>頤命</u>所撰幽宮之誌, 則於辛巳事[27], 沒而不書, 臣切不勝驚駭痛惋之至.
夫辛巳年間之變, 暗密難測, 而我先大王明於燭機, 謹於防患, 快恢乾剛,
明施典章, 使宮闈肅而興憤洩. 其處分之嚴正, 志慮之深遠, 求之簡策, 亦
所罕見也. 先大王有此盛[28]德事, 而凡爲先大王臣子者, 孰不敢思盡表章
於來世哉?
然而<u>頤命</u>乃於白首之年, 猶且顧瞻利害, 費盡機巧, 忘先王隆厚之恩,
藉[29]他日讒賊之口, 此豈人臣所可忍爲? 而及其公議譁然, 懼[30]不可以逃
罪, 則敢以'諱親'之說, 作爲義理, 有若殿下眞有可諱之親, 而臣子眞有當
諱之義者然, 噫嘻! 此何言也?
惟我先大王·先后受祖宗付託之重, 而傳序於殿下, 嗣登寶位, 爲社稷生
民之主, 則殿下之不敢復有私親, 義理至明. 況辛巳處分, 寔出於先大王
爲國家萬世之慮, 前後章奏之批, 明示聖意之所存者, 炳如日星, 則殿下
之不敢復以他意存於淵衷, 道理當然.
今相臣既自[31]怵迫於禍福, 使先大王懿美之德, 不免於掩翳而不章, 又復

---

25) 僅:底本에는 "擡"로 되어 있다. 用例를 고려하여 수정하였다.
26) 齟齬:底本에는 "崎屹"로 되어 있다. 연활자본에 근거하여 수정하였다.
27) 事:底本에는 "年"으로 되어 있다. 연활자본과 《稗林》에 근거하여 수정하였다.
28) 盛:底本에는 "聖"으로 되어 있다. 연활자본과 《稗林》에 근거하여 수정하였다.
29) 藉:底本에는 "籍"으로 되어 있다. 연활자본과 《稗林》에 근거하여 수정하였다.
30) 懼:底本에는 "俱"로 되어 있다. 연활자본과 《稗林》에 근거하여 수정하였다.

傳會經訓, 文致奸言, 要以自掩其心跡, 誣一世耳目. 嗚呼! 使先大王若在於今日, 則相臣猶敢以此等語肆然於章牘之間哉? 其不忠無狀之罪, 又不可勝誅. 云云."

○ 蓋相臣之撰進先王誌文也, 不提其辛巳事者, 一則以主上不忍聞·不忍言之事也. 一則以臣子爲其君諱其事之意也. 揆以事理, 參以分義, 則相臣之不復提辛巳事於今日撰誌之時者, 亦爲不悖於義理矣.

先大王辛巳處分, 實出於廓揮乾剛, 明施典章, 肅宮闈而洩輿憤, 以將亡之國勢, 措之盤泰, 使危懼之人心, 得其妥安, 猗歟盛哉! 其盛德至善, 可以表章於傳[32]萬世幽宮之誌矣, 而相臣雖或不得已闕之, 亦一欠事也.

<u>尹志述</u>以一年少儒生, 非斥大臣, 氣節之讜直, 言論之森嚴, 有足可尙. 而至"若殿下眞有可諱之親"·"殿下不敢復有私親"等語, 極涉狂妄, 難免過激矣. 以主上誕生之地言之, 則<u>禧嬪</u>卽主上所生之親也, 其曰"不敢有私親"云者, 不亦狂妄乎? 以辛巳極變之事而言之, 則<u>禧嬪</u>乃主上可諱之親也, 其曰"眞有可諱之親"云者, 不亦過激乎?

母子之間, 至情所在也. <u>禧嬪</u>之變怪自變怪, 主上之至情自至情, 辛巳以後, 主上之隱痛, 當如何哉? 爲今日北面之臣者, 至於辛巳一款, 不敢復提, 分義當然. 是以相臣之撰先王遺誌也, 初不提說者, 此也.

人臣分義, 當以相臣爲正矣. 若斷自宸衷, 爲其私親而有過隆之禮[33], 則爲臣子者, 以死爭之, 未爲不可. 而所謂<u>尹志述</u>者, 忽然提起, 遣辭悖妄, 增激主上隱痛之私, 拖出群奸潛伏之機, 雖可曰"儻直之士", 亦難免敗亡之臣也哉!

---

31) 旣自 : 底本에는 "槪"로 되어 있다. 연활자본과 《稗林》에 근거하여 수정하였다.
32) 傳 : 底本에는 "萬"으로 되어 있다. 연활자본과 《稗林》에 근거하여 수정하였다.
33) 禮 : 底本에는 "道"로 되어 있다. 연활자본에 근거하여 수정하였다.

十一日, 右相李健命箚略曰："誌文改撰事, 有都監稟旨擧行之命矣. 今
此誌文, 卽臣之從兄頤命之所撰, 而泮儒攻斥. 語意危迫, 構成人臣之極
罪案. 今於改撰之論, 臣何敢不顧嫌礙而參涉? 揆以公私分義, 斷無是理."
上曰："誌文大臣, 極意撰述, 元無闕漏處, 亦無錯認之說, 決不可改撰.
云云."
獻納宋必恒疏略曰："尹志述旣斥大臣之有逸於誌文, 且斥臺臣之無人
於論啓. 臣方在臺閣之人, 遭此非斥之言, 安得晏然於職次. 云云." 答曰：
"誌文大臣, 極意撰述, 已無闕漏錯認之處. 文已下, 石刻亦垂畢之際, 尹志
述以毒手之質, 挺身聚議, 憑據誌文, 詛戲大事, 構捏元老, 語及私親, 造意
陰險. 此等風習, 不可不提防, 邊遠定配." 左承旨趙鳴鳳·右承旨韓重熙啓
請尹志述定配之命還收事, 不允. 執義洪禹傳疏請尹志述定配之命還收
事, 不允. 正言金龍慶疏請尹志述定配之命還收事, 不允.

十四日, 領相金昌集請寢尹志述定配之命, 自上無發落. 趙泰耈繼陳"尹志
述全昧忌諱, 語多悖妄. 云云." 同日, 四學儒生趙徵等疏請尹志述遠配之
命還收事34), 不允. 正言金橝疏請尹志述定配之命還收事, 不允.

十月初一日, 朔奠, 上候不平, 不得進參.

初四日, 正言趙最壽疏斥尹志述以"殿下眞有可諱之親35)"等語, 勒令君父
自絶其所生之恩, 加非理於君父之罪, 而請施絶島竄配之律. 又斥兩司之
交章迭奏營救志述, 不少顧忌之事. 兼請前承旨金一鏡·宋成命前日特罷
之命還寢事. 趙最壽之此疏, 擠陷異己, 伸救同黨之始也.

---

34) 還收事：底本에는 없다. 《稗林》에 근거하여 보충하였다.
35) 親：底本에는 없다. 연활자본과 《稗林》에 근거하여 보충하였다.

十三日, 卜相<u>李頤命</u>·<u>金宇杭</u>·<u>趙泰采</u>·<u>崔奎瑞</u>. 傳曰"加卜", <u>鄭澔</u>. 傳曰"加卜", <u>趙泰耉</u>.

十四日, 傳曰 : "明日<u>望奠</u>, 疾不得進參."

二十日, 發靷36). 二十一日, 下玄宮. 【以下缺】

十一月初四日, 卒哭. 自初虞至卒哭, 而領相攝行, 連有上候之故也. <u>忠淸道</u>儒生<u>洪渝</u>等疏請斬無母無君賊臣<u>志述</u>之首, 以爲正彝倫·鎭人心事, 入啓.

十一日, 承旨<u>柳重茂</u>疏先斥玉堂圈錄全出於循私而忘公. 次請右相<u>趙泰耉</u>·前參判<u>李光佐</u>曲加開諭, 昭釋其當初心事, 以開進仕之道焉. <u>京畿</u>幼學<u>金行進</u>疏請賊臣<u>志述</u>付之有司, 亟正邦刑事.

蓋<u>重遇</u>之疏, 托私恩而悖大義, <u>尹志述</u>之疏, 扶大義而絶私恩, 何其相反之若是甚也? 一言而蔽曰"皆主上之罪人也." 主上今當嗣服之初, 欲伸其私親之恩, 天理人情之所當然也. 私情之所切, 上如有過37)擧, 則爲群下者, 惟當以勉抑至情, 一遵先朝已定之規, 開恢上意矣, 宜不敢以導君父於一毫私情. 而彼<u>重遇</u>者, 妄揣天意, 不顧大義之重, 投呈凶疏, 圖逞希覬之心, 論其情狀, 卽一千古小人. 而<u>洪渝</u>·<u>金行進</u>輩接踵而起, 欲陷主上於不義之地, 不亦痛哉? 主上嗣服以後, 追報私親, 非不切矣, 而凡諸施措之間, 辭色之際, 初無絲毫之形見者, 而乃反嚴懲<u>重遇</u>, 此誠國家之福也. 今日臣子, 亦不敢以更提往事於此時, 而彼<u>尹志述</u>者, 幽宮誌文, 謂有闕

---

36) 靷 : 底本에는 "軔"으로 되어 있다. 연활자본과《稗林》에 근거하여 수정하였다.
37) 過 : 底本에는 "此"로 되어 있다. 연활자본과《稗林》에 근거하여 수정하였다.

漏, 而忽生妄見, 提起旣往之事. 告君之辭[38], 宜其謹愼, 而快心斥言, 以傷
主上之心, 論其志意, 雖出於扶義, 而惟其供辭少無畏忌, 竄逐遐裔, 卽其
自取. 而自館學之儒, 至臺閣之臣, 而伸救不已, 莫非貽憾於上意也, 後日
之禍亂, 烏得免乎? 不思遠慮, 吁! 亦憾矣.

苟若同朝之臣, 固宜一心事君. 有如重遇之疏出焉, 則同聲討之, 以遵[39]
先王之處分, 有如尹志述之疏出也, 則同辭[40]斥之, 以慰主上之隱痛, 則
此固經權並用之道也. 朝著無睽離排擊之患也, 而今也不然. 討重遇也,
少論故避之, 斥志述也, 老論故扶之. 奸凶之徒, 則益肆奸凶之計, 忠憤之
士, 則益增忠憤之心, 朝象泮渙, 國勢傾危, 此固邪正難容而然歟?

誰生厲階, 至於斯極? 一則禧嬪之罪[41]也, 二則禧嬪之罪也. 噫嘻! 禧嬪賦
性邪妖, 頓忘聖母引納之德, 反生淫女嫉妬之心, 敢間坤極, 僭竊母位. 寵
幸[42]八載, 肆行萬惡, 彝倫隨以晦盲, 國家幾至危亡.《詩》所云"赫赫宗周,
褒姒滅之"者, 正謂此也.

猗! 我先大王一朝覺悟, 廓揮乾剛, 乃有辛巳之處分, 綴旒之國勢, 方始奠
安, 陷溺之人心, 庶可底定. 然毒手敢肆於臨刑之日, 而貽奇疾於主上, 俾
絶嗣續之望, 餘惡尙烈於旣死之後, 而釀禍心於凶徒, 以致宗社之危, 一
女人之禍, 何其酷也? 主上之春秋, 方今三十四歲矣, 由此奇病, 前後兩宮,
終無懷孕之期, 中外之所深憂者也. 惟以王弟之長成英明, 都下人心, 慇
懃慰望, 自然鎭安矣.

孝橋傍有劉敬寬者, 爲人謹厚, 且有識字, 曾以司謁侍先大王殆近六七年,
而因病退去者也. 其言曰:"先大王一日, 則夜深後, 扶杖周行於[43]宮闈

---

38) 辭: 底本에는 "事"로 되어 있다. 연활자본과《稗林》에 근거하여 수정하였다.

39) 遵: 연활자본에는 "尊"으로 되어 있다.

40) 辭: 底本에는 "聲"으로 되어 있다. 연활자본과《稗林》에 근거하여 수정하였다.

41) 罪: 연활자본과《稗林》에는 "故"로 되어 있다.

42) 幸: 底本에는 "行"으로 되어 있다. 연활자본에 근거하여 수정하였다.

之內, 歷過內人房. 獨一內人房, 燈燭輝煌, 自外暗覘, 陳設盛饌, 一內人供手跪坐於床下. 先大王深怪之, 開其戶而下詢其故.

內人俯伏奏曰:'小女卽中殿侍女, 而偏承寵愛之恩矣. 明日卽中殿誕辰, 廢處西宮, 罪人[44]自處[45], 不御水剌, 朝夕支供, 只是麤糲. 明日誕辰, 誰進饌羞? 小女情理, 不勝悵然, 設此中殿所嗜之物, 而萬無進獻之路, 故以進獻樣陳設於小女房中, 欲伸誠悃.'

上始思之, 明日果中殿誕辰也. 卽有感悟之意, 而嘉其誠意, 遂近之. 自是有胎, 漸及至六七朔, 禧嬪得知[46]之, 捉納其內人, 結縛毒打, 幾至死境, 則置之墻下, 以大甕覆蓋之矣.

先大王方倚枕乍睡之間, 忽夢神龍自地中欲出不得, 僅露頭角, 而泣告先大王曰:'殿下速活我.' 先大王驚悟而深怪之, 入禧嬪之寢房, 周觀之, 初無可驗, 忽見墻下有一覆甕, 下詢曰:'彼甕何故倒立之?' 禧嬪以巧辭對曰:'空甕本來倒立之也.' 先大王卽命內侍使之正立之, 則其中露出結縛之女人.

先大王大驚而看之, 則乃向夜所近之內人, 而血流滿身, 命在呼吸. 急令解縛, 先以藥物灌口, 次以米飮注咽. 食頃始有生氣, 遂置於正寢挾房, 朝夕救護, 幸得蘇甦, 而胎亦安矣. 先大王自是之後知禧嬪之惡, 遂有疏斥之心, 而頗有向意於中殿.

及夫崔氏乃生王子, 先大王十分喜幸, 下敎崔氏曰:'汝有至誠於中殿, 故神明所佑, 使我而近汝, 有此弄璋之祥, 卽以中殿之故也. 若非中殿誕辰之故, 汝何明燭而設饌, 適見於我過之時乎? 今日弄璋之祥, 卽中殿之所賜也.' 崔氏仰對曰:'今日下敎, 節節至當. 若知弄璋之祥, 果由於中殿,

---

43) 於:底本에는 없다. 연활자본과 《稗林》에 근거하여 보충하였다.
44) 罪人:底本에는 없다. 연활자본과 《稗林》에 근거하여 보충하였다.
45) 處:底本에는 뒤에 "以"가 더 있다. 연활자본과 《稗林》에 근거하여 삭제하였다.
46) 得知:底本에는 "知得"으로 되어 있다. 연활자본과 《稗林》에 근거하여 수정하였다.

則宜有復位之處分也.'上曰:'予心亦然矣.'遂有復位之舉. 如此異事, 滿
朝百官, 皆所不知而我獨知之. 云云."

○ 至矣盛矣! 我閔中殿卽聖母也. 自嬪于之初, 貞正之德, 節儉之風, 雖周
之太姒·漢之馬后, 無以加焉. 篤生之慶, 居然漸晚, 以是用憂47), 懇勸大
殿, 遂納禧嬪, 而乃生世子, 則欣幸愛育, 無異己出. 而及爲禧嬪之讒間,
廢黜西宮, 而六年之間, 初無一毫怨尤之心.
自處以罪人, 雖盛暑深掩宮門, 不見天日, 雖隆冬因御絺綌, 不服煖衣, 自
廢水刺, 只進糲飯矣. 自本第進獻松茸炙, 中殿對而不御, 悲感不已. 侍女
問其故, 敎曰："此是大殿所嗜之物, 我何忍獨食耶?" 仍退出之. 廢處西
宮, 已多年所, 而誠愛主上之心, 去益彌切, 不少懈焉. 天日明臨, 感其至
誠, 因中殿之誕辰, 而使崔氏設饌, 因崔氏之設饌, 而使主上適覽, 遂致弄
璋之祥, 復位之慶, 孰使之然也? 天使之然也, 則使天而使之然者誰也?
我聖母之至德至誠之使之然也.【以下缺】

十八日, 成均館同知事李宜顯·大司成金雲澤啓以尹志述被譴事, 聖廟之
多日空齋, 極爲未安事. 凡五啓而始有尹志述竄配還寢之命.

先大王爲國家萬世之慮, 乃有辛巳年至正至微之處分, 盛德大業, 實合刻
之金石傳之萬世矣. 然而幽宮誌文全然闕漏, 撰誌大臣, 雖出於不得已爲
君諱親之意, 而實爲大欠事也. 滿朝諸臣非不知也, 而或規避而不欲言,
或畏懼而不敢發矣.
尹志述以年少儒生挺身獨當, 言雖乖激, 義則明正, 先大王四十年, 培養
之德, 於志述有可驗矣. 志述所懷中, 竊歎臺閣以誌文有闕事, 無一人陳
達於紸纊之下, 有非斥之語. 臺臣宋必恒只陳引咎辭職之疏, 初無志述請

――――――
47) 憂:底本에는 "意"로 되어 있다. 연활자본과《稗林》에 근거하여 수정하였다.

罪之事, 而此批旨有志述遠配之命, 主上之深憎志述, 有可驗矣. 上自大臣, 下至諸臺, 而伸救志述, 終不允從, 而及夫泮儒[48]之多日空齋, 然後始寢志述竄逐之命.

主上重賢館之意, 賢館立正論之風, 足可以觀美於今日. 然正類扶志述之疏, 則每斬兪允, 邪黨討志述之疏, 則必下溫批. 上意之所向, 有可以揣得, 而凶邪之徒, 非不知以志述供辭出於正直, 以王弟策封實爲當然, 而討志述而爲禧嬪者, 乃是迎合上意, 芟夷正類之計也.

捨王弟而議宗室者, 乃是"門生天子", 擅國柄之計也. 志述竄配之命, 還收未幾, 乃有臺臣趙最壽之疏而請志述則絶島定配, 捲堂儒生則一倂逐出, 營救兩司諸臣·國子堂上及大臣, 幷請罷職. 此乃邪黨之謀計已成, 排擊正類之大機關也.

二十六日, 遠接使兪命雄·畿伯李埰迎勅[49]後入來. 北使知會謄本, 有"相見世子時, 幷諸子姪以見云云", 實是無前意外之事也, 中外見聞者, 莫不驚怪矣. 及至主上接見北使於館所之日, 北使乃以皇旨如此之意, 言于主上. 侍從·三司之臣, 諭以禮義之不然, 事理之不當, 一切防塞, 彼亦不得力請, 而其事仍得寢止.

主上自春宮時, 屢接北使, 凡諸周旋動作之際, 禮儀棣棣, 少無失措[50]. 然病氣形著於外貌, 二十年間, 北使來者, 非止一二, 而見世子容貌, 皆有未滿底意而歸. 自此彼中稔知世子有非常之疾也, 及其封典之使來, 必有皇旨之有所云云者矣.

彼中之法, 有違皇旨者, 夷其三族, 今若無皇旨, 則彼使何敢矯命於外國

---

48) 儒 : 底本에는 "濡"로 되어 있다. 연활자본과 《稗林》에 근거하여 수정하였다.

49) 勅 : 底本에는 "勑"으로 되어 있다. 연활자본에 근거하여 수정하였다.

50) 措 : 底本에는 "操"로 되어 있다. 연활자본과 《稗林》에 근거하여 수정하였다.

耶? 明非彼使之爲僞也. 是故來使自中路已有此言, 儐臣節節力沮, 則彼
乃曰"若不奉行, 初不詣闕, 直當回程"爲言. 儐臣萬端開諭於上价, 無撓.
抵京, 及見主上, 又傳皇旨所云, 而侍衛諸大臣, 據禮牢拒, 彼亦無奈, 不得
更請矣.

北客謂以皇旨請見王弟子姪, 此固彼中之失禮, 而意外之事也. 其在本朝
之臣也, 同心相議, 只爲防塞之道也, 不宜歸責於儐接之臣. 而右相趙泰
耉箚斥儐臣與廟堂, 儐臣[51]與廟堂有何咎也? 禮判朴泰恒陳疏請罪任譯,
不亦謬[52]乎?

且趙泰耉箚中有曰"陪臣受之爲冒嫌"云, 主上旣無他子姪, 只有王弟延礽
而已. "冒嫌"二字, 隱然侵逼於延礽, 亦何意耶? 一邊之徒, 撕捱延礽, 厥惟
久矣. 今者右相之"冒嫌"二字, 露出腸肚之久包藏者, 而北使之請見王弟
子姪之言, 適足爲宵小[53]吹覓之端矣.

○ 承旨李眞儉疏略曰 : "噫! 方當嗣服之初, 群下所仰贊於殿下者, 惟當
以勉抑至情, 一遵先朝已定之規, 宜不敢以一毫非義導君父. 而彼重遇者,
妄揣天意, 伺釁闖發, 不顧大義之重, 而圖逞希覬之心, 論其情狀, 萬萬切
痛. 殿下所以深惡而嚴懲者也, 議者[54]以必殺爲過重, 而臣愚死罪, 竊有
妄度. 或者聖意主[55]於隄防, 以爲寧失於過也, 信如是則誠國家之福. 一
重遇之死, 何足道哉?

殿下施措之間, 旣無毫髮可爭之端, 今日臣子, 亦不當更提往事於無事之
時, 不顧諱親之義, 以傷殿下之心, 亦明矣. 彼志述者, 獨何心腸, 了無顧
忌, 惟以斥言爲快? 其絶恩傷倫之言, 臣不欲復進於殿下之[56]前, 而渠亦

---

51) 儐臣 : 底本에는 없다. 연활자본에 근거하여 보충하였다.
52) 謬 : 底本에는 "戮"으로 되어 있다. 연활자본과 《稗林》에 근거하여 수정하였다.
53) 小 : 底本에는 "少"로 되어 있다. 연활자본에 근거하여 수정하였다.
54) 議者 : 底本에는 없다. 실록에 근거하여 보충하였다.
55) 主 : 底本에는 "之"로 되어 있다. 연활자본에 근거하여 수정하였다.

今日臣子, 是何忍耶?

臣謹按《詩》之衛風 河廣註豐城 朱氏論宋 桓公夫人之事曰：'母出則固與廟絕, 而母之與子, 初無絕道也. 宗廟之中, 不以恩掩義, 閨門之內, 不以義勝恩. 襄公盡其誠於宗廟, 則外旣不失乎承重之意, 盡其孝敬於慈母, 則內亦不失於愛親之仁, 庶乎恩義兩全而無憾矣.' 以此觀之, 其無絕母之義, 旣已昭載於經傳矣. 蓋宋 桓公57)夫人之事, 比之今日其事, 蓋殊而若其所生之恩58), 今古何異? 使天下無諱親之義則已, 自59)孔子已行之, 而《春秋》無讐母之義者, 昭如日星, 鑿鑿可據. 果如志述之言, 必使殿下絕所生之恩而後, 方快於心耶?

噫! 彼鄕曲無知之類, 冒儒爲名, 童孩乳臭之兒, 受人指嗾者, 渠何省識? 惟其潛伏暗揣, 頤指煽動者, 不顧禍國家而乖人倫, 吁! 亦甚矣. 重遇處分已嚴, 其身已死, 則固無可論, 於費辭更論, 嘗試嫁禍之徒, 接踵繼起者, 將不知其幾何也.

志述之罪, 輿情所憤, 彝倫所斁, 殿下旣下嚴敎, 罰至遠配. 此出於斟酌處分, 則今日大臣廷臣, 固當同辭嚴斥, 以雪君父之辱, 而不惟不此之爲, 又從以極力伸救, 有若扶護敢言之士, 獎詡立節之人者然.60) 終至於操持君父, 反汗而後已, 必使甘受其辱, 無所措手, 徒知有志述, 不知有君父. 此何心術, 此何義理? 臣竊痛之. 臣意以爲殿下與其含憤隱忍, 一任群下之欺61)弄, 毋寧62)更正志述辱君父之罪, 仍治黨與之紛紜伸救者, 以嚴方來焉.

---

56) 之：底本에는 없다. 연활자본과 《稗林》에 근거하여 보충하였다.

57) 公：底本에는 없다. 앞 용례를 고려하여 보충하였다.

58) 恩：底本에는 "義"로 되어 있다. 연활자본과 《稗林》에 근거하여 수정하였다.

59) 自：底本에는 "有"로 되어 있다. 연활자본에 근거하여 보충하였다.

60) 然：底本에는 없다. 연활자본과 《稗林》에 근거하여 보충하였다.

61) 欺：底本에는 "欵"로 되어 있다. 용례를 고려하여 수정하였다.

62) 寧：底本에는 "令"으로 되어 있다. 연활자본에 근거하여 수정하였다.

且臣於丁酉獨對時事有欲言者. 其先已發於入診之時, 則獨對之由, 入對大臣, 宜有[63]默揣者, 不待承史之導前, 投足於延英一步地, 已非人臣光明底道理. 入侍時說話, 史官不得書之, 則非外人所敢知, 而旣曰'匡救', 則不可謂必無是事. 至今四年之間, 中外人心, 莫不以此爲大臣之罪. 而臣愚以爲遽然獨對爲可罪, 入侍以後事, 不欲抑勒深罪, 以傷仁恕之道. 而第大臣應命赴燕也, 上箚請得銀貨, 乃敢以丙子使行時, 彼人所引《大明會典》事爲言者, 實非人臣之所敢言者.《會典》事, 事在久遠, 殿下亦何以得其詳乎? 丙子, 請封儲位時, 故相臣徐文重爲上价之任, 彼中言'《會典》中諸侯王年滿五十, 實無子, 然後始許承重爲嗣之語', 而不許封典. 其後再請, 乃得準副, 思之至今, 爲東方臣子, 莫不憤惋. 而我殿下正位[64]春宮, 殆將三十年所, 代理萬機, 屢接北使, 則雖彼人必不容他意於其間. 而大臣乃敢以逆[65]探彼人未萌之心, 敢自援引於今日, 以爲恐動之計者, 此何心也? 況其所請於彼者, 自是應行之常典, 雖不費一錢, 自可順成, 而六萬餘銀貨, 其將[66]用於何處耶? 云云." 此疏至月十六日入啓, 十二月二十八日下批.

十二月初四日, 大駕至, 送勅使于慕華館. 主上自卒哭後, 朔奠·望奠連未參焉, 召對講學, 亦多闕矣. 而至於諸臣疏批, 或五六日不下, 或十餘日不下, 或一朔不下. 此專由於愆[67]候比前添加, 神氣亦多昏迷, 未能振刷之致也.

○ 執義洪禹傳陳疏以諫, 其略曰 : "殿下嗣服之初, 雖於深墨之中, 猶且

---

63) 有 : 底本에는 없다. 연활자본과 《稗林》에 근거하여 보충하였다.
64) 位 : 底本에는 "爲"로 되어 있다. 연활자본과 《稗林》에 근거하여 수정하였다.
65) 逆 : 底本에는 "迎"으로 되어 있다. 연활자본에 근거하여 수정하였다.
66) 其將 : 底本에는 없다. 연활자본과 《稗林》에 근거하여 보충하였다.
67) 愆 : 底本에는 "玉"으로 되어 있다. 연활자본에 근거하여 수정하였다.

頻命召對, 引接不怠, 群下欣聳, 皆謂'吾王克勤之德, 可趾[68]於先朝'云矣.
于何此日以來, 聽納稍倦, 事務多滯, 諸臣章奏, 不卽賜批, 臣竊惑焉. 伏願
殿下, 繼自今亟開講筵, 頻接學士大夫, 克盡典學之工. 凡諸疏章, 卽賜批
旨, 隨其是非, 明示處分, 俾絶停滯之歎, 以昭淸明之理云."

十四日, 上[69]吐黃水一升許, 神氣尤不平焉.

○ 二十九日, 傳曰: "春夏秋冬四享大祭親行, 而朔望殷奠以獻官攝行事
磨鍊."

○ 校理金濟謙[70]箚曰[71]: "臣伏聞傳敎, 有孝寧殿四享[72]大祭親行, 朔望
殷奠則以攝行磨鍊之命, 臣於此竊不勝慨然憂歎之至. 伏惟先大王劍潟
永悶, 音容日翳, 隙駟迅快, 歲籥將換, 擧國含生, 莫不哀隕罔極. 伏想殿下
皇皇靡及之痛, 尤當如何哉?
殿下一身之重, 關係宗社安危, 上有慈聖之憂念, 下有臣民之依仰, 其不
得徑情直行, 以盡匹庶之疏節也, 不翅明矣. 而自三虞以後, 凡干祭奠連
未躬行, 前後諸臣多以此爲言, 此亦出於人臣斷斷忠愛之悃, 而非小人姑
息之愛也. 殿下積年焦灼之餘, 卒罹此巨創, 其所毀敗, 亦已多矣, 痰疾之
作, 理勢則然, 每祭日常[73]有攝行之命, 則群臣莫不震動, 深以聖體之未
康爲至憂矣. 惌候有所難强, 則四享大祭容或有不得親行之時, 而如其不
然, 朔望殷奠, 獨何攝行, 以貽其如'不祭'之歎哉?

---

68) 趾 : 底本에는 "止"로 되어 있다. 연활자본과 《稗林》에 근거하여 수정하였다.
69) 上 : 底本에는 뒤에 "候"가 더 있다. 연활자본에 근거하여 삭제하였다.
70) 謙 : 底本에는 "默"으로 되어 있다. 연활자본에 근거하여 수정하였다.
71) 曰 : 底本에는 "子伏以"로 되어 있다. 연활자본에 근거하여 수정하였다.
72) 享 : 底本에는 "行"으로 되어 있다. 연활자본에 근거하여 수정하였다.
73) 常 : 底本에는 "當"으로 되어 있다. 연활자본에 근거하여 수정하였다.

今復預爲定式如此, 則臣恐其不足於遠邇之聽聞也. 夫人子之致哀親喪,
宜無與於他人, 而媵世子面墨哭哀, 則四方之弔者大悅. 魏孝文居喪號
慟, 則群臣亦哭而出[74]. 此可見天理之所自然, 人情之所同然, 而今日群
臣之望於君上者, 亦以此耳.

嗚呼! 殿下之平日講學, 豈有媵世子馳馬試劍之習也? 我朝之聲名文物,
豈有元魏[75]夷狄之俗也? 而今在廷之臣, 一無[76]不盡其哀, 環海之內, 或
見心悅誠服之風, 則豈可有遜於彼二國? 而爲臣而不言者, 其罪亦豈止於
墨刑哉? 如臣無似忝叨經幄, 成就君德, 固非所敢望, 而畏罪喑嘿, 實非臣
義之所當出[77]也.[78] 玆冒萬死, 瀝血而言之, 伏乞聖明, 亟收成命, 而聖候
若不至於難强, 則仍命親行明日之奠, 以光聖孝以答衆望."

傳曰: "今觀校理金濟謙箚本, 力請親行, 滿紙臚列, 其在事體, 殊涉未便.
遞差."

政院右承旨南道揆·右副承旨鄭亨益啓曰: "卽伏見備忘記, 有金濟謙遞
差之命, 臣等聚首驚惑, 莫知所以爲喩也. 夫玉堂之箚請親享, 寔出於斷
斷忠愛之誠, 而不料其言不槪於聖心, 乃[79]有此未便之敎, 不小假借, 至
於特遞其任[80], 是豈臣等所望於殿下者哉?

噫! 隙駟難留, 歲籥將改. 伏想殿下愛慕之誠, 自倍於他辰, 親參殷奠, 情禮
當然, 此何待群下之言? 而昨日乃有餽奠攝行之敎, 則其出於自量氣力,
有所難强, 亦可以想知矣, 在廷臣僚自聞此敎, 孰無憂慮之忱? 而彼儒臣
之縷縷箚論, 只自附於有懷必陳之義而已. 在聖上聽納之道, 隨其言之可

---

74) 而出 : 底本에는 빠져있다. 연활자본과 《稗林》에 근거하여 보충하였다.
75) 元魏 : 底本에는 "魏元"으로 되어 있다. 연활자본에 근거하여 수정하였다.
76) 無 : 底本에는 "有"로 되어 있다. 연활자본과 《稗林》에 근거하여 수정하였다.
77) 出 : 底本에는 "然"으로 되어 있다. 연활자본과 《稗林》에 근거하여 수정하였다.
78) 底本은 영인과정에서 착간이 있어서, 영인본 453쪽과 454쪽이 뒤바뀌었다. 연활자본
    과 《稗林》에 근거하여 바로잡았다.
79) 乃 : 底本에는 "及"으로 되어 있다. 연활자본과 《稗林》에 근거하여 수정하였다.
80) 任 : 底本에는 "心"으로 되어 있다. 연활자본과 《稗林》에 근거하여 수정하였다.

否, 可則納之, 否則置之, 無所不可, 以何至於顯示未安之意, 有此嚴斥之
敎耶?

殿下嗣服以來, 凡於章奏之間, 設有過中之言, 輒加優容, 未嘗摧折. 聖度
淵弘, 孰不敬仰? 而獨於堂剳處分太過, 臣等竊爲殿下惜此擧也. 伏乞殿
下亟賜諒察, 特收金濟謙遞差之命."

傳曰 : "忽焉思惟, 濟謙剳陳, 亶出於[81]忠愛, 予悉愧之. 爾等之言, 尤有切
至, 可不允從焉?"

○ 猗! 我主上仁孝之姿也, 剛明之主也, 而[82]惜乎其有疾病[83]也. 閔中殿
當復位之日, 宮門如前枷鎖, 陪從之人, 儀仗之物, 不爲許入. 世子年甫七
歲, 聞中殿復位之令, 欣忭踊躍, 懇請祗迎於大殿, 大殿嘉其誠孝, 特許之.
遂詣西宮, 則宮門不開, 無可以入, 因叩其門而號之曰 : "中殿母主命開
此門. 小子祗迎而來耳." 中殿始知世子之來, 不勝喜悅, 親開其門. 伊日,
中殿撫頂之愛, 世子繞膝之喜, 宮人莫不動色矣.

於是世子泣請乘輦, 中宮乃許, 遂陪從入闕. 自是之後, 朝夕問寢之外, 常
常入侍, 思盡慰悅之方, 殆若私家之母子. 雖文王三朝[84]之孝, 豈過於此
也? 禧嬪雖甚惡[85]之, 孝奉中殿, 一如初度, 此豈非仁孝之姿乎?

及登大位, 一遵先王之懿, 則無所改易, 任用先朝之大臣, 無所遺漏, 銓曹
擬注之際, 雖微末庶官, 正類則必點之, 邪黨則斬點之. 雖於靜攝之中, 從
諫如流, 聞過必改, 雖堯·舜之聖君, 豈過於此哉? 至若疏批之多日遲滯,
朝奠之屢闕親將, 玉候比近添損[86], 神氣無常昏迷, 未能强起總領之致也.

---

81) 於 : 底本에는 없다. 연활자본에 근거하여 보충하였다.

82) 而 : 底本에는 없다. 연활자본과 《稗林》에 근거하여 보충하였다.

83) 病 : 底本에는 없다. 연활자본과 《稗林》에 근거하여 보충하였다.

84) 朝 : 底本에는 "省"으로 되어 있다. 연활자본에 근거하여 수정하였다.

85) 甚惡 : 연활자본과 《稗林》에는 "深忌"로 되어 있다.

86) 添損 : 底本에는 "加添", 《稗林》에는 "添加"로 되어 있는데, 연활자본을 따랐다.

若其膈火乍降, 神氣少淸, 則交攻之章奏, 從可否而批下, 皆合中度, 無一差謬, 豈非剛[87]明之君乎? 蓋其疏批之遲留, 餽奠之攝行, 實緣於患候難强之故也. 又於日前吐出黃水之後, 上候一倍添加, 乃有正朝朔奠攝行之命.

上候如此之中, 設有親行之令, 爲今日臣子者, 固當以攝行勸勉. 而先是有洪禹傳講筵頻接疏批卽下之章, 至是金濟謙亟收朔祭攝行之命, 切直規諫, 殆若無所愆候, 而惰於親奠者然. 洪禹傳·金濟謙旣在近侍之班, 豈不知上候之難强? 而然猶如此也, 無他也. 國舅魚有龜朝夕承候, 而甘聽一邊凶徒諱疾之誘, 宣言曰"上候如常." 蓋其不忠不測之凶計, 而上候一款, 仍成時諱矣, 兩臣故陳此疏者, 欲承實病難强之批也, 而乃有金濟謙遞差之敎, 誠是意外處分也.

竊意[88]主上以爲病勢如是難强, 而爲臣子之道, 少無憂念底意, 臚列前日攝行之過, 而力請親行明日之奠, 聖心深以爲未安, 遂有遞職之擧矣. 及夫南道揆·鄭亨益之聯啓開悏也, 幡然覺悟, 卽降"予實愧之"溫批. 有君如此, 庶無疾病, 有臣亦如此, 以盡匡輔, 則熙隆之治, 可見於我朝矣. 邦運未妥, 以若聖君, 而有難强之疾, 邪黨乘機, 雖有正類, 而無盡職之道, 吁! 可歎也.

一自趙重遇·尹志述之出也, 討重遇而扶志述者, 世謂之正類, 討志述而扶重遇者, 世謂之邪黨. 主上患候, 則挽近添損, 儲嗣大本, 則尙無所立, 正是同朝之臣, 一邊憂調治上候, 一邊議定策儲嗣, 未遑他念之時也. 而邪黨則以爲此時可乘也, 內結貴戚, 以圖慫慂之路, 外討志述, 以爲容媚之計, 乃以宗室之子, 昭穆之親者, 密議定嗣. 內外之和應漸成, 則朝廷正類, 欲先除去, 以先朝失志之徒, 作爲先鋒, 吹毛覓疵, 爭投悖疏.

正類則不勝憤激, 深痛奸邪, 交章發明, 大擧斥退. 於斯之際, 日設大戰場

---

87) 剛 : 底本에는 "强"으로 되어 있다. 연활자본과 《稗林》에 근거하여 수정하였다.
88) 意 : 底本에는 "疑"로 되어 있다. 연활자본과 《稗林》에 근거하여 수정하였다.

於朝廷之上, 國勢之危亡, 可[89]指日而待也[90]. 幸賴先大王培養之德, 衛國之正類, 非不多也.[91] 而金昌集·李頤命·李健命·趙泰采, 此四相最是柱石之臣, 而可以保六尺之孤者也.

是以邪黨最爲撕捱, 必欲擊去而後已. 首發之柳重茂[92], 則謂"領相都堂錄循私", 投疏侵詆. 再發之趙最壽[93], 則謂"領相箚救志述", 疏請斥去. 三發之李眞儉之疏, 則先以"不顧大義, 圖逞希[94]覬"等說, 略論重遇, 而繼以"子無絶母", "必使殿下絶所生之恩而後, 方快於心"等語, 潛扶重遇, 而毒斥志述. 又繼以力救志述, "操持君父, 反汗而後已, 必使甘受其辱, 徒知有志述, 不知有君父"等說, 置諸臣及領相於使君受辱, 忘君護黨之罪.

又提丁酉獨對事, 及赴燕時銀貨豫備事, 構成李判府大罪案. 然而惟其獨對之事, 則先王敎于大臣曰: "方今世子本是柔弱之質, 而禧嬪之變後, 仍成奇疾, 似無嗣續之望, 予之深憂也." 大臣未及仰對, 而更敎曰: "予年衰病深, 實難酬應, 方使世子代理矣." 對奏曰: "世子代理, 國家大事, 此聖敎豈臣獨承之事乎? 宜降傳旨於中外矣." 更敎曰: "予欲行唐 太宗故事, 卿意何如?" 大臣驚惶失色曰: "殿下何出此敎? 不知所對." 仍蹶起而退.

此是獨對時說話也, 史官不得書之, 則外人何可知之? 而凶徒欲探大內之事, 潛結宦侍, 蓋已久矣. 宦者金景禧因凶徒之探問, 以獨對時說話密告之, 而播傳於一世也. 先大王旋卽悔悟, 遂下絲綸, 發明大臣之無罪. 其若大臣以伊日聖敎從以承順, 則可爲罪案, 而纔聞此敎, 怫怫防塞, 汲汲退出, 謂之得體, 可也, 有何搆罪之端乎? 獨對之時, 亦有世子代理之敎, 此則

89) 可 : 底本에는 이 아래 "以"가 있다. 연활자본과 《稗林》에 근거하여 삭제하였다.
90) 而待也 : 底本에는 없다. 연활자본과 《稗林》에 근거하여 보충하였다.
91) 幸賴 …… 多也 : 底本에는 없다. 연활자본과 《稗林》에 근거하여 보충하였다.
92) 茂 : 《稗林》에는 뒤에 "疏"자가 더 있다.
93) 壽 : 《稗林》에는 뒤에 "疏"자가 더 있다.
94) 希 : 底本에는 "親"으로 되어 있다. 연활자본에 근거하여 수정하였다.

何不歸罪於大臣也?95) 欲行唐 太宗故事之敎, 卽先大王之過誤也, 非大臣罪過也. 今欲構罪於大臣者, 乃構罪於先王也.

至於銀貨之事, 則乃是兩大臣及三使臣同議, 依前例96)備不虞之事也, 而今作李判府獨自97)創始者然, 亦爲構罪之端, 同議之兩大臣·三使臣, 同在構罪之中矣. 若以其銀浪費不還, 則可以爲罪案, 而使還之後, 依本數還納, 則有何成罪之事乎? 四發之, 趙泰耆疏, 則北使之請見王弟子姪也, 謂以"接應諸臣, 不爲直陳牢塞之意, 只以'何以爲之?'一句泛然仰禀", 咎責無餘, 構罪深緊. 雖出於欲加罪之計, 不亦謬哉? 國有大事, 安敢不告君, 而自下擅行者乎?

北使之請見王弟子姪, 實是本朝疑難之事也. 領右相以"何以爲之?"仰禀者, 一則爲先奏彼言之如此也, 二則以不敢自下而擅斷也, 三則以禀旨擧行之何如也, 而牢塞一款, 次第件事也. 若其不告於主上, 自擅防塞, 則亦不以眼無君父自下敢擅爲罪耶? 此皆煽動禍亂之機也, 構殺正類之計也. 至於趙判府泰采, 元無可據之事, 故姑不擧論於群奸之疏. 然其嫉妬之心, 則與三相無異, 而并稱"四凶."

蠡斯之慶, 今難望矣, 遵先王之意, 而定策於堂堂世弟, 欲保國脈者, 反爲凶耶? 捨主上之弟, 而議嗣於遙遙宗室, 要竊國柄者, 反爲忠耶? 惟四相定策王弟之計, 天經地緯, 日明月朗, 萬古不易之正類也. 噫! 群醜立嗣宗室之事, 貝織鴟鳴, 孟賊狼噬, 萬古難逃逆節也.98)

95) 有何構罪 …… 罪於大臣也 : 底本에 없다. 연활자본과《稗林》에 근거하여 보충하였다.
96) 例 : 底本에는 빠져있다. 연활자본과《稗林》에 근거하여 보충하였다.
97) 自 : 底本에는 빠져있다. 연활자본과《稗林》에 근거하여 보충하였다.
98) 萬古難逃逆節也 : 연활자본은 여기까지가 卷1이다.

辛丑年

辛丑正月初三日, 正言金萬冑疏斥李眞儉, 上自大臣, 下至三司, 排擊之事, 及提起丁酉獨對事, 使行銀貨事之罪.

初四日, 院啓請先削出李眞儉, 上不允.

初七日, 傳曰: "孝寧殿春享大祭當親行, 承旨不可不備員, 同副承旨李眞儉改差." 都政親臨事, 下敎.

初八日, 傳曰: "都目政事以初十日自外設行事, 及孝寧殿春享攝行磨鍊事分付." 連以上候愆和之致也. 判府事李頤命·執義朴聖輅·禮判李肇, 六萬銀貨依本數還納事, 連疏發明. 副修撰金民澤·正言金橒·掌令洪龍祚·正言李聖龍·持平魚有龍等, 交章討李眞儉.【以下缺】

二月初九日, 忠淸道幼學李夢寅·沈得佑·趙瀅等, 疏請斬尹志述之頭以明人倫, 快正金昌集之罪, 以鎭人心事. 喉院退却, 則三漢持斫刀入禁門, 毆打軍卒. 喉院啓聞, 囚之刑曹.

十三日, 北使出來, 賜登極及諡號, 致祭魂宮.

十九日, 刑判李弘述依傳旨捧[1]入李夢寅輩供辭, 其供辭大槪. 其一則先論尹志述斥言傷倫之罪, 其二則領相救解志述之罪, 此則容媚上意之計也, 其三則領相與北使往復說話, 而至有曰"殿下春秋之幾何, 嗣續有無, 無端書給[2]於彼人"云.

當外國承統之時, 其在彼使之地, 問國王春秋之幾何·嗣續之有無者, 亦或無怪, 而大臣之答以春秋之爲幾·嗣續之尙無云者, 亦爲當然矣. 何故諱其春秋之爲幾, 與嗣續之有無耶? 北使且問王弟與宗室之有幾, 則答以無他宗室只有王弟一人云者, 亦當然之事也. 主上嗣續之望, 尙此晩晩, 則王弟定策, 乃當頭之事也, 云有王弟者, 其非遠慮光明之道乎? 其若諱之不發, 當其策封奏請之時, 忽然云有, 則不爲彼中疑惑之端耶? 然而只以怪鬼之輩, 相連凶肚, 改頭換面, 交章攻斥, 猶恐不及, 募得鄉曲無賴之夢寅輩, 構虛捏無, 裝出凶悖之疏. 此則一邊恐動上意之計也, 一邊擊去領相之計也.

其四則提起獨對事·銀貨事, 至有曰:"獨對大臣, 偸去銀貨." 嘻噫! 彼輩雖急構陷[3]之計, 然所謂"銀貨"廟堂同議, 依例啓請持去者, 而末乃至於夢寅輩謂之曰"偸去." 甚矣甚矣! 白地之誣[4]人也! 此則眩惑上意之計也. 其他誣陷廟堂[5], 凌踏諸臣, 罔有紀[6]極, 此皆不逞之輩指使者也.

或云:"自前北使來者, 輒見世子之病容, 每有未滿底意, 而彼中稔知主上之有奇疾無嗣續. 以是之故, 今番之使探問宗室幾人, 而有王弟子姪相見之請, 蓋凌侮[7]我國勢之孤危也. 而王弟延礽君英邁聰明, 容儀動人, 實

---

1) 捧:底本에는 "奉"으로 되어 있다. 연활자본에 근거하여 수정하였다.
2) 給:底本에는 "及"으로 되어 있다. 연활자본에 근거하여 수정하였다.
3) 陷:底本에는 "捏"로 되어 있다. 연활자본과 《稗林》에 근거하여 수정하였다.
4) 誣:底本에는 "構"로 되어 있다. 연활자본과 《稗林》에 근거하여 수정하였다.
5) 堂:底本에는 뒤에 "之"가 더 있다. 연활자본과 《稗林》에 근거하여 삭제하였다.
6) 紀:底本에는 "記"로 되어 있다. 연활자본과 《稗林》에 근거하여 수정하였다.
7) 侮:底本에는 "悔"로 되어 있다. 연활자본과 《稗林》에 근거하여 수정하였다.

有王者氣像. 當此主上之無嗣續, 來頭承統者, 斷斷是王弟, 故所以大臣
因彼之問謂有王弟者也.

且自前國王之接對北使也, 世子從後侍立矣. 今無世子之侍立, 則王弟之
侍立, 亦無不可. 而況有北使幷見之請, 則不宜防塞, 所以大臣之稟啓者
也歟. 大臣之意, 其果如此, 則亶合於示8)實御外之道. 而一邊之徒, 反以
大臣之謂'有王弟'爲罪, 而深嫌於不諱王弟之有, 其心所在路人可知云."
此言亦有理哉! 刑判李弘述以刑推夢寅得情啓聞, 傳曰"除刑議處."

噫! 彼夢寅輩卽一鄕曲儒生9)也, 稱以扶正彛倫, 討斥尹志述逼奪傷恩之
罪, 尙或無怪. 而以領相之箚救志述, 乃敢先擧而侵詆, 至謂曰："君臣之
分, 母子之義, 滅盡無餘." 主上之春秋幾何, 嗣續有無, 卽北使所問, 而領
相之隨問隨答者也, 謂之曰"彼使本無索問, 而領相無端書給於彼人."
所謂"銀貨"循例而請得, 完數而還納者也, 謂之"獨對大臣, 偸去六萬銀
貨." 白地捏無, 排擊兩大臣, 論其巧惡, 難免重律矣. 且必有指使者矣,
刑訊斷不可已, 而只止於除刑定配, 上意之所在, 有可以仰度矣. 古之聖
人有微諫顯諫之訓, 此何謂也? 人君有過, 微諫而不聽, 然後方可以顯諫
之謂也.

主上臨御之後, 追報私親一款, 初無擧議於施措之間也, 而彼志述空然提
起於無事端之時者, 已極駭妄矣. 況敢於告君之辭, 極口斥言, 無所顧忌,
在主上豈不腐心而隱痛也哉? 伸救志述者, 宜爲主上所憎惡也, 討斥志述
者, 宜爲10)主上之所恩感也. 由一志述, 群奸雲起, 爭投悖章, 敲撼一世,
以至於上以疑惑主上, 下以斥逐大臣, 志述之出, 不幸之甚也.

---

8) 示：底本에는 "不"로 되어 있다. 연활자본에 근거하여 수정하였다.

9) 生：底本에는 "士"로 되어 있다. 연활자본과 《稗林》에 근거하여 수정하였다.

10) 爲：底本에는 뒤에 "感"이 더 있다. 연활자본과 《稗林》에 근거하여 삭제하였다.

二十六日, 大駕詣明陵

三月初五日, 刑曹李夢寅 三水充軍, 沈得佑 江陵定配, 趙澄 三陟定配啓.
領相箚奏曰: "展謁山陵之擧, 實出誠孝之藹然, 而三年之內, 大駕初無
出城之禮. 況今玉候長時欠和, 若有勞動悲號之事, 則當有一倍添損之慮,
請寢陵行之令." 上遂止之.[11]

初九日, 先是承旨金始煥以丙申疏儒解罰之事[12]陳達, 蒙允矣. 泮長金雲
澤不爲擧行, 至是疏斥金雲澤, 侵及相臣, 相臣卽領相也. 解罰之疏儒, 旣
是陳情依允者, 則乃是朝令也. 然而金雲澤敢拒不行, 是責在雲澤也. 在
始煥討雲澤可也, 而何故贅侵領相也?
領相之對擧陳箚, 亦不過就事論事, 明言先朝國是已定之事而已, 則始煥
對擧之疏, 只可明是非辨[13]事實, 而初以"怒臣辱臣, 無所不至"之說發端.
詳見領相之箚, 則先言先朝之辨, 明殿下之聽斷, 次言尹宣擧之事蹟.
其三則歷言先王處分之甚嚴, 初無一毫辱始煥之辭也, 而其曰"辱臣"者,
元無所據也. 至若曰: "不料聖明之世, 有此凶猾巨慝也. 忘君背親, 病國
誤世之狀, 不一而足. 權移主上, 罪關宗社, 何敢齒諸人類[14]與議於士論
之是非云."
句句節節, 莫非劫辱也醜辱也, 殆若街路之上, 狂悖之人, 乘其酗醉, 無端
辱人, 罔有紀極者也. 夫始煥士子也, 以名流稱之, 而何其口氣之如是狂
悖也? 愛君之誠, 莫如領相, 而謂之"忘君", 扶持世道, 賴一領相, 而謂之"誤
世", 衛護宗社, 有一領相, 而謂之"罪關宗社", 至於"背親"之說, 尤無倫脊之

---

11) 領相 …… 止之: 연활자본에서는 이 영의정 김창집의 차자가 위의 2월 26일자
　　기사 아래에 실려 있다.
12) 事: 底本에는 없다. 연활자본과 《稗林》에 근거하여 보충하였다.
13) 辨: 底本에는 "斥"으로 되어 있다. 연활자본과 《稗林》에 근거하여 수정하였다.
14) 人類: 底本에는 없다. 실록에 근거하여 보충하였다.

誣毀也.

始煥亦染於邪黨, 必逐領相之謀也. 領相卽漢朝之一汲子也, 不逞之徒, 以爲若有此相, 凶謀莫售. 於是募先朝失志之徒, 改頭換面, 構虛捏無, 紛投悖章, 靡不用極. 此而不足, 又嗾鄕生夢寅輩, 恣其惡喙, 誣毀大臣, 未有餘地. 人君尙可以敬大臣, 況以鄕谷賤類, 乃敢如此, 安有尊朝廷重體統之意乎?

論其罪狀, 難逭重刑, 而只止於除刑定配, 主上之眷意, 領相到此哀矣. 內有奸戚膚受之譖, 外有凶謀吹毛之疏, 安得無曾母之投杼, 市虎之成三也. 領相因閉閤不視事者, 已屢月矣. 朝著泮渙, 萬不成樣, 則左相與諸臣, 以領相勉出之意, 再三箚請, 僅回聖心, 始下敦諭之敎. 乃者始煥, 或恐領相之出脚, 故侵領相於討雲澤[15]之疏, 使有發明之箚, 而其終也, 極口誣辱, 浮於夢寅, 今日世道何如是至於此危險也.

至以李判府銀貨事言之, 使行時持去銀貨, 卽是成規, 則以今番之持去, 不可爲罪矣. 元數無費還納, 則亦無可罪矣. 然而一邊之人, 每每提起於[16]疏辭, 此何意也? 若其銀貨濫費不還, 則罪大臣可也. 而副使李肇·書狀朴成轄之疏, 皆曰"還納", 則其還納旣其丁寧矣, 徒出於陷人之計也. 以循例持而去, 依數而還納者, 殆若違格而持去, 濫用而不納者然, 宜其有反坐之律, 而亦不擧論, 至有臺臣之請施反陷之律, 而亦無依允之擧.

且有大臣陳暴銀貨之疏, 已過五旬, 尙不下批, 致令大臣彷徨城外, 進退不得, 言念時事, 吁! 亦憾矣. 若其大臣用其銀貨, 無所還納, 則豈有二使臣還納之疏也? 百方摘發, 群起成討, 豈使一日容息於世間耶? 銀貨一款, 初無吹覓之端者, 彼其之徒, 非不知也, 故爲發端於今日欲作禍崇於後時也.

領相連遭非斥之疏, 而夢寅無倫悖說姑捨, 至於始煥之疏, 叱罵恠辱, 到

---

15) 澤: 底本에는 없다. 연활자본과 《稗林》에 근거하여 보충하였다.

16) 於: 底本에는 없다. 《稗林》에 근거하여 보충하였다.

此極矣. 連上引嫌遞職之箚, 而益加敦諭. 至於二十九日之箚, 批曰 : "卿
以國事無爲則已矣, 若以不然, 則盍念同體共戚之義, 一向邁邁, 其若是
乎? 卿之過自引嫌, 正中擠陷之計, 亦豈不有傷於事體乎? 雖曰[17]呈十章,
斷無允許之理, 卿其諒哉."

前後恩諭, 益加懇惻, 至於此批中"正中擠陷之計", 明見時態之巧險, 而若
非領相, 則國事無可爲也. 有此至切之聖批, 領相何敢以一身之廉義, 而
不顧聖上之眷意乎? 遂爲出仕, 都人皆曰 : "洛波之龍復起."

先時左相往見領相言曰 : "覘觀近日之風色, 奸戚上以容誘主上, 下以潛
結宦侍, 邪黨外則擊逐大臣, 內則潛釀凶計, 和應成於內外, 而尙未得行
凶者, 以吾三四人在也. 王弟定策之事, 只是吾輩之責也, 而今者台監, 只
以一身之廉隅, 不念宗社之大計, 堅臥不起, 終誤宗社之大事, 何以拜先
王於地下乎? 方今國勢日益危傾, 朝象日益波蕩, 此何等時也, 乃欲言私
養閑耶?"

領相愀[18]然曰 : "老物之家, 世受國恩, 而至於己身, 偏被先王之隆眷, 欲
報之德, 天高地厚, 俯仰無階. 況於昨年至月日入診時, 適因從容躬承屬
托之遺音也哉!" 乃誦遺音略曰 : "予之病勢, 漸到十分地頭, 而來頭國事,
思之罔極. 世子本以幼弱之質, 且有奇疾, 嗣續之望, 今無可論. 幸有延礽
之英明矣, 伊後宗社之計, 全付於卿. 卿其銘念勉旃. 云云."

誦罷, 二相相對涕泗汍漣. 領相復曰 : "雖無此遺音, 定策王弟, 天經地緯
也, 戴天履地之人, 夫誰曰'不可'? 而[19]一種凶徒, 自初有不逞之心, 先王有
所覰得, 故所以付託於吾輩也. 今者彼黨之必欲逐吾輩, 乃是先除羽翼之
計也. 吾雖萬身薤[20]粉, 豈陷於凶計, 而負先王之屬托也哉? 如欲養閑,

---

17) 曰 : 底本에는 "日"로 되어 있다. 연활자본에 근거하여 수정하였다.
18) 愀 : 底本에는 "揪"로 되어 있다. 연활자본에 근거하여 수정하였다.
19) 而 : 底本에는 "以"로 되어 있다. 연활자본과 《稗林》에 근거하여 수정하였다.
20) 薤 : 底本에는 "韰"로 되어 있다. 연활자본에 근거하여 수정하였다.

何不休退鄕舍, 蹲居輦下哉? 老夫自[21]有經綸, 當其適丁之時, 與同志之人, 一辭定策, 何關於出仕與否耶?"

左相曰："從兄堅臥楊州[22], 引嫌不起, 台監亦遲出仕, 則廟堂無人, 難以示重. 而凶徒日肆狂猖, 其勢漸成, 不如趁早出視事." 領相遂許出仕, 邪黨聞領相承命之報, 或有膽落者焉, 或有奮臂者焉, 盱睢之態, 咀[23]嚼之說, 一倍於前日, 令人不可正視.

一自大喪之後, 玉候比前添損, 而無一憂慮者, 祭享連爲攝行, 而金濟謙一人之外, 更無規諫者. 講筵連月不開, 而領相一人之外, 更無勸講者. 比歲荒斂, 民命近止, 而無接濟之議. 自春徂夏, 一直酷旱, 無祈雨之擧, 盜賊遍起, 行掠官府, 而無防禦之策. 而朝廷之上, 日積之章疏, 只是黨同而伐異也, 如是而國事豈有可爲之道乎?"

二十八日, 李判府陳暴之疏, 正月初旬, 入啓, 是月是日始下批. 他疏之下批, 亦如此類, 於此可知上候漸加昏憒之症, 不能收拾之致也, 而一邊之徒, 則曰"上候漸至復常"云, 豈不異哉? 一世之人, 莫不疑惑. 【以下缺】

四月十八日, 戶判閔鎭遠疏略, 今日國事, 汲汲乎殆哉事；新經大喪, 人心危懼事；比歲斂荒, 民命近止事；三春亢旱, 已判無麥事；徂夏酷旱, 循例祈雨事；癘氣薰染, 死亡相續事；盜賊遍滿, 白晝殺越事；君臣汲汲, 夙夜講確事；依祖宗法, 日三晉接事；日開講筵, 講磨治道事；中外畜積, 俱竭無餘事；流亡塡街, 日聞餓死事；八路糶糴俱空, 無以救荒事；惟[24]有鑄錢一事, 而論議歧貳事. 其他一篇之內, 反覆丁寧者, 皆是匡君憂國之切實語也, 片言半辭之間, 不及於時節甲乙之論. 實無愧於周

---

21) 自：底本에는 "四"로 되어 있다. 연활자본과 《稗林》에 근거하여 수정하였다.

22) 州：연활자본과 《稗林》에는 "江"으로 되어 있다.

23) 咀：底本에는 "沮"로 되어 있다. 연활자본과 《稗林》에 근거하여 수정하였다.

24) 惟：底本에는 "猶"로 되어 있다. 연활자본과 《稗林》에 근거하여 수정하였다.

元老七烏[25]呼之篇, 賈太傳六太息之策, 而此眞大君子[26]賢臣也. 修撰李重恊以罕接臣僚, 久廢經筵, 孝寧殿祭奠屢月攝行事筵奏.

十九日, 備忘記: "孝寧殿殷奠攝行, 實由於脚病, 不得親行, 尋常悲恨. 昨日筵中副修撰李重恊以玉署承候之臣, 未知予之病症, 縷縷煩達, 語甚至懇, 心切愧惡. 縱欲强爲, 其勢末由, 如許厥咎, 中外諸臣知悉焉." 自此備忘記[27]之後, 中外快知上候之如此矣. 從今以後, 凶邪之徒, 欲譁而難譁, 計復安出也?

二十五日, 備局堂上引見. 入侍時, 修撰徐宗燮所啓略開講筵咨訪治道事[28]. 領相曰: "前年嗣位之初, 有頻命召對之事矣. 厥後玉堂不備[29], 且國家多事, 久未開講. 今則上下番皆備, 而晝講之擧, 一不爲之, 群情鬱矣, 儒臣所論好矣." 戶判閔鎭遠曰: "商確治道, 惟在經筵, 殿下必無空然廢閣之理, 而殿下不言其由, 人孰不抑鬱乎? 若以久坐爲難, 則臥聽無妨." 上曰: "留念焉."
閔鎭遠曰: "臣在藥房時, 殿下有濕痰[30], 及客火上衝, 小便頻數之症. 先王每令臣等, 三日一入東宮診察者, 有意存焉. 非獨惟疾之憂, 誠以求嗣之道, 不可不念故耳, 其勤念[31]眷顧之道, 何如也? 今求嗣一款, 何等急務, 而殿下不使醫官入診, 殿下雖欲自輕, 獨不念宗廟社稷乎?" 上曰: "唯."
閔鎭遠曰: "開講·入診兩件事, 雖於明日, 不可不爲之矣."

---

25) 烏: 底本에는 "鳴"으로 되어 있다. 용례에 근거하여 수정하였다.
26) 子: 底本에는 없다. 연활자본에 근거하여 보충하였다.
27) 記: 底本에는 없다. 연활자본에 근거하여 보충하였다.
28) 事: 底本에는 없다. 《稗林》에 근거하여 보충하였다.
29) 備: 底本에는 "齊"로 되어 있다. 연활자본과 《稗林》에 근거하여 수정하였다.
30) 濕痰: 底本에는 "瘟疾"로 되어 있다. 연활자본과 《稗林》에 근거하여 수정하였다.
31) 勤念: 底本에는 없다. 연활자본과 《稗林》에 근거하여 보충하였다.

掌令宋道涵疏中所陳固多矣. 其一曰“明是非, 正好惡, 以立人主出治之大本也.”; 其二曰“遄降開筵之命,　亟32)懋講討之工也.”; 其三曰“日接臣僚, 廣詢博訪, 務擧百度之事也.”; 其四曰“急圖賑荒之策, 濟斯民塡壑之命也.”; 其五曰“申飭各道方伯,　亟33)圖賙賑之方也.”; 其六曰“選用良吏, 濟民生而止盜賊也.”; 其七曰“泰仁·石城·懷仁, 三邑作變, 首倡之人, 一幷重律, 其官長前施罷職之擧, 反爲適中其願. 請收罷職之命.”; 其八曰“三南御史之抄啓, 今已久矣, 而尙不發送. 今則各邑春賑, 旣已告畢, 姑停其行, 待初秋, 一時發送”之事也. 所陳諸條, 無非切實, 而以時論間間闌入, 亦難免局於時者, 然亦差可之消息也. 大司憲李縡亦以主上之祭奠不參, 講筵久廢事疏陳, 其略曰：“乙酉年間, 忝侍胄筵, 引文義仰問邸下, 自期以何如主. 邸下擧程子對神宗'安敢望堯·舜'之語, 而曰：'予所期亦豈淺淺哉?' 臣賀曰：'此宗社生民之福也.' 遂因堯·舜孝悌之道, 反覆而告之. 殿下尙能識有之乎? 臣常莊誦敬歎, 自謂：'堯·舜之治, 庶幾見之.' 夫何卽祚以來, 凡百施措, 委靡豫怠34), 了無一言一事, 可以上答天心, 下慰民望者? 殿下35)以有爲之姿, 居可爲之位, 平昔自居者何如, 而今直爲此沓沓也? 近以祭享攝行事進諫者衆, 而不得感回天聽, 中外憂鬱, 日已滋甚, 及夫日昨以患憂未參備忘36)下, 而少可以解群下之惑矣. 然若臣區區之憂, 猶不敢遽已.

夫疾病之來, 聖人之所不免. 殿下上爲宗社之主, 宜不敢自輕, 而若其哀痛慘怛之出於天者, 則欲抑而不可得矣. 雖於拜跪之際, 不能如禮, 殿下

---

32) 亟：底本에는 “極”으로 되어 있다. 연활자본에 근거하여 수정하였다. 이하 동일사례는 별도의 교감기를 달지 않는다.

33) 亟：底本에는 “極”으로 되어 있다. 연활자본과 《稗林》에 근거하여 수정하였다.

34) 豫怠：底本에는 “台豫”로 되어 있다. 연활자본과 《稗林》에 근거하여 수정하였다.

35) 殿下：底本에는 없다. 《陶菴集·大司憲陳戒疏》에 근거하여 보충하였다.

36) 忘：底本에는 “望”으로 되어 있다. 연활자본에 근거하여 수정하였다. 이하 동일사례에 대해서는 별도의 校勘記를 달지 않는다.

所自盡者, 惟有祭奠哭泣之節. 而開歲以後, 尙未一番省拜, 大小祭享, 有如不祭之歎, 筋力不及, 固無奈何, 而隱之於心, 其果自安乎? 況今練前殷奠, 獨有此朔, 而受鍼停止, 脚部酸疼之候, 亦旣少減, 殿下不於此展哀, 更待何時?

頃者[37]四享之定式, 已爲大違禮典, 而殿下又不克一踐其言, 則及今改圖, 尤有光於日月之更矣. 或者聖候未盡平復而然, 則臣於是別獻焉. 先正臣金集年八十, 病不能拜起, 作文告廟. 雖或參祭而力不逮, 不能逐節盡禮, 只自俯伏於前, 使執事者代攝. 猶愈於元不與祭者, 夫豈非禮? 先正行之, 此足爲上下通用之權宜.

伏乞聖明亟下明敎, 親行朔奠. 如或難於拜跪, 祼薦一節, 大臣代行, 自盡於聖情, 則方可以大慰中外之心. 苟或不然, 而但曰: '前日備忘, 足以使人曉然.' 惟從每每攝行已, 而群下又從以莫敢言, 則是上以禦人之諫, 下以成主[38]之過也. 臣於是不敢不妄陳.

殿下臨朝視政, 專尙淵默, 凡於是非黑白之間, 殆若無適無莫, 大小政令, 一切置於悠泛之域, 若與一箇身[39]心不相關涉者然. 以是下之所以奉承者, 或牽補玩愒, 苟度時日, 茫然若墮井中. 如是而能爲國者, 未之有也. 夫讀書[40]講學, 所以湊泊此心, 維持此心, 故明君哲辟, 莫不以勤[41]御經筵爲第一務. 殿下試看前史, 曷嘗有臨御之初, 終年不一開講者乎? 始也猶可諉以講官缺員, 而今則群彦濟濟矣, 國家之置玉堂, 其將使之伈伈守直而已哉?

承宣入對之規, 遂廢而進見益疎, 殿講親政之擧或有而緩急倒置矣. 賓廳次對, 國事之緊重, 而廈氈吁咈, 不過一'唯'字. 苟如是而止, 則雖三接之

---

37) 者 : 底本에는 뒤에 "獨參"이 더 있다. 《陶菴集·大司憲陳戒疏》에 근거하여 삭제하였다.

38) 主 : 底本에는 "王"으로 되어 있다. 연활자본에 근거하여 수정하였다.

39) 身 : 底本에는 "臣"으로 되어 있다. 연활자본과 《稗林》에 근거하여 수정하였다.

40) 書 : 底本에는 없다. 연활자본과 《稗林》에 근거하여 보충하였다.

41) 勤 : 底本에는 "動"으로 되어 있다. 연활자본과 《稗林》에 근거하여 수정하였다.

勤, 亦何益之有? 殿下深拱宮中, 罕見臣僚, 未敢知居常所親近者誰歟, 所做措者何事歟?

人君蠱心喪德, 非必聲色馳騁也. 一念未免於豫怠, 足爲喪邦根柢, 甚可畏也. 嗚呼! 天災日臻, 人心日離, 私意日益肆, 義理日益紊, 紀綱日益頹. 然而猶不至於遽亡者, 惟先王德澤之在人也, 殿下其可恃而自逸乎?

朱子曰: '今日之事第一, 惟是勸得人主收拾身心, 保養精神, 一以天下國家事爲念.' 此正爲今日對症良藥[42]. 殿下以臣此說, 反[43]之於心, 察其存否, 驗其勤惰, 必學而開之, 敬而持之. 首將從前豫怠之習, 渙發德音, 痛自克責, 則凡臣所論諸事, 自然綱擧而目張. 上下之間, 精萃神會, 一言之頃, 風動神速, 其幹旋之機[44], 不啻若反手, 所以爲堯·舜, 亦不外是, 而殿下何憚而莫之爲乎?

仍念近日, 章奏非不懇切, 聖批非不嘉納, 而卒未見採用之實. 此殆近於'悅而不繹, 從而不改'. 今臣所陳, 固非別件事, 而首尾倦倦, 蓋竊附於'先格之義'. 殿下若又曰'留意'而已, 則臣復何望. 云云."

李大憲此疏, 足以爲法於後世之爲人臣而諫人君者也. 自"邸[45]下何如主", 至"自謂堯·舜之治, 庶幾見之", 開導其善心也. 自"夫何卽祚以來", 至"今直爲此沓沓", 深戒其豫怠也. 自"近以祭享攝行", 至"中外憂鬱慈甚", 切悶人心向背之機也. 自"日昨備忘之下", 至"解群下之惑", 喜其人心之少定也.

自"然若臣區區之憂", 至"隱於心, 其果自安", 欲起其祭享之誠意也. 自"況今練前, 獨有此朔", 至"展哀更待何時", 切言其若過此朔, 則雖欲展哀而末

---

42) 藥 : 底本에는 "醫"로 되어 있다. 연활자본과 《稗林》에 근거하여 수정하였다.
43) 反 : 底本에는 "及"으로 되어 있다. 연활자본과 《稗林》에 근거하여 수정하였다.
44) 機 : 底本에는 없다. 《陶菴集·大司憲陳戒疏》에 근거하여 보충하였다.
45) 邸 : 底本에는 "殿"으로 되어 있다. 연활자본과 《稗林》에 근거하여 수정하였다.

由也. 自"四享定式", 至"尤有光於日月之更", 切欲格前非而遷于善也. 自"臣於是別有獻焉", 至"上下通用之權宜", 切欲引古人之孝, 起主上之孝也. 自"亟下明敎", 至"大臣代行", 切欲主上必親行其祭享也. 自"苟或不然", 至"臣於是不敢不陳", 欲防其引前謬而成新規也. 其他千言萬辭, 不出於勸聖學戒逸豫, 而愛君誠悃, 動溢於字句之間, 治國規模, 盡備於篇章之內. 惜乎! 其言之不得見用也!

<u>李大憲</u>亦正類中人也. 時際斥奸之方張, 職當都憲之重任, 而其所陳疏者, 只是懇切於規諫勸戒, 而片辭隻言之間, 初不一及於時節事, 何哉? 夫<u>李大憲</u>道學君子也, 抑其心而以爲正君心, 然後正朝廷·正百官之意歟! 觀其疏意, 宛轉之中, 有森嚴之氣, 切直之中, 有懇惻之意, 苟非道學中出來, 豈如是哉? <u>李大憲</u>自少時, 世人之言曰: "詞犯仙語, 學冠近世, 孝盡人道." 觀於此疏, 則辭旨發越之中, 學行流動, 規模懇至之際, 誠孝著見, 此誠文章·道學·孝行兼備之大君子也.

五月十日, 引見時, 領相<u>金昌集</u>所啓: "方今國事罔極, 百度解弛, 紀綱日頹, 飢癘荐臻, 散亡相續. 殿下深居恭[46]默, 不曾留意於國事, 諸臣只思奉身而退, 袖手恝視. 譬如一片孤舟, 泛泛於驚濤之中, 而執柁無人, 任其飄蕩. 噫嘻! 其危矣. 急急召聚在外之臣, 使之各事其事, 然後庶可望牽補架漏.

如<u>崔奎瑞·鄭澔·權愭</u>[47]·<u>李晩成·金興慶·李光佐</u>諸人, 皆是可與共國事[48]者, 甘心斂退, 無意造朝. 此外居在輦下, 不樂供仕者有之. 凡在廷[49]諸臣, 皆受國厚恩, 致位隆顯, 朝家之倚重, 而一味屛處, 無意膺命, 豈不慨

---

46) 恭: 底本에는 "默"으로 되어 있다. 연활자본과 《稗林》에 근거하여 수정하였다.
47) 愭: 底本에는 "恒"으로 되어 있다. 실록과 연활자본에 근거하여 수정하였다.
48) 事: 底本에는 없다. 연활자본에 근거하여 보충하였다.
49) 廷: 底本에는 없다. 연활자본과 《稗林》에 근거하여 보충하였다.

惜者乎?

殿下嗣位以後, 政令施措之間, 未有勵精圖治之意. 凡帝王出治之本, 實在於終始典學, 而經筵法講, 一向停廢. 中外人心, 不無失望, 皆以爲國事無復可爲, 置之無可奈何之域, 擧懷退遁之計, 此[50]其意蓋出於欲全去就之節. 然而苟能思追[51]報之義, 至誠開導, 使聖心大悟, 翻然改圖, 而恪勤職事, 以殫[52]厥誠, 則豈不尤合於事君之大節耶?

昔唐臣陸贄勸德宗下罪己之詔, 雖驕將悍卒, 莫不感泣. 今臣亦願殿下特下備忘記, 而令政院措辭別諭, 引咎自責, 務爲激切懇至, 則諸臣亦豈不感激奔走? 而殿下亦宜自謀激勵痛改前轍, 則一號令之間, 風采頓變, 氣象自別矣."

左相李健命曰: "或下備忘, 或令政院代撰, 務以至誠懇惻爲主, 要使中外聳動, 而二者之中, 指一下敎何如?" 上曰: "唯." 左相以親撰與代撰間, 指一下敎仰請, 而只敎曰"唯", 諸臣莫知上意之所在也.

於是承旨韓重熙奏曰: "以備忘下諭耶? 自政院代撰乎?" 戶判閔鎭遠曰: "今此別諭, 必須激切懇惻, 足以感動人心, 然後庶有其效. 政院代草[53], 往復於大臣, 始爲入啓, 似好矣." 上曰: "依爲之." 應敎金濟謙撰進.

○ 近來國事之無復可爲, 容可說乎? 國家之治亂, 專係於君臣之吁咈都兪, 勉勵勸戒. 而自主上嗣服以來, 雖緣玉候之添加, 而孝寧殿四享大祭·朔望祭奠, 連爲攝行, 經筵法講, 儒臣召對, 亦爲停廢, 諸臣疏批, 積滯未下. 自是百僚懈惰, 庶事叢脞, 中外之人, 大失望矣. 連年旱荒, 百姓離散, 盜賊四起, 而上下莫知憂焉, 日變星妖, 山震海沸, 式月斯生, 而上下莫知

畏焉, 國勢之危急, 人心之波蕩, 勢固然矣. 當此之時, 正須臣隣規箴之風矣.

仲尼曰 : "十室之邑, 必有忠信." 我東邦千乘之國, 豈無忠信之臣乎? 最初[54]有金濟謙者以祭享之親行·講筵之頻接, 勸勉至再, 而終見遞職之擧. 繼以有宋道涵·李重協·徐宗燮之疏諫, 又有閔鎭遠再次懇至之疏戒, 又有李縡反覆開諭誠懇勸勉之疏. 至於領左相, 時時勸勉, 眷眷不已, 而至於是日, 請[55]別降綸音, 以慰衆情事, 勸成人臣之道, 於是至矣.

惟彼一邊之人, 日陳伐異之章, 而至於勉君德一款, 初非片言半辭之闌入者. 蓋其意專在於慫慂也, 而苟或陳勉戒之語, 則徒忤上旨, 少無所益也. 苟以勉戒謂無所益, 而初不勉戒, 則是謂吾君不能爲也.

八月, 獻納徐命均疏陳近日黨論之痼癏, 與銓曹用人之不公, 而其他憂時慨俗之言, 無不切至. 正言李廷熽謂以逐去銓官, 啓請罷職, 校理趙文命疏救命均.[56]

近日黨論之蔽, 去益甚矣. 甲邊之人, 未必盡是君子也, 而亦有小人, 乙邊之人, 未必盡是小人, 而亦有君子焉. 甲邊之人, 陳一疏也, 或有侵逼於乙邊之人, 則乙邊之人, 毋論其人之賢與不賢, 其言之可與不可, 汲汲對章排擊爲主. 而迷於私黨, 全沒廉隅, 眩於得失, 少無公心, 實爲傍觀者所可代慚者矣.

當此之時, 毋論甲乙之人, 不染時態, 謝絕榮道, 只念國事, 憂心悄悄者, 亦多有之, 方今國事之最可憂者, 何事也? 主上之春秋, 漸至於晩晩, 主上之患候, 漸加於平昔, 燕媒之期, 螽斯之慶, 無復餘望, 而儲嗣則未有所建,

---

54) 初 : 底本에는 "以"로 되어 있다. 연활자본에 근거하여 수정하였다.
55) 請 : 底本에는 "乃以"로 되어 있다. 연활자본에 근거하여 수정하였다.
56) 命均 : 底本에는 없다. 연활자본에 근거하여 보충하였다.

邪說則益復盛行, 中外疑惑, 人心騷擾, 此實第一憂悶事也.

○[57] 南山洞最上谷有卞老·張老二人, 自少對門而居, 年皆八十六七矣. 天文[58]地理, 無不通達, 觀相推數, 無一違劃, 二人晝夜相對, 討論講明不已. 卞問於張曰 : "今上相貌, 何如?" 張曰 : "睡虎之相也. 夫睡虎者, 任其睡而勿犯, 則初無傷人之理. 若履其尾而觸怒, 則必有傷人之患. 若觸怒主上, 則必多傷人." 卞曰 : "然."

張問於卞曰 : "微垣之下, 常有前星, 自主上登極之後, 忽無此星矣. 昨觀乾象, 則前星復生於舊躔, 必有邦慶也." 卞曰 : "我亦已覘之矣." 張曰 : "今上年壽何如?" 卞三屈拇指, 張曰 : "然矣." 卞曰 : "不出二年半, 朝廷皆爲魚肉, 將奈何?" 張曰 : "國運所關, 亦無奈何? 而國家則轉危爲安, 是可幸也."

二人世無知者, 而獨與崔相奎瑞自少相親. 二人謂崔曰 : "今公若聽我二人之言, 則大貴而令終." 崔曰 : "吾必從之." 二人曰 : "平生勿參黨論, 若至正卿, 退身鄕廬, 若至大拜, 稱病勿仕, 則極貴而令終也." 崔相如其言, 終保身名.[59]

辛丑八月二[60]十日, 上因正言李廷熽以王弟建儲之疏, 令廟堂稟處. 賓廳啓 "玆事至重, 且時原任大臣·六卿及三司長官, 並卽牌招以爲入對之地, 何如?" 傳曰 : "允."

趙判府適於是日出江郊, 其子觀彬得聞此報, 走馬往其父所住處耳. 語如此如此, 趙判府汲汲入來, 直往賓廳, 領相左相及諸臣皆會矣. 趙判府

---

57) ○ : 이 부분은 《稗林》에는 있는데, 연활자본에는 없다.

58) 文 : 底本에는 "門"으로 되어 있다. 《稗林》에 근거하여 수정하였다.

59) 終保身名 : 《稗林》은 여기까지가 卷1이다.

60) 二 : 底本에는 없다. 실록과 연활자본에 근거하여 보충하였다.

曰：“諸大監爲此宗社大事, 而何不與小生同也? 願與諸大監同爲死生.”
云, 可見其忠赤無他之心矣.

是夜三更, 大臣卿宰入侍, 領相金昌集所啓：“臺臣李廷熽以建儲事上疏,
而有大臣稟處之命, 故臣等與諸臣入對矣. 臺臣所奏, 卽宗社大計也. 卽
今國勢孤危, 人心波蕩, 聖上春秋鼎盛, 尙無儲嗣, 宗社之憂, 莫大於此.
臣等忝在大僚, 夙夜憂慮, 何敢少弛, 而尙不能仰請者, 只緣事體至重, 至
今囁嚅矣. 臺臣以大臣不言爲咎, 臣誠難免於[61]不職之責矣. 臺言至當,
孰敢有他議乎? 諸臣皆方入侍, 下詢決定何如?”

判府事趙泰采引宋 仁宗春秋不至晼晚, 而諫臣范鎭累疏請定策, 大臣文
彦博亦力贊事以奏, 而其他啓辭與領相略同. 左相李健命大意略同, 而臺
疏旣出之後, 不宜一刻遲緩, 故不計深夜, 輒敢相率仰請爲奏. 戶判閔鎭
遠·判尹李弘述·兵判李晚成·刑判李宜顯·大司諫洪錫輔, 皆以決不可一
時遲待, 早賜決定爲奏, 而上終無發落. 金昌集更奏曰：“大臣諸臣所達
之言, 皆在聖上之亟賜允兪, 伏願速降處分, 以副群下之望.”

李健命[62]·趙泰采皆以速賜處分更奏, 而久不允從. 金昌集復奏曰：“臺
臣所奏, 祖宗已行之令典, 而今日之所當遵奉者, 而如此大處分[63], 必得
慈殿手筆而後, 可以奉行. 臣等當退出於閤門外, 恭俟處分矣.” 上曰：“當
依爲之.” 於是上稟達慈殿, 慈殿書下諺敎曰：“孝宗大王血脈, 先大王骨
肉, 只主上與延礽君而已, 主上旣無嗣續, 今定儲嗣, 非延礽君, 誰也? 予
意之如此, 下敎大臣宜矣.” 遂以延礽君建儲定號.

承旨榻前書出, 冊禮都[64]監官員, 卽令該曹差出, 告廟冊禮吉日, 令觀象
監推擇. 答延礽君辭疏曰：“豫建儲嗣, 所以重宗社. 噫噫! 予以不穀, 已過

61) 於：底本에는 없다. 연활자본에 근거하여 보충하였다.
62) 健命：底本에는 없다. 연활자본과《稗林》에 근거하여 보충하였다.
63) 分：底本에는 없다. 연활자본과《稗林》에 근거하여 보충하였다.
64) 都：底本에는 “部”로 되어 있다.《稗林》에 근거하여 수정하였다.

立年, 尙無嗣續, 又有奇疾, 言念國事, 無計可恃. 玆以仰稟慈聖, 俯循群下之請, 委以儲貳之重, 小心翼翼, 勤勤孜孜, 以副國人之顒望."

是夜纔定儲位, 未及頒布, 而宿衛軍卒·政院使令之自闕出來者, 聳肩蹈足, 轉相告諭曰:"以延祏君封爲世弟, 豈有如此大慶乎?" 聞之者顚倒驚喜, 亦相欣告. 片刻之間, 懽聲滿都, 室室相賀, 家家相慶. 街童·走卒蹈舞不已, 市井塵間, 簫皷餘喜, 而太平之象, 藹菀於[65]一時.

○ 定策儲位, 卽國家之大事也, 而稟定於一夜之間, 若涉急遽者, 何也? 若或遷延時日, 則不逞之徒, 必陳歧貳之論, 恐致誤了大事之故也.

○ 依領左[66]相議, 以世弟定號, 世弟與世弟嬪, 入宮吉日, 以來月初六日爲定.

○ 延祏君再疏, 答曰:"已悉於昨日批旨中, 復何多誥? 無庸更辭, 以安予心."

○ 判府事[67]李頤命疏:"伏以臣伏聞殿下深懷宗社之大計, 上稟聖母之慈旨, 早定國嗣, 允屬元良, 一夜之間, 懽聲四馳. 云云. 臣身雖在外, 獲覩大慶, 不勝眷眷之忠."云. 答曰:"卿懇. 幸賴默佑, 有此莫大之慶, 欣忭曷諭? 卿其安心勿辭, 須速就途, 進參賀班, 以副虛佇之望."

冊禮都監提調, 右議政趙泰耇差下. 趙泰耇疏:"伏以臣伏聞日昨筵中, 俯循大臣諸臣之請, 上稟慈旨, 儲嗣已定, 邦本益固. 此實宗社無疆之基, 臣民慶幸, 曷可勝喩? 臣之疾病, 已成根締之症, 決無復起爲人之望. 顧此

---

65) 於:底本에는 "然"으로 되어 있다. 연활자본과 《稗林》에 근거하여 수정하였다.
66) 左:底本에는 없다. 연활자본과 《稗林》에 근거하여 보충하였다.
67) 事:底本에는 없다. 연활자본에 근거하여 보충하였다.

床席危死之喘, 末由運身, 都監事務, 時日爲急, 不可待其差歇, 冀蒙卽賜
處分. 云云."
答曰: "卿懇. 幸賴默佑, 有此莫大之慶, 欣忭曷喩? 卿之所患, 又有添加,
不勝驚慮. 都監提調之任, 今姑勉副焉."

二[68]十三日, 司直柳鳳輝疏略: "伏以聞正言李廷燁疏請建儲, 聖批以議
大臣稟處爲答. 臣聞來不勝驚惶憂惑. 云云. 有國建儲, 何等重大, 而時原
任大臣之在江郊不遠之地者, 邈然不知, 原任卿宰之初招不進者, 亦不更
招, 猝遽忙迫[69], 無顧念國體底意, 臣未知此何擧措也.
臣世受國恩, 致位宰列, 十年出入近密, 當此之時, 其何敢畏鈇鉞之誅, 默
無一言, 以負我先王與殿下乎? 殿下再聘中壼, 今纔數年, 嘗藥憂遑, 仍居
諒闇之中, 嗣續有無, 姑無可論. 而殿下寶籌方盛, 中壼年纔踰笄, 日後螽
斯之慶, 此固擧國臣民之所顒望. 或者兩宮有疾, 妨於誕育, 則在保護之
地者, 固當竭誠醫治, 靡不用極, 而未聞有念於此者. 乃於卽祚之元年, 猝
然爲此擧, 此其故何哉?
殿下嗣服, 纔周歲矣, 臣民方今拭目於新化, 則臺疏所謂'國勢岌業, 人心
渙散'者, 未知其何所據而發. 而設有如其言者, 當軸大臣, 所宜博訪廷議,
從容陳白, 使中外曉然知其爲某緣某由. 而今乃不然, 始使如廷燁之癡獃
無識者, 草草疏請, 有若嘗試者然. 及得'稟處'二字之敎, 乃於更鼓夜深之
後, 登對力請, 必準乃已, 與廷燁和應之狀, 不可掩矣. 至若事之不可不仰
稟慈聖者, 亦當以稟定之意仰達而退, 以俟下敎, 事體則然. 而旣請入稟,
旋請出定, 再請之啓[70], 至謂'不可淹延', 便同使令, 殆近催督, 此眞可謂無

<hr>

68) 二 : 底本에는 없다. 실록과 연활자본에 근거하여 보충하였다.
69) 迫 : 底本에는 "略"으로 되어 있다. 연활자본과《稗林》에 근거하여 보충하였다. 동일
　사례에 대해서는 별도의 校勘記를 달지 않는다.
70) 啓 : 底本에는 "計"로 되어 있다. 연활자본과《稗林》에 근거하여 수정하였다.

人臣禮者耳.

曾在戊辰殿下之誕生也, <u>仁顯王</u>71)后久無嗣續. 伊時立嗣非不急矣, 而前席下詢之際, 諸臣以'姑觀數年, 正宮無斯男之慶, 而王子年長, 則有司自當建請72)之不暇'爲言, 當日臣子夫豈有他意哉? 蓋所謂重國本尊國體也. 人臣事君之道, 自當如此, 而今則忙忙急急, 有若不容蹉過時刻者然, 半夜嚴廬, 一請再請, 使莫重莫大之慶, 終至於草率之歸, 國體反輕, 殆不成樣, 人心疑惑, 久而靡定. 臣誠莫曉其至此也. 云云.

成命已下, 無容更議, 大臣及入對諸臣愚弄迫脅之罪, 不可不明正. 而殿下之廷, 無一人言之者, 玆敢不避越俎之嫌, 而冒死而陳之. 伏願聖明繼自今凡於事爲, 斷自宸衷73), 無使威福下移, 仍正74)大臣以下罪犯, 以謝國人, 以肅朝廷. 云云."

<u>鳳輝</u>之疏, 自初遣辭, 莫掩其憤怫慍懟之心也. 王弟定策, 上下之所慶忭者, 而敢曰"聞來不勝驚惶", 國有大事, 則不遑俟駕, 而敢曰"原任卿宰之初招不進者, 亦不更招75)." 主上素有奇疾, 前後兩宮及兩媵並無胎漸. 到今春秋漸至晼晚76), 疾患比前添加, 斯男之慶, 更無餘望, 朝野之所共知也. 尙未建儲, 國勢之孤危, 汲汲77)乎殆哉, 今日建儲, 尙云晚矣, 而敢曰"猝遽忙迫."

建儲以後, 不日之內, 懽忭之聲, 遍滿於都鄙, 蹈舞之民, 彌滿於街路者, 萬目之所覩也, 而敢曰"人心疑惑, 久而靡定." 大臣諸臣一請再請於一夜

---

71) 王 : 底本에는 "元"으로 되어 있다. 연활자본에 근거하여 수정하였다.
72) 請 : 底本에는 "儲"로 되어 있다. 연활자본과 《稗林》에 근거하여 수정하였다.
73) 宸衷 : 底本에는 "衷宸"으로 되어 있다. 실록과 연활자본에 근거하여 수정하였다.
74) 正 : 底本에는 "定"으로 되어 있다. 실록과 연활자본에 근거하여 수정하였다.
75) 招 : 底本에는 뒤에 "乎"가 더 있다. 연활자본과 《稗林》에 근거하여 삭제하였다.
76) 晼晚 : 底本에는 "晚晼"으로 되어 있다. 연활자본에 근거하여 수정하였다.
77) 汲汲 : 底本에는 "岌岌"로 되어 있다. 연활자본과 《稗林》에 근거하여 수정하였다.

之間, 必準請而後已者, 似涉忙急, 而此則不然. 建儲之事, 有國之大事也,
若其朝臣以王弟定策, 同然心腸, 則當軸大臣, 豈不博訪廷議, 從容陳白?
而其中一種不逞之徒, 潛釀凶計, 和應已成者, 路人之所共知也. 所以大
臣諸臣以爲延拖時日, 則必有彼徒百方沮戲, 恐致大事之有誤也. 乃於一
夜之內, 準成[78]建儲之大事, 此實斷斷爲國之忠心也.
其所急遽之由, 彼宜自反, 而不知自反, 敢曰"愚弄迫脅." 無論急遽與遲緩,
旣定儲嗣之後, 彼雖有怫悒忿懑之心, 亦無奈何, 固當奉朝稱賀而已. 而
乃反急投悖章, 嚇視建儲之大事[79], 請罪定策之諸臣, 平生包藏之凶肚,
露出狂悖之一疏, 亦一大變怪, 一大機括也.

傳曰:"噫! 先大王以日月之明, 深慮予之無嗣矣. 到今疾恙[80]漸加, 無望
斯男, 敬承付託之重, 日夜憂懼, 不遑寧處. 百爾思惟之極, 日昨臺疏, 無非
爲宗社定[81]國本, 正合先大王之盛慮及予憂嘆之志, 故仰稟慈聖, 則曰:
'孝宗大王血脈, 先大王骨肉, 只有予與延礽君.' 不出於此也. 慈敎至切,
不覺涕泗. 噫! 予有一分嗣屬之望, 則有何此敎乎? 旣定儲嗣, 宗社無疆之
福, 亦予之所大望. 柳鳳輝之疏, 出於千萬意慮之外, 而語涉狂妄, 此何人
斯, 何如是乎? 不可置之, 卿等論以啓達."
是夜閤門外, 領相金昌集·左相李健命·大司憲洪啓迪·大司諫兪崇·司諫
申哲[82]·掌令宋道涵·正言李聖龍·校理申昉等啓:"臣等伏見柳鳳輝之
疏, 敢以國家大計, 歸之於草率之科, 而構捏臣等, 驅諸罔測之地[83]. 噫!
成命一下, 百姓延頸, 擧國含生之類, 莫不歡欣慶忭, 彼鳳輝抑何心腸, 獨

---

78) 成 : 연활자본과 《稗林》에는 "完"으로 되어 있다.
79) 事 : 연활자본과 《稗林》에는 "慶"으로 되어 있다.
80) 恙 : 底本에는 "蟯"으로 되어 있다. 실록과 연활자본에 근거하여 수정하였다.
81) 定 : 底本에는 "之"로 되어 있다. 연활자본과 《稗林》에 근거하여 수정하였다.
82) 哲 : 底本에는 "哲"로 되어 있다. 실록과 연활자본에 근거하여 수정하였다.
83) 地 : 底本에는 뒤에 "云"이 더 있다. 연활자본에 근거하여 삭제하였다.

自驚惶憂惑, 內懷不滿, 顯有動搖國本之意, 其不道之罪, 彰露無餘, 若不嚴加懲討, 則亂臣賊子, 必將接跡而起. 請柳鳳輝設鞫嚴問, 以正王法."

傳曰: "允."

右相趙泰耆使錄事直呈箚子略曰: "伏以臣於病伏垂死之中, 即伏見柳鳳輝疏陳, 至有議鞫之擧, 何至於是耶? 國有大慶, 處分旣定之後, 有此陳言, 誠可謂妄, 而其心則出於爲國之赤忱. 云云. 何嘗以一時之爭論而有所鞫問之事乎? 今日之忠於殿下者, 後必盡忠於儲君. 設令其所言, 雖甚狂妄, 而爲國盡84)忠, 遽命鞫治, 豈不大有傷於聖朝容諫之道乎? 導人主撲殺言者, 恐非聖世之美事. 伏願聖明特加三思, 亟收成命. 云云."

答曰: "卿懇. 今觀卿箚, 果知其設鞫之過當. 以此考例, 議于大臣稟處."

備忘記: "反覆思惟, 國是已定之後, 妄上疏章, 極其謬戾, 似當嚴處, 而鞫問過當, 參酌極邊遠竄."

右相所以箚救鳳輝之事, 何其謬哉? 建儲之成命誕下, 宗社之大本旣固, 一國臣民, 莫不慶忭歡恰也. 假令鳳輝有一分同慶同歡之心, 則必無向日之疏也. 滿幅張皇之間, 初無歡忭等一語, 而"驚惶憂惑"·"猝85)遽86)忙迫"·"人心疑惑"等語, 顯有不悅底意, 而其終也構陷請建諸臣, 苟究其心跡, 謂之曰"凶逆", 未爲過也, 而右相只謂之曰"狂妄"耶?

且主上或有癸甲之呱泣, 且或有震夙之佳兆, 如此而定策王弟, 則猶87)以急遽爭論, 可謂曰"赤忱"也. 今無二者之所係望, 而只有王弟之一國脈, 以晚時不得已定策, 鳳輝反以謂急遽而投疏爭論. 其所持心, 難免逆節, 而右相謂之曰"赤忱"耶? 主上以未有儲嗣, 國勢危孤, 晝夜憂慮者也. 當此之

---

84) 盡: 底本에는 "陳"으로 되어 있다. 연활자본에 근거하여 수정하였다.

85) 猝: 底本에는 "急"으로 되어 있다. 연활자본에 근거하여 수정하였다.

86) 遽: 底本에는 "據"로 되어 있다. 연활자본에 근거하여 수정하였다.

87) 猶: 底本에는 없다. 연활자본과 《稗林》에 근거하여 보충하였다.

時也, 諸臣之請建儲嗣, 國本永固, 方可謂之忠於主上. 而鳳輝反以請建
之諸臣爲罪, 竟[88]欲國勢之孤危, 是可謂逆於殿下, 而右相謂之忠於殿下,
同歸於鳳輝之一套, 爲之歎惜.

鳳輝之此疏出也, 街路之人, 狂惑[89]顚倒[90]曰:"王世弟冊[91]封, 國家之
慶也, 臣民之福也, 而柳參判上疏沮遏之云, 眞逆賊也." 莫不憤之, 乃聞鞫
問之報, 莫不快之. 又聞右相箚救之報, 驚惑相告曰:"聞右相大監救柳
參判, 不爲鞫問云, 憤哉憤哉! 近來兩班心意, 不可測也, 然則國無儲嗣耶?
云云." 旣策王弟爲貳極, 則君臣之分義已定矣. 主上雖如仁廟之以元孫
爲幼, 而擇次嫡之長立[92]之, 在臣分莫敢有歧貳之論矣. 況主上自初無嗣
續之望, 而只有介弟延礽君而已, 則定策延礽之外, 更有誰耶? 然而鳳輝
乃有不悅之心, 陳此悖疏, 顯有沮遏之意. 其陰懷二心動搖國本之計, 雖
路人可知也.

柳鳳輝此疏全篇辭意, 都出於憤懣王世弟之陞儲, 而其中"猝遽忙迫"一句
語, 尤可見以定策之不少遲緩, 深以爲恨者矣. 王世弟之承儲, 卽天命之
所在也, 雖或遲緩, 何能逞其計耶? 夫定策一款, 國家之大事, 則無論老論
·少論·南人, 爲今日臣子者, 固宜其同心相議, 正大奏請者也, 固不可一
邊之人獨當陳疏草率上請者也. 而李廷熽之疏請, 出於倉卒, 四大臣之奏
議, 在於半夜, 以外面看之, 則似涉於猝遽忙[93]迫, 而有不得不然者矣.

國舅魚有龜語其妹夫金純行曰:"大殿嗣續之望尙無期, 別定儲嗣之外,
更無他策. 而中殿欲聞呼母之聲, 此人情之常而事理亦然矣." 純行知其

88) 意:底本에는 뒤에 "以"가 더 있다. 연활자본과《稗林》에 근거하여 삭제하였다.
89) 惑:底本에는 없다. 연활자본과《稗林》에 근거하여 보충하였다.
90) 倒:底本에는 "道之"로 되어 있다. 연활자본에 근거하여 수정하였다.
91) 冊:연활자본에는 "策"으로 되어 있다.
92) 立:底本에는 "主"로 되어 있다. 연활자본과《稗林》에 근거하여 수정하였다.
93) 忙:底本에는 "忘"으로 되어 있다. 연활자본과《稗林》에 근거하여 수정하였다.

意而故答之曰：“大殿終無嗣續, 則<u>延礽君</u>卽三宗之血脈也, 今上之介弟也. 而且有先大王之遺托矣, 不可不以<u>延礽君</u>定儲, 則豈可以嫂94)呼母也?” <u>有龜</u>曰：“君不知體例也. 旣至於別定儲嗣之境, 則宗室中昭穆之親95)者, 何患無之, 而必以<u>延礽君</u>爲定, 違了順序承統之法乎?” 對曰：“然則其於<u>延礽君</u>何哉?” <u>有龜</u>曰：“一啓而可除矣.”

<u>純行</u>更無所對, 汲汲往告于領相<u>金昌集</u>, 則<u>昌集</u>曰：“吾已知彼其之有此計也, 豈料如是之凶耶? 事將急矣.” 使其子<u>濟謙</u>急通于左相<u>李健命</u>. <u>健命</u>纔聞此言, 戰慄危懍, 顏色靑黑, 氣窒語塞, 莫知攸爲, 只言曰：“少俟鎭情, 降憤卽進. 云云.”

<u>濟謙</u>歸告如此之狀, <u>金相</u>曰：“汝又急往江郊, 通于<u>李判府</u>.” <u>濟謙</u>又馳往<u>李判府</u>, 所以告之. <u>李判府</u>曰：“自上猝降以宗室某定儲之傳旨, 則宗社休而事且莫及矣. 此正臣子效命之時也.” 疾馳入城, 三相合座急議, 使<u>李廷爐</u>疏請, 而達夜獻議, 遂以<u>延礽君</u>, 猝定儲嗣.

蓋<u>有龜</u>之二心, 旣如彼也, 則定策王弟, 豈容時刻之遲緩乎? <u>有龜</u>之此計, 卽一邊96)之徒, 素所畜積而利誘於<u>有龜</u>者, 則何可議及於彼乎? 所以不得謀於彼邊, 只與同志死國之人, 忙急定策也. 彼其之徒, 苟無如此之凶計, 則豈以國家之大事如此而忙急乎?

彼<u>鳳輝</u>斂若其凶心, 反以猝遽忙迫疏斥之. 定策王弟, 旣是堂堂之大義, 則旣定之後, 何敢論急邊與遲緩, 而忙投悖章乎? 何不自歎其行凶之遲緩, 而反責他定策之急遽也?

○ 一邊之徒, 稔知主上終無嗣續之望, 而不悅於王弟, 潛畜二心, 而自主

---

94) 嫂 : 底本에는 “嬪”으로 되어 있다. 연활자본과《稗林》에 근거하여 수정하였다.

95) 親 : 底本에는 “襯”으로 되어 있다. 연활자본에 근거하여 수정하였다.

96) 邊 : 底本에는 “番”으로 되어 있다. 연활자본에 근거하여 수정하였다. 이하 동일 사례에 대해서는 별도의 校勘記를 달지 않는다.

上潛邸之時, 密密聚議者, 卽擇嗣宗室子之計也. 遂潛結魚有龜, 以外孫享貴之說誘之, 則魚有龜遂投合於邪黨之計. 因動得其中殿之心, 內外和應之勢已成矣. 自是之後, 定儲之議, 日益爛行於世.

蓋其定儲之議, 日益緊急者, 實自於柳鳳輝之徒也, 而今反以定策王弟謂之猝遽耶? 若以呼母中殿之人定儲, 則亦將曰猝遽耶? 四大臣若無魚有龜云云之說, 則豈可定策大事奏議於猝遽乎?

當其獻議之時, 主上未卽允從者, 以其邪黨之言, 先入之故也. 四大臣力爭於半夜, 旣回聖聰[97], 且慶恩府院君贊助於慈殿, 遂下諺敎, 竟以延礽君定儲. 外則有四大臣之力爭, 內則有慶恩之贊助, 故定策之事所以準成也. 若論當日定儲之功, 四臣與慶恩一也, 而四臣之事難, 慶恩之事易, 慶恩乃慈聖之親也[98].

王世弟上疏曰: "伏以臣區區難冒之狀, 罄竭[99]無餘, 聖心必惻然矜允, 而伏承下批, 辭意隆重, 又不得臣之所圖, 尤不勝抑鬱之至. 臣之不才, 冒叨重任, 早晚償敗[100], 已爲自料. 而昨見柳鳳輝之疏, 語極危險, 臣之毛骨俱竦, 心膽如墜, 此又臣難冒之一端.

噫! 微官末職, 旣有人言, 則其在自靖之道, 決不當遵仍. 況儲嗣之位, 是誠邦國之重本, 而不顧言議之峻發, 怳於威命, 冒沒承當, 則臣之一身羞恥, 固不足惜, 而其於國家何? 千思萬量, 斷無承命之勢, 不得不敢陳危苦[101]之狀. 而五日之內, 連上四章, 煩瀆震聽, 臣罪萬殞難贖.[102]

伏乞聖明上念祖宗之重, 俯察臣觖脆之情, 以其衛屬亟命罷歸, 仍收成命,

---

97) 聰: 底本에는 "聽"으로 되어 있다. 연활자본과 《稗林》에 근거하여 수정하였다.

98) 也: 연활자본에는 뒤에 다음과 같은 내용이 더 있다. "若非慶恩, 則誰可周旋於慈宮, 圖成定策之事也. 缺. 余謂慶恩之功, 不下於四臣也, 而比於四臣事則易也."

99) 竭: 底本에는 "渴"로 되어 있다. 연활자본에 근거하여 수정하였다.

100) 敗: 底本에는 "散"으로 되어 있다. 실록과 연활자본에 근거하여 수정하였다.

101) 苦: 底本에는 "孤"로 되어 있다. 연활자본과 《稗林》에 근거하여 수정하였다.

102) 贖: 底本에는 "續"으로 되어 있다. 연활자본과 《稗林》에 근거하여 수정하였다.

使臣以守其分, 則生當爲聖世之臣, 死當暝目而歸. 臣無任惶恐, 涕泣席藁, 俟命之至."

答曰:"國家莫大之事, 旣以完定, 而明言<u>柳鳳輝</u>之罪狀, 則狂妄之說, 有何介懷? 如此之人, 何代無之? 而少無不安之端, 上念宗社, 下副國人顒望, 更勿控辭, 亟斷來章, 以安予心. 衛屬如儀[103]焉."

○ 一自<u>鳳輝</u>疏, 右相箚救<u>鳳輝</u>鞫問之後, 大臣以下至于微末庶官·宗親府·館學儒生, 而<u>鳳輝</u>鞫問事, 及<u>趙泰耉</u>則以護逆之罪, 削奪官職, 門外出送事, 日陳疏請. 上一併不允, 朝廷之上, 日復日以是紛撓, 殆無寧日.

十月十日, 執義<u>趙聖復</u>疏, 初以亟定國本, 允屬元良, 勸講之道, 不宜少緩等說 發端, 末乃以殿下於臣僚引接之時, 政令裁斷之際, 使世弟侍側參聽, 一以爲講確 可否之道, 一以爲隨事訓習之方爲奏.

○ 是夜下備忘記曰:"予有奇疾, 十餘年來, 差復無期, 乃先朝之矜念, 酬應萬幾, 誠難矣. 往在丁酉有聽政之命, 則靜攝中, 爲其調養便耳, 至於予躬, 他不暇顧. 及自登極以來, 夙夜憂懼, 近日形症, 尤爲沉痼, 酬應亦難, 政事多滯, 言念國事, 心懷杂增. 今世弟英明, 若使聽政, 則國事可爲依托, 予得安意調養, 大小國事, 並令世弟裁斷焉."

人君當倦勤之際, 斷自宸衷, 乃有代理之擧. 雖是事勢則然, 而其在人臣情理, 則極其悵然缺然處也. 寧可以反汗爲請, 忍敢以代理仰請耶? 往在丁酉, 先大王非徒倦勤[104]之時也, 以積年玉候之沉痼, 有難於酬應. 當此之時, 諸臣莫敢有上請代理, 而自上乃有世子聽政之敎, 則承命諸臣大臣,

---

103) 儀: 底本에는 "意"로 되어 있다. 實錄과 연활자본에 근거하여 수정하였다.
104) 倦勤: 底本에는 "勤倦"으로 되어 있다. 연활자본에 근거하여 수정하였다.

莫不忡悵而涕泣.

況我主上則春秋鼎盛, 初非倦勤之時也. 只緣玉候之彌留, 雖有政務之多滯, 而孰忍以"代理"二字上請也哉? 彼聖復肆然萌於心, 著於口, 是可忍也, 孰不可忍乎? 已無臣子之義分與道理也而何? 況"侍側參聽"·"講確可否"等說, 乃是千古國朝以來所無之事也, 以千古國朝所無之事, 敢欲創行於我朝, 無所顧忌, 開口論請, 殆涉脅君父而欲釋位也. 此實前古所無之變, 專出於吾君不能之心也, 聖訓不云乎"吾君不能謂之賊也."

聖復之呈此疏也, 喉院必先照驗矣, 如此悖疏胡爲而捧納也? 其捧納承旨, 烏得免不察之責乎? 此疏入啓之夜, 乃下備忘記"大小國事, 並令世弟裁斷." 蓋主上此敎若非聖意之激惱也, 則欲觀諸臣之動靜也, 以此以彼, 大是未安之處分也. 其在世弟之心, 震駭惶懼, 當復如何?

左參贊崔錫恒與玉堂汲汲夜半請對, 反覆開諭, 纔回聖聰, 還收備忘記. 戶參趙泰億追後入侍, 重臣入對之時, 已收備忘記, 則趙泰億追後入對, 未知有何更奏之事. 筵奏極秘, 雖未卽聞知, 而外人多怪之. 聖復之疏呈于十月十日, 而是日之夜, 乃下備忘記, 則其間不過半日. 而且疏批未下之前, 在外諸臣, 漠然不知, 故未卽聲罪, 固其勢也. 而至於在院承旨及在直玉堂, 當其備忘之初下也, 卽請反汗, 而不蒙允從, 則卽又急報於大臣諸臣, 使之齊會力爭, 在所當然矣.

先聞者則先到, 後聞者後到, 固其勢也. 崔錫恒先聞, 故所以先到而入對, 趙泰億後聞, 故所以後到而入對. 後於趙泰億而到之者亦有之, 則誰禁其入對乎? 至於趙泰億入對之後, 仍閉闕門, 而勿許後入者入對, 此亦何意也? 左相李健命與諸宰臣忙忙來到, 則禁局堅閉, 不許入對. 三次往復於喉院, 而終爲阻擋, 不得已彷徨道路, 俄而崔錫恒·趙泰億準請而出來矣. 成命旣已[105]還收, 則左相更有請對之事乎? 仍自外退出矣.

---

105) 已 : 底本에는 "其"로 되어 있다. 연활자본과 《啣林》에 근거하여 수정하였다.

領相金昌集則日前纔承休致之命, 則於職事已謝了[106]矣. 且成命於是夜反汗, 於是日尤無事於[107]追後請對也. 然則兩大臣有何一毫之所失也? 亦有何一毫之疵毁也? 然而李光佐討聖復之疏, 以兩大臣無一言爲斥. 朴泰恒等二十七人聯名討聖復之疏則日"一大臣則高枕傍觀"爲斥·"一大臣則緩緩驅車後到, 而投章反攻"爲斥, 其所謂"投章反攻"者, 何也? 左相旣聞趙泰億追後入對時侵斥之語, 又見李光佐討聖復疏中論及大臣之無一言. 至於朴泰恒等疏中侵斥深緊, 故左相乃於領相勉副傳旨還收事, 及慶忭當夜備忘還收事, 陳箚之末, 有曰:"今於事過之後, 謂以'後到陳疏迭斥如恐不及者, 抑何故也? 其意不專在於爲國而實出藉[108]重傾陷之計. 云云." 謂之"投章反攻"討聖復, 則討聖復而已, 何故侵無瑕之兩大臣也? 此實聲東而擊西之計也. 左相旣被無端之人言, 則豈有甘受之理哉? 所以對擧於箚末, 而"藉重傾陷之計"云者, 可謂當劑之言也.

○ 延礽君定策之日, 一邊之人, 皆集於一處, 或有奮攘者, 或有怫悒者, 有不忍正視矣. 趙泰億奮臂而言曰:"唐末之定策國老, 豈意復見於今日耶?" 其中巨魁則曰:"不久門生天子矣."
噫嘻! 惟我春宮, 先王之次子也, 今上之介弟也. 而先王深慮主上之無嗣, 曾以延礽君丁寧屬託[109]矣. 當主上望斷斯男之際, 承儲嗣之責者, 歷歷數之, 一延礽而已. 迺者臺臣疏請, 大臣稟啓, 而主上仰稟于慈聖, 遂以延礽封爲儲貳. 世弟之誕承儲位, 若是其光明正大, 而彼泰億目之以"定策國老", 此眞古今所無之逆臣也.

<hr>

106) 了:底本에는 "可"로 되어 있다. 연활자본과 《稗林》에 근거하여 수정하였다.
107) 於:底本에는 없다. 연활자본과 《稗林》에 근거하여 보충하였다.
108) 藉:底本에는 "籍"으로 되어 있다. 연활자본에 근거하여 수정하였다. 이하 동일사례에 대해서는 별도의 校勘記를 달지 않는다.
109) 託:底本에는 "托"으로 되어 있다. 연활자본에 근거하여 수정하였다.

○110) 一邊之人, 外結貴戚, 內緣宦侍者, 蓋已久矣. 以是之故, 闕內之言,
流出於外, 闕外之言, 流入于內. 向夜崔錫恒筵奏, 雖曰"極秘", 而豈無播
傳之理乎? 追後聞之崔錫恒則奏曰: "殿下何陷於賊臣之凶計者, 有此意
外過擧乎? 今日代理之命, 卽乙酉傳禪之言, 世弟必無承順之理, 諸臣亦
無奉行之理, 而徒致一國之疑惑驚怪之端也. 亟寢成命." 云.

主上方且趑趄之中, 聞趙泰億請對, 留門入侍. 趙泰億奏曰: "聖復之此
疏, 卽昌集·健命輩指使也. 此實脅殿下而釋大位也, 豈是聖復一人之獨
辦乎? 殿下胡爲意外之處分, 適中凶徒之謀計耶? 亟收成命, 上以保宗社
之危亡, 下以鎭人心之驚惑." 復奏曰: "昌集等四凶, 殿下爲先除去, 然後
大位可保." 云. 崔錫恒從傍目之, 上頗以爲然, 乃下備忘還收之命. 自是之
後, 老邊人雖列於權要, 而乃爲疎逖之臣矣, 少邊人雖在於散班, 而反爲
近密之臣矣.

十一日111)夜, 承旨李箕翊·副承旨南道揆·應敎申哲·校理李重恊請對入
侍時, 申哲所啓: "云云. 臣僚之所望於東宮者, 惟在於敦孝友勸講學而
已. 至於參聽裁斷, 實非今日之所宜言也. 今此'講確可否'之說, 其謬妄112)
無識甚矣. 請趙聖復罷職."

上曰: "罷職則似爲太過." 哲曰: "罷職之罰, 何爲太過乎?" 李箕翊曰:
"本院無請罷職臺諫之規, 故不敢先爲仰達, 而玉堂所113)達, 元非太過
也." 李重恊曰: "臣於聖復疏批旣下之後, 始見其疏, 極爲駭痛, 而未及陳
箚請罪之前, 遽下備忘矣. 聖復之罪, 罷職猶輕, 豈有過重之理乎?" 上
曰: "依所達罷職可也."

---

110) ○ : 이 부분은 《稗林》에는 있는데, 연활자본에는 없다.
111) 日 : 底本에는 "月"로 되어 있다. 실록과 연활자본에 근거하여 수정하였다.
112) 妄 : 底本에는 없다. 연활자본과 《稗林》에 근거하여 보충하였다.
113) 所 : 底本에는 "必"로 되어 있다. 연활자본에 근거하여 수정하였다.

○ 聖復之疏所云"侍側參聽"·"講確可否"等說, 實是千古帝王家所無之事, 而一聖復乃創出耶? 一則以吾君不能之心也, 一則以脅上釋位之計也. 雖堯·舜之聖君, 豈不以聖復有激怒之心·切痛之意乎? 是以特下備忘於是夜, 主上猝下備忘之意, 卽地可覯, 而尤可驗於重臣之一奏, 旋收成命也.

在廷諸臣其在道理也事體也, 當以聖復亟定邦刑力爭, 而承旨·玉堂·臺諫之是夜所啓, 只止於姑先請罷, 主上之罷職, 則似爲太過之敎, 眞以罷職爲太過耶? 其後兩司合啓, 卽允圍籬安置之請. 由是觀之, 當初太過之敎, 實出於未安, 申哲等之只以罷職爲啓也, 而申哲等之不卽嚴討, 甚非矣. 人臣事君之道, 一從大義上做去, 莫容一毫私意也. 申哲·李重恊等, 於是請對, 初發啓也, 只以援例罷職爲請者, 人謂之與聖復同黨挾私之故云云, 烏得免此說乎?

國家有大變怪, 而人臣有急救之道, 則群僚之會, 奚暇待也, 晝夜之分, 奚暇論也? 雖禁局已鎖之後, 排闥直入, 人君所許請對而不得禁焉. 有是日聖復之疏, 有是夜備忘之下, 此實國家之大變怪也. 朝紳之中, 苟有先聞者, 則可驚惶急遽, 而何暇於沁沁待人默默待朝也哉? 急先請對以救之, 容可說乎? 迺者重臣[114]崔錫恒·宰臣趙泰億, 先得聞此報, 汲汲請對, 得收成命, 其孰曰不可乎[115]?

兩臣先入之後, 仍閉禁門, 從後請對者, 不復許入. 右相李健命·宰臣李塈等諸臣, 終見喉院之一切阻擋, 至使[116]彷徨於道路, 以先後之有殊而如此乎? 聞有先後, 家有遠近, 先聞者·家近者則先到, 固其勢也. 後聞者·家遠者則後到, 亦其勢也. 而先到者特許請對, 後到者不許請對, 豈或上令之如是也? 中間操縱, 實難測矣. 惟其諸臣以喉院之阻擋後到者, 非斥可

---

114) 有是日 …… 重臣 : 연활자본에는 보이지 않는다.
115) 其孰曰不可乎 : 연활자본에는 보이지 않는다.
116) 終見 …… 至使 : 이 내용은 연활자본에 보이지 않는다.

也, 而以喉院之許入先到者, 非斥不可矣.

至以兩臣之夜中獨入爲罪者, 尤爲不可, 當其急救之時, 豈可片刻遲滯乎? 火速請對, 臣分之當然, 而克準請對之事, 則兩臣之道, 於是盡矣. 蓋於兩臣筵奏之[117]餘, 備忘還收之事, 不啻表著矣, 非斥諸臣之言, 殆涉隱秘矣. 表著反汗之事, 則不以爲幸, 隱秘非斥之言, 則執爲討罪, 豈不涉於兩臣之請收成命, 反爲不悅於心者然乎? 兩臣雖或非譖諸臣於筵對之餘, 旣成備忘還收之功, 則無可以非譖諸臣論斥之也.

○ 延礽君旣承儲嗣之位, 則君臣之分已定, 而鳳輝肆然陳疏, 敢曰“聞來不勝驚惶憂惑”, 議建儲嗣, 尙云晩矣而敢曰“猝遽忙迫”, 定策世弟, 一國之懽忻, 而敢曰“人心疑惑.” 大殿稟于慈宮, 慈宮許于大殿, 而敢曰“愚弄迫脅”, 請罪諸臣, 句句節節, 而以世弟策封顯有不悅之心, 乃是三宮之逆臣也.

自上雖有代理之命, 其在臣分, 力請反汗,[118] 而聖復肆然陳疏, 敢請代理, 已是前無不道之臣. 而於“參聽政事”·“講確可否”等語, 迫脅主上, 欲其釋位也, 顯有吾君不能之心, 此實兩宮之逆臣也. 逆臣一也,[119]而鳳輝則諸大臣以鞫問定罪箚奏, 聖復則諸大臣初無請罪之箚啓, 遂有一邊之人, 侵斥兩大臣, 然此則大不然者. 鳳輝則特下備忘, 令大臣論稟, 故有所箚陳也, 聖復則初無大臣論稟之令, 而直下世弟聽政之備忘.

領相則[120]纔已釋負, 卽是原任大臣也, 初無可論. 左相則纔聞備忘之報, 忙入請對, 則爲喉院之阻擋, 而旋聞還收之命, 則無可請對, 仍自外退歸. 至於討聖復, 旣無大臣稟啓之命, 自有三司言責之臣, 則非大臣所可關涉

---

117) 之 : 底本에는 없다. 《稗林》에 근거하여 보충하였다.

118) 而鳳輝 …… 反汗 : 연활자본에는 보이지 않는다.

119) 已是 …… 一也 : 연활자본에는 보이지 않는다.

120) 則 : 底本에는 없다. 연활자본과 《稗林》에 근거하여 보충하였다.

也. 而並休致大臣, 而以不討聖復論斥, 然則右相忙救鳳輝之逆, 而不論聖復之罪, 何不並此大臣而論[121]斥之也? 彼輩不念事體之如此如彼, 急於斥逐兩大臣之計也. 蓋彼輩以四大臣一切齮齕[122]者無他也, 以其爲宗社策世弟之故也.

四臣除去, 然後方便於行其凶計也, 此輩之侵逼世弟, 其漸已久矣. 李眞儉[123]疏中, 惹出大臣獨對之事, 而凶徒接踵而起, 論斥獨對, 以旣往之事, 忽然提起者, 究其歸趣, 則隱然侵王弟也. 當北使請見王諸弟姪[124]之時, 趙泰耇箚中提出"冒嫌"二字. 主上無他弟姪, 只有王弟一人, 則"冒嫌"二字, 直逼王弟也. 當世弟策封之後, 鳳輝投呈悖疏, 是弗悅於封世弟也. 至於韓世良討聖復之疏也, 有"天無二日, 地無二王", 且曰 : "雖無直請使世弟臨朝之語, 而輒因'參聽'·'商確可否'者, 非請臨朝而何?" 且曰 : "爲人臣者, 敢懷陰移天位之計." 此等凶說, 雖托於討聖復, 而深欲其逼世弟也. 詳究其疏辭之歸趣, 則逼世弟之凶心, 何所逃乎? 看他討聖復之疏, 則至於正刑爲請者多, 而未有捱逼於世弟之說, 至於世良之疏, 句句節節, 而非徒捱逼也, 陰置世弟於不測之地也.

辛丑十月十三日, 傳曰 : "原任大臣·時任大臣·三司二品以上, 來會賓廳." 傳曰 : "依前備忘, 令世弟代理." 玉堂·兩司連爲請對. 傳曰 : "爾[125]等不知予病如何, 如是累度煩請. 當初引見非難, 則爾等誠悃, 何以防塞乎? 非但引見爲難, 酬酢尤艱, 更勿煩瀆, 所懷各其書入."

大臣二品以上·三司連爲請對. 傳曰 : "當初引見非難, 若非酬酢之甚艱,

---

121) 論 : 底本에는 "疏"로 되어 있다. 연활자본과 《稗林》에 근거하여 수정하였다.
122) 齮齕 : 底本에는 "崎屹"로 되어 있다. 연활자본에 근거하여 수정하였다.
123) 儉 : 底本에는 "儒"로 되어 있다. 연활자본과 《稗林》에 근거하여 수정하였다.
124) 姪 : 底本에는 "侄"로 되어 있다. 용례를 고려하여 수정하였다. 이하 동일사례에 대해서는 별도의 校勘記를 달지 않는다.
125) 爾 : 연활자본과 《稗林》에는 "卿"으로 되어 있다.

何不聽施乎? 勿復煩瀆, 所懷書入." 王世弟上疏, 答曰 : "予之病沉, 前已詳知, 實非餙讓之比. 今此國事波蕩, 艱虞溢目之日, 予病甚痼, 機務多滯, 可不憂懼哉? 不得已命爾代理, 乃是祖宗朝故事, 何以讓焉? 嗚呼! 付託至重且大, 夙夜寅畏, 敬之愼之哉. 式克欽承, 毋庸更辭, 以副擧國臣民之望."

○ 大臣二品以上所懷書入. 傳曰 : "噫! 予之病患, 已悉於前後批旨矣. 且非一朝一夕之祟, 十餘年來, 傷損之致, 凡干證勢, 日沈難治, 乃醫家之盡事. 今日爲此擧者, 豈有隨便調息, 以爲頤養之道哉? 此非些少之證, 若不趂今治療, 則實爲難支之憂. 且代理乃是祖宗故事, 何乃至此耶? 卿等毋以困我, 更勿煩瀆."

○ 大臣二品以上, 再次所懷. 傳曰 : "前後備忘·批旨, 已盡予懷, 今何多誥? 病根內傷, 心火滋[126]蔓, 若火升降之際, 則精神索莫, 昏不覺察, 似此危兆, 必是生死之所關, 安無顧惜之心乎? 知我者爲我心憂, 不知我者謂我倦怠而若是, 豈不嗟惜哉?
今則國本已定, 予之火熱[127]漸漸就難醫之境, 强以行之, 則必有後悔, 欲專意調治, 有防公務. 到此地頭, 使世弟分憂之外, 更無他策. 此非特惜予一身, 乃是爲國家也. 如其不然, 則何所據而爲此耶? 使予苟無沈痼之疾, 雖過知命之年, 不必代理也, 豈可以年歲壯衰論哉? 卿等愛予而動念也. 連日達夜酬酢, 氣甚不平矣." 前後批旨, 若是懇切, 人皆謂之主上之眞情也.

○ 政院再次所懷. 傳曰 : "此乃祖宗朝已行之事, 依前備忘, 須勿煩瀆."

---

126) 滋 : 底本에는 "濨"로 되어 있다. 실록과 연활자본에 근거하여 수정하였다.
127) 熱 : 底本에는 뒤에 "之"가 더 있다. 연활자본과 《稗林》에 근거하여 삭제하였다.

○ 沈壽賢·李眞望等三十二人疏, 答曰：“前後備忘及批旨, 已悉予意矣. 今日之事牢定, 爾等勿爲更煩.” 朝廷連啓, 無答.

○ 原任大臣·時任大臣·六卿·政院·玉堂·兩司, 至[128]微末庶官, 三日廷請, 一併不允. 武臣·蔭官·館學儒生連疏, 不允.

○ 十三日, 代理備忘下于賓廳之後, 又下備忘於右相趙泰耈曰：“噫! 今日國事, 可謂岌岌乎殆哉. 首揆殄悴之餘, 以老病調攝, 左相出疆之期不遠, 當此國勢波蕩, 災異層出之時, 鼎席殆空矣. 今日國事, 可謂危且急矣. 卿以寬大之量, 胡不念及於斯耶? 向來臺言之謬戾, 不足介懷. 當今思卿, 不啻大旱之望雲霓也. 切望卿據棄前事, 快滌時態, 幡然入城, 共濟國事, 以安將亡之國, 以慰小子宵旰思量之心.” 王世弟連陳三疏, 不允.

○ 右相趙泰耈來到都門之外陳箚, 答曰：“卿以先朝禮遇之臣, 夙負重望, 卜擢台鼎, 實循公議, 未盡輔護之道, 遽然棄予, 心甚思想. 向日疏辭, 不過援引古事, 臺論旣發, 訖未收殺, 以卿寬大之量, 必無介懷矣. 且今日事, 非但祖宗古例, 專爲國家也, 卿其安心勿慮.”

○ 上因左相李健命·判府事趙泰采箚, 還收領相勉副傳旨後, 連降敦諭. 於是領相金昌集出仕.

○ 謝恩領府事李頤命. 于時也, 四大臣皆入來, 右相亦入來, 人皆謂之必有大機括矣. 前此賜送《小學》一部于右相趙泰耈, 以御筆親題於首章空紙曰：“卿其斯速入來, 以扶予將亡之國.” 右相承此御札, 將促駕入都, 侍傍之人, 泣而指其幼稚曰：“此阿只輩, 大監將何以區處, 而乃有此行乎?”

---

128) 至 : 底本에는 없다. 연활자본과 《稗林》에 근거하여 보충하였다.

右相亦垂淚, 而出示御札曰:"主上有如此哀矜之敎, 我豈忍恝然乎?" 仍入都, 止南門外下處.

聞右相之猝入, 少邊人勸其速入請對而來, 老邊人觀其動靜機微, 而乘軒輮鞍馬, 塡塞街路. 右相疑其危機之伏路, 乃曰:"吾於今日忽得寒感, 氣甚不平矣, 不可[129]造朝." 遂放儓率, 脫網巾[130]堅臥, 伴作大痛狀. 老邊人信之無疑, 乃散歸矣.

右相乃乘藍輿, 從外南山, 躋浮於嶺, 入水口門, 從宣仁門, 遂至閤門外. 送言于喉院請對, 喉院阻擋曰:"臺諫方請罪矣, 被斥大臣, 不可以冠帶引見." 如是相爭之際, 司謁顚倒出來曰:"下敎內'右相卽速入對'." 喉院莫敢復阻.

右相遂入對, 涕淚汎瀾, 語不成聲而奏曰:"殿下胡爲此千萬意外之過擧耶? 若不還收成命, 老臣得碎首文石而死." 時領相左相亦並入對, 右相顧謂二相曰:"諸大監何不以誠懇勸殿下還收成命也?" 二相始得入對矣, 亦力爭之. 於是兩度備忘並爲還收事, 榻前定奪.

○ 十七日, 右相請對之前, 領相金昌集·領府事李頤命[131]·左相李健命[132]·判府事趙泰采箚子:"伏以云云. 伏閤四日, 不賜允音, 請對六七, 牢拒愈甚, 終不得一瞻淸光. 只恨誠意淺薄, 不能回感天聽, 臣等之罪, 萬死猶輕, 伏地俟罪, 鈇鉞是甘. 去夜卽下批旨, 尤非臣子所敢忍聞者, 奉讀未半, 不覺心膽俱墜, 一死猶緩. 遭此罔極之境, 驚惶震悼, 莫知所以仰對. 第伏念當初備忘中'大小國事, 並令裁斷'之敎, 國朝以來, 所未有之事. 臣等雖萬被誅戮, 決不敢承奉. 至於丁酉事, 自是先朝裁定, 且有節目之區

129) 可:底本에는 "過"로 되어 있다. 연활자본과 《稗林》에 근거하여 수정하였다.
130) 巾:底本에는 없다. 연활자본에 근거하여 보충하였다.
131) 命:底本에는 없다. 연활자본과 《稗林》에 근거하여 보충하였다.
132) 健命:底本에는 없다. 연활자본과 《稗林》에 근거하여 보충하였다.

別, 其視'並令裁斷'之命, 不啻有間. 況且聖敎出於至誠惻怛, 則爲殿下臣子者, 亦安敢輕遽爲拘, 一倂爲拒, 以傷我殿下之心哉? 伏乞聖明亟令有司, 只依丁酉節目, 稟旨擧行, 千萬幸甚. 云云."

未及下批, 而猝有[133]右相之突入請對, 還收前後備忘. 乃者兩度備忘, 去夜批旨還納之後, 諸臣退出, 洪啓迪留後奏曰: "臣等七次請對, 一不引接, 四日伏閤, 三日廷請, 終靳允從矣. 右相則特許請對, 而一奏之間, 卽收成命. 臣等誠懇, 不如右相而然乎? 且右相請對之事, 政院未爲稟達, 則殿下何以知右相之入來, 而使之入侍乎?"

上有慚色而不答矣. 崔錫恒·李光佐咆喝曰: "面斥君父, 何敢若是耶?" 洪啓迪仍退出, 而崔錫恒·李光佐等數三人, 亦留後不退, 而有筵話, 然極秘而不可得聞矣.

○ 一邊之徒, 交結宦寺, 機密之相通, 厥惟久矣, 而膚受之譖, 無日不入. 況且向夜錫恒·泰億筵對時, 譖間之言, 無所不至. 只以閭里播傳之說言之, 其曰: "指揮聖復者, 乃集也·健也, 指揮集·健者, 自有其人."云. 上大然之, 卽收備忘, 所謂其人卽指誰也.

又於是日錫恒·光佐等數三人落後不出, 而筵話之極秘者, 雖不可得聞, 必是罔測譖間之言也. 安得無市虎之成三乎? 上意之向背, 亦已判矣, 更於闕內隱僻處, 聚會密謀者, 何事也? 明是與密侍宦寺輩, 語其有如此如此之機, 而斡旋以如此如此之事也. 觀其行事之節次, 則莫掩凶謀之釀成矣, 當其冊封獻議之日, 不卽允許者, 豈其上意之本然哉?

不逞之徒, 囑其貴戚, 以宗室中擇其昭穆親[134]者, 定爲世子之意, 利誘之[135], 則貴戚之心, 亦以爲莫如外[136]孫承統, 潛勸於中殿, 則中殿亦以爲

---

133) 猝有: 底本에는 없다. 연활자본과 《稗林》에 근거하여 보충하였다.

134) 親: 底本에는 "襯"으로 되어 있다. 전례에 따라 수정하였다.

135) 之: 底本에는 없다. 《稗林》에 근거하여 보충하였다.

然, 每以此勸於主上. 此是先入之言也, 所以遲允於世弟之定策也. 此則似凶徒慫間之故也.

主上以友愛之心, 旣承慈宮之下敎, 且從大臣之協贊, 遂建儲貳者, 間[137]未幾何. 有聖復"參聽"·"講確"之疏請, 顯然露吾君不能之心, 而似若有指揮者然. 故蒼黃半夜, 猝降世弟聽政之備忘者, 豈徒激怒於聖復乎? 在世弟尤爲悚懼處也, 此則以聖復凶疏之致也.

是夜以備忘還收事汲汲請對者, 初無四大臣中一人, 而只是崔·趙兩臣而已. 上意已[138]以四大臣爲未安, 而況有趙泰億譖間之言乎? 潛伏之駭機則如此, 而李健命[139]·趙泰采繼進領相勉出之箚也, 初無討聖復一言.

一邊之人, 甘作執贓之欛柄, 迭起疏斥, 以主上觀之, 崔·趙兩臣夜對之時, 末段所奏"聖復卽四臣之指揮, 而指揮四臣者, 自有其人"之說, 湊合無錯也. 自初主上以四臣邊人, 不悅於度內, 而比近則向意漸衰, 至於此也, 則尤有切憎之心矣. 於是老論則視之以"賊邊", 少論則視之以"國邊", 而還收聽政之備忘者, 不過二日之間, 又以依前備忘擧行之事, 下敎於賓廳, 上意之攸在, 人莫能揣度矣.

知者之論曰: "帝王之籠絡手段, 有[140]未可測." 然主上之復有此敎, 不出於二者之間. 其或以自下代理之請, 歷代所無之事也, 人臣之所未敢發, 而聖復敢請之, 主上赫然激怒, 猝下大未安之備忘於半夜, 使一朝之臣惴慄震懾之, 因兩臣之排闥力爭, 旋收成命. 乃於事過之後, 聖度默運曰: "疾患沈痼, 難於酬應, 政務多滯, 國事罔措. 令世弟分勞, 實無不可." 於是斷自宸衷, 特降此敎也歟! 苟如此也, 則此實國家之大福力事[141]也.

136) 外 : 底本에는 지워져있다. 연활자본에 근거하여 보충하였다.
137) 間 : 底本에는 "聞"으로 되어 있다. 연활자본과 《稗林》에 근거하여 수정하였다.
138) 已 : 연활자본에는 "易"으로 되어 있다.
139) 健命 : 底本에는 없다. 연활자본에 근거하여 보충하였다.
140) 有 : 底本에는 없다. 연활자본과 《稗林》에 근거하여 보충하였다.
141) 事 : 연활자본에는 없다.

抑或以聖復之疏, 卽某某指揮之說, 宰臣有所微稟於半夜筵對, 而聽政備忘業已還收, 則無可以摘發其眞跡也, 故復降此依前擧行之敎, 欲觀四臣之動靜也歟! 若如此也, 則四臣之大審愼處也. 然觀於王世弟累度疏批, 及大重臣累度所懷批旨, 則諭患候之難强, 因祖宗之故事, 今番代理之事, 出於本意也, 因非臺臣之疏也, 牢定爲敎者, 不啻再三矣.

百官四日之伏閤, 三日之廷請, 連以牢定下敎, 則此果出於主上之本意, 而莫可移易者矣, 所以有四大臣之依丁酉節目稟旨擧行之請矣. 忽然右相趙泰耉突入一奏, 還收代理之備忘, 是日筍請節目擧行之四大臣, 豈不危且危哉? 四大臣之危, 猶其餘事也.

○ 右相之入闕請對也, 喉院謂以被斥大臣阻擋之, 而不許啓聞, 相持之際, 一司謁以此緣由, 潛通於魚中殿侍婢, 則厥侍婢告于魚中殿. 伊時, 上方昏睡朦朧矣, 中殿再三呼殿下攪之.

大殿驚悟而問曰:"何也, 何也?"中殿更告曰:"白門大臣入闕, 而爲喉院之阻擋不得請對. 云云."大殿急起[142]曰:"白門大臣入來耶?"曰:"然."於是奮然堆窓, 命司謁曰:"速令右相入侍."右相得以入侍矣, 臺疏所云"交通宦寺"之斥, 非鑿空之說也.

○ 一自代理還收之後, 朝廷之上, 廟堂之際, 民國之事, 置之勿論, 殆若無事 太平之時. 而政院·三司·兩司之臣, 日陳疏章, 積滿公車者, 皆是互相排擊, 互相構捏, 而以此終歲, 無他可觀焉.

○ 十二月初六日,[143] 一鏡之徒, 方欲聲討四大臣, 旣構疏章, 旁求疏下聯名之人. 甚至於勸一武弁參疏, 亦不肯從, 不得已冒錄局外之人矣. 其人

---

142) 起:底本에는 "越"로 되어 있다. 연활자본과 《稗林》에 근거하여 수정하였다.
143) 十二月初六日:底本에는 없다. 연활자본에 근거하여 보충하였다.

知之, 潛俟闕外, 割裂其疏. 迺者一鏡自爲疏頭, 只以六人聯名, 六人卽鄭
楷·李眞儒·徐宗廈·尹聖時·朴弼夢·李明誼, 而所謂六賊疏也.
其疏槪則指使聖復事, 只以三日廷請¹⁴⁴⁾事, 亟令攸司節目擧行等事, 爲
四大臣之都罪案. 而其次則臚列言之, 丁酉獨對事, 以師命¹⁴⁵⁾之弟, 包藏
禍心, 積有年所事, 俟罪江郊, 怨毒尤憯, 遙¹⁴⁶⁾執朝權, 排布甚密事, 入城
翌日, 卽辦節目擧行之箚事, 爲李頤命之罪案.
曾在丁酉沮遏告廟事, 逼辱聖躬之賊述¹⁴⁷⁾箚救薄譴事, 指揮聖復疏請代
理事, 假託¹⁴⁸⁾休致不討聖復事, 罔念父命, 貪權樂勢等事, 爲金昌集之罪
案. 半夜備忘之下也, 緩驅後到事, 恚恨於錫恒·泰億之請收備忘, 露章反
攻事, 不救聖主之謝事, 獨救老賊之釋權等事, 爲李健命¹⁴⁹⁾之罪案. 以患
得失之鄙夫, 忘廉負義事, 乘機投合, 卒與集·健爛熳同歸事, 犯分背義,
便作能事等事, 爲趙泰采之罪案.
其他構捏四臣, 罔有紀極, 至比之於冀·顯·莽·操. 夫四大臣無他罪案
也¹⁵⁰⁾. 一段之心, 務從大義, 無絲毫雜念, 只爲宗社, 建儲嗣爲心, 殫誠協
贊, 議定世弟, 國本永固, 神人有托, 此則三尺童子之所共知也. 以若社稷
之臣, 彼輩構捏之不足, 至比於冀·顯·莽·操, 必欲擊逐之. 擊逐此四臣之
後, 反欲行冀·顯·莽·操之事也, 第觀來頭之事, 則彼輩之所爲有可知也.
六賊之疏上也, 批曰：“應旨進言, 予甚嘉納. 而侵詆大臣, 殊欠和平矣."
觀此批旨, 四大臣已入於千仞¹⁵¹⁾之坑坎矣. 從古宵小之輩, 將欲謀殺正
類也, 不先眩惑君心, 則讒構之計, 無以闖售也. 故先以君上所可好之說

144) 請：底本에는 뒤에 “等"이 더 있다. 연활자본과 《稗林》에 근거하여 삭제하였다.
145) 命：底本에는 없다. 연활자본과 《稗林》에 근거하여 보충하였다.
146) 遙：底本에는 “要"로 되어 있다. 연활자본에 근거하여 수정하였다.
147) 述：底本에는 “連"으로 되어 있다. 연활자본에 근거하여 수정하였다.
148) 託：底本에는 “托"으로 되어 있다. 연활자본에 근거하여 수정하였다.
149) 健命：底本에는 없다. 연활자본에 근거하여 보충하였다.
150) 也：底本에는 없다. 연활자본과 《稗林》에 근거하여 보충하였다.
151) 仞：底本에는 “人"으로 되어 있다. 연활자본과 《稗林》에 근거하여 수정하였다.

容悅之, 次以君上所可怒之說恐動之.

惟彼不逞之徒, 群起迭發[152], 先以禧嬪追報之說, 旣先容悅於主上之後, 其所恐動之說, 有不可以歷歷盡數矣. 然大略以章奏間言之, 則獨對之說也, 銀貨之說也, 冒嫌之說也, 陰移天位之說也, 權移主上之說也, 皆莫非恐動主上之事也. 非徒恐動主上也, 眞是陰逼世弟也.

此外恐動主上, 陰逼世弟, 切緊要處, 則宰臣半夜筵對之時, 有末端云云之說也. 而四大臣於屢次請對, 三日庭請之餘, 終靳反汗之擧, 連降牢定之批, 則遂以上意出於眞情. 乃於十七日, 箚請節目擧行, 以主上見之, 則宰臣所云"指揮聖復者, 四臣也, 指揮四臣者, 自有其人也, 故四臣所以不討聖復"之說, 旣其湊合無錯, 而及夫伊日節目擧行之箚, 累日反汗之請, 烏得免虛僞乎?

於是不允四臣累日之請, 而特允右相一言之請, 彼輩恐動之說, 已其深入於上意矣. 主上憎怒之心, 於是益切於四臣矣, 殺戮之禍, 非今卽夕也. 彼輩所以恐動主上之說, 非但爲謀殺四臣也, 畢竟歸趣, 則皆襯於世弟謀害之心, 豈徒止於四臣也已乎? 凶邪之徒, 本來不悅於世弟故也, 豈言之一毫誣也哉? 此皆凶徒之萌諸心發諸口著於疏, 萬目所共覩, 路人所共知, 莫掩其跡者也.

○ 政院啓曰: "四[153]大臣因一鏡等疏, 方待命於金吾門." 傳曰: "安心勿待命."

○ 是夜二更, 傳曰: "西所衛將沈必沂假承旨差下."

○ 備忘記[154]: "予一自嗣服之後, 觀朝臣之所爲, 少[155]無補護國事, 言

---

152) 發 : 底本에는 "出"로 되어 있다. 연활자본과 《稗林》에 근거하여 수정하였다.
153) 四 : 底本에는 없다. 연활자본과 《稗林》에 근거하여 보충하였다.

念時事, 不覺痛惋. 如此奸邪之輩, 與共國事, 將至於國不爲國, 宗社危矣, 決不可不嚴懲. 爲先三司諸臣, 一倂門外黜送."

○ 備忘記: "三司不可暫曠, 前持平朴弼夢持平除授, 司書尹延校理除授. 前正言李明誼獻納除授, 獻納李眞儒司諫除授."

○ 備忘記: "吏曹判書權尙游·參判李秉常罷職, 沈檀判書除授, 一鏡參判除授." 傳曰: "訓將李弘述之奸凶蔑倫, 陰懷不測之心, 予甚痛駭. 似此之人, 不可置之將任, 門外黜送, 發送宣傳官, 奪符以來."

○ 備忘記: "李正臣承旨除授. 兵判李晩成改差, 崔錫恒除授. 右承旨李挺周削去仕版, 右副金濟謙亦爲罷職. 忠清監司李世瑾吏議除授. 禮判李宜顯遞差, 前參判李光佐除授. 戶判閔鎭遠遞差, 金演除授. 刑判洪致中遞差, 前參判李肇除授. 前都事李濟掌令除授, 參議梁聖揆大司諫除授." 國舅御營大將魚有龜爲受[156]密符而來, 詣賓廳請對. 傳曰: "所懷書入." 啓略曰: "伏覩聖上今日之處分, 實爲萬萬非常之擧. 云云. 忽於今日, 威怒太遽, 半夜之間, 嚴旨荐下, 未審殿下有何激怒而有此擧也. 一鏡輩疏, 臣未得見, 姑未知措語之如何, 雖以喉院啓辭觀之, 可知其萬萬凶悖, 專出於傾陷網打之計. 大抵向者庭請之時, 四大臣之陳箚, 非有他意, 只出於爲聖躬分勞, 本心斷斷無他. 而及夫登對之後, 力請還收, 因又引咎而自列, 則其本心之無他業, 已聖鑑之所燭. 云云. 至於三司諸臣及六卿長官, 有何可罪之端, 或削或罷, 一倂譴斥?
訓局之帥, 卽先朝之宿將, 加罪至重, 本兵之長, 受國家之重任, 而遞改無

端, 竊爲聖明惜此擧措, 而将不知國事之稅駕[157]於何地. 云云. 中批除拜, 本非聖世之美事. 而沈檀衰朽老殘, 本枳於淸顯之職秩, 而不問人器之[158]如何, 遽授銓衡之重任, 以致物情之駭惑. 云云.

彼四大臣受先王之殊遇, 濟國事之艱虞, 鞠躬疹悴[159], 期報[160]聖恩, 猝被罔極之誣, 聖上雖以侵詆大臣咎責一鏡輩, 而其厭薄則甚矣. 彼四大臣俱以老成, 屛退邱壑, 死且何恨, 而臣恐此後構誣之言, 必不勝其紛紜. 伏願聖上深加照察. 云云." 答曰 : "予志已決, 卿勿煩瀆."

○ 魚有龜之有此所懷, 其果眞情乎? 甘聽凶徒貴以外孫之誘, 密密之謀, 旣成於內, 瑣瑣之讒, 翕售於上. 猶且不足, 宦寺交通之路, 無不紹介, 正類傾陷之機, 無不周旋. 旣致半夜間大處分[161], 則故陳匡救之所懷, 欲掩陰秘之蹤跡, 街童走卒, 莫不笑唾, 奸謪之態, 有不忍正視也.

○ 備忘記 : "將任不容暫曠, 訓將有闕之, 代尹就商[162]除授." 傳曰 : "罰已行矣, 李眞儉[163]放送, 前府使金始煥敍用."

○ 備忘記 : "吏議李世瑾時在任所, 不可等待, 改差, 徐命均除授. 前府使金東弼修撰除授, 尹淳校理除授."

○ 備忘記 : "摠戎使尹慤作爲奸邪之鷹犬, 趨勢蔑義之狀, 予甚痛惋. 如

---

157) 駕 : 底本에는 빠져 있다. 용례를 고려하여 보충하였다.
158) 之 : 底本에는 없다. 연활자본과 《稗林》에 근거하여 보충하였다.
159) 疹悴 : 연활자본에는 "盡瘁"로 되어 있다.
160) 報 : 底本에는 "服"으로 되어 있다. 연활자본과 《稗林》에 근거하여 수정하였다.
161) 分 : 연활자본과 《稗林》에는 "決"로 되어 있다.
162) 商 : 底本에는 "甬"으로 되어 있다. 연활자본에 근거하여 수정하였다.
163) 儉 : 底本에는 "儒"로 되어 있다. 연활자본과 《稗林》에 근거하여 수정하였다.

此之輩, 不可置之, 爲先門外黜送."

○ 備忘記:"<u>洪啓迪</u>再三疏陳, 陰懷不測之心, 與奸邪之輩, 首尾和應, 窺予之淺深, 極爲痛惋. <u>黑山島</u>圍籬安置." 傳曰:"右相<u>趙泰耈</u>處, 遣史官, 命召傳授, 與之偕來." 傳曰:"罰已行矣, <u>韓世良</u>放送."

○ 右相<u>趙泰耈</u>入來. 傳曰:"右相摠察備邊司."

○ 備忘記:"當此艱虞溢目, 國事波蕩之時, 鼎席一空, 廟堂俱虛, 如大厦之無棟樑. 領相遭彈[164], 左相出疆, 右相才已視事, 不無獨賢之心. 不可不變通, 領左相今姑遞改."

○ 禁府<u>柳鳳輝</u>定配單子. 傳曰:"事在旣往, 赦之可也."

○ 備忘記:"昨年<u>尹志述</u>憑藉改撰誌文, 造意陰險, 誣辱私親之狀, 渠之書進所懷, 窮凶情節, 畢露無餘. 斷不饒貸, 亟正邦刑."

○ 十八日, 備忘記:"予雖否德, 少有一分忌憚之心, 何敢以'卜相宦妾知名之人'等說發論耶? 其時首發之人拿鞫嚴問, 參啓諸人, 並邊遠定配."

○ 都市人之往往聚議曰:"主上自登極以後, 患候比前添加, 精神長時昏迷, 魂殿四享·朔祭, 連爲攝行. 經筵召對, 仍爲廢閣, 大小政務積滯, 而不遑念及, 雖汗漫疏批, 不能卽下矣. 忽於數日之間, 大小處分, 雷厲風飛, 所惡之人, 細細摘發, 黜之竄之, 所好之人, 這這記念, 爵之官之, 無一遺漏, 實是難測之事. 其或數日內, 上候快復, 精神快回而然歟? 人莫不疑

<hr>

164) 彈:底本에는 "彈"으로 되어 있다. 연활자본에 근거하여 수정하였다.

之."

大殿別監落仕者, 辛重碩爲名人, 乘醉而言曰: "闕內之事, 我也詳知也, 自有代攝之人." 卽其地白衣之人結縛而去, 其人姓名之如何, 無復可聞. 自近日以來, 白衣譏察之人, 遍滿都鄙, 人莫敢對語矣.

○ 初十日, 因院啓, 四相庭請議罷之際, 隨從諸臣閔鎭遠·李觀命·李宜顯·李晚成·申鈷[165)·任堥·權尙游·兪集一·趙道彬, 及當日伏閤三司諸人, 並削黜.

○ 十三日, 因兩司合啓, 金昌集·李頤命絶島圍籬安置, 李健命待其回還, 一體勘律事定奪, 金濟謙極邊遠竄事依啓. 先朝失志之徒, 驟登顯秩, 昨日流竄之輩, 咸擢淸班, 揚揚自得, 浩浩做去, 無所忌憚, 無所掣碍. 何計之不成, 何事之不圖乎? 雖微末之官, 若有異己之人, 架虛捏無, 吹毛覓疵, 投章而擊逐之, 則輒以依啓批下. 一邊之人, 靡有孑遺於朝著, 自此世弟之孤危, 無復可言矣.

判敦寧宋相琦疏畧: "庭請議罷, 詢問可否之時, 皆合辭唯諾, 靡然從之, 爲諸臣之罪, 並請削黜, 卽蒙允可, 臣名亦在其中. 蓋於其時, 臣班次稍高, 所言居先. 若論'唯諾'之罪, 臣實爲首, 而今乃强加區別, 臣名則遽然拔去, 臣誠訝怪. 夫同事苟免, 厭然自掩, 不但臣心之所深恥, 國家用法之道, 豈容如是斑[166)駁, 致有漏綱之機乎? 伏乞一體施以削黜之律. 云云."

其疏辭只止於此, 而至於"保[167)護東宮", 初無半辭及之者矣. 然而[168)答曰: "卿其須勿控辭, 保護東宮焉." 此似未安於東宮之敎也. 一自半夜處

---

165) 鈷: 底本에는 "鈝"으로 되어 있다. 실록에 근거하여 수정하였다.
166) 斑: 底本에는 "班"으로 되어 있다. 연활자본에 근거하여 수정하였다.
167) 保: 底本에는 "輔"로 되어 있다. 실록과 연활자본에 근거하여 수정하였다. 이하 동일 사례에는 별도의 校勘記를 달지 않는다.
168) 然而: 底本에는 없다. 연활자본과 《稗林》에 근거하여 보충하였다.

分之後, 四方流竄之人, 連絡於道路矣.

十七日, 禁府罪人尹志述 堂古介行刑. 何故妄言, 受此慘刑? 自速其辜, 夫誰怨尤?

○ 傳曰 : "噫! 追念趙重遇之枉死, 不覺忸怩于中. 忠言未布, 酷刑徑斃, 豈不痛恨哉? 特爲贈職, 遣禮官致祭, 小慰泉壤之孤魂."
傳曰 : "卜相."[169] 金宇杭·崔奎瑞. 傳曰 : "加卜." 崔錫恒, 領相趙泰耉·左相崔奎瑞·右相崔錫恒.

○ 傳曰 : "趙重遇事被謫人, 及李夢寅疏下諸人, 一幷放送, 示予追悔之意."

○ 東宮保護邊人, 旣盡逐出. 噫! 彼凶徒復何所事也? 謀害東宮, 卽次第件事也, 而排布設施, 極其陰秘, 外人雖未可知, 然稱以狐邪, 隔塞慈宮·大殿之路, 使世弟不得問寢·視膳者, 有日云矣.

○[170]四大臣勘律之時, 弼夢以爲"趙泰采則旣無久秉國權之事, 其所醞釀禍機, 與三凶不無差別, 特爲減等矣." 趙泰億言于弼夢[171]曰 : "此則與三凶, 二而一也, 不可異等."[172] 云, 乃與三相同爲勘律. 以弼夢而有此減等之論, 則趙泰采尤爲無罪, 於此可知. 泰億爲其從弟, 則雖有難救之端, 尙可救之, 而反勸人同爲勘律, 此所謂"非人情, 不可近也."

---

169) 相 : 底本에는 뒤에 "領相"이 더 있다. 연활자본에 근거하여 삭제하였다.
170) ○ : 이 기사는 연활자본과 《稗林》에 앞의 12월 13일자 김제겸 원찬을 명령한 기사 아래에 있다.
171) 弼夢 : 底本에는 "夢弼"로 되어 있다. 연활자본과 《稗林》에 근거하여 수정하였다.
172) 等 : 底本에는 "同"으로 되어 있다. 연활자본과 《稗林》에 근거하여 수정하였다.

○ 凶徒之精神骨子, 專在於除去世弟也. 世弟之羽翼沒數竄逐之後, 乃囑宦官內人之有上寵者, 日進甚間之說, 至塞兩宮之覲路, 世弟之危, 迫在朝夕. 慈宮知此禍機之將迫, 下諺敎於世弟曰 : "近日病甚, 不得見大殿, 汝目見宗社之將亡, 而不爲告知於主上乎?"

世弟遂排闥直入, 泣告殿下[173], 以一二閹竪之罪于宗社, 則夬[174]賜允從, 拿推下敎矣. 旋收前命, 仍下不敢聞之嚴敎, 世弟不得已, 將欲出閤門, 席藁俟罪.

是夜下令東宮僚屬入侍, 金東弼·權益寬·洪禹賢·李世煥, 四人入對. 令曰 : "近前進來." 下令曰 : "余以否德, 冒承陞儲之命, 非不知萬萬不敢當, 而上承慈聖與主上付託之重, 不敢爲逃遁之計. 一自受命之後, 夙夜憂懼, 不遑寧處. 問寢·視膳之外, 宮中之事, 無一干涉, 況於外間之政令乎?

今者一二閹竪, 作俑中間, 敢生除去吾身之計, 余因慈聖下敎, 涕泣陳請[175]於大朝, 奉下拿推之命矣. 旋又還收, 又承不敢聞之嚴敎, 到此地頭, 將欲出閤外席藁待罪爲計. 講官係是僚屬, 衛司之員, 文蔭雖異, 同是士夫, 欲使之知余之去就矣."

四人等聞此下令, 驚惶震迫, 不知所以仰對, 聯奏曰[176] : "邸下處變之道, 務積誠意, 開恢聖聰, 當該閹竪, 出付有司, 明[177]正典刑, 以雪神人之憤. 邸下亦宜益篤孝悌之道, 宮闈之間, 和氣藹然, 使宮中妥帖, 外人不知, 則此實爲邸下處變之第一義.[178] 至於出閤外席藁俟罪, 辭位之敎, 有非臣子所可忍聞者, 臣等雖死, 決不可奉承."

---

173) 殿下 : 연활자본은 "大殿"으로 되어 있다.
174) 夬 : 底本에는 "抉"로 되어 있다. 연활자본에 근거하여 수정하였다.
175) 請 : 底本에는 "情"으로 되어 있다. 연활자본에 근거하여 수정하였다.
176) 曰 : 底本에는 없다. 연활자본에 근거하여 보충하였다.
177) 明 : 底本에는 없다. 연활자본과 《稗林》에 근거하여 보충하였다.
178) 義 : 底本에는 없다.

四人至半夜力沮曰：“臣等明曉以此緣由, 通于大臣及師傅·賓客, 使之入對, 閹竪之輩, 殛之去之, 何難之有乎？” 下令曰：“爾等至誠, 不可一直不從, 然則明朝言及于師傅·賓客也.”

二十三日, 上因大臣·政院·三司二品以上請對, 所懷乃書入, 乃[179]下摘發正法之敎. 然閹竪之輩, 少無畏憚之心, 揚揚[180]自得, 直以不敢言不敢聞之說, 侵斥世弟[181]於慈宮及大殿之前. 如無深緊靠恃之處, 則益肆凶狡, 豈如是乎？

旣有靠恃之處, 則指揮之人, 自在矣. 自古閹竪輩作變, 莫不有指揮之人, 今者閹竪輩之謀除東宮者, 豈是渠輩獨辦之事乎？ 苟究其自初機括之所藏, 事跡之所著, 則指揮閹竪之人, 不言可知也.

大妃殿下諺敎大臣曰：“孝廟血屬, 先大王骨肉, 只有大殿及延祈而已. 以先王遺敎, 冊立延祈, 而兩宮和協矣. 不幸中官及內人, 交構兩間, 世弟將陷於不測之科. 無寧依先王所授爵號, 依其願使之出處[182]私第, 千萬千萬.” 大臣仍卽封還以啓辭, 奏曰：“大殿旣賜處分, 臣等敢不以兩宮相愛之道, 導達君上乎？ 自內亦以‘和平’二字, 每每諄諄下敎‘千萬千萬’. 內官旣承正刑之敎, 內人則非外臣所知, 自內直爲出付有司, 則當依法正刑伏計.”

大妃殿再下諺敎曰：“儲嗣之定, 卽奉先王之遺敎, 而大殿親書[183]爵號, 予又以諺書下大臣而定之矣. 不幸宮人及宦寺, 交構兩宮, 欺蔽聖聰, 予心常慨惋. 嘗招宮人, 多般開諭, 以爲和同之道, 則敢以凶悖之說,【凶悖之說, 卽聞自內流出之言, 則指揮臺臣, 迫脅主上, 釋其君位者, 誰也？ 不知世弟之如此罪案, 反敎,

179) 乃：底本에는 “因”으로 되어 있다. 연활자본에 근거하여 수정하였다.
180) 揚揚：底本에는 “楊楊”으로 되어 있다. 연활자본과《稗林》에 근거하여 수정하였다.
181) 弟：底本에는 “子”로 되어 있다. 연활자본과《稗林》에 근거하여 수정하였다.
182) 處：底本에는 없다. 연활자본에 근거하여 보충하였다.
183) 書：底本에는 “視”로 되어 있다. 실록과 연활자본에 근거하여 수정하였다.

使之爲和同之道耶?[184]】肆然於大殿及予坐之前, 其罪狀必有當律. 其一宮人, 則乃締結宦寺者也, 當依律處置. 而卿等亦宜調護我主上及東宮, 以保我三百年宗社, 毋負我先王之遺敎, 是所望也." 宮人卽石烈·弼貞.

大妃殿三下諺敎: "首相以袖斂取而獨見之, 卽爲繳還, 追聞闕內流出之言, 則東宮'儲嗣'也, 有先王手書, 故予以諺書下布矣. 今番庭僚竄鞫[185]之擧, 都是除去世弟羽翼之計, 而專出於大殿長番內官·承傳色之所爲, 卿等豈有不知之理也? 若除去世弟, 是不有先王之遺敎也, 寡躬斷當出處私第矣." 其他切嚴之敎, 哀痛之旨, 極其惶懼云.

領相趙泰耈·崔錫恒·李光佐·趙泰億·柳鳳輝·金一鏡等, 以慰安東宮次入侍, 世弟下令曰: "四大臣非久當誅戮矣, 保護余躬, 今無一人, 而宦寺則作俑中間, 必欲除去吾身. 又承不忍聞之嚴敎, 與其冒居此位, 必爲此輩毒手之侵, 曷若退出私處, 保先王所授之爵號耶[186]?" 入對諸臣, 雖有阻擋[187]之言, 似皆外飾, 而眞實語趣, 則以世弟所令, 多有不妨底意也.

末班一人咳嗽之聲, 極其怪駭, 世弟怪之而見之, 則乃說書宋寅明也. 而見世弟之顧眄, 或以目之, 或以口之, 太涉殊常. 及其諸臣罷出之時, 世弟令宋寅明留待, 從容下問曰: "汝於諸臣酬酢之時, 目我口我, 何故也?" 對曰: "邸下若離春宮一步之地, 則宗社休矣. 何不入謁慈宮, 告此危急之勢也?" 世弟曰: "隔塞慈殿之路, 何處而入謁?" 寅明對曰: "有一捷逕, 臣熟[188]知之. 邸下若隨臣指導, 則當入謁矣."

於是世弟隨寅明以入, 到一樓之前. 寅明曰: "此樓之下, 卽慈宮也." 世弟曰: "此樓如彼高峻, 何可登乎?" 寅明曰: "邸下踏臣兩肩而立, 則臣當次

---

184) 凶悖 …… 之道耶: 연활자본에는 이 세주가 없다.
185) 鞫: 底本에는 "鞠"으로 되어 있다. 연활자본과 《稗林》에 근거하여 수정하였다.
186) 耶: 底本에는 "邪"로 되어 있다. 연활자본과 《稗林》에 근거하여 수정하였다. 이후 동일사례에 대해서는 별도의 校勘記를 달지 않는다.
187) 擋: 底本에는 "當"으로 되어 있다. 연활자본과 《稗林》에 근거하여 수정하였다.
188) 熟: 底本에는 "孰"으로 되어 있다. 연활자본과 《稗林》에 근거하여 수정하였다.

次舒身, 可以登也." 世弟如其言, 遂登樓上. 世弟問曰 : "汝何以知大內捷
逕?" 對曰 : "臣之父曾以判尹[189], 看役慈宮之修改, 臣以童子之故, 隨臣
父入闕, 其時詳觀故也." 世弟曰 : "然矣." 令留待於春坊.

因爲入謁慈宮, 詳告危急之機, 慈殿乃於半夜, 叩閤門而入焉, 見殿下[190],
垂涕而語曰 : "殿下奈之何聽信譖間之言, 使世弟時刻危急耶? 先王深慮
殿下之無嗣續, 以延祊屬托於予, 殿下誠試思之也. 儲嗣之任, 非延祊, 更
有誰也? 是故殿下親書爵號, 予又以諺書下大臣而定之矣.

其實則皆出於遵先王之遺教也, 國本永固, 神人有托, 而且兩宮懽洽[191]
矣. 不幸宮人·內官等, 交構兩間, 至下不忍聞之嚴教於世弟, 將陷於不測
之科. 無寧從其願, 命出私第, 保先王所授之爵號也, 然則宗社休矣. 予
豈[192]忍坐視宗社之亡乎? 亦當出處私第, 以終餘年爲計矣."

大殿潸然出涕, 蹶起而告曰 : "此專由於小子病症, 近益昏眩之致也. 東
宮之若是孤危, 全然未知, 今聞慈教, 不覺驚愕. 東宮則各別慰安矣, 宦侍
則當亟正邦刑, 伏乞慈聖自今弛慮, 無煩惱焉." 因歎曰 : "非我慈聖之教,
幾致予與東宮弧危之極[193], 又失吾兄弟和樂之心. 隔塞之路, 卽令撤去."
仍傳曰 : "東宮問寢·視膳等節次, 無或暫闕也."

○[194] 我主上仁孝之德[195], 則友之心, 超越百王者, 至興儓而咸頌矣. 噫!
彼怪鬼之輩, 乘主上昏憒之時, 囑宦妾·近侍之人, 恐動之譖, 利害之誘,
使主上浹於心慣於耳, 雖以王季篤友之心, 豈無曾母投杼之疑乎?

---

189) 判尹 : 연활자본과 《稗林》에는 "戶判"으로 되어 있다.
190) 殿下 : 연활자본에는 "主上"으로 되어 있다.
191) 洽 : 底本에는 "合"으로 되어 있다. 연활자본과 《稗林》에 근거하여 수정하였다.
192) 豈 : 底本에는 "其"로 되어 있다. 연활자본과 《稗林》에 근거하여 수정하였다.
193) 極 : 底本에는 "狀"으로 되어 있다. 연활자본에 근거하여 수정하였다.
194) ○ : 底本에는 없다. 《稗林》에 근거하여 보충하였다.
195) 德 : 底本에는 "孝"로 되어 있다. 연활자본과 《稗林》에 근거하여 수정하였다.

主上方致疑惑之際, 凶徒認得機微, 從中舉行, 無異矯制也, 蕩掃正類, 豈
眞主上之事乎? 隔塞觀路, 亦眞主上之命乎? 於是世弟之危迫, 在時刻矣.
天命莫奪, 皇孫得保於<u>長安</u>之獄, 大逆難[196]逭, <u>王敦</u>竟露其廢帝之謀, 此
固天理之昭然矣. 幸賴聖母半夜之排闥, 聖心播悟, 危迫之世弟, 得以妥
安, 指揮之閭豎[197], 先伏邦刑, <u>宋寅明</u>指導之功, 不亦大乎?

或者之言曰 : "少論皆不悅於世弟也, <u>宋寅明</u>卽少論中人, 而何獨救世
弟[198]也?" 傍有一人, 怫然作色曰 : "子何知少論之爲少論乎? 主張淸論
者, 乃少論也. 夫少論之規模, 立朝事君, 則思盡其職, 無挾雜之心, 退處散
班, 則固守本分, 無爭進之心. 秉志簡精, 持身謹愼, 世治則出而從宦, 思盡
匡輔之策, 世亂則退而斂跡, 以圖明哲之計, 雖隣[199]里是非, 猶恐閉戶之
或遲, 況參於危國傾邦謀乎?
少論之規模, 自來如此, 而威武不能屈之, 利害不能撓之, 此眞正類也. 如
此正類, 以今世言之, 不可勝籌, 而雖一人或有參於狂叫亂壞之徒乎? <u>宋</u>
<u>寅明</u>卽少論中正類人也. 適侍春坊之末班, 慨諸臣虛僞之意, 悶世弟危急
之機, 窮思竭誠, 身作樓梯, 脫夫子於鈯鍖[200]. 若使他少論中正類, 苟當<u>宋</u>
<u>寅明</u>之地, 亦當效<u>宋寅明</u>之忠也. 子則以爲少論則皆是凶徒乎?
別有一種凶魁數三人, 要奪國權, 鳩聚怨國之徒·失志之輩. 且結戚里之
貴·宮掖之屬職, 爲無限之禍亂, 顚覆宗社而後[201]已, 究厥心意, 極其陋
矣. 逆之大者, 如此之輩, 何以少論名乎? 似此之輩, 或謂濁少, 此亦少論
之恥也."

---

196) 難 : 연활자본과 《稗林》에는 "安"으로 되어 있다.
197) 豎 : 底本에는 "堅"으로 되어 있다. 연활자본에 근거하여 수정하였다.
198) 弟 : 底本에는 "帝"로 되어 있다. 연활자본과 《稗林》에 근거하여 수정하였다.
199) 隣 : 底本에는 "陷"으로 되어 있다. 《稗林》에 근거하여 수정하였다.
200) 鍖 : 底本에는 없다. 연활자본에 근거하여 보충하였다.
201) 後 : 底本에는 없다. 연활자본과 《稗林》에 근거하여 보충하였다.

除去世弟之計, 上有慈宮之明察, 且有主上之覺悟, 不敢更圖. 二宮人·二宦者, 若至拿鞫之境, 則必有[202)吐203)]說指揮之人, 彼凶之徒, 計將安出也? 大臣以下三司所懷204) : "承傳色<u>文有道</u>·長番內官<u>朴尙儉</u>等, 作俑中間, 欲作除去春宮之計, 問寢·視膳之路, 亦且防塞. 其動撓國本, 大逆不道之罪, 合置邦刑, 不待時處斬." 啓. 三司合啓 : "<u>石烈</u>·<u>弼貞</u>兩宮人, 交構兩宮, 窮凶極惡之彰著無餘. 不可一日容息於覆載之間, 請兩宮人, 亟正邦刑." 傳曰 : "依啓."

國有大逆, 則設鞫刑訊, 期於得情者, 有國治獄之常法也, 大臣諸臣非不知之矣. 且況二宦官·二宮人罪惡, 必不渠輩之獨辦也, 明有指囑者, 拿鞫嚴問, 採得根因, 斷不可已也. 而直以不待時處斬, 亟正邦刑啓請事, 恐其根因之綻露矣. 雖設鞫嚴問, 無異以僧伐205)僧, 何慮根因之綻露? 而必欲直施邦刑, 滅口之計, 昭著莫掩矣.

○206) 兩宮人·兩宦官, 旣付有司, 則卽當枷囚王府, 各別檢察, 而力請設鞫, 時急擧行, 法例當然矣. 玉堂·兩司諸臣, 不此之爲, 謂無可復問, 連請行刑, 故爲緩歇.

一宮人則使之自斃於渠家, 一宮人則自斃於獄中. 旣有拿命, 則何不一時捉囚, 而一宮人則任其落後也? 旣囚之宮人, 又何故任其自斃也? 其所自斃, 果渠之自斃乎? 有司之臣, 雖喙長三尺, 莫可發明矣. 無論輕重, 王府之罪囚, 苟或自斃, 則監獄之卒·該掌之官, 斷當論辜, 而視之尋常, 置而不問, 於此可知也.

---

202) 有 : 底本에는 없다. 연활자본과 《稗林》에 근거하여 보충하였다.
203) 吐 : 底本에는 "坐"로 되어 있다. 연활자본과 《稗林》에 근거하여 보충하였다.
204) 懷 : 底本에는 "依"로 되어 있다. 연활자본과 《稗林》에 근거하여 수정하였다.
205) 伐 : 底本에는 "代"로 되어 있다. 연활자본과 《稗林》에 근거하여 수정하였다.
206) ○ : 底本에는 없는데, 연활자본과 《稗林》에 따라 보충하였다.

二十五日, 兵判宋相琦以大臣諸臣之直請邦刑陳疏非之, 領相趙泰耉對舉發明之箚中曰 : "惟以罪人亟斬爲快, 不暇念及於鞫與誅之得失. 云云." 此豈成說乎? 犯上之罪, 直爲處斬, 王[207]法所無也, 身爲大臣, 不知此法, 則彼大臣將焉用也? 知之而直請[208]正刑, 則急於滅口, 束閣法義[209]之故也. "亟斬爲快, 不暇念及於斬與鞫"之說, 實爲露出自家之眞情矣. 方以設鞫爲悶之際, 遽承直斬之允, 豈不以亟斬爲快於心乎? 方以直斬爲[210]快幸於心, 則奚暇念及於鞫與斬之得失乎?

以正直之心做去, 則事事正直, 雖屈而永伸, 以挾雜之心做去, 則事事挾雜, 暫伸而終屈. 領相之平日行事, 無非挾雜之心也, 乃於是日對舉之箚, 露出挾雜之眞情於不覺之中也. 兩宮人旣使之自斃, 只有兩宦者在囚, 而以直爲處斬事, 先有金宇杭·宋相琦·黃一夏等疏請設鞫. 國言[211]喧藉之後, 乃有大臣諸臣, 不得已强請設鞫, 良可笑矣. 雖或設鞫, 採出端緒, 萬無其理. 金宇杭·宋相琦·黃一夏等諸臣, 爲此無益之言, 欲取竄逐之禍, 不諒時勢之甚者也. 然其向國之心, 有足以感服人也.

○ 彼其之徒, 啓達之中, 箇箇稱之曰 : "亟正邦刑與設鞫嚴問, 畢竟殺之則一也云." 鞫問則自是邦憲, 而有摘發黨與之道, 直斬則壞了邦憲, 而無摘發黨與之道. 鞫問與直斬, 實是霄壤之懸絶, 而乃敢以殺, 則一也之說, 肆然誣罔爲奏於至嚴之宸[212]聽. 雖急於滅口之計, 欺蔽聖聰, 復有大於此者乎? 白玉無瑕, 不有干連, 則依法設鞫, 何若是必欲不爲也? 凶逆鞫問, 法所當然, 而今也枉法, 以若兩宦之凶逆, 直請處斬, 以國法言, 則極其

---

207) 王 : 底本에는 "在"로 되어 있다. 연활자본과 《稗林》에 근거하여 수정하였다.
208) 請 : 底本에는 "諸"로 되어 있다. 연활자본과 《稗林》에 근거하여 수정하였다.
209) 義 : 연활자본에는 "意"로 되어 있다.
210) 爲 : 底本에는 없다. 연활자본에 근거하여 보충하였다.
211) 國言 : 底本에는 없다. 연활자본과 《稗林》에 근거하여 보충하였다.
212) 宸 : 底本에는 "震"으로 되어 있다. 연활자본과 《稗林》에 근거하여 수정하였다.

壞213)了, 以體面言, 則極其訝惑.

朝廷諸臣, 都是一邊之人, 則固已矣, 而其或有偶漏於竄逐之人, 則以恐露端緒, 欲滅其口等說斥之者, 事理之當然也. 遭此斥言者, 固是當來也, 亦是不察也, 以其不察之罪, 陳疏引咎可也, 亟請設鞫可也. 而司諫李眞儒·持平朴弼夢·金一鏡·尹聖時·李明誼·徐宗廈214)·柳重茂等入侍論啓, 設鞫得情, 直加處斬, 殺之則同也之說, 衆口同然, 故陳兩段之說215)者, 蓋其意欲其直斬也.

乃以數三臣之斥其直請處斬之事, 或則曰:"敢以凶言悖說, 至於疏陳, 上下俱被罔極之誣." 或則曰:"不許設鞫之請, 則彼必以爲藉口之資, 而如得奇貨." 或則曰:"卽今上下俱被誣辱, 速令鞫問, 無一毫疑惑, 然後次第問李重協等云." 不過就事論事, 據法請216)法而已, 有何毫分構誣之說乎? 其他誣罔慫慂之說, 不可勝記矣. 伊日入對諸臣以鞫與斬, 殺則同, 兩段之說, 同然爲奏, 而初無執一之論, 眩惑聖聰, 莫此爲甚矣. 如此而止, 則亦知慊然, 故强請設鞫之言者, 只止於破彼輩疑惑, 明彼輩誣陷, 而無一人以法理之當然言之者217). 主上以若之徒, 欲共國事, 國家之危亡, 可以屈指而218)待也.

且宋相琦之疏, 只斥設鞫不請之諸臣, 初無半辭, 有碍於主上者矣. 然而伊日入侍諸臣, 皆謂以上下交受誣辱, 乃以渠輩之遭彈219), 肆然勒加於至尊, 雖出於層激上意之計, 而難免卽地之逆節矣. 諸臣奏畢, 上依啓, 兩宮當鞫矣. 按獄大臣誰也? 崔錫恒也. 金吾堂上誰也? 姜鋧·李肇·金演·

---

213) 壞:底本에는 "懷"로 되어 있다. 연활자본에 근거하여 수정하였다.
214) 廈:底本에는 "夏"로 되어 있다. 연활자본에 근거하여 수정하였다.
215) 說:底本에는 "設"로 되어 있다. 연활자본에 근거하여 수정하였다.
216) 請:《稗林》에는 "處"로 되어 있다.
217) 言之者:底本에는 "者言之"로 되어 있다. 연활자본과 《稗林》에 근거하여 수정하였다.
218) 而:底本에는 "以"로 되어 있다. 연활자본에 근거하여 수정하였다.
219) 彈:底本에는 "殫"으로 되어 있다. 연활자본에 근거하여 수정하였다.

李麟[220]徵等. 宋相琦以疏斥諸臣之直請處斬事, 施以遠竄之典.

二十九日, 鞫問兩宦. 大臣崔錫恒入對奏曰："鞫廳規例, 問目外不必擧論. 而朴尙儉招辭胡亂, 敢言不敢言之地. 一則誣及聖躬矣, 一則誣及東宮矣. 窮凶情節, 愈益綻露, 而事係宮闈, 不敢循例請刑, 謹此來稟."上曰："嚴刑取服." 朴尙儉招辭, 其果徒止於誣聖躬及東宮, 而指使之徒, 則初無納招乎? 指使之徒, 同出於賊招, 此則掩諱之, 只以誣聖躬誣東宮爲奏. 雖出於藉重磨滅之計, 而亦甚淺淺矣. 誣聖躬, 誣東宮, 亦誰使之然也? 兩宦之所獨辦者乎? 文有道則別無問目, 連加酷杖而物故, 朴尙儉則以不成說之言, 取招行刑. 世人之言曰："兩宦之如是無頉處置, 不出豫料云矣."

鄭澔疏略曰："伏聞殿下新有大處分, 先朝禮遇之大臣, 盡行斥逐, 下曁言事之臣·太學之士, 非碪鑕[221]則桴棘. 臣在鄉谷, 固未知因何事端有甚罪惡, 而此非但嗣服以後所未有, 實載籍之所未聞. 噫! 惟我聖上春秋鼎盛, 螽斯之慶尙遲, 其所以繫[222]一國之人心者, 捨春宮奚適哉?
當初建儲時, 慈敎有曰：'孝廟血脈, 先王骨肉, 只主上與延礽而已.'只此一敎, 可以泣鬼神質天地矣. 不幸一種無嚴之輩, 敢懷不悅之意, 迭[223]出敲撼, 必欲動搖而後已, 則三聖血脈, 幾何其不絶耶? 云云.
今此一二之宦妾, 遽售交構之計, 其爲妖惡, 宜服常刑, 而亦豈么麼[224]無識者之所可獨辦者哉? 尤所可駭者, 今日慈聖所敎, 雖未知如何, 關係旣大, 事面亦重, 固當頒示臣僚, 使人曉然, 而爲大臣者, 乃反從中沮格, 汲汲

---

220) 麟：底本에는 "獜"으로 되어 있다. 實錄과 연활자본에 근거하여 수정하였다.
221) 鑕：底本에는 "鑽"으로 되어 있다. 연활자본과 《稗林》에 근거하여 수정하였다.
222) 繫：底本에는 "係"로 되어 있다. 연활자본과 《稗林》에 근거하여 수정하였다.
223) 迭：底本에는 "造"로 되어 있다. 연활자본과 《稗林》에 근거하여 수정하였다.
224) 麼：底本에는 "磨"로 되어 있다. 연활자본과 《稗林》에 근거하여 수정하였다.

封還, 使慈聖哀痛切迫之意, 黯昧不章. 且於登對時, 所當以設鞫得情爲
請, 而徑先正刑, 齊聲力請, 是何意思, 是何道理? 云云.
殿下親愛之情, 聖讒[225]之明, 宜若人無間然[226], 而從今宵小之間人骨肉,
亂人國家者, 其爲情節, 雖或敗露, 惟其傍伺[227], 逞毒之心, 必不已矣.
伏乞聖明, 尤眷眷致意於此, 勿謂奸賊之已去, 益篤孝友之念. 云云."
世人之言曰: "今世忠直之言, 反爲嫁禍之端, 鄭尙書何不杜門鄕曲, 以
終餘年, 而乃爲此忠直之言, 反欲取流竄之禍, 爲國之忠則雖切, 而爲身
之計則不良. 云云."

三十日, 宋相琦 康津竄配. 兩宦二婢[228]之罪, 明非[229]渠輩之獨辦也, 必
有根因[230]矣. 設鞫明覈, 其在法理事體, 斷不可已也, 而必欲直爲行刑者,
何意也? 金宇杭·宋相琦·柳復明·李重恊等設鞫之請, 相繼而起, 則迫不
得已. 雖有設鞫之擧, 而遷延度日, 一婢則使之自斃於渠家, 一婢則任他
自斃於獄中. 兩宦則別無根因之嚴覈, 而有道則直爲杖殺, 尙儉則忙急行
刑, 難免滅口之跡矣. 宋相琦治獄緩急之說, 猶以平坦[231]說去, 而遂以此
構罪遠竄, 是防人口也.[232]

---

225) 讒 : 底本에는 "纔"으로 되어 있다. 연활자본과 《稗林》에 근거하여 수정하였다.
226) 然 : 底本에는 "焉"으로 되어 있다. 연활자본과 《稗林》에 근거하여 수정하였다.
227) 伺 : 底本에는 "俟"로 되어 있다. 연활자본과 《稗林》에 근거하여 수정하였다.
228) 婢 : 底本에는 "妾"으로 되어 있다. 연활자본에 근거하여 수정하였다.
229) 非 : 底本에는 "於"로 되어 있다. 연활자본과 《稗林》에 근거하여 수정하였다.
230) 因 : 底本과 연활자본은 "委"로 되어 있으나 《稗林》에 근거하여 수정하였다.
231) 坦 : 底本에는 "怚"로 되어 있다. 연활자본에 근거하여 수정하였다.
232) 是防人口也 : 연활자본은 여기까지가 권2이다.

찾아보기

편자 | 이문정 李聞政, 1656~1726

본관은 전주(全州), 자 군필(君弼), 호 농수(農叟)이다. 호조판서 이경직(李景稷)의 증손
으로, 감찰(監察) 이구성(李九成)의 아들이다. 초명(初名)은 '진정(眞政)'이었다. 경종대
신임옥사(辛壬獄事) 당시 재종제(再從弟) 이진유(李眞儒)와 달리 청론(淸論)을 표방하면
서 화해와 타협을 모색하였다. 저서로 《수문록(隨聞錄)》과 《신임일기(辛壬日記)》 등이
있다.

역주 |

김용흠

서울대학교 국사학과 학사, 연세대학교 대학원 문학석사·박사. 현 연세대학교 국학연구
원 연구교수

주요 논저 | 《조선후기 정치사 연구Ⅰ-인조대 정치론의 분화와 변통론》(2006), 《목민고·
목민대방》(역서, 2012), 《조선의 정치에서 무엇을 볼 것인가-탕평론·탕평책·탕평정치》
(2016), 《형감》(역서, 2019), 《대백록》(역서, 2020), 《조선후기 실학과 다산 정약용》
(2020), 〈조선후기 노론 당론서와 당론의 특징-《형감(衡鑑)》을 중심으로〉(2016), 〈《경
세유표》를 통해서 본 복지국가의 전통〉(2017)

원재린

성균관대학교 사학과 학사. 연세대학교 대학원 문학석사·박사. 현 연세대학교 국학연구
원 연구교수

주요 논저 | 《조선후기 성호학파의 학통연구》(2002), 《임관정요》(역서, 2012), 《동소만
록》(역서, 2017), 《형감》(역서, 2019), 《대백록》(역서, 2020), 〈조선후기 남인당론서
편찬의 제 특징〉(2016), 〈성호사설과 당쟁사 이해〉(2018)

김정신

덕성여자대학교 사학과 학사. 연세대학교 대학원 문학석사·박사. 현 연세대학교 국학연
구원 연구교수

주요 논저 | 《형감》(역서, 2019), 《대백록》(역서, 2020), 〈주희의 묘수론과 종묘제 개혁론〉
(2015), 〈주희의 소목론과 종묘제 개혁론〉(2015), 〈기축옥사와 조선후기 서인 당론의
구성·전개·분열〉(2016), 〈16~7세기 조선 학계의 중국 사상사 이해와 중국 문헌〉(2018)

수문록 1 隨聞錄 一

이문정 편 | 김용흠·원재린·김정신 역주

초판 1쇄 발행 2021년 3월 24일

펴낸이 오일주
펴낸곳 도서출판 혜안

등록번호 제22-471호
등록일자 1993년 7월 30일

주소 04052 서울시 마포구 와우산로 35길 3(서교동) 102호
전화 02-3141-3711~2 / 팩스 02-3141-3710
이메일 hyeanpub@hanmail.net

ISBN 978-89-8494-656-9 03910

값 30,000 원